铁路车站联锁

李文涛　林瑜筠◎主　编
叶建斌　方少锋　王　舒◎副主编

中国铁道出版社有限公司

2024年·北　京

内 容 简 介

本书共八章，分别为联锁基本概念、继电集中联锁的基本原理、计算机联锁的基本原理、闭塞与联锁、列控系统与联锁、驼峰信号设备与联锁、联锁管理、联锁试验。

本书供铁路信号联锁工程师和其他联锁管理人员学习使用，可作为铁路信号工程技术人员和信号维修人员的培训用书，也可供各级铁路院校信号专业师生参考。

图书在版编目(CIP)数据

铁路车站联锁／李文涛，林瑜筠主编．-- 北京 ：中国铁道出版社有限公司，2024．10．-- ISBN 978-7-113-31469-9

Ⅰ．U284．3

中国国家版本馆 CIP 数据核字第 20242BX641 号

书　　名：**铁路车站联锁**
作　　者：李文涛　林瑜筠

策　　划：徐　清
责任编辑：徐　清　　　　编辑部电话：(010)51873147
封面设计：崔丽芳
责任校对：苗　丹
责任印制：高春晓

出版发行：中国铁道出版社有限公司(100054，北京市西城区右安门西街 8 号)
网　　址：https://www.tdpress.com
印　　刷：河北燕山印务有限公司
版　　次：2024 年 10 月第 1 版　2024 年 10 月第 1 次印刷
开　　本：787 mm×1 092 mm 1/16　印张：19.75　字数：485 千
书　　号：ISBN 978-7-113-31469-9
定　　价：68.00 元

前　言

联锁是保证车站行车安全的重要技术措施，联锁设备是最主要的技术装备，严密的联锁关系是行车安全的根本保证。

不仅联锁管理人员，全体信号工作人员都必须熟悉联锁基本概念，必须掌握联锁基本原理，必须严格实行信号联锁管理，必须正确进行信号联锁试验。为了给信号工作人员，特别是联锁管理人员提供有关信号联锁完整而系统的学习资料，编者于2016年出版了《铁路信号联锁》，书中包括联锁基本概念、联锁基本原理、联锁管理、联锁试验四方面内容。

随着我国铁路的快速发展，铁路信号在技术装备和技术水平不断提升的同时，信号联锁管理也有很多变化。为适应这种发展，按照《车站联锁设备维护管理办法》（TG/XH 213—2019）、《铁路信号联锁图表编制原则》（Q/CR 654—2018）、《铁路车站计算机联锁测试规范》（TB/T 3537—2018）的规定，在广泛征求各级联锁管理人员意见的基础上，对《铁路信号联锁》进行修订，保留原有的内容框架并更名为《铁路车站联锁》。

联锁基本概念包括：联锁、联锁道岔、联锁区、联锁设备等基本内容；表达车站联锁设备间联锁关系依据和说明的联锁图表，联锁图表是电路设计、软件编写、联锁试验和竣工验收的重要依据；信号显示与其运行前方信号显示存在的联系。

联锁基本原理包括继电集中联锁和计算机联锁的基本原理，闭塞与联锁，列控系统与联锁，驼峰信号设备与联锁等内容。

联锁管理是信号技术的管理重点，贯穿于信号工作的全过程，无论是信号大修、中修、维修还是更新改造，都要把联锁管理当作信号技术管理的首要任务。联锁管理工作必须全面落实联锁管理规章制度，加强联锁管理人员的队伍建设，严格执行联锁纪律。

联锁试验是确保信号设备安全和技术管理的重要内容，贯穿于信号设备设计、施工、运用、维护工作的全过程，是保证联锁关系正确的必要手段。

车站联锁设备包括继电联锁和计算机联锁。虽然继电联锁正在逐渐改造为计算机联锁，装备率已不足20%，但是为了方便读者对于联锁的深刻理解，仍保留了6502继电联锁的主要内容。

本书联锁基本概念的内容以有关规章为依据；联锁基本原理，着重描述各种信号设备联锁关系的实现，不进行详细的电路分析；有关联锁管理和联锁试验的内容以《普速铁路信号维护规则　业务管理》《高速铁路信号维护规则　业务管理部分》为依据。

为取得更好的学习效果，建议读者结合编者编写的《计算机联锁（第五版）》（ISBN 978-7-113-31143-8）、《6502电气集中图册》（ISBN 978-7-113-21212-4）、《计算机联锁图册》（ISBN 978-7-113-29755-8）、《自动闭塞图册》（ISBN 978-7-113-29754-1）进行学习。

本书由中国国家铁路集团有限公司工电部李文涛、南京铁道职业技术学院林瑜筠担任主编。中国国家铁路集团有限公司工电部叶建斌、中国铁路广州局集团有限公司电务部方少锋、中国铁路上海局集团有限公司电务部王舒担任副主编。中国铁路广州局集团有限公司衡阳电务段邓元成，中国铁路上海局集团有限公司电务部丁道富、胡钦、储正昀，南京铁道职业技术学院赵德生，无锡学院李文超，中国铁路济南局集团有限公司济南电务段刘永康、张韫斌，中国铁路广州局集团有限公司惠州电务段陈顺国、陈伟彬参加了编写。

由于编者水平有限，资料搜集不全，再加上时间仓促，书中疏漏、不妥之处在所难免，恳望广大读者批评指正。

编　者

2024年8月

目　录

第一章　联锁基本概念

第一节　联　　锁

联锁是保证行车安全的重要技术措施，是信号设备与相关因素的制约关系。为保证行车安全，联锁关系必须十分严密。

一、联　　锁

联锁是指通过技术方法，使信号、道岔和进路必须按照一定程序并满足一定条件才能动作或建立起来的相互关系。

列车和调车车列在站内运行所经过的径路，称为进路。按各道岔的不同开通方向可以构成不同的进路。列车和调车车列必须依据信号的开放而通过进路，即每条进路必须由相应的信号机来防护。如果进路上的道岔位置不正确，或已有车占用，或敌对信号已开放，进路未锁闭，有关的信号机就不能开放；信号开放后，其所防护的进路不能变动，即此时该进路上的道岔不能再转换，且敌对信号不能开放。信号、道岔、进路之间的这种相互制约的关系，称为联锁关系，简称联锁。

确保联锁关系正确是联锁设备设计、制造、施工、维护应遵循的基本原则。信号设备机械强度和电气特性是保证联锁关系正确的基本条件。

二、联锁道岔

在车站联锁区范围内纳入联锁的道岔称为联锁道岔。

1. 道岔的定反位

每组道岔都有两个工作位置：定位和反位。道岔的定位是指道岔经常开通的位置，而另一个位置则称反位，是排列进路时改变的位置。

“四开”是挤岔后形成的非工作位置，应及时处理，是不允许长时间存在的。

确定道岔定位的原则是：

①单线车站上正线的进站道岔，以由车站两端向不同线路开通的位置为定位，由左侧行车制决定。如图 1-1 所示，以 1 号道岔开通 1G，2、4 号道岔开通ⅡG 为定位。

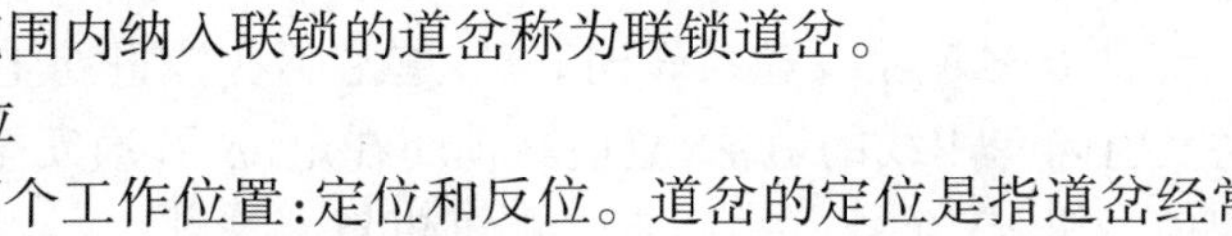

图 1-1　道岔的定反位

②双线车站正线上的进站道岔，以向各该正线开通的位置为定位。

③所有区间及站内正线上的其他道岔，除引向安全线及避难线者外，均以向各该正线开通的位置为定位。

④引向安全线、避难线的道岔，以该安全线、避难线开通的位置为定位。

⑤侧线上的道岔除引向安全线和避难线者外，为向列车进路开通的位置或靠近站舍的进路开通的位置为定位。

站内其他道岔，由车站依据具体情况决定。

2. 联动道岔

排列进路时，几组道岔要定位都要在定位，要反位则都要在反位，这些道岔称为联动道岔。渡线两端的道岔，例如图 1-2（以下统称举例站场）的 1 号和 3 号道岔，1 号定位时 3 号必须在定位，1 号反位时 3 号也必须在反位，即 1 号道岔和 3 号道岔是联动道岔，记为 1/3 号，它们必须同时转换，否则不能保证安全。

复式交分道岔包括两组尖轨和两组可动心轨，需 4 台转辙机牵引。其中前一组尖轨和前一组可动心轨联动，后一组尖轨和后一组可动心轨联动，如图 1-3 所示。根据不同的站场布置，可能有三动、四动和假双动（所谓假双动，指室外由两台转辙机牵引，室内道岔电路按单动道岔处理的双动道岔）的情况。图 1-4（a）中，2、4、6 号道岔为三动道岔，记为 2/4/6 号，简记为 2/6 号；8、10 号为假双动，记为 8/（10）号。图 1-4（b）中，2、4、6、8 号为四动道岔，记为 2/4/6/8 号，简记为 2/8 号。10、12 和 14、16 为假双动，分别记为 10/（12）号、14/（16）号。

3. 防护道岔和带动道岔

（1）防护道岔

为了防止侧面冲突，有时需要使不在所排进路上的道岔处于防护位置并予以锁闭，这种道岔称为防护道岔。

图 1-5（a）中，排列 D_3 至 D_9 的进路，尽管 1 号道岔不在该进路上，但仍然要求 1 号道岔锁闭在反位。目的是防止 1 号道岔在定位时，一旦下行列车在长大下坡道运行失控而冒进下行进站信号机，可能在 5 号道岔处造成侧面冲突。将 1 号道岔锁在反位，该失控列车最多进 1 号道岔侧向，不致造成侧面冲突。

图 1-5（b）中，下行经 3/5 号道岔反位接车时，1 号道岔不在该进路上，专用线方面也无长大坡道，但因 1 号道岔是引向专用线的道岔，应使其锁闭在定位，开通安全线方向，以免专用线方面调车车列闯入 D_1 信号机，在 5 号道岔处造成侧面冲突。

经由交叉渡线的一组双动道岔反位排列进路时，应使与其交叉的另一组双动道岔防护在定位。例如，举例站场上行 5 道发车时，1/3、9/11、21 号道岔需锁在反位，13/15 号道岔不在该进路上，但为了防止侧面冲突，应使其防护在定位。否则，排列经 9/11 号道岔反位进路时，若允许再排列经 13/15 号道岔反位的进路，将会在交叉渡线处造成侧面冲突。将 13/15 号道岔防护在定位，经两组双动道岔反位的进路就不能同时建立，而且由于 9/11 号道岔已锁在反位，经两组双动道岔定位的进路也不能建立，从而避免了侧面冲突的发生。

（2）带动道岔

为了满足平行作业的需要，排列进路时还需把某些不在进路上的道岔带动到规定位置，并对其锁闭，这种道岔称为带动道岔。

例如，举例站场下行 4 道接车时，要求 5/7、1/3、9/11、13/15 号道岔定位，17/19、27 号道岔反位。23/25 号道岔不在该进路内，但考虑平行作业，需将其带动至定位。因 23/25 的 23 号道

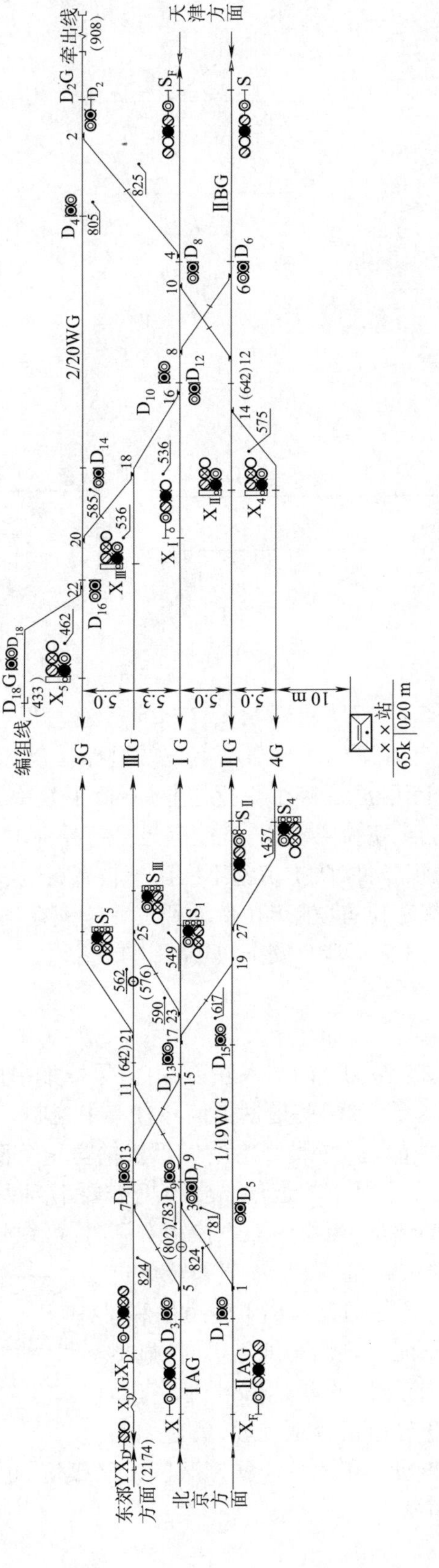
北京方面
东郊方面
天津方面
编组线
牵出线
5G
ⅢG
ⅠG
ⅡG
4G
2/20WG
1/19WG
ⅠAG
ⅡAG
ⅡBG
××站
65k|020 m

图 1-2　举例站场

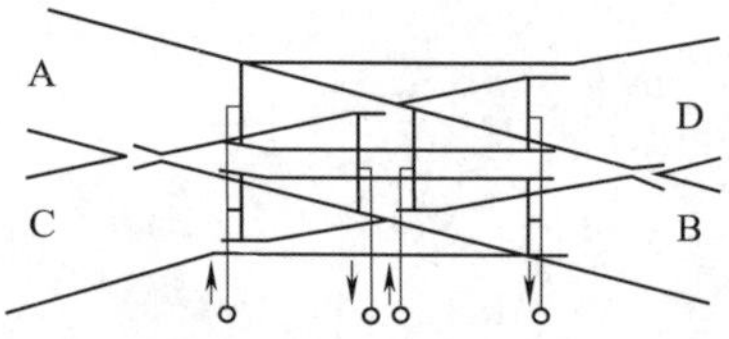

图 1-3 复式交分道岔

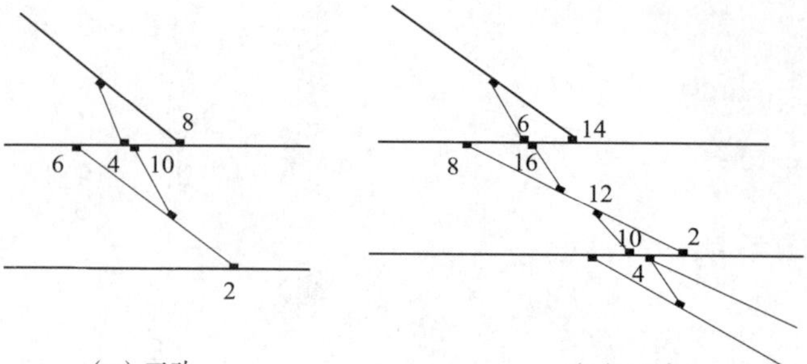

（a）三动 （b）四动

图 1-4 三动道岔和四动道岔

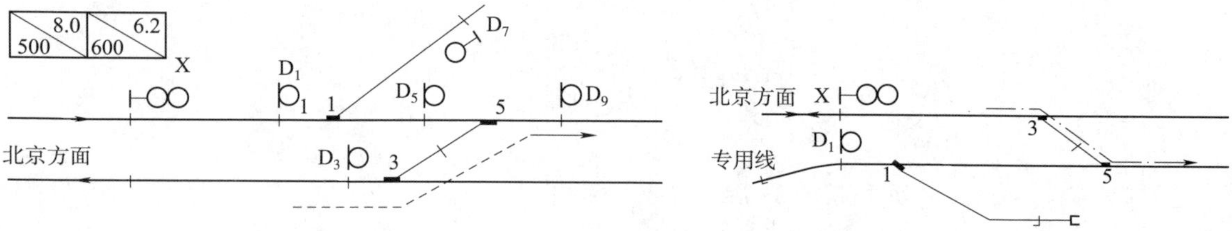

（a）长大下坡道情况 （b）专用线情况

图 1-5 防护道岔

岔与 17/19 的 17 号道岔同属 17-23DG 区段，若 23/25 号道岔反位时锁闭了下行 4 道接车进路，它就被锁在反位，不能再排经 23/25 号道岔定位的进路。例如，东郊方面至Ⅲ道的接车进路，须等 17-23DG 解锁后才能建立，影响了平行作业，降低了效率。如果在建立下行 4 道接车进路时，将 23/25 号道岔带动至定位再锁闭，就能满足平行作业的要求。

对防护道岔必须检查联锁条件，防护道岔不在防护位置，进路不能建立。对带动道岔则无须检查联锁条件，能带动到规定位置就带动（带动到位后应锁在当前位置），带动不到（若它还被锁闭）也不影响进路的建立，它不涉及安全，只是影响效率。

三、联 锁 区

联锁区，或称集中区，是指站（场）内纳入联锁，由信号楼集中控制的区域。

划分联锁区就是确定站（场）内哪些道岔由信号楼集中控制。划分的一般原则是：

1. 凡与接、发车进路有关的道岔（线群出站信号机前方道岔除外）和转场进路上的道岔，以及与这些作业有联系的调车进路上的道岔。当根据需要不列为集中控制时，须与有关信号机联锁。非接、发车进路上的道岔，当集中操纵控制有利时，可划归集中控制。

2. 防止机车车辆由其他线路进入接、发车和转场进路的防护道岔，如图 1-6 中的 3 号道岔。当 1 号道岔和 3 号道岔相距较近，两者之间不能设置调车信号机时，显然要把 3 号道岔划入集中区，把防护的调车信号机设于 3 号道岔尖轨前方；当 1 号和 3 号道岔相距较远，两者之间能设置调车信号机，为了防止机车车辆由非联锁区闯入联锁区，也要将 3 号道岔划入联锁区。这时，1 号与 3 号构成双动道岔。

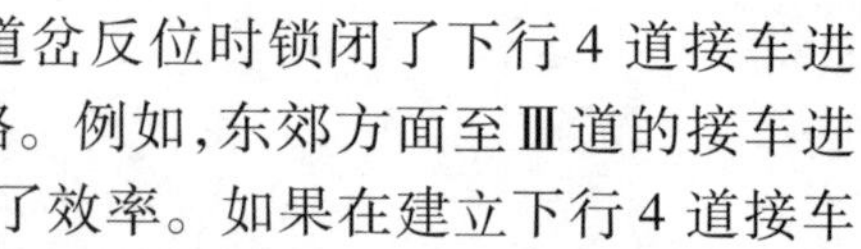

图 1-6 联锁区的划分（一）

3. 难以划开联锁区和非联锁区的个别道岔，如图1-7中的3号道岔。由于3号道岔与7号道岔距离较近，两者之间无法设置调车信号机。

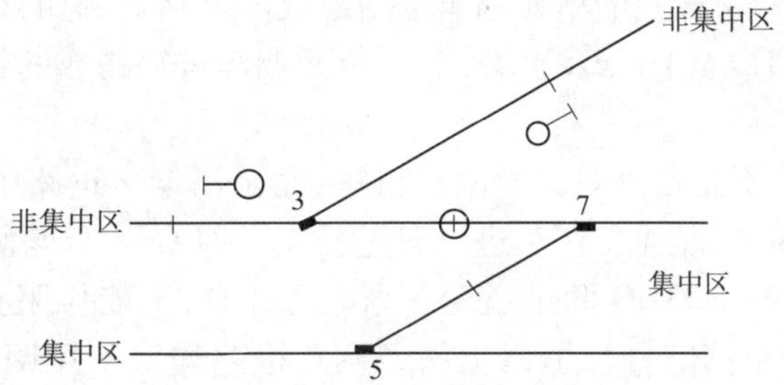

图1-7　联锁区的划分(二)

4. 两个联锁区道岔之间，距离它们较近的道岔，如图1-8中的13号道岔。若该道岔不划入集中区时，利用牵出线向货场调车的进路，势必经集中区(17DG)—非联锁区(13号道岔)—联锁区(9DG)，这对保证运行安全不利。从经济方面考虑，将13号道岔划入联锁区，虽增加了一组集中道岔，但能节省一架调车信号机(如图中虚线所示)。

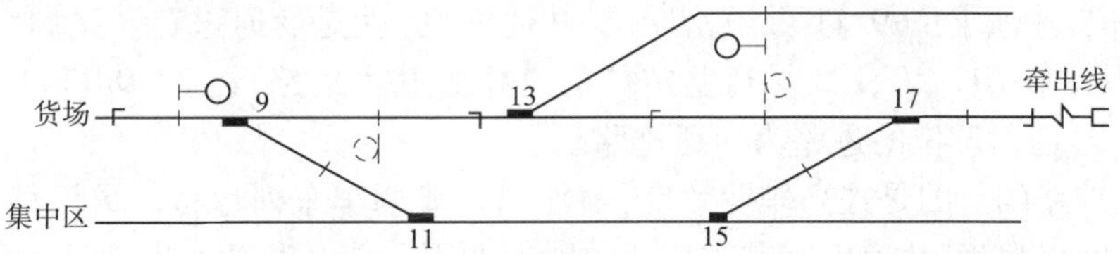

图1-8　联锁区的划分(三)

5. 一个咽喉区内的个别道岔，不划为集中控制时，在办理上有困难，而设专人办理又不经济，当投资不多时，可以划为集中控制。

四、进　　路

进路是车站内列车或调车车列由一点运行至另一点的全部径路。进路分为列车进路和调车进路。列车用的称为列车进路，调车用的称为调车进路。进路要求其包括的道岔(包括防护道岔)必须处在规定位置。进路包括一个或数个轨道电路区段。

1. 列车进路

列车进路分为接车进路、发车进路和通过进路。

接车进路指列车进入车站(车场)所经过的径路，始于进站信号机(或接车进路信号机)，终于另一端咽喉的出站信号机(或进路信号机)。例如，举例站场的下行Ⅰ道接车进路，由下行进站信号机X至下行Ⅰ道出站信号机X_{I}。

发车进路指列车由车站(车场)驶出所经过的径路，起于出站信号机，止于发车口。例如，举例站场的下行Ⅰ道发车进路，由下行Ⅰ道出站信号机X_{I}至下行发车口处。

通过进路指列车经正线不停车通过车站(车场)的进路。例如，举例站场下行通过进路，由下行进站信号机X至下行发车口，包括下行Ⅰ道接车进路和下行Ⅰ道发车进路。

2. 调车进路

调车进路包括短调车进路和长调车进路。

短调车进路指从起始调车信号机开始，到次架阻挡信号机为止的一个单元调车进路。例如，举例站场中的 D_3 至 D_9。

长调车进路则是由两个以上的单元调车进路组成的进路。例如，举例站场 D_3 至 Ⅰ G 的调车进路，是由 D_{13} 至 Ⅰ G、D_9 至 D_{13}、D_3 至 D_9 三个单元调车进路构成的长调车进路，也称组合调车进路。

调车进路的长与短，不是指进路长度的长与短，而是指调车进路中，阻挡信号机是一架还是数架。例如，举例站场 D_{13} 至 Ⅰ G 调车进路只包括 17-23DG 一个道岔区段，而 $S_Ⅰ$ 至 D_7 的调车进路却包括 9-15DG 和 17-23DG 两个道岔区段（此时 D_{13} 不能作阻挡信号用，只有 D_7 才是 $S_Ⅰ$ 为始端的调车进路的阻挡信号），但以上两条调车进路均属于短调车进路，不能认为 $S_Ⅰ$ 至 D_7 是长调车进路。

3. 基本进路和变通进路

站内由一点向另一点运行有数条径路时，根据站场线路及运营需要确定的第一条列车进路，称为基本进路。基本进路一般是两点间最近的、对其他进路作业影响最小的进路。此时，基本进路以外的其余进路称为变通进路（又称迂回进路）。例如，举例站场下行Ⅲ道接车进路有三条。把 23/25 号道岔在反位，其他各道岔定位的进路定为基本进路，则其余两条进路（即 5/7 号道岔反位，其他定位；9/11 号道岔反位，其他定位）就是变通进路。又如，上行Ⅱ道发车进路有两条，其中 27、17/19、1/3 号道岔定位的进路为基本进路，经 27、9/11、13/15 号道岔定位，17/19、1/3 号道岔反位的进路为变通进路。

设计变通进路的目的是提高作业效率，增加列车或调车车列运行的灵活性。当正常行车线路上的道岔发生故障、轨道电路被占用或故障等原因不能开通基本进路时，可以开通变通进路，使列车或调车车列迂回前进而不致受阻。

当经过两组邻接的渡线形成的八字进路（俗称小八字）时[两组邻接渡线的两组道岔之间的距离一般为 $(2.6 \sim 3.8) \times 2$ m]，例如，举例站场下行Ⅲ道接车进路经 5/7 号道岔反位、13/15 号道岔反位的 S 形进路，因为过于曲折，不便于列车或调车车列运行，通常不允许建立。

4. 敌对进路

同时行车会危及行车安全的任意两条进路是敌对进路。下列进路规定为敌对进路：

①同一到发线上对向的列车进路与列车进路。例如，举例站场下行东郊方面Ⅲ道接车进路和上行Ⅲ道接车进路。

②同一到发线上对向的列车进路与调车进路。例如，举例站场下行 5 道接车进路和 D_{16} 至 5G 的调车进路。

③同一咽喉区内对向重叠的列车进路。例如，举例站场下行东郊方面Ⅰ道接车进路和上行东郊方面Ⅰ道发车进路。

④同一咽喉区内对向重叠或顺向重叠的列车进路与调车进路。顺向重叠进路指两条方向相同、互相间有部分或全部重合的进路。例如，举例站场下行Ⅰ道接车进路和 $S_Ⅰ$ 至 D_7 的调车进路，以及上行Ⅰ道发车进路和 $S_Ⅰ$ 至 D_7 的调车进路。

⑤同一咽喉区内对向重叠的调车进路。例如，举例站场 D_{11} 至 4G 调车进路与 S_4 至 X_D 的调车进路。

⑥进站信号机外方制动距离内接车方向为超过 6‰下坡道，而在该下坡道方向的接车线末端未设有线路隔开设备时，该下坡道方向的接车进路与另一端咽喉未能隔开的接车进路、非

同一到发线顺向的发车进路以及另一端咽喉的调车进路(仅运行动车组列车的区段除外)。

⑦防护进路的信号机设在侵限绝缘处禁止同时开通的进路,如图 1-9 所示。

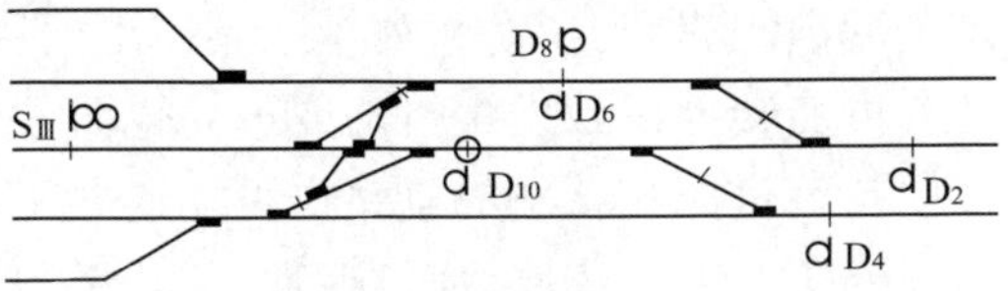

图 1-9　侵限绝缘

所谓侵限绝缘,即侵入限界的绝缘。除设置于双动道岔渡线的绝缘节外,其他与警冲标相关的、用于分割相邻轨道区段的绝缘节,遇下列情况应设计为侵限绝缘:①设置于警冲标外方时;②与警冲标并置时;③设置于警冲标内方但距警冲标沿线路方向的距离小于规定的最小值(无动车组运行时,为 3. 5 m;有动车组运行时,为 5 m)时。由于 D_{10}处轨道绝缘侵入限界,则 $S_{Ⅲ}$至 D_8 调车进路与 D_2 至 D_{10}、D_4 至 D_{10}调车进路为敌对进路。因车辆停留在 D_{10}信号机前方时,如建立 $S_{Ⅲ}$至 D_8 或 D_6 至ⅢG 调车进路,均可能发生侧面冲突事故。

⑧向驼峰推送车列占用的股道与另一端向该股道的接车进路或调车进路。

敌对进路必须相互照查,不得同时开通。

同一到发线上对向的调车进路允许同时建立,例如,举例站场 D_{11}至 5G 调车进路与 D_{16}至 5G 调车进路。这样对调车作业较多的车站可提高作业效率。但对于调车作业较少的中间站,当同一到发线上对向的调车进路无必要同时开通时,也可作为敌对进路。股道、无岔区段有车占用时允许向其排列调车进路,便于取送车。但不允许两端同时向无岔区段办理调车进路。

5. 进路的锁闭与解锁

进路锁闭,指进路上的所有道岔被锁住,不能转换。进路解锁,即解除进路上道岔的锁闭,允许转换。

(1)进路锁闭

进路有建立和未建立两种状态。建立了进路,即排列了进路且处于锁闭状态。进路未建立,即未排列进路,其在解锁状态。

进路的锁闭是为实现联锁关系而将所排进路上的各道岔限制于规定位置。集中联锁以道岔区段为主要锁闭对象,进路的锁闭即由构成该进路的各道岔区段的锁闭组成。所以,进路的锁闭实质上就是对进路上各道岔以及防护道岔的锁闭。

根据道岔的锁闭情况,可分为进路锁闭、区段锁闭、人工锁闭和其他锁闭。进路排出后该进路上各区段的道岔锁闭在规定位置,即为进路锁闭。道岔区段有车占用时道岔不能转换,即为区段锁闭。人工锁闭则指利用操纵设备(如单独锁闭按钮)断开道岔控制电路或用转辙机安全接点断开启动电路的单独锁闭。其他锁闭包括引导总锁闭,超过 6‰下坡道的接车进路的延续进路锁闭,到发线中间出岔的接发车进路锁闭,非进路调车锁闭,到达场推送进路锁闭等。

在故障情况下道岔区段被锁闭即为故障锁闭。例如,列车通过进路后因轨道电路故障使个别区段未解锁,轨道电路停电恢复后引起的区段锁闭;维修时更换继电器引起的区段锁闭。

集中操纵的道岔受上列任一种锁闭时,应保证道岔均不转换。

(2)进路锁闭和接近锁闭

进路的锁闭按时机分为进路锁闭和接近锁闭。进路锁闭(又称预先锁闭)在进路选通、有关联锁条件具备时构成,此时列车或调车车列尚未占用该进路的接近区段。接近锁闭(又称完全锁闭)在信号开放后接近区段有车占用时构成。对于列车进路,接近锁闭须持续到进路第一轨道区段自动解锁或人工解锁。当无接近区段时，信号开放后即构成接近锁闭。之所以设接近锁闭，是为了防止列车或调车车列接近后信号突然关闭而停不住冒进信号时，进路上道岔有可能转换以致发生挤岔或进异线而危及行车安全。另外，如此时进路不经延时立即解锁，其他与该进路相抵触的进路也可能建立，不安全。

列车及调车进路，应设接近锁闭。信号机的接近区段（应有足够的长度）与列车运行速度有关，一般情况下应符合如下规定：

①接车进路为信号机外方的闭塞分区或轨道区段。列车进路的接近区段的长度既要满足列车制动距离的要求，又要考虑车站的作业效率，一般为进站信号机外方的第一个闭塞分区或轨道电路区段。

②发车进路为发车线（一般为股道）。有通过进路的正线，应从前方列车信号机内方第一个轨道电路区段开始。

③正线上同方向相邻两架列车信号机，当信号显示上有联系时，后一架信号机所防护进路的接近区段，应从前架列车信号机后方第一轨道区段开始。

④调车进路为信号机前方的轨道区段；当信号机前方未设轨道电路时，则信号开放即构成进路的接近锁闭。

⑤当进路入口处的列车速度大于 120 km/h 时，正线上列车进路的接近区段的长度，应满足最高速度制动距离的要求。CTCS-3 级区段，接近锁闭区段长度不小于列控车载设备与 RBC 最大允许通信中断时间内列车按设计速度运行的距离与列车最大常用制动距离之和；CTCS-2 级区段，接近锁闭区段长度不小于列车按设计速度运行时的最大常用制动距离；其他区段，不小于列车按设计速度运行时间的紧急制动距离。

此时，在普速铁路自动闭塞区段，接车进路的接近区段为进站信号机前方的第三接近区段和第二接近区段，发车进路的接近区段为自出站信号机至同方向的进站信号机以及第三接近区段。在半自动闭塞区段，接车进路的接近区段为进站信号机前方的两个接近区段。

（3）进路解锁

进路解锁指解除对进路的锁闭。进路的解锁也是构成该进路的各区段的解锁。按不同情况，进路的解锁分为正常解锁、取消解锁、人工解锁、调车中途返回解锁和故障解锁。

①正常解锁

进路的正常解锁是指，列车或调车车列驶入进路后，防护进路的信号机关闭，顺序出清进路上的各区段后，各区段的自动解锁。

集中联锁大多采用逐段解锁的方式，即采用多次分段解锁的方式，车出清一段解锁一段。这样可以充分发挥咽喉道岔的利用率，缩短两项作业间的间隔时间，提高车站咽喉区的通过能力和调车作业效率。进路正常解锁必须得到列车或调车车列确实进入该进路使信号关闭，并占用和出清了进路上的各道岔区段的证明后方可进行。要用三点检查法来验证车占用过进路。

作为车曾占用过和已出清道岔区段的证明，对轨道电路的动作来说，就是该区段的轨道继电器一度落下后又吸起。

采用检查一个道岔区段来证明车曾占用过并已出清该区段的方法，称为一点检查法。很明显，当人工短路该区段时轨道继电器也落下，取消短路后它又会吸起。因此，一点检查和人工短路无法区别，用它来证明车曾占用过并已出清某道岔区段是很不安全的，不能采用。

采用车曾占用过某区段相邻的前一区段，及占用并出清本区段的方法，即为两点检查法。两点检查也有问题：一是单机高速通过两相邻轨道电路之间的绝缘节时，占用下一个区段和离开本区段是一瞬间，而轨道继电器的失磁落下比励磁吸起来得慢，这样用一个继电器来记录相邻两区段的轨道继电器曾经落下过就不行了；二是轨道电路采用极性交叉来防护绝缘破损，当相邻轨道电路之间的绝缘破损时，使得两个轨道继电器同时落下，导向安全，但若因行车震动可能使破损的绝缘瞬间恢复时，又会使两个轨道继电器同时吸起，从而造成进路提前错误解锁。因此，两点检查也是不安全的，一般也不能采用。

实践证明，采用三点检查法来解锁道岔区段最为安全，在集中联锁中普遍采用。所谓三点检查，就是用三个区段的轨道电路作为解锁的检查条件。一个区段的解锁不仅要检查车占用过并已出清本区段，而且还要检查车占用过并已出清前一区段，已进入后一区段。图 1-10 中，进路有 a、b、c 三个道岔区段。对 a 区段来说，车占用过并已出清 a 前方的接近区段，车占用过并已出清 a 区段，车正占用 b 区段，a 区段才能解锁。对 b 区段来说，a 区段被占用过并已出，b 区段占用过并已出清，c 区段正被占用，b 区段才能解锁。对 c 区段来说，b 区段被占用过并已出清，c 区段被占用过并已出清，后一区段（例如股道）被占用，c 区段即能解锁。

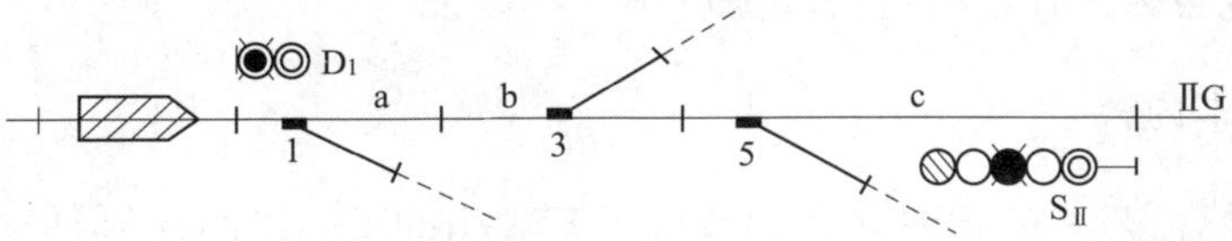

图 1-10　三点检查示意图

调车进路的正常解锁一般也要三点检查，但在股道或无岔区段上留有车辆向外调车时，只能实现两点检查。

在高速铁路及较小车站可设计为进路一次解锁方式。

②取消解锁

当信号机开放后，列车或调车车列尚未接近时，即进路处于预先锁闭状态，有可能未占用就要办理解锁，如试验电路时办理的进路，或进路建立后欲变更进路，例如将基本进路改为变通进路，或因故改变为另一条进路，或因故不再办理，都要将已建立的进路取消掉。取消解锁不应延时。

③人工解锁

进路完成接近锁闭后，即列车或调车车列占用进路的接近区段时，如欲关闭信号机解锁进路，应保证不因进路上任一区段故障而导致进路错误解锁，必须办理人工延时解锁（简称人工解锁）。办理人工解锁手续后信号关闭，进路自动延时解锁。接车进路及有通过列车的正线发车进路人工解锁延时 3 min（高速铁路为 4 min，下同）。之所以延时 3 min 是为了防止因信号故障关闭（如灯丝断丝、电路断线或轨道电路故障）或改变进路时，已运行在接近区段的列车看不见突然关闭的信号，或虽看见了信号关闭但不能保证停于机外，而冒进信号造成危险，所以延时 3 min（3 min 是满足列车以 120 km/h 进入接近区段后经常用制动到停车所需的时间 165 s，并考虑一定余量的时间），在 3 min 内列车要么在信号机外停车，要么已冒进信号机内停车，这样就能保证停车后再解锁。调车进路和站线发车进路因车速较低，故只延时 30 s（高速铁路为 1 min，下同）就解锁。

④调车中途返回解锁

转线作业包括牵出和折返两个过程。为了提高作业效率,牵出时常常不走完牵出进路就按最近的反向调车信号机的显示折返。这时,原牵出进路可能有部分区段或全部未解锁,需用调车中途返回解锁电路使未解锁的区段解锁。

调车中途返回解锁是指调车中途折返时对原调车进路上不能正常解锁的区段,在调车车列退回后也能使之自动解锁。

⑤故障解锁

使故障锁闭后的区段解锁称为故障解锁。对故障锁闭的区段应能在故障排除后实施区段故障解锁。列车或车列占用进路后,其运行前方区段不能实施区段故障解锁。信号因故关闭,不应导致锁闭的进路自动解锁。已锁闭的进路不应因轨道电路瞬间分路不良或轨道电路停电恢复而错误解锁。

轨道电路停电恢复后,已锁闭的区段应经车站值班员办理故障解锁后才能解锁。这是因为轨道电路在停电恢复后因轨道继电器参数不可能完全一致,吸起有先有后,当吸起顺序和列车或调车车列驶过的顺序一致时,有可能造成错误解锁。所以当轨道电路停电恢复后,须经车站值班员确认无危险因素存在时进行故障解锁。

五、联锁的基本内容

联锁的基本内容包括:防止建立会导致机车车辆相冲突的进路;必须使列车或调车车列经过的所有道岔均锁闭在与进路开通方向相符合的位置;必须使信号机的显示与所建立的进路相符。

进路上各区段空闲时才能开放信号,这是联锁最基本的技术条件之一。即,向有车占用的线路排列进路时,有关列车信号机不得开放。如果进路上有车占用,却能开放信号,则会引起列车、调车车列与原停留车冲突。

进路上有关道岔在规定位置才能开放信号,这是联锁最基本的技术条件之二。即,进路上有关道岔位置不正确,道岔的尖轨与基本轨不密贴(有 4 mm 及其以上间隙),防护该进路的信号机不得开放。如果进路上有关道岔开通位置不对却能开放信号,则会引起列车、调车车列进入异线或挤坏道岔,甚至造成列车冲突、脱轨或颠覆。信号开放后,其防护的进路上的有关道岔必须被锁闭在规定位置,而不能转换。

敌对信号未关闭时,防护该进路的信号机不能开放,这是联锁最基本的技术条件之三。即,敌对进路未解锁或照查条件不符合时,防护该进路的信号机不得开放。否则列车或调车车列可能造成正面冲突。信号开放后,与其敌对的信号也必须被锁闭在关闭状态,不能开放。

六、基本联锁功能

联锁设备必须在规定的联锁条件和规定的时序下对进路、信号和道岔实行控制,应保证车站(场)值班人员,对接车、发车、调车进路及信号机开放与关闭的控制。对于来自操作设备的错误操作,应具备有效的防护能力。

1. 进路的锁闭和解锁

(1)敌对进路必须相互照查,不得同时开通。当向邻接的联锁区开通进路时,应与邻接联锁区照查锁闭。

(2)无岔区段有车占用时允许向该区段排列调车进路,但不允许经由该区段排列长调车进路。

(3)进路的锁闭分为预先锁闭和接近锁闭。列车及调车进路应设接近锁闭。引导锁闭分为引导进路锁闭和引导总锁闭。

(4)进路的解锁

①任何操作不得使占用的区段解锁,也不得使列车、调车车列运行前方的区段解锁。

②进路的解锁必须在信号关闭后进行。锁闭的进路应能随列车车列的正常运行而自动解锁。解锁时,有条件的区段均应满足三点检查,延时3 s 自动解锁。必要时,接车进路的接近区段也可作为三点检查的条件之一。

③已锁闭的进路不应因轨道电路瞬时分路不良或轨道电路停电恢复后错误解锁。

④调车中途返回解锁

在联锁区内进行中途折返调车作业时,在下列条件下调车进路应能实现中途返回解锁。

a. 当调车车列驶入调车进路后,因中途折返而使该进路的部分区段不能解锁时,在检查调车车列确已根据开放的折返信号机驶入该信号机的内方,且出清全部未解锁的区段后,该部分区段应自动解锁。

b. 当调车车列驶入调车进路后,因中途折返作业而使该进路全部区段均不能解锁时,在检查调车车列顺序退出该进路和其接近区段后解锁。

c. 当调车车列完全驶入并置调车信号机内方后,因中途折返而使该进路全部区段均不能解锁时,在检查调车车列确已根据开放的反向调车信号机驶入该信号机的内方,且出清全部未解锁的区段后,该进路自动解锁。

⑤进路的取消或人工解锁进路。

进路在预先锁闭状态时,办理取消解锁应检查信号机关闭和进路空闲,取消解锁不应延时。

进路在接近锁闭后,应能办理人工解锁,接车进路及正线发车进路的人工解锁自信号机关闭时延时3 min,其他进路的人工解锁自信号机关闭时延时30 s。

⑥除占用区段和处于列车、调车车列走行前方的区段外,其他区段均可采用区段故障解锁方式解锁。

⑦引导进路建立后,需在人工确认后办理进路解锁。

2. 信号的开放和关闭

(1)正常办理进路或办理了重复开放信号手续,除引导信号外,防护该进路的信号机必须检查进路空闲、侵限绝缘相邻区段空闲、有关道岔位置正确、进路已锁闭、未施行人工解锁、敌对进路未建立以及照查条件正确后方可开放。出站信号机还必须检查区间闭塞条件。

(2)一次排列由几条进路组成的组合调车进路,只当其各条进路均构成后,防护各进路的调车信号机由进路最远端开始依次开放或同时开放。

(3)进站、进路、出站信号机(办理自动通过除外)及调车信号机,在信号关闭后,不经再次办理,不得重复开放信号。

(4)信号机的关闭

已开放的信号机于下列情况之一时应及时关闭:

①列车信号,当列车第一轮对进入该信号机内方第一轨道区段时;

②调车信号,当调车车列全部越过信号机时或当信号机外方区段留有车辆(含未设轨道

区段)出清其内方第一轨道区段时;

③在专用的机车走行线和机务段出口处以及机待线上的调车信号机,当机车第一轮对进入该信号机内方时;

④发生故障导致联锁条件不能满足时;

⑤办理取消或人工解锁进路时;

⑥复示信号机当其主体信号机关闭时。

必须保证车站值班人员能随时关闭开放的信号机。

(5)在自动闭塞区段,根据需要对于正向经常有连续通过列车的车站,经办理自动通过后,应能使该通过进路内的有关列车信号机随列车运行自动变换相应显示。此时进路中的道岔必须保证处于锁闭状态。

(6)进站或接车进路信号机因故障不能正常开放信号或向非接车线路接车时,应使用引导信号。

引导信号开放时必须办理引导进路、检查引导进路中的道岔位置正确、未建立敌对进路、引导进路在锁闭状态;或者对道岔进行总锁闭。开放引导信号必须检查其主体信号机为红灯显示。

引导信号在下列情况下应及时关闭:

①列车未驶入引导进路之前信号保持开放的条件不能满足时;

②信号机内方第一轨道区段无故障的情况下,列车第一轮对进入该区段时;

③办理引导进路解锁时;

④解除道岔总锁闭时;

⑤人工关闭信号时。

(7)信号灯丝监督

①列车信号机和调车信号机应设灯丝监督;

②在信号开放后,应不间断地检查灯丝完好;

③进站、进路或出站信号机,当开放的信号灯断丝,应自动转变较低级信号显示;

④进站和有通过列车的正线出站或进路信号机应检查红灯灯丝完好方能开放;

⑤开放预告或复示信号机时,应不间断地检查其主体信号机在开放状态;

⑥列车信号机及进站、接车进路信号机的复示信号机的点灯电路应具有主、副灯丝的自动转换功能,当主灯丝断丝时,应有表示和报警。

3. 道岔的控制

(1)集中联锁道岔应能单独操纵或随进路的排列而自动选动,自动选动宜采用顺序启动的方式。道岔的单独操纵应优先于进路的自动选动。

(2)联锁道岔应受进路锁闭、区段锁闭及人工锁闭。

(3)道岔控制电路应符合下列要求:

①道岔转换设备的动作,须与车站值班员的操纵意图或者调度集中控制命令的要求相一致;

②道岔在任一种锁闭状态下均不得启动;

③道岔一经启动,不论其所在区段轨道电路故障或有车进入轨道区段,均应继续转换到底;

④道岔因故被阻不能转换到底时，当所在区段无车占用时，对非调度集中操纵的道岔，应保证经操纵后转换到原位；对调度集中操纵的道岔，当道岔的转换时间超过 30 s 时，应自动切断道岔控制电路，道岔停止转换；

⑤电动机电路故障，道岔不应再转换；

⑥道岔转换完毕，应自动切断启动电路；

⑦采用三相交流电源控制的电动或电液转辙机，必须设置断相保护装置；

⑧当设计有列车储存进路或道岔接受遥控时，必须对道岔的启动采用能自动切断供电电路、停止转换的防护措施；必须采取防止因轨道电路瞬间失去分路而解锁，导致道岔错误转换的措施。

(4)道岔表示电路应符合下列要求：

①道岔表示与道岔的实际位置一致，并检查自动开闭器两排接点组及其他表示装置均在规定位置；

②联动道岔须检查其各组道岔均在规定位置；

③单动、联动和多点牵引道岔，必须检查各牵引点的道岔转换设备均在规定位置；

④当道岔处于不密贴位置时，严禁出现定位或反位表示；

⑤道岔启动时，应先切断位置表示；

⑥人工锁闭时，不影响道岔的位置表示；

⑦道岔发生挤岔时，应有挤岔表示。

七、联锁设备

控制车站的道岔、进路和信号，并实现它们之间联锁的设备，称为联锁设备。联锁设备可以采用机械、机电或电气的方法来实现，可以分散控制，也可以集中控制。

早期我国铁路的联锁设备主要是电锁器联锁，目前主要是计算机联锁，仍保留有少量继电集中联锁。

集中联锁用电气的方法集中控制和监督全站的道岔、进路和信号机，并实现它们之间的联锁。集中联锁包括继电式电气集中联锁和计算机联锁。若是用继电器组成的电路来进行控制并实现联锁的设备，称为继电式电气集中联锁，简称继电集中联锁或继电联锁。计算机联锁用计算机完成联锁及控制功能。

集中联锁采用色灯信号机，道岔由转辙机转换和锁闭，进路上所有区段均设有轨道电路，在信号楼进行集中控制和监督、指挥。能准确及时地反映现场行车情况，不再需要分散控制时所需的联系时间，而且完全清除了因联系错误而引起的事故，因而大大提高了行车安全程度和作业效率，并且极大地改善了行车人员的劳动条件。集中联锁具有操作简便、办理迅速、表示完善、安全可靠等一系列优点，是实现铁路现代化的重要基础设备。集中联锁已在我国铁路迅速普及。

1. 电锁器联锁

电锁器联锁是一种非集中联锁设备，它用电锁器来实现主要联锁关系。由带电锁器的道岔握柄与转换锁闭器配合，用人工在现场就地分散操纵道岔。信号机可采用色灯信号机、臂板信号机或电动臂板信号机。采用色灯信号机的电锁器联锁称为色灯电锁器联锁。采用臂板信号机的电锁器联锁称为臂板电锁器联锁。采用电动臂板信号机的电锁器联锁称为电动臂板电锁器联锁。臂板电锁器联锁的信号机由车站值班员控制，扳道员在现场操纵。色灯电锁器联锁和电动臂板电锁器联锁的信号机由车站值班员通过控制台操纵。电锁器联锁作业效率低，安全程度差，行车人员劳动强度大，而且无法与现代化信号系统相结合。随着我国铁路信号现代化的进程，几乎已全部改造成为集中联锁。

2. 继电集中联锁

继电集中联锁电路曾有过多种制式，但经使用，并几经改进和完善，6502 电气集中联锁被认为是较好的定型电路，曾经得到广泛应用。

(1)6502 电气集中联锁的主要技术特征

6502 电气集中联锁是组合式电路。即按道岔、信号机和轨道电路区段为基本单元设计成定型的单元电路，称为继电器组合，简称组合。将各种组合按站场形状拼装起来即成为组合式电路。

组合式电气集中具有简化设计、加速施工、工厂预制、便于维修等优点。6502 电气集中联锁几乎是用定型组合拼成的，只需设计少量零散电路。

6502 电气集中联锁采用双按钮选路方式，一般只需按压两个进路按钮，就能转换道岔、开放信号，而且不论进路中有多少组道岔均能一次转换，简化了操作手续，提高了效率。

6502 电气集中联锁采用逐段解锁方式。它把进路分为若干段，采用多次分段解锁的方式，即列车或调车车列出清一段解锁一段，以提高车站作业效率。

(2)6502 电气集中联锁的设备组成

6502 电气集中联锁包括室内设备和室外设备，其组成如图 1-11 所示。室内设备有控制台、区段人工解锁按钮盘、继电器组合及组合柜、电源屏、分线柜等。室外设备有信号机、转辙机、轨道电路，以及连接室内外设备的电缆线路。

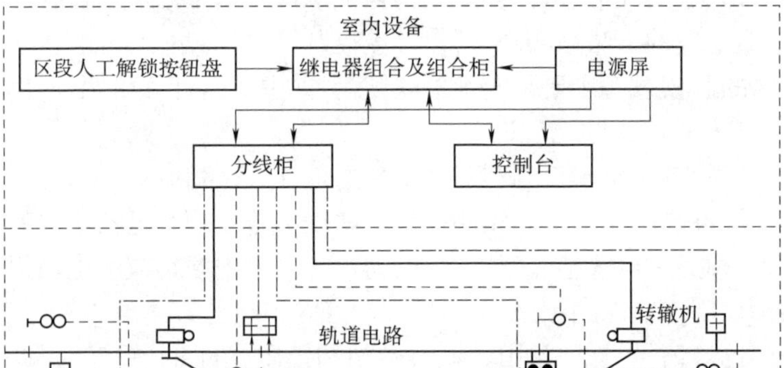

图 1-11　6502 电气集中联锁设备组成

控制台是车站值班员指挥列车运行和调车作业的控制设备，用来控制道岔的转换和信号机的开放，并对进路、信号、道岔进行监督。控制台设于信号楼控制台室或车站值班员室内。

区段人工解锁按钮盘的作用是，在更换继电器、轨道电路停电恢复等情况下使设备解锁恢复电路的正常状态；在道岔区段因故不能解锁时办理故障解锁；在取消进路时若发生不能关闭信号的情况下也可用来关闭信号。区段人工解锁按钮盘和控制台同处一室。

继电器插在继电器组合中，组合安装在组合柜上，组合柜设于继电器室内。组合和组合柜的数量取决于车站规模。

电源屏是电气集中的供电装置，供给稳定、可靠、符合使用条件的各种交、直流电源。电源屏设于继电器室或电源室内，要保证不间断供电，且不受电网电压波动和负荷变化的影响。

分线柜连接室内、外设备，完成相互间的电气联系。分线柜上还安装防雷元件。分线柜设于继电器室内。

电缆线路是连接室内、外设备，传送信息的通道。

(3)6502 电气集中联锁的基本工作原理

6502 电气集中联锁电路的动作层次是：选择进路→锁闭进路→开放信号→解锁进路。

6502 电路是继电逻辑电路，包括网路电路和局部电路。网路电路的形状与站场形状相似，有 15 条网路线。6502 电路分为选择组电路和执行组电路两大部分。

选择组电路由记录电路和选路网路组成，主要用来记录车站值班员按压按钮的动作，按要求自动选通所需进路，并将操作意图传给执行组电路。

所有联锁关系，包括检查道岔位置正确且锁闭、轨道电路区段空闲、敌对进路未建立且锁闭在未建立状态，都由执行组网路电路完成。经检查联锁关系正确后，锁闭进路，开放信号。各种解锁条件的检查也通过网路电路进行。

继电集中联锁性能较稳定，曾经得到普遍应用。但其由继电器组成逻辑电路，难于表达和实现复杂的逻辑关系，因而功能不够完善，安全性尚有欠缺，不便于与现代化信息系统联网，势必为更高层次的联锁设备——计算机联锁逐渐取代。

3. 计算机联锁

计算机联锁用计算机和其他一些电子、继电器件组成具有故障—安全性能的实时控制系统。它与继电集中联锁相比具有十分明显的技术经济优势，无论在安全性、可靠性、经济性等方面都是继电集中联锁无法比拟的，而且设计、施工、维修和使用大为方便。计算机联锁已成为车站联锁设备的主流形式，基本取代继电联锁。

(1)计算机联锁的技术特征

计算机联锁是以计算机为核心构成的联锁控制系统，它与继电集中联锁相比，主要区别是：

①利用计算机对车站值班员的操作命令和现场监控设备的表示信息进行逻辑运算后，完成对信号机、道岔及进路的联锁和控制，全部联锁关系由计算机及其程序完成。

②用屏幕显示代替表示盘，大大缩小了体积，丰富了显示内容，简化操作等步骤。

③采用模块化硬件和软件设计，便于站场变更，并易于实现故障检测分析功能。

(2)计算机联锁的优点

与继电集中联锁相比，它具有以下优点：

①进一步提高了安全性、可靠性。

②增加和完善了联锁功能。

③便于进入信号安全数据网，与其他信号系统进行信息交互。

④方便设计。

⑤省工省料。

(3)计算机联锁系统的组成

就控制的层次而论，计算机联锁系统可分为人机对话层、联锁层和执行层，相应地可由操作表示计算机、联锁计算机以及控制器来承担各层的任务。这样，整个系统可以分为上下两层,即上层为人机会话层,下层为联锁层,其结构如图 1-12 所示。

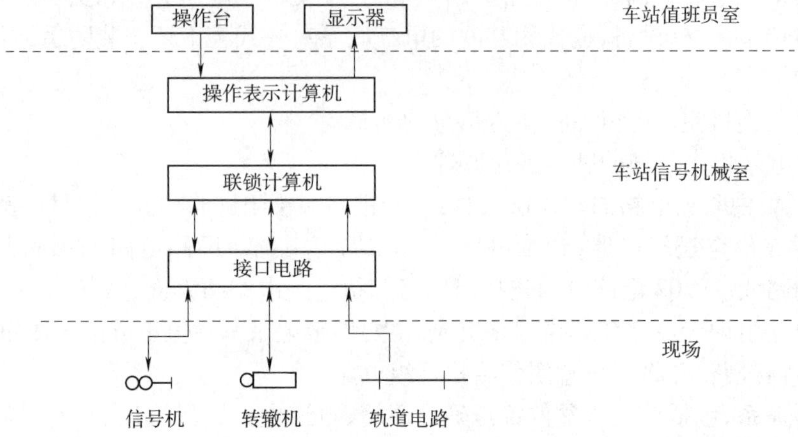

图 1-12 计算机联锁系统的组成

①操作表示计算机

操作表示计算机用于人机对话,其主要任务是接收来自控制台的操作输入,判明操作输入能否构成有效的操作命令,并将操作命令转换成约定的格式,由串行口输送给联锁计算机。另外,接收来自联锁计算机的表示信息,将它们转换成控制台能够接受的格式。

采用操作表示计算机,可以加快人机会话的响应速度,对控制台的操作命令进行预处理,提供丰富的表示信息,减轻联锁计算机的工作量,使联锁计算机能承担更多其他功能;并可使联锁计算机的硬件结构标准化,联锁计算机只需与操作表示计算机联系,而不需要许多并行的操作输入和表示输出接口。

操作表示计算机所处理的信息不涉及行车安全,所以不要求该计算机具有故障—安全功能,但它必须十分可靠才保证联锁系统正常工作。一般采用双机备用的计算机结构。为了简单起见,可用人工方式控制它的切换。

既然操作表示计算机的功能是传送和生成操作命令和表示信息,所以也将它作为联锁计算机与 CTC/TDCS 的联系机构。

②联锁计算机

联锁计算机是联锁系统的核心部分,实现高可靠性与高安全性的联锁功能。联锁计算机接收来自操作表示计算机的操作命令,接收来自控制器的室外监控对象的状态信息,进行联锁逻辑运算,发出控制道岔转换和开放信号的控制命令。

联锁计算机与人机对话层的联系一般是经通信接口实现的。

③接口电路

接口电路多采用接口继电器,用以与现场设备连接,完成信息采集和控制命令输出的任务。也开始用电子模块来代替继电器。

另有电务维修机,可自动储存长达一个月的站场信息、车站值班员操作信息、联锁系统提供的提示信息、故障诊断信息的全部记录,并可以图像方式再现,便于维修。

控制台曾有多种形式,现多采用鼠标加显示器。根据需要可分设控制台,每个控制台既可分区局控,又可统一集中操作。

现场设备保留电气集中采用的设备，道岔启动电路、信号机点灯电路、轨道电路仍采用成熟的电路。

系统软件分为人机对话处理、联锁逻辑处理、执行表示三个软件包，各个软件包之间由专用的系统管理软件沟通。

(4)系统功能

系统除完成6502电气集中的全部功能，还可扩展以下功能：

具有单钩溜放和连续溜放功能，能满足平面溜放调车作业的需要。

选用大屏幕显示器时，屏幕上除能显示电气集中表示盘上的所有表示外，还增加了时间显示、音响信号、语音报警和汉字提示。

具有检错、诊断、储存记录功能，故障可被诊断至板级。

第二节 联锁图表

联锁图表是车站联锁设备间联锁关系的说明，采用图和表的形式来表示。它由信号设备平面布置图和联锁表两部分组成。联锁图表说明车站信号设备之间的联锁关系，显示了进路、道岔、信号机以及轨道电路区段之间的基本联锁内容。联锁电路设计、联锁软件编制是根据联锁图表的要求严密进行的，联锁试验和竣工验收时也以联锁图表作为检查工程质量的重要依据。因此，联锁图表必须认真编制，避免任何差错和遗漏。

一、信号设备平面布置图

信号设备平面布置图是编制联锁表的主要依据，为满足编制联锁表的需要，信号平面布置图上一般应有以下主要内容：

(1)联锁区范围内的线路及非联锁区中与联锁区有密切联系的线路布置及编号，正线应以粗线标出。

(2)正线和到发线的接车方向，区间线路及机车走行线的运行方向。车站线路应以箭头表示其接车方向，双线双向运行时，实心箭头指示正方向，空心箭头指示反方向。

(3)联锁区范围内所有道岔的定位状态。

(4)信号机、信号表示器、轨道电路区段(含股道和无岔区段)等有关设备及其编号、名称和符号。

(5)信号机的灯光配列。

(6)轨道区段的划分，对不与信号机并置和不是渡线上的绝缘节，应标出其坐标，侵限绝缘节应用圆圈标出。

(7)与信号机位置有关的以及侵入限界绝缘节处的警冲标坐标。

(8)信号楼(或车站值班员室)设置位置，并标出其中心公里标(距该线路起点的公里标)，联锁道岔和信号机距信号楼(或车站值班员室)中心的距离。

(9)进站信号机外方制动距离内接车方向平均换算坡度超过6‰线路下坡道示意图。

(10)站台的位置、宽度及线路间距，信号楼外墙至线路中心的距离。

(11)桥梁、涵洞的坐标和宽度。

(12)机务段闸楼的坐标。

举例站场的信号平面布置图如图1-2所示。

二、联锁表

1. 联锁表概述

联锁表由联锁表和特殊联锁关系说明两部分组成。联锁表分为列车、调车、延续、推送、组合列车、非进路调车、单钩溜放进路联锁表。特殊联锁关系说明可采用电路图、逻辑图或文字方式对本站特殊联锁关系进行描述。

(1)联锁表的内容

联锁表一般包括以下内容：

①列车进路、调车进路、延续进路、推送进路、组合列车进路、非进路调车进路、单钩溜放进路等。

②进路办理方式及始端信号机显示。

③基本联锁关系:道岔锁闭位置、敌对信号、轨道区段、进路的接近区段。

④其他联锁关系:闭塞条件、非进路调车、延续进路、推送进路、机务段同意、单钩溜放进路、道口联系条件、场间联系、点灯模式、灭灯模式等。

⑤列车进路采用的CTCS等级。

⑥通过按压两个按钮,办理由两段以上基本列车进路组成的进路时,需在列车进路联锁表中列出。

(2)联锁表编制规则

联锁表按以下规则编制：

①逐条列出车站范围内使用的列车进路和调车进路。

②列车进路、调车进路、延续进路、推送进路、组合列车进路、非进路调车进路、单钩溜放进路分表编制。

③列车进路联锁表的编制顺序为通过进路、组合列车进路、接车进路、发车进路,先下行咽喉后上行咽喉,同一咽喉先主要方向后次要方向。

④调车进路联锁表先下行咽喉后上行咽喉。

⑤基本进路、变更进路根据运营需要确定,宜设一条变更进路。

⑥组合列车进路只编制基本进路。

⑦根据需要可单独编制组合列车进路联锁表,可将通过进路纳入组合列车进路联锁表中。

2. 编制内容及方式

(1)进路办理方式及始端信号机显示

①方向栏

填写进路性质(通过、接车、发车、组合列车、黄闪黄显示、推送、转场、调车、延续进路)和运行方向。

②进路号码栏

进路编号符合以下规定：

a. 列车、调车进路编号连续编号且编号唯一,列车进路与调车进路间可预留移动的间隔。

b. 通过进路、组合列车进路不另编号,仅将组成通过进路的接发车进路号码、组成组合列车进路的基本进路号码以“/”隔开,如接车进路为“2”,发车进路为“8”,则通过进路写作“2/8”。

c. 推送进路以“T”表示（T_1-1 或 T_2-1），顺序编号。

d. 延续进路由延续进路的始端信号机和股道延续口的编号组成，如 S_3-1、S_3-2 分别代表 3 股道，以 S_3 信号机为始端的第一延续口、第二延续口的进路。

e. 非进路调车进路编号以“F”表示，从来 F_1 开始顺序编号。

f. 溜放调车进路编号以“L”表示，从来 L_1 开始顺序编号。

③进路栏

a. 列车进路

列车进路编制符合以下规定：

列车接至×股道时，写作“至×股道”；

列车由×股道发车时，写作“由×股道”；

通过进路写作“经×股道向××方向通过”；

列车由×信号机发车时，写作“由×信号机”；

由×股道推送时，写作“由 $TF_×$ 信号机”。

b. 调车进路

调车进路编制符合以下规定：

由 $D_{××}$ 信号机调车进时，写作“由 $D_{××}$”；

调车至某一顺向调车信号机时，写作“至 $D_{××}$”；

调车至×股道（或场联区段），写作“至×股道（或场联区段）”；

向尽头线、专用线、机务段、双线出站口等处调车时，写作“向 $D_{××}$”；

当进站信号机内方仅能作调车终端时，写作“向××进站信号机”；

非进路调车时，写作“至×股道”；

溜放进路调车时，写作“至×股道”。

c. 延续进路

延续进路编制符合以下规定：

当向×股道接车进路末端延续进路有多个延续口时，列出其推荐的进路；

延续进路向安全线、××信号机延续时，写作“向安全线、××信号机”。

④进路方式栏

基本进路规定为第 1 种方式，在栏中写作“1”；变更进路规定为第 2 种方式，在栏中写作“2”。

⑤排列进路按下的按钮栏

排列进路按下的按钮符合以下规定：

基本进路，始、终端按钮名称；

组合列车进路，始、终端按钮名称；

通过进路，通过、终端按钮名称；

变更进路，始端、变更、终端按钮名称；当一条变更进路上有多个按钮可作为变更按钮时，宜确定一个按钮作为变更按钮。

⑥信号机栏

a. 名称

填写开放的信号机名称。

b. 表示器

单个进路表示器以“B”；两个进路表示器分别以左、右表示；三个进路表示器分别以左、中、右表示；超过三个方向时辅以图例表示。

c. 点灯显示

填写室外信号机的显示。

d. 灭灯显示

填写室内控制台复示器（信号逻辑显示）的显示。

e. 人解时间

填写人工解锁延时时间。

f. 组合列车进路

填写同方向每端基本进路始端信号机的显示。

（2）基本联锁关系

①道岔栏

填写所排进路检查的道岔，填写要求和含义如下：

a. 进路内道岔栏

顺序填写所排进路上的全部道岔的编号和位置，含义示例为

1——1 号道岔在定位；

（1）——1 号道岔在反位。

b. 防护、带动道岔栏

顺序填写不在所排进路上需防护、带动的道岔的编号和位置，含义示例为

[1]——1 号道岔防护在定位；

[（1）]——1 号道岔防护在反位；

{1}——1 号道岔带动至定位；

{（1）}——1 号道岔带动至反位。

②敌对信号栏

填写所排进路的全部敌对信号，填写要求和含义如下：

a. 无条件的敌对信号

填写进路上的敌对的列车、调车信号机名称，含义示例为

S_4——S_4 信号机的列车信号、调车信号均为所排进路的敌对信号；

S_4L——S_4 信号机的列车信号为所排进路的敌对信号；

S_4D——S_4 信号机的调车信号为所排进路的敌对信号；

D_1——D_1 信号机为所排进路的敌对信号。

b. 有条件的敌对信号

有条件的敌对信号是进路外的信号机，满足一定条件也是敌对信号，含义示例为

<5>D_3——经 5 号道岔定位的 D_3 为所排进路的敌对信号；

<（5）>D_3——经 5 号道岔反位的 D_3 为所排进路的敌对信号。

③轨道区段栏

填写所排进路检查的区段名称，填写要求和含义如下：

a. 进路内区段

顺序填写所排进路上的全部轨道区段名称，含义示例为

1-7DG——排列进路应检查 1-7DG 的空闲。

b. 超限区段栏

填写应检查的不在所排进路上的轨道区段名称，含义示例为

<25、33 >25-33DG——排列进路中，当 25 和 33 道岔在定位时，应检查侵入限界的 25-33DG 区段的空闲。

条件超限时，条件道岔号码应填全；绝对超限时，填写侵入限界区段名称。

④接近锁闭区段栏

a. 接车进路

填写该信号机接近锁闭范围内的全部轨道区段名称。

b. 发车进路

当出站信号机显示与进站信号机显示有联系时，填写该信号机接近锁闭范围内的全部轨道区段名称；当从来股道发车时，填写发车股道名称。

c. 调车进路

填写接近区段名称。接近锁闭区段长度不足时，填写信号机开放，即接近锁闭。

⑤迎面进路栏

填写与同一到发线（或场间联络线）上对向的列车、调车进路的敌对关系，以线路区段名称表示。

⑥其他联锁栏

本项由点灯模式和灭灯模式两栏组成，点灯模式填写点灯时应检查的区间和其他条件，灭灯模式填写灭灯时应检查的区间和其他条件，以相应的文字符号表示。

F——所排进路与非进路调车为敌对关系。当有多处非进路调车时，以 F1、F2……表示。

Y——所排进路末端延续至另一咽喉的有关线路。

T——本联锁区向其他区域排列进路时应取得对方同意。

64D——所排发车进路与邻站闭塞满足单线半自动闭塞条件。

64F——所排发车进路与区间闭塞满足复线半自动闭塞条件。

ZDB——所排发车进路与区间闭塞满足自动闭塞条件。

ZJD——所排发车进路与区间闭塞满足站间自动闭塞条件。

64D ZJB——所排发车进路与区间闭塞满足站间自动闭塞（64D + 计轴或轨道电路）条件。

ZL——所排发车进路与邻站间满足站间联系的条件。

CL——所排发车进路与邻场间满足场间联系的条件。

TF——所排发车进路与驼峰场间满足驼峰联系的条件。

DK——所排发车进路满足道口联系的条件。

DL——所排发车进路与单钩溜放进路为敌对。

未用字母规定的其他检查条件用汉字表示。

⑦列控等级栏

填写全部列车敌对对应的 CTCS 等级,仅为 CTCS-0 级时可以不填。

(3)特殊进路填写要求

①非进路调车

单独列表并包括以下内容:

允许非进路调车的进路;

非进路调车按下的按钮;

进路上应开放的信号机;

进路上应锁闭的道岔的编号及位置;

防护、带动道岔的编号及位置;

办理非进路调车时应检查的轨道区段、侵入限界区段;

取消非进路调车应检查的轨道区段;

其他需要检查的联锁关系。

②单钩溜放进路

单独列表并包括以下内容:

允许单钩溜放的进路;

单钩溜放进路按下的按钮;

溜放方向进路上应开放的信号机(白闪);

退路方向进路上应开放的信号机(白闪);

进路上应锁闭的道岔的编号及位置;

防护、带动道岔的编号及位置;

进路上应检查的轨道区段、侵入限界区段;

其他需要检查的联锁关系。

③推送进路

单独列表并包括以下内容:

允许推送的进路方向;

推送进路按下的按钮;

开放的推送信号机的名称和显示;

前进、后退进路上应开放的调车信号及相应的敌对信号;

进路上应锁闭的道岔的编号及位置;

防护、带动道岔的编号及位置;

进路上应检查的轨道区段、侵入限界区段;

其他需要检查的联锁关系。

④延续进路

单独列表并包括以下内容:

延续进路的方向;

延续进路按下的按钮;

进路上应锁闭的道岔的编号及位置;

防护、带动道岔的编号及位置;

进路上的敌对信号机；

进路上应检查的轨道区段、侵入限界区段；

其他需要检查的联锁关系。

(4)特殊联锁关系说明

①将与联锁有关的特殊联锁关系及需要特殊采集、驱动的继电器的逻辑关系内容集中在特殊联锁关系说明中描述。

②与行车速度、信号显示相关的说明如下：

a. 本站正线行车设计最高时速；

b. 经过1/18及以上道岔侧向进路，有低于80 km/h固定限速的区段；

c. 列车进路接近区段的长度；

d. 无信号显示关系图但需说明的显示关系。

③由两套联锁设备共同控制的一条基本进路，选路应满足由远及近的原则。

3. 普速铁路联锁表示例

普速铁路联锁表包括列车进路联锁表、组合列车进路联锁表、调车进路联锁表、延续进路联锁表、非进路调车联锁表、推送进路联锁表、单钩溜放进路联锁表，由本站具体情况而定。

(1)列车进路联锁表

表1-1为图1-2所示车站下行咽喉的列车进路联锁表。

(2)组合列车进路联锁表

组合列车进路主要包括通过进路、USU进路、跨场进路。

表1-2为图1-2所示车站的组合列车进路联锁表，只有通过进路。

(3)调车进路联锁表

表1-3为图1-2所示车站下行咽喉的调车进路联锁表。

(4)延续进路联锁表

表1-4为图1-13所示车站的延续进路联锁表。

(5)非进路调车联锁表

表1-5为图1-2所示车站的非进路调车联锁表。

(6)推送进路联锁表

表1-6为图1-14所示站场的推送进路联锁表。

(7)单钩溜放进路联锁表

表1-7为图1-15所示站场的单钩溜放进路联锁表。

4. 高速铁路联锁表示例

高速铁路联锁表包括列车进路联锁表、调车进路进路表、组合列车进路联锁表，由本站具体情况而定。

(1)列车进路联锁表

表1-8为图1-16所示车站的列车进路联锁表。

(2)组合列车进路联锁表

表1-9为图1-16所示车站的组合列车进路联锁表。

(3)调车进路联锁表

表1-10为图1-16所示车站的调车进路进路联锁表。

表 1-1　普速铁路车站列车进路联锁表

方向	进路号码	进路	进路方式	排列进路按下的按钮	信号机 名称	信号机 点灯显示	信号机 灭灯显示	信号机 表示器	信号机 人解时间	道岔 进路内道岔	道岔 防护、带动道岔	敌对信号	轨道区段 进路内区段	轨道区段 超限区段	接近锁闭区段 直向通过进路时	接近锁闭区段 侧向连续进路时	迎面进路 列车	迎面进路 调车	其他联锁 点灯模式	其他联锁 灭灯模式	CTCS等级
接车进路 北京方面 X	1	至Ⅰ股道	1	XLA、S_{I} LA	X	U			3 min	5/7、1/3、9/11、13/15、17/19、23/25		S_{I}、D_3、D_7、D_9、D_{13}	ⅠAG、5DG、3DG、9-15DG、17-23DG、ⅠG		X1JG—X3JG		ⅠG	ⅠG			
	2	至Ⅱ股道	2	XLA、S_{II} LA	X	UU			3 min	5/7、1/3、9/11、13/15、(17/19)、27	{23/25}	S_{II}、D_3、D_7、D_9、D_{13}	ⅠAG、5DG、3DG、9-15DG、17-23DG、19-27DG、ⅡG			X1JG—X3JG	ⅡG	ⅡG			
	3	至Ⅲ股道	1	XLA、S_{III} LA	X	UU			3 min	5/7、1/3、9/11、13/15、17/19、(23/25)		S_{III}、D_3、D_7、D_9、D_{13}	ⅠAG、5DG、3DG、9-15DG、17-23DG、25DG、ⅢG	<21> 21DG		X1JG—X3JG	ⅢG	ⅢG			
	4	至Ⅲ股道	2	XLA、BA、S_{III} LA	X	UU			3 min	(5/7)、9/11、13/15、21、23/25		S_{III}、D_3、D_{11}	ⅠAG、5DG、7DG、11-13DG、21DG、25DG、ⅢG	<1/3> 3DG		X1JG—X3JG	ⅢG	ⅢG			
	5	至4股道	1	XLA、S_4LA	X	UU			3 min	5/7、1/3、9/11、13/15、(17/19)、(27)	{23/25}	S_4、D_3、D_7、D_9、D_{13}	ⅠAG、5DG、3DG、9-15DG、17-23DG、19-27DG、4G			X1JG—X3JG	4G	4G			
	6	至5股道	1	XLA、S_5LA	X	UU			3 min	(5/7)、9/11、13/15、(21)		S_5、D_3、D_{11}	ⅠAG、5DG、7DG、11-13DG、21DG、5G	<1/3>3DG、<23/25> 25DG		X1JG—X3JG	5G	5G			
	7	至5股道	2	XLA、D_9A、S_5LA	X	UU			3 min	(5/7)、1/3、(9/11)、(21)	[13/15]	S_5、D_3、D_7、D_9	ⅠAG、5DG、3DG、9-15DG、11-13DG、21DG、5G	<23/25> 25DG		X1JG—X3JG	5G	5G			
接车进路 北京方面 X_F	8	至Ⅰ股道	1	X_FLA、S_{I} LA	X_F	UU			3 min	(1/3)、9/11、13/15、17/19、23/25		S_{I}、D_1、D_7、D_9、D_{13}	ⅡAG、1DG、3DG、9-15DG、17-23DG、ⅠG	<5/7>5DG		S3LQ—S1LQ	ⅠG	ⅠG			

续上表

方向			进路号码	进路	进路方式	排列进路按下的按钮	信号机					道岔		敌对信号	轨道区段		接近锁闭区段		迎面进路		其他联锁		CTCS等级
							名称	点灯显示	灭灯显示	表示器	人解时间	进路内道岔	防护、带动道岔		进路内区段	超限区段	直向通过进路时	侧向连续进路时	列车	调车	点灯模式	灭灯模式	
接车进路	北京方面	X_F	9	至Ⅱ股道	1	X_FLA、S_{II}LA	X_F	U			3 min	1/3、17/19、27		S_{II}、D_1、D_5、D_{15}	ⅡAG、1DG、1/19WG、19-27DG、ⅡG		S3LQ—S1LQ		ⅡG	ⅡG			
			10	至Ⅱ股道	2	X_FLA、D_7A、S_{II}LA	X_F	U			3 min	(1/3)、9/11、13/15、(17/19)、27	{23/25}	S_{II}、D_1、D_7、D_9、D_{13}	ⅡAG、1DG、3DG、9-15DG、17-23DG、19-27DG、ⅡG	<5/7>5DG		S3LQ—S1LQ	ⅡG	ⅡG			
			11	至Ⅲ股道	1	X_FLA、S_{III}LA	X_F	UU			3 min	(1/3)、9/11、13/15、17/19、(23/25)		S_{III}、D_1、D_7、D_9、D_{13}	ⅡAG、1DG、3DG、9-15DG、17-23DG、25DG、ⅢG	<5/7>5DG、<21>21DG		S3LQ—S1LQ	ⅢG	ⅢG			
			12	至Ⅲ股道	2	X_FLA、BA、S_{III}LA	X_F	UU			3 min	(1/3)、(9/11)、21、23/25	[13/15]	S_{III}、D_1、D_7、D_9	ⅡAG、1DG、3DG、9-15DG、11-13DG、21DG、25DG、ⅢG	<5/7>5DG		S3LQ—S1LQ	ⅢG	ⅢG			
			13	至4股道	1	X_FLA、S_4LA	X_F	UU			3 min	1/3、17/19、(27)		S_4、D_1、D_5、D_{15}	ⅡAG、1DG、1/19WG、19-27DG、4G			S3LQ—S1LQ	4G	4G			
			14	至4股道	2	X_FLA、D_7A、S_4LA	X_F	UU			3 min	(1/3)、9/11、13/15、(17/19)、(27)	{23/25}	S_4、D_1、D_7、D_9、D_{13}	ⅡAG、1DG、3DG、9-15DG、17-23DG、19-27DG、4G	<5/7>5DG		S3LQ—S1LQ	4G	4G			
			15	至5股道	1	X_FLA、S_{I}LA	X_F	UU			3 min	(1/3)、(9/11)、(21)	[13/15]	S_5、D_1、D_7、D_9	ⅡAG、1DG、3DG、9-15DG、11-13DG、21DG、5G	<5/7>5DG、<23/25>25DG		S3LQ—S1LQ	5G	5G			

续上表

方向			进路号码	进路	进路方式	排列进路按下的按钮	信号机					道岔		敌对信号	轨道区段		接近锁闭区段		迎面进路		其他联锁		CTCS等级
							名称	点灯显示	灭灯显示	表示器	人解时间	进路内道岔	防护、带动道岔		进路内区段	超限区段	直向通过进路时	侧向连续进路时	列车	调车	点灯模式	灭灯模式	
接车进路	东郊方面	X_D	16	至Ⅰ股道	1	X_DLA、S_{I}LA	X_D	UU			3 min	5/7、(13/15)、17/19、23/25	[9/11]	S_{I}、D_{11}、D_{13}	7DG、11-13DG、9-15DG、17-23DG、ⅠG			X_DJG	ⅠG	ⅠG			
			17	至Ⅱ股道	1	X_DLA、S_{II}LA	X_D	UU			3 min	5/7、(13/15)、(17/19)、27	[9/11]	S_{II}、D_{11}、D_{13}	7DG、11-13DG、9-15DG、17-23DG、19-27DG、ⅡG			X_DJG	ⅡG	ⅡG			
			18	至Ⅲ股道	1	X_DLA、S_{III}LA	X_D	U			3 min	5/7、9/11、13/15、21、23/25		S_{III}、D_{11}	7DG、11-13DG、21DG、25DG、ⅢG		直向进路时 X_DJG		ⅢG	ⅢG			
			19	至Ⅲ股道	2	X_DLA、D_{13}A、S_{III}LA	X_D	U			3 min	5/7、(13/15)、17/19、(23/25)	[9/11]	S_{III}、D_{11}、D_{13}	7DG、11-13DG、9-15DG、17-23DG、25DG、ⅢG	<21>21DG	直向进路时 X_DJG		ⅢG	ⅢG			
			20	至4股道	1	X_DLA、S_4LA	X_D	UU			3 min	5/7、(13/15)、(17/19)、(27)	[9/11]	S_4、D_{11}、D_{13}	7DG、11-13DG、9-15DG、17-23DG、19-27DG、4G			X_DJG	4G	4G			
			21	至5股道	1	X_DLA、S_5LA	X_D	UU			3 min	5/7、9/11、13/15、(21)		S_5、D_{11}	7DG、11-13DG、21DG、5G	<23/25>25DG		X_DJG	5G	5G			
发车进路	北京方面	向X_F口	32	由Ⅰ股道	1	S_{I}LA、X_FLA	S_{I}	L、LU、U		左	3 min	23/25、17/19、13/15、9/11、(1/3)		S_{I}D、D_{13}、D_9、D_7、D_1、X_F	17-23DG、9-15DG、3DG、1DG、ⅡAG	<5/7>5DG		SX_F基本接车进路 ⅡBG—ⅠG；其他 ⅠG			ZDB		

续上表

方向	进路号码	进路	进路方式	排列进路按下的按钮	信号机					道岔		敌对信号	轨道区段		接近锁闭区段		迎面进路		其他联锁		CTCS等级
					名称	点灯显示	灭灯显示	表示器	人解时间	进路内道岔	防护、带动道岔		进路内区段	超限区段	直向通过进路时	侧向连续进路时	列车	调车	点灯模式	灭灯模式	
发车进路 北京方面 向X_F口	33	由Ⅱ股道	1	S_{II}LA、X_FLA	S_{II}	L、LU、U		左	3 min	27、17/19、1/3		S_{II}D、D_{15}、D_5、D_1、X_F	19-27DG、1/19WG、1DG、ⅡAG		S2JG—S3JG、ⅡBG—ⅡG	S_FX 基本接车进路 4DG—ⅡG；其他 ⅡG			ZDB		
	34	由Ⅱ股道	2	S_{II}LA、D_7A、X_FLA	S_{II}	L、LU、U		左	3 min	27、(17/19)、13/15、9/11、(1/3)	{23/25}	S_{II}D、D_{13}、D_9、D_7、D_1、X_F	19-27DG、17-23DG、9-15DG、3DG、1DG、ⅡAG	<5/7>5DG		S_FX 接车基本进路 4DG—ⅡG；其他 ⅡG			ZDB		
	35	由Ⅲ股道	1	S_{III}LA、X_FLA	S_{III}	L、LU、U		左	30 s	(23/25)、17/19、13/15、9/11、(1/3)		S_{III}D、D_{13}、D_9、D_7、D_1、X_F	25DG、17-23DG、9-15DG、3DG、1DG、ⅡAG	<21>21DG、<5/7>5DG		ⅢG			ZDB		
	36	由Ⅲ股道	2	S_{III}LA、BA、X_FLA	S_{III}	L、LU、U		左	30 s	23/25、21、(9/11)、(1/3)	[13/15]	S_{III}D、D_9、D_7、D_1、X_F	25DG、21DG、11-13DG、9-15DG、3DG、1DG、ⅡAG	<5/7>5DG		ⅢG			ZDB		
	37	由4股道	1	S_4LA、X_FLA	S_4	L、LU、U		左	30 s	(27)、17/19、1/3		S_4D、D_{15}、D_5、D_1、X_F	19-27DG、1/19WG、1DG、ⅡAG			4G			ZDB		
	38	由4股道	2	S_4LA、D_7A、X_FLA	S_4	L、LU、U		左	30 s	(27)、(17/19)、13/15、9/11、(1/3)	{23/25}	S_4D、D_{13}、D_9、D_7、D_1、X_F	19-27DG、17-23DG、9-15DG、3DG、1DG、ⅡAG	<5/7>5DG		4G			ZDB		
	39	由5股道	1	S_5LA、X_FLA	S_5	L、LU、U		左	30 s	21、(9/11)、(1/3)	[13/15]	S_5D、D_9、D_7、D_1、X_F	21DG、11-13DG、9-15DG、3DG、1DG、ⅡAG	<23/25>25DG		5G			ZDB		

续上表

方向	进路号码	进路	进路方式	排列进路按下的按钮	信号机 名称	点灯显示	灭灯显示	表示器	人解时间	道岔 进路内道岔	防护、带动道岔	敌对信号	轨道区段 进路内区段	超限区段	接近锁闭区段 直向通过进路时	侧向连续进路时	迎面进路 列车	调车	其他联锁 点灯模式	灭灯模式	CTCS等级
发车进路 北京方面 向X口	40	由Ⅰ股道	1	S_{I}LA、XLA	S_{I}	L		中	3 min	23/25、17/19、13/15、9/11、1/3、5/7		S_{I}D、D_{13}、D_9、D_7、D_3、X	17-23DG、9-15DG、3DG、5DG、ⅠAG	<1/3>1DG	S2LQ—S1LQ、4DG—ⅠG	S_FX 接车基本进路 4DG—ⅠG；其他 ⅠG			ZJD		
	41	由Ⅱ股道	1	S_{II}LA、XLA	S_{II}	L		中	3 min	27、(17/19)、13/15、9/11、1/3、5/7	{23/25}	S_{II}D、D_{13}、D_9、D_7、D_3、X	19-27DG、17-23DG、9-15DG、3DG、5DG、ⅠAG			SX_F 基本接车进路 ⅡBG—ⅡG；其他 ⅡG			ZJD		
	42	由Ⅲ股道	1	S_{III}LA、XLA	S_{III}	L		中	30 s	(23/25)、17/19、13/15、9/11、1/3、5/7		S_{III}D、D_{13}、D_9、D_7、D_3、X	25DG、17-23DG、9-15DG、3DG、5DG、ⅠAG	<21>21DG		ⅢG			ZJD		
	43	由Ⅲ股道	2	S_{III}LA、BA、XLA	S_{III}	L		中	30 s	23/25、21、13/15、9/11、(5/7)		S_{III}D、D_{11}、D_3、X	25DG、21DG、11-13DG、7DG、5DG、ⅠAG	<1/3>3DG		ⅢG			ZJD		
	44	由4股道	1	S_4LA、XLA	S_4	L		中	30 s	(27)、(17/19)、13/15、9/11、1/3、5/7	{23/25}	S_4D、D_{13}、D_9、D_7、D_3、X	19-27DG、17-23DG、9-15DG、3DG、5DG、ⅠAG			4G			ZJD		
	45	由5股道	1	S_5LA、XLA	S_5	L		中	30 s	(21)、9/11、13/15、(5/7)		S_5D、D_{11}、D_3、X	21DG、11-13DG、7DG、5DG、ⅠAG	<23/25>25DG、<1/3>3DG		5G			ZJD		
	46	由5股道	2	S_5LA、D_7A、XLA	S_5	L		中	30 s	(21)、(9/11)、1/3、5/7	[13/15]	S_5D、D_9、D_7、D_3、X	21DG、11-13DG、9-15DG、3DG、5DG、ⅠAG	<23/25>25DG		5G			ZJD		

续上表

方向	进路号码	进路	进路方式	排列进路按下的按钮	信号机					道岔		敌对信号	轨道区段		接近锁闭区段		迎面进路		其他联锁		CTCS等级
					名称	点灯显示	灭灯显示	表示器	人解时间	进路内道岔	防护、带动道岔		进路内区段	超限区段	直向通过进路时	侧向连续进路时	列车	调车	点灯模式	灭灯模式	
发车进路 东郊方面 向X_D口	47	由Ⅰ股道	1	$S_Ⅰ$LA、X_DLA	$S_Ⅰ$	L		右	30 s	23/25、17/19、(13/15)、5/7	[9/11]	$S_Ⅰ$D、D_{13}、D_{11}、X_D	17-23DG、9-15DG、11-13DG、7DG、			S_FX 基本接车进路 4DG—ⅠG；其他 ⅠG			64D		
	48	由Ⅱ股道	1	$S_Ⅱ$LA、X_DLA	$S_Ⅱ$	L		右	30 s	27、(17/19)、(13/15)、5/7	[9/11]	$S_Ⅱ$D、D_{13}、D_{11}、X_D	19-27DG、17-23DG、9-15DG、11-13DG、7DG、			SX_F 基本接车进路 ⅡBG—ⅡG；其他 ⅡG			64D		
	49	由Ⅲ股道	1	$S_Ⅲ$LA、X_DLA	$S_Ⅲ$	L		右	3 min	23/25、21、13/15、9/11、5/7		$S_Ⅲ$D、D_{11}、X_D	25DG、21DG、11-13DG、7DG、		直向进路时ⅢG				64D		
	50	由Ⅲ股道	2	$S_Ⅲ$LA、D_{13}A、X_DLA	$S_Ⅲ$	L		右	3 min	(23/25)、17/19、(13/15)、5/7	[9/11]	$S_Ⅲ$D、D_{11}、D_{13}、X_D	25DG、17-23DG、9-15DG、11-13DG、7DG、	<21>21DG	直向进路时ⅢG				64D		
	51	由4股道	1	S_4LA、X_DLA	S_4	L		右	30 s	27、(17/19)、(13/15)、5/7	[9/11]	S_4D、D_{11}、D_{13}、X_D	19-27DG、17-23DG、9-15DG、11-13DG、7DG、			4G			64D		
	52	由5股道	1	S_5LA、X_DLA	S_5	L		右	30 s	(21)、13/15、9/11、5/7		S_5D、D_{11}、X_D	21DG、11-13DG、7DG	<23/25>25DG		5G			64D		

注：22～31号进路是天津方面接车进路；53～62号进路为天津方面发车进路。

表 1-2　组合列车进路联锁表

方向		进路号码	进路	进路方式	排列进路按下的按钮	进路上信号机			接近锁闭区段			备注
						信号机名称第一架/第二架/第三架	点灯显示	灭灯显示	第一段	第二段	第三段	
北京方面	正线通过进路	1/53	经Ⅰ股道向天津方面通过	1	XTA　S_FLA	$X/X_{Ⅰ}$	LU/U、L/LU、L/L		X1JG—X3JG	X2JG—X3JG ⅠAG—ⅠG		
		9/59	经Ⅱ股道向天津方面通过	1	X_FTA　SLA	$X_F/X_{Ⅱ}$	L/L		S3LQ—S1LQ	S2LQ—S1LQ ⅡAG—ⅡG		
天津方面	正线通过进路	23/33	经Ⅱ股道向北京方面通过	1	STA　X_FLA	$S/S_{Ⅱ}$	LU/U、L/LU、L/L		S1JG—S3JG	S2JG—S3JG ⅡBG—ⅡG		
		27/40	经Ⅰ股道向北京方面通过	1	S_FTA　XLA	$S_F/S_{Ⅰ}$	L/L		X3LQ—X1LQ	X2LQ—X1LQ 4DG—ⅠG		

表 1-3　调车进路联锁表

方向			进路号码	进路	进路方式	排列进路按下的按钮	信号机		道岔		敌对信号	轨道区段		接近锁闭区段	迎面进路		其他联锁
							名称	显示	进路内道岔	防护、带动道岔		进路内区段	超限区段		列车	调车	
下行咽喉	由	D_1	101	至 D_9	1	D_1A、D_7A	D_1	B	(1/3)		X_F,D_7,<(1/3)>$S_{\mathrm{I}}L$、$S_{\mathrm{II}}L$、$S_{\mathrm{III}}L$、S_4L、S_5L	1DG、3DG	<5/7>5DG	ⅡAG			
			102	至 D_{15}	1	D_1A、D_5A	D_1	B	1/3		X_F,D_5,<1/3>$S_{\mathrm{II}}L$、S_4L	1DG		ⅡAG			
		D_3	103	至 D_9	1	D_3、D_7A	D_3	B	5/7、1/3		X,D_7,<1/3>$S_{\mathrm{I}}L$、$S_{\mathrm{II}}L$、$S_{\mathrm{III}}L$、S_4L、S_5L	5DG、3DG		ⅠAG			
			104	至 D_{11}	1	D_3A、$D_{11}A$	D_3	B	(5/7)		X,<(5/7)>S_{I}、S_{II}、S_{III}、S_4、S_5	5DG、7DG	<1/3>3DG	ⅠAG			
		D_5	105	至 D_1	1	D_5A、D_1A	D_5	B	1/3		X_F,D_1,<1/3>$S_{\mathrm{II}}L$、S_4L	1DG		1/19WG			
		D_7	106	至 D_1	1	D_7A、D_1A	D_7	B	(1/3)		X_F,D_3,<(1/3)>$S_{\mathrm{I}}L$、$S_{\mathrm{II}}L$、$S_{\mathrm{III}}L$、S_4L、S_5L	3DG、1DG	<5/7>5DG	9-15DG			
			107	至 D_3	1	D_7A、D_3A	D_7	B	1/3、5/7		X,D_3,<1/3>$S_{\mathrm{I}}L$、$S_{\mathrm{III}}L$、S_5L,<9/11>$S_{\mathrm{II}}L$、S_4L	3DG、5DG		9-15DG			
		D_9	108	至5股道	1	D_9A、S_5DA	D_9	B	(9/11)、(21)	[13/15]	X,<(9/11)>X_F,S_5	9-15DG、11-13DG、21DG	<23/25>25DG	3DG	5G		
			109	至Ⅲ股道	1	D_9A、$S_{\mathrm{III}}DA$	D_9	B	9/11、13/15、17/19、(23/25)		<17/19>X,<9/11>X_F,S_{III}	9-15DG、17-23DG、25DG		3DG	ⅢG		
			110	至Ⅲ股道	2	D_9A、BA、$S_{\mathrm{III}}DA$	D_9	B	(9/11)、21、23/25	[13/15]	X,<(9/11)>X_F,S_{III}	9-15DG、11-13DG、21DG、25DG		3DG	ⅢG		
			111	至 D_{13}	1	D_9A、$D_{13}A$	D_9	B	9/11、13/15		<5/7>X,<(23/25)>S_{III},S_{I},<(17/19)>S_{II}、S_4	9-15DG		3DG			

续上表

方向			进路号码	进路	进路方式	排列进路按下的按钮	信号机		道岔		敌对信号	轨道区段		接近锁闭区段	迎面进路		其他联锁
							名称	显示	进路内道岔	防护、带动道岔		进路内区段	超限区段		列车	调车	
下行咽喉	由	D_{11}	112	至5股道	1	$D_{11}A$、S_5DA	D_{11}	B	9/11、13/15、(21)		<(5/7)>X,X_D,S_5	11-13DG、21DG、	<23/25>25DG	7DG	5G		
			113	至Ⅲ股道	1	$D_{11}A$、$S_{\mathrm{III}}DA$	D_{11}	B	9/11、13/15、21、23/25		<(5/7)>X,X_D,S_{III}	11-13DG、21DG、25DG		7DG	ⅢG		
			114	至D_{13}	1	$D_{11}A$、$D_{13}A$	D_{11}	B	13/15	[9/11]	X_D，S_{I}，<(23/25)>S_{III}，<(17/19)>S_{II}、S_4	11-13DG、9-15DG		7DG			
		D_{13}	115	至Ⅲ股道	1	$D_{13}A$、$S_{\mathrm{III}}DA$	D_{13}	B	17/19、(23/25)		<17/19>X、X_F、X_D，S_{III}	17-23DG、25DG	<21>21DG	9-15DG	ⅢG		
			116	至Ⅰ股道	1	$D_{13}A$、$S_{\mathrm{I}}DA$	D_{13}	B	17/19、23/25		<17/19>X、X_D、<13/15>X_F，S_{I}	17-23DG		9-15DG	ⅠG		
			117	至Ⅱ股道	1	$D_{13}A$、$S_{\mathrm{II}}DA$	D_{13}	B	(17/19)、27	{23/25}	<(17/19)>X、X_D，S_{II}	17-23DG、19-27DG		9-15DG	ⅡG		
			118	至4股道	1	$D_{13}A$、S_4DA	D_{13}	B	17/19、(27)	{23/25}	<(17/19)>X、X_D，S_4	17-23DG、19-27DG		9-15DG	4G		
		D_{15}	119	至Ⅱ股道	1	$D_{15}A$、$S_{\mathrm{II}}DA$	D_{15}	B	17/19、27		<1/3>X_F，S_{II}	19-27DG		1/19WG	ⅡG		
			120	至4股道	1	$D_{15}A$、S_4DA	D_{15}	B	17/19、(27)		<1/3>X_F，S_4	19-27DG		1/19WG	4G		
		S_5D	120	至X_D	1	S_5DA、S_D DZA	S_5	B	(21)、13/15、9/11、5/7		X_D，D_{11}，S_5L	21DG、11-13DG、7DG	<23/25>25DG	5G			
			121	向D_3	1	S_5DA、D_3A	S_5	B	(21)、13/15、9/11、(5/7)		X，D_3，D_{11}，S_5L，<5/7>S_{III}	21DG、11-13DG、7DG、5DG	<23/25>25DG、<1/3>3DG	5G			
			122	至D_7	1	S_5DA、D_9A	S_5	B	(21)、(9/11)	[13/15]	X，<(9/11)>X_F，D_9，S_5L	21DG、11-13DG、9-15DG	<23/25>25DG	5G			

续上表

方向			进路号码	进路	进路方式	排列进路按下的按钮	信号机		道岔		敌对信号	轨道区段		接近锁闭区段	迎面进路		其他联锁
							名称	显示	进路内道岔	防护、带动道岔		进路内区段	超限区段		列车	调车	
下行咽喉	由	$S_{\mathrm{III}}D$	123	至X_D	1	$S_{\mathrm{III}}DA$、$S_D DZA$	S_{III}	B	23/25、21、13/15、9/11、5/7		X_D，D_{11}，$S_{\mathrm{III}}L$	25DG、21DG、11-13DG、7DG		ⅢG			
			124	向D_7	1	$S_{\mathrm{III}}DA$、D_9A	S_{III}	B	(23/25)、17/19、13/15、9/11		X，<9/11>X_F，D_9，D_{13}，$S_{\mathrm{III}}L$	25DG、17-23DG、9-15DG	<21>21DG	ⅢG			
			125	向D_7	2	$S_{\mathrm{III}}DA$、BA、D_9A	S_{III}	B	23/25、21、(9/11)	[13/15]	X，<(9/11)>X_F，D_9，$S_{\mathrm{III}}L$	25DG、21DG、11-13DG、9-15DG		ⅢG			
		$S_{\mathrm{I}}D$	126	至X_D	1	$S_{\mathrm{I}}DA$、$S_D DZA$	S_{I}	B	23/25、17/19、(13/15)、5/7	[9/11]	X_D、D_{11}、D_{13}、$S_{\mathrm{I}}L$	17-23DG、9-15DG、11-13DG、7DG		ⅠG			
			127	至D_7	1	$S_{\mathrm{I}}DA$、D_9A	S_{I}	B	23/25、17/19、13/15、9/11		<9/11>X、X_F，D_9，D_{13}，$S_{\mathrm{I}}L$	17-23DG、9-15DG		ⅠG			
		$S_{\mathrm{II}}D$	128	至X_D	1	$S_{\mathrm{II}}DA$、$S_D DZA$	S_{II}	B	27、(17/19)、(13/15)、5/7	[9/11]	X_D，D_{11}，D_{13}，$S_{\mathrm{II}}L$	19-27DG、17-23DG、9-15DG、11-13DG、7DG		ⅡG			
			129	至D_7	1	$S_{\mathrm{II}}DA$、D_9A	S_{II}	B	27、(17/19)、13/15、9/11	{23/25}	<9/11>X、X_F，D_9，D_{13}，$S_{\mathrm{II}}L$	19-27DG、17-23DG、9-15DG		ⅡG			
			130	至D_5	1	$S_{\mathrm{II}}DA$、$D_{15}A$	S_{II}	B	27、17/19		<1/3>X_F、D_1，D_{15}、$S_{\mathrm{II}}L$	19-27DG		ⅡG			
		S_4D	131	至X_D	1	S_4DA、$S_D DZA$	S_4	B	(27)、(17/19)、(13/15)	[9/11]	X_D，D_{11}，D_{13}，S_4L	19-27DG、17-23DG、9-15DG、11-13DG、7DG		4G			
			132	至D_7	1	S_4DA、D_9A	S_4	B	(27)、(17/19)、13/15、9/11	{23/25}	<9/11>X、X_F，D_9，D_{13}，S_4L	19-27DG、17-23DG、9-15DG		4G			
			134	至D_5	1	S_4DA、$D_{15}A$	S_4	B	(27)、17/19		<1/3>X_F、D_1，D_{15}，S_4L	19-27DG		4G			

注：①<9/11>X、X_F 意为 X 和 X_F 的敌对条件均为9/11，余同。
②列车最高运行速度为200 km/h，最大常用制动距离为3 400 m，接近锁闭区段长度按照最大常用制动距离设置。

表 1-4　延续进路联锁表

方向			进路号码	进路	进路方式	排列进路按下的按钮	信号机					道岔		敌对信号	轨道区段		其他联锁
							名称	点灯显示	灭灯显示	表示器	人解时间	进路内道岔	防护、带动道岔		进路内区段	超限区段	
延续进路	由	X_1	X_1-1	至安全线	1	2PA						20/22			22DG		
			X_1-2	至专用线	1	D_4A						(20/22)、6/8、10/12		D_4、D_{10}	22DG、20DG、8-10DG、D_4G		
			X_1-3	至S信号机	1	SLA						(20/22)、(6/8)、2/4	[10/12]	S、D_6	22DG、20DG、8-10DG、6-12DG、4DG		
			X_1-4	至牵出线	1	D_2A						(20/22)、(6/8)、(2/4)	[10/12]	D_2、D_6	22DG、20DG、8-10DG、6-12DG、4DG、2DG、D_2G		
		$X_Ⅱ$	$X_Ⅱ$-1	至专用线	1	D_4A						20/22、6/8、10/12		D_4、D_{10}	20DG、8-10DG、D_4G		
			$X_Ⅱ$-2	至S信号机	1	SLA						20/22、(6/8)、2/4	[10/12]	S、D_6	20DG、8-10DG、6-12DG、4DG		
			$X_Ⅱ$-3	至牵出线	1	D_2A						20/22、(6/8)、(2/4)	[10/12]	S、D_6、D_2	20DG、8-10DG、6-12DG、4DG、2DG、D_2G		
		$X_Ⅲ$	$X_Ⅲ$-1	至专用线	1	D_4A						16/18、(10/12)、	[6/8]	D_4	16DG、6-12DG、8-10DG、D_4G		
			$X_Ⅲ$-2	至S信号机	1	SLA						16/18、10/12、6/8、2/4		S、D_6	16DG、6-12DG、4DG		
			$X_Ⅲ$-3	至牵出线	1	D_2A						16/18、10/12、6/8、(2/4)		D_2、D_6	16DG、6-12DG、4DG、2DG、D_2G		
		X_4	X_4-1	至专用线	1	D_4A						(16/18)、(10/12)	[6/8]	D_4	14-18DG、16DG、6-12DG、8-10DG、D_4G		
			X_4-2	至S信号机	1	SLA						(16/18)、10/12、6/8、2/4		S、D_6	14-18DG、16DG、6-12DG、4DG		
			X_4-3	至牵出线	1	D_2A						16/18、14、2/4		D_2、D_8	14-18DG、2DG、D_2G		

表 1-5 非进路调车联锁表

非进路调车线路		进路号码	非进路调车按下的按钮	信号机		道岔		轨道区段		取消非进路调车检查的轨道区段	其他联锁
				名称	显示	进路内道岔	防护、带动道岔	进路内区段	超限区段		
由牵出线	至编组线	F_1	FA	D_2、D_4、D_{14}、D_{16}、D_{18}	B	2/4、18/20、22		2DG、2/20WG、20DG、22DG、		2DG、20DG、22DG	

表 1-6 推送进路联锁表

方向			进路号码	进路	进路方式	排列进路按下的按钮	信号机				道岔		前进开放调车信号	前进敌对信号	后退开放调车信号	后退敌对信号	轨道区段		其他联锁
							名称	推送显示	预推显示	表示器	进路内道岔	防护、带动道岔					进路内区段	超限区段	
推送进路	向	T_1	T_1-1	由 TF_1	1	TF_1LA	TF_1	复示 T_1	U		(10)、2/4、6/8			D_6、D_2	D_6	D_2、TF_1D	10DG、4-6DG、T_1G		TF
			T_1-2	由 TF_2	1	TF_2LA	TF_2	复示 T_1	U		10、2/4、6/8			D_6、D_2	D_6	D_2、TF_2D	10DG、4-6DG、T_1G		TF
			T_1-3	由 TF_3	1	TF_3LA	TF_3	复示 T_1	U		12、(6/8)	[2/4]		D_8、D_2	D_8	D_2、TF_3D	12DG、2-8DG、4-6DG、T_1G		TF
			T_1-4	由 TF_4	1	TF_4LA	TF_4	复示 T_1	U		(12)、(6/8)	[2/4]		D_8、D_2	D_8	D_2、TF_4D	12DG、2-8DG、4-6DG、T_1G		TF
		T_2	T_2-1	由 TF_1	1	TF_1LA	TF_1	复示 T_2	U		(10)、(2/4)	[6/8]		D_6、D_4	D_6	D_4、TF_1D	10DG、4-6DG、2-8DG、T_2G		TF
			T_2-2	由 TF_2	1	TF_2LA	TF_2	复示 T_1	U		10、(2/4)	[6/8]		D_6、D_4	D_6	D_4、TF_2D	10DG、4-6DG、2-8DG、T_2G		TF
			T_2-3	由 TF_3	1	TF_3LA	TF_3	复示 T_1	U		12、2/4、6/8			D_8、D_4	D_8	D_4、TF_3D	12DG、2-8DG、T_2G		TF
			T_2-4	由 TF_4	1	TF_4LA	TF_4	复示 T_1	U		(12)、2/4、6/8			D_8、D_4	D_8	D_4、TF_4D	12DG、2-8DG、T_2G		TF

表 1-7 单钩溜放进路联锁表

溜放进路		进路号码	溜放按下的按钮	信号机			道岔		轨道区段		迎面进路		其他联锁
				溜放方向	后退方向	显示	进路内道岔	防护、带动道岔	进路内区段	超限区段	列车	调车	
由 D_1G	至 TF_1G	L_1	TF_1G 溜放按钮	D_1、D_5 D_7、D_9	D_{11}、D_3	BS	1/3、5/7、(9)、(11)、(13)		1DG、1-7WG、7DG、9-11DG、13DG			TF_1G	TF
	至 TF_2G	L_2	TF_2G 溜放按钮	D_1、D_5 D_7、D_9	D_{13}、D_3	BS	1/3、5/7、(9)、(11)、13		1DG、1-7WG、7DG、9-11DG、13DG			TF_2G	TF
	至 TF_3G	L_3	TF_3G 溜放按钮	D_1、D_5 D_7	D_{15}、D_3	BS	1/3、5/7、(9)、11		1DG、1-7WG、7DG、9-11DG	13DG		TF_3G	TF
	至 TF_4G	L_4	TF_4G 溜放按钮	D_1、D_5 D_7	D_{17}、D_3	BS	1/3、5/7、9		1DG、1-7WG、7DG、9-11DG			TF_4G	TF

表 1-8　高速铁路车站列车进路联锁表

方向			进路号码	进路	进路方式	排列进路按下的按钮	信号机					道岔		敌对信号	轨道区段		接近锁闭区段		迎面进路		其他联锁		CTCS等级
							名称	点灯显示	灭灯显示*	表示器	人解时间	进路内道岔	防护、带动道岔		进路内区段	超限区段	直向通过进路时	侧向连续进路时	列车	调车	点灯模式	灭灯模式	
接车进路	北京方面	X	1	至Ⅰ股道	1	XLA、S_{I}LA	X	U	U		4 min	1/3、9		S_{I}	1DG、9DG、ⅠG		X1JG—X7JG		ⅠG				C3、C2
接车进路	北京方面	X	2	至Ⅱ股道	1	XLA、S_{II}LA	X	USU	USU		4 min	(1/3)、5/7		S_{II}	1DG、3DG、5DG、ⅡG			X1JG—X7JG	ⅡG				C3、C2
接车进路	北京方面	X	3	至3股道	1	XLA、S_3LA	X	USU	USU		4 min	1/3、(9)		S_3	1DG、9DG、3G			X1JG—X7JG	3G				C3、C2
接车进路	北京方面	X	4	至4股道	1	XLA、S_4LA	X	UU	UU		4 min	(1/3)、(5/7)	[11]	S_4	1DG、3DG、5DG、7DG、4G			X1JG—X7JG	4G				C3、C2
接车进路	北京方面	X_F	5	至Ⅱ股道	1	X_FLA、S_{II}LA	X_F	U	U		4 min	1/3、5/7		S_{II}	3DG、5DG、ⅡG		S5LQ—S1LQ		ⅡG				C3、C2
接车进路	北京方面	X_F	6	至4股道	1	X_FLA、S_4LA	X_F	UU	UU		4 min	1/3、(5/7)	[11]	S_4	3DG、5DG、7DG、4G			S5LQ—S1LQ	4G				C3、C2
接车进路	上海方面	S	7	至Ⅱ股道	1	SLA、X_{II}LA	S	U	U		4 min	2/4、8		X_{II}	4DG、8DG、ⅡG		S1JG—S7JG		ⅡG				C3、C2
接车进路	上海方面	S	8	至4股道	1	SLA、X_4LA	S	USU	USU		4 min	2/4、(8)		X_4	4DG、8DG、4G			S1JG—S7JG	4G	4G			C3、C2
接车进路	上海方面	S_F	9	至Ⅰ股道	1	S_FLA、X_{I}LA	S_F	U	U		4 min	2/4、6		X_{I}	2DG、6DG、ⅠG		X5LQ—X1LQ		ⅠG				C3、C2
接车进路	上海方面	S_F	10	至Ⅱ股道	1	S_FLA、X_{II}LA	S_F	USU	USU		4 min	(2/4)、8		X_{II}	2DG、4G、8DG、ⅡG			X5LQ—X1LQ	ⅡG				C3、C2

续上表

方向			进路号码	进路	进路方式	排列进路按下的按钮	信号机 名称	信号机 点灯显示	信号机 灭灯显示*	信号机 表示器	人解时间	道岔 进路内道岔	道岔 防护、带动道岔	敌对信号	轨道区段 进路内区段	轨道区段 超限区段	接近锁闭区段 直向通过进路时	接近锁闭区段 侧向连续进路时	迎面进路 列车	迎面进路 调车	其他联锁 点灯模式	其他联锁 灭灯模式	CTCS等级
接车进路	上海方面	S_F	11	至3股道	1	S_FLA、X_3LA	S_F	USU	USU		4 min	2/4、(6)		X_3	2DG、6DG、3G			X5LQ—X1LQ	3G				C3、C2
接车进路	上海方面	S_F	12	至4股道	1	S_FLA、S_4LA	S_F	USU	USU		4 min	(2/4)、(8)		X_4	2DG、4DG、8DG、4G			X5LQ—X1LQ	4G	4G			C3、C2
发车进路	北京方面	向X_F口	13	由Ⅱ股道	1	S_{II}LA、X_FLA	S_{II}	L	L、LU、U		4 min	5/7、1/3		X_F	5DG、3DG		S2JG—S7JG 4DG—ⅡG	2DG—ⅡG			ZJB	ZDB	C3、C2
发车进路	北京方面	向X_F口	14	由4股道	1	S_4LA、X_FLA	S_4	L	L、LU、U		4 min	(5/7)、1/3	[11]	X_F	7DG、5DG、3DG			(S接)4DG—4G (S_F接)2DG—4G			ZJB	ZDB	C3、C2
发车进路	北京方面	向X口	15	由Ⅰ股道	1	S_ILA、XLA	S_I	L	L		4 min	9、1/3		X	9DG、1DG		X6LQ—X1LQ 2DG—ⅠG				ZJB	ZJB	C3、C2
发车进路	北京方面	向X口	16	由Ⅱ股道	1	S_{II}LA、XLA	S_{II}	L	L		4 min	5/7、(1/3)		X	5DG、3DG、1DG			(S接)4DG—ⅡG (S_F接)2DG—ⅡG			ZJB	ZJB	C3、C2
发车进路	北京方面	向X口	17	由3股道	1	S_3LA、XLA	S_3	L	L		4 min	(9)、1/3		X	9DG、1DG			2DG—3G			ZJB	ZJB	C3、C2
发车进路	北京方面	向X口	18	由4股道	1	S_4LA、XLA	S_4	L	L		4 min	(5/7)、(1/3)	[11]	X	7DG、5DG、3DG、1DG			(S接)4DG—4G (S_F接)2DG—4G			ZJB	ZJB	C3、C2
发车进路	上海方面	向S_F口	19	由Ⅰ股道	1	X_ILA、S_FLA	X_I	L	L、LU、U		4 min	6、2/4		S_F	6DG、2DG		X2JG—X7JG 1DG—ⅠG				ZJB	ZDB	C3、C2

续上表

方向	进路号码	进路	进路方式	排列进路按下的按钮	信号机 名称	信号机 点灯显示	信号机 灭灯显示*	信号机 表示器	人解时间	道岔 进路内道岔	道岔 防护、带动道岔	敌对信号	轨道区段 进路内区段	轨道区段 超限区段	接近锁闭区段 直向通过进路时	接近锁闭区段 侧向连续进路时	迎面进路 列车	迎面进路 调车	其他联锁 点灯模式	其他联锁 灭灯模式	CTCS等级
发车进路 上海方面 向S_F口	20	由Ⅱ股道	1	$X_{Ⅱ}$LA、S_FLA	$X_{Ⅱ}$	L	L、LU、U		4 min	8、(2/4)		S_F	8DG、4DG、2DG			(X接) 1DG—ⅡG；(X_F接) 3DG—ⅡG			ZJB	ZDB	C3、C2
发车进路 上海方面 向S_F口	21	由3股道	1	X_3LA、S_FLA	X_3	L	L、LU、U		4 min	(6)、2/4		S_F	6DG、2DG			1DG—3G			ZJB	ZDB	C3、C2
发车进路 上海方面 向S_F口	22	由4股道	1	X_4LA、S_FLA	X_4	L	L、LU、U		4 min	(8)、(2/4)		S_F	8DG、4DG、2DG			(X接) 1DG—4G；(X_F接) 3DG—4G			ZJB	ZDB	C3、C2
发车进路 上海方面 向S口	23	由Ⅱ股道	1	$X_{Ⅱ}$LA、SLA	$X_{Ⅱ}$	L	L		4 min	8、2/4		S	8DG、4DG		S6LQ—S1LQ 3DG—ⅡG	1DG—ⅡG			ZJB	ZJB	C3、C2
发车进路 上海方面 向S口	24	由4股道	1	X_4LA、SLA	X_4	L	L		4 min	(8)、2/4		S	8DG、4DG			(X接) 1DG—4G；(X_F接) 3DG—4G			ZJB	ZJB	C3、C2

注：①＊出站信号机灭灯时无显示，屏幕上有显示。

②列车最高运行速度为350 km/h，最大常用制动距离为12.7 km，接近锁闭长度按最大常用制动距离设置。

③X、X_F至4G接车固定限制速度为70 km/h。

表 1-9　组合列车进路联锁表

方向		进路号码	进路	进路方式	排列进路按下的按钮	进路上信号机			接近锁闭区段			备注
						信号机名称第一架/第二架/第三架	点灯显示	灭灯显示 *	第一段	第二段	第三段	
北京方面	正线通过进路	1/19	经Ⅰ股道向上海方面通过	1	XTA　S_FLA	X/$X_Ⅰ$	L/L	LU/U、L/LU、L/L	X1JG—X7JG	X2JG—X7JG 1DG—ⅠG		
		5/23	经Ⅱ股道向上海方面通过	1	X_FTA　SLA	X_F/$X_Ⅱ$	L/L	L/L	S7LQ—S1LQ	S6LQ—S1LQ 3DG—ⅡG		
上海方面	正线通过进路	7/13	经Ⅱ股道向北京方面通过	1	STA　X_FLA	S/$S_Ⅱ$	L/L	LU/U、L/LU、L/L	S1JG—S7JG	S2JG—S7JG 4DG—ⅡG		
		9/15	经Ⅰ股道向北京方面通过	1	S_FTA　XLA	S_F/$S_Ⅰ$	L/L	L/L	X7LQ—X1LQ	X6LQ—X1LQ 2DG—ⅠG		

注：* 出站信号机灭灯无显示，屏幕上有显示。

表 1-10　调车进路联锁表

方向			进路号码	进路	进路方式	排列进路按下的按钮	信号机		道岔		敌对信号	轨道区段		接近锁闭区段	迎面进路		其他联锁
							名称	显示	进路内道岔	防护、带动道岔		进路内区段	超限区段		列车	调车	
下行咽喉调车进路	由	D_1	1	至 D_9	1	D_1A、D_7A	D_1	B	(W_2)、(W_1)		D_7、S_4D	W_1-W_2DG		D_1G			
		D_3	2	至 D_9	1	D_3A、D_7A	D_3	B	W_2、(W_1)		D_7、S_4D	W_1-W_2DG		D_3G			
		D_5	3	至 D_9	1	D_5A、D_7A	D_5	B	W_1		D_7、S_4D	W_1-W_2DG		D_5G			
		D_7	4	向 D_1	1	D_7A、D_1A	D_7	B	(W_1)、(W_2)		D_1	W_1-W_2DG		W_1/11WG			
			5	向 D_3	1	D_7A、D_3A	D_7	B	(W_1)、W_2		D_3	W_1-W_2DG		W_1/11WG			
			6	向 D_5	1	D_7A、D_5A	D_7	B	W_1		D_5	W_1-W_2DG		W_1/11WG			
		D_9	7	至 4 股道	1	D_9A、S_4DA	D_9	B	(11)、5/7		S_4D	11DG、7DG		D_9G	4G		
		S_4D	8	至 D_7	1	S_4DA、D_9A	S_4	B	5/7、(11)		D_9、D_1、D_3、D_5	7DG、11DG		4G			

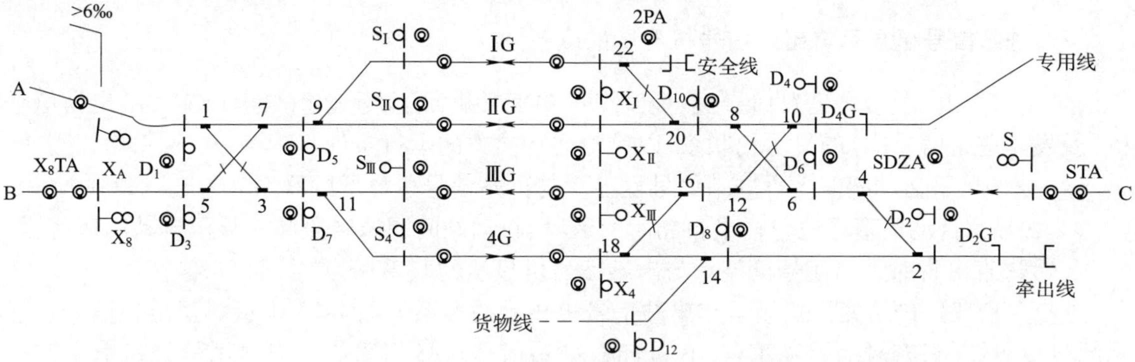

图 1-13　延续进路举例站场

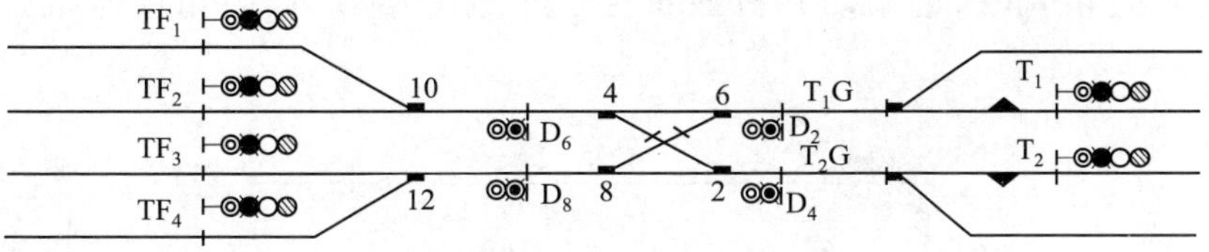

图 1-14　推送进路举例站场

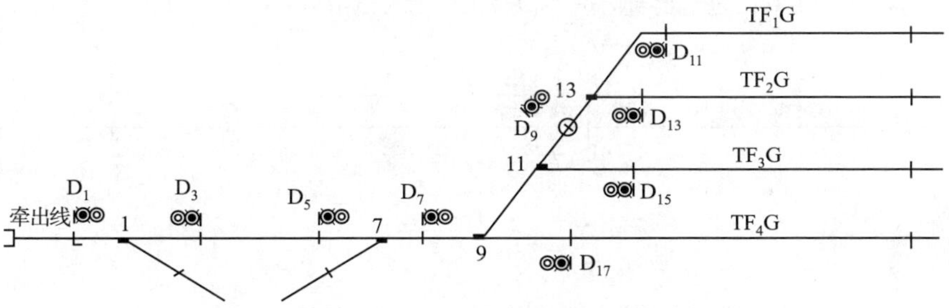

图 1-15　单钩溜放进路举例站场

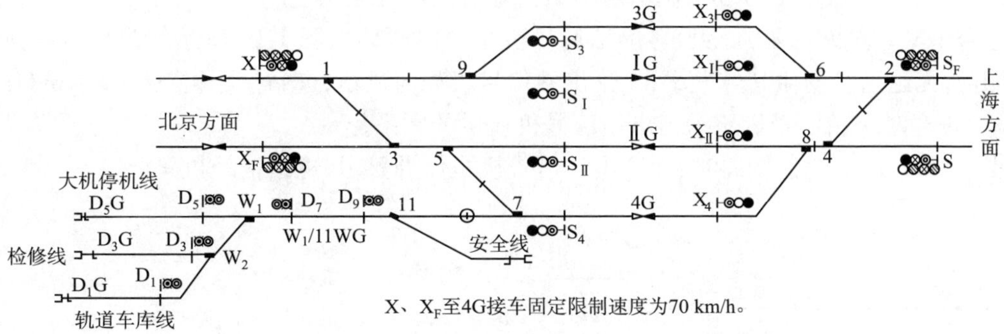

X、X_F至4G接车固定限制速度为70 km/h。

图 1-16　高速铁路车站

第三节　信号显示的联系

本架信号机的开放必须满足其联锁条件，而其显示还与运行前方信号机的显示相联系。这也是联锁的重要内容。

一、进站信号机显示与出站信号机显示的联系

进站信号机(及接车进路信号机、接发车进路信号机)的显示必须与运行前方的出站信号机(及发车进路信号机)的显示相联系,以反映运行前方的运行条件。

1. 非四显示自动闭塞区段进站信号机显示与出站信号机显示的联系

非四显示自动闭塞区段包括半自动闭塞区段、自动站间闭塞区段和三显示自动闭塞区段。

(1)进直出直时进站信号机显示与出站信号机显示的联系

进直出直时,进站信号机显示与出站信号机显示的联系如图 1-17 所示。当出站信号机显示绿灯或黄灯(只有自动闭塞才有,下同)时,进站信号机显示绿灯。当出站信号机显示红灯时,进站信号机只能显示黄灯。

有多车场进直出直时,进站信号机显示与接车进路信号机、出站信号机显示的联系如图 1-18所示。

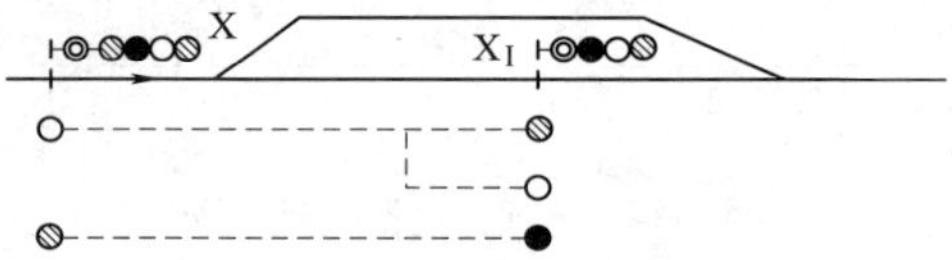

图 1-17　进直出直时进站信号机显示与出站信号机显示的联系

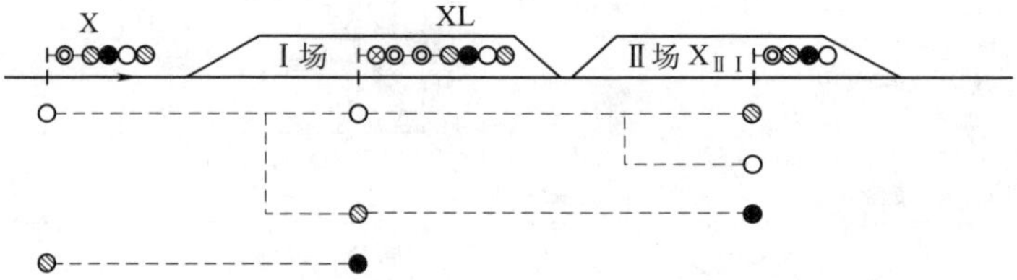

图 1-18　进直出直时进站信号机显示与接车进路信号机、出站信号机显示的联系

(2)进直出弯时进站信号机显示与出站信号机显示的联系

进直出弯时进站信号机显示与出站信号机显示的联系如图 1-19 所示。只要发车进路经道岔侧向,无论道岔的辙叉号大小,无论出站信号机如何显示,进站信号机只能显示黄灯。

(3)进弯时进站信号机显示与出站信号机显示的联系

当进 18 号以下道岔侧向时,无论出站信号机是何种显示,进站信号机只能显示两个黄灯,如图 1-20 所示。

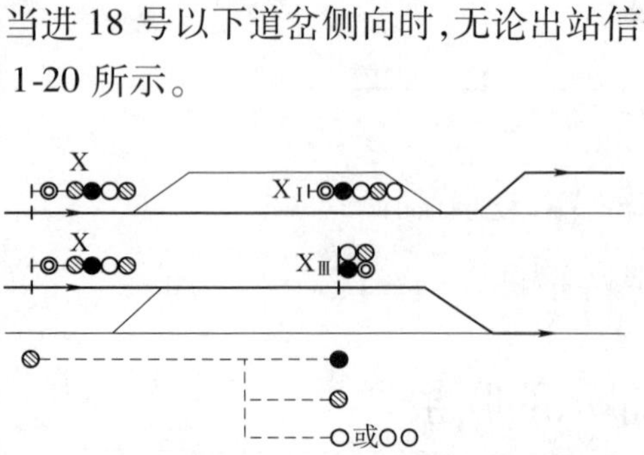

图 1-19　进直出弯时进站信号机显示与出站信号机显示的联系

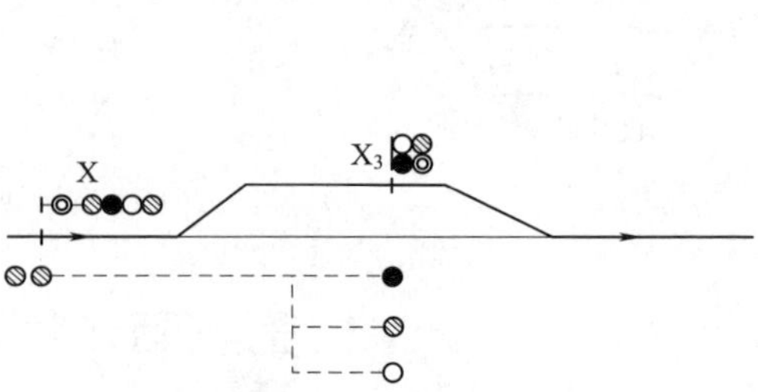

图 1-20　进弯时进站信号机显示与出站信号机显示的联系

在普速铁路，当接车进路上开通侧向位置的均为 18 号及以上道岔时，出站信号机在开放状态，发车进路上的道岔均开通直向位置，或开通侧向位置的道岔是 18 号及以上的道岔，进站信号机显示黄闪黄，如图 1-21 所示。

虽经 18 号及以上道岔侧向时，但出站信号机在关闭状态，或虽开放却经 18 号以下的道岔侧向，进站信号机仍显示两个黄灯，如图 1-22 所示。

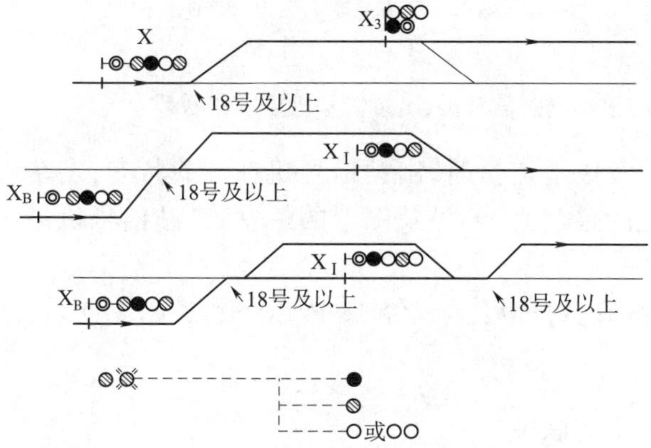

图 1-21　进站信号机显示黄闪黄

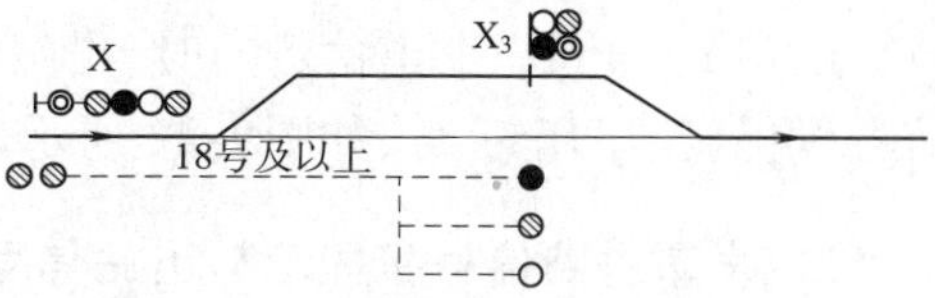

图 1-22　进站信号机显示两个黄灯

在常态点灯的高速铁路，当接车进路上开通侧向位置的均为 18 号及以上道岔时，进站信号机仍显示一个黄色闪光和一个黄色灯光，准许列车经 18 号及上道岔侧向位置进入站内准备停车，且进路允许速度不低于 80 km/h。

2. 四显示自动闭塞区段进站信号机显示与出站信号机显示的联系

（1）进直出直时进站信号机显示与出站信号机显示的联系

进直出直时，进站信号机显示与出站信号机显示的联系如图 1-23 所示。当出站信号机显示绿灯或绿黄灯时，进站信号机显示绿灯。当出站信号机显示黄灯时，进站信号机显示绿黄灯。当出站信号机显示红灯时，进站信号机显示黄灯。

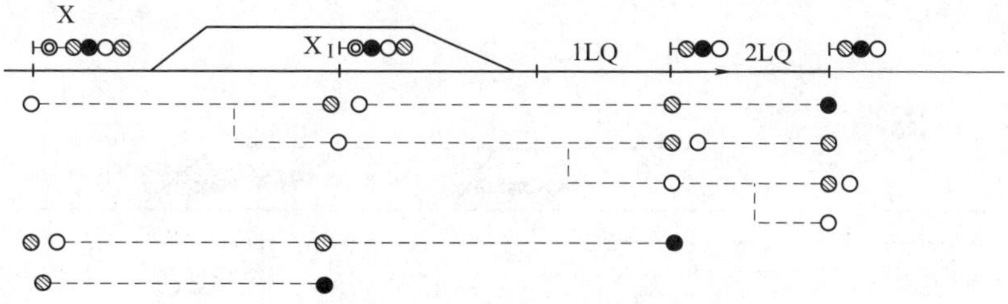

图 1-23　进直出直时进站信号机显示与出站信号机显示的联系

进直出直时，进站信号机显示与接车进路信号机、出站信号机显示的联系如图 1-24 所示。

（2）进直出弯时进站信号机显示与出站信号机显示的联系

进直出弯时进站信号机显示与出站信号机显示的联系如图 1-19 所示。只要发车进路经道岔侧向，不管是多少号道岔，进站信号机只能显示黄灯。

（3）进弯时进站信号机显示与出站信号机显示的联系

当进 18 号及以下道岔侧向时，不论出站信号机是何种显示，进站信号机只能显示两个黄灯，如图 1-20 所示。

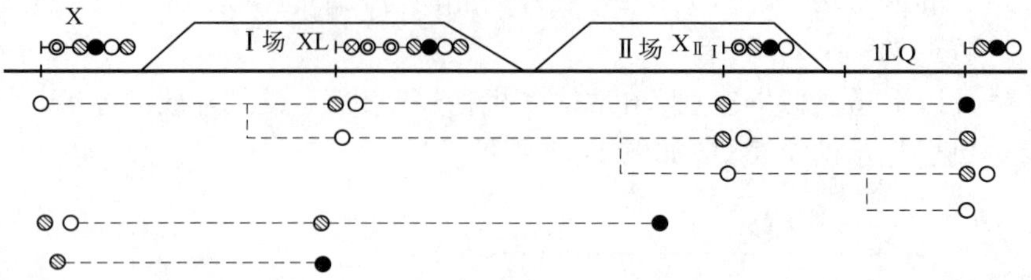

图 1-24　进直出直时进站信号机显示与接车进路信号机、出站信号机显示的联系

当接车进路上开通侧向位置的均为 18 号及以上道岔时，出站信号机在开放状态，发车进路上的道岔均开通直向位置，或开通侧向位置的道岔是 18 号及以上的道岔，进站信号机显示黄闪黄，如图 1-21 所示。

虽进 18 号及以上道岔侧向时，出站信号机在关闭状态，或经 18 号以下的道岔侧向，进站信号机仍显示两个黄灯，如图 1-22 所示。

二、发车进路信号机显示与出站信号机显示的联系

1. 发车进路信号机显示与出站信号机显示的联系（四显示自动闭塞区段除外）

发车进路信号机显示与出站信号机显示的联系如图 1-25（a）所示。出直时，出站信号机显示绿灯或黄灯时，发车进路信号机显示绿灯。

当发车进路信号机与出站信号机之间有发车进路信号机或接发车进路信号机时，发车进路信号机显示与出站信号机显示的联系如图 1-25（b）所示。

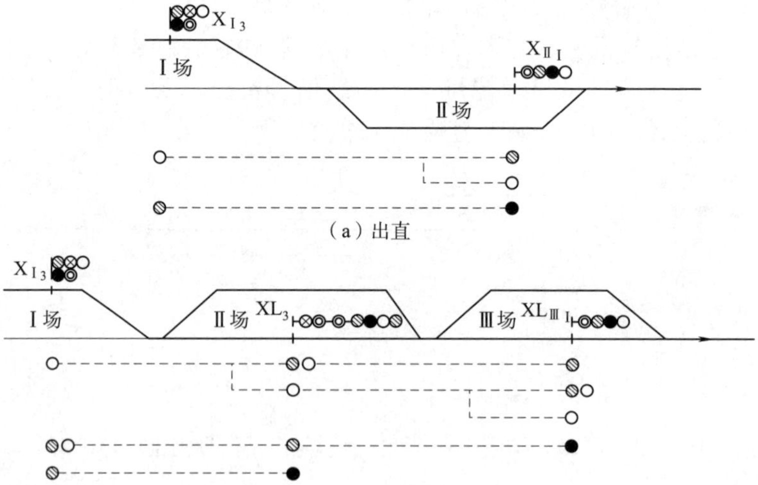

（a）出直

（b）中间有进路信号机

图 1-25　发车进路信号机显示与出站信号机显示的联系

2. 四显示自动闭塞区段发车进路信号机显示与出站信号机显示的联系

出直时，出站信号机显示绿黄灯时，发车进路信号机显示绿灯；出站信号机显示黄灯时，发车进路信号机显示绿黄灯，如图 1-26（a）所示。

出弯时，出站信号机显示绿灯或绿黄灯或黄灯或红灯时，发车进路信号机显示黄灯，如

图 1-26(b)所示。

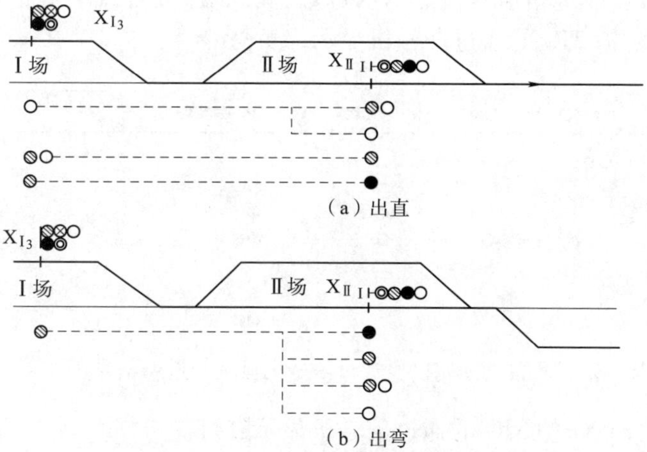

图 1-26　四显示自动闭塞区段发车进路信号机显示与出站信号机显示的联系

当发车进路信号机与出站信号机之间有发车进路信号机或接发车进路信号机时，发车进路信号机显示与出站信号机显示的联系如图 1-25 所示。

三、出站信号机显示与通过信号机显示的联系

四显示自动闭塞区段出站信号机显示与通过信号机显示的联系如图 1-27 所示。

出站信号机显示绿灯，必须 1LQ、2LQ、3LQ 都空闲，防护 2LQ 的通过信号机显示绿灯或绿黄灯。出站信号机显示绿黄灯，必须 1LQ、2LQ 空闲，防护 2LQ 的通过信号机显示黄灯。出站信号机显示黄灯，必须 1LQ 空闲。

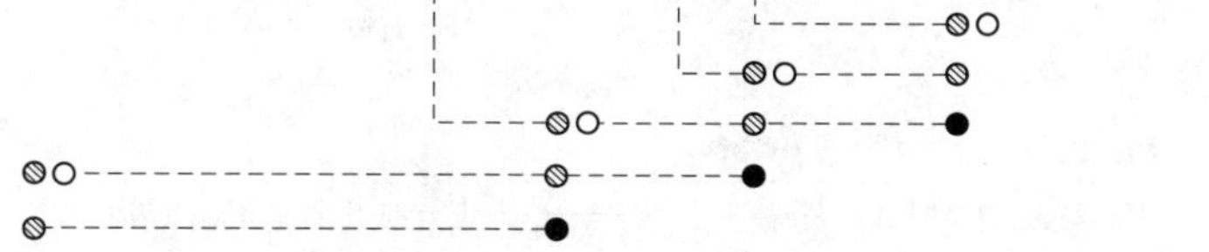

图 1-27　四显示自动闭塞区段出站信号机显示与通过信号机显示的联系

四、通过信号机显示与进站信号机显示的联系

四显示自动闭塞区段通过信号机显示与进站信号机显示的联系如图 1-28 所示。

在四显示自动闭塞区段，防护 2JG、3JG 的通过信号机显示的与进站信号机的显示有着密切的联系，起到预告信号机的作用。在进站信号机显示绿灯或绿黄灯时，防护 2JG、3JG 的通过

信号机显示绿灯。在进站信号机显示黄灯时,防护3JG的通过信号机显示绿黄灯,防护2JG的通过信号机显示绿灯。在进站信号机显示双黄灯、黄闪黄、红灯或引导信号时,防护3JG的通过信号机显示黄灯,防护2JG的通过信号机显示绿黄灯。

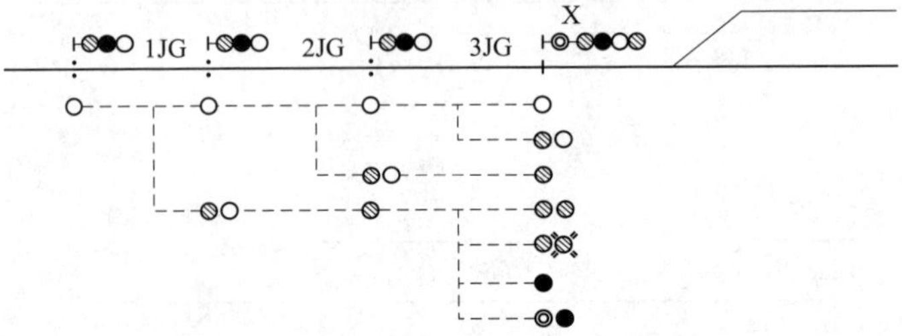

图1-28 四显示自动闭塞区段通过信号机显示与进站信号机显示的联系

进站信号机灭灯时,防护3JG的通过信号机显示红灯。

五、进路表示器的显示

出站信号机或发车进路信号机有两个及以上运行方向,需装设进路表示器,以区分不同的发车方向。

有两个运行方向时,信号显示如图1-29(a)所示。

在双线双向自动闭塞区段,装设一个进路表示器。正方向运行时,进路表示器不着灯。反方向运行时,进路表示器着白灯,如图1-29(b)所示。

有三个运行方向时,信号显示如图1-30所示。

有四个运行方向时,信号显示如图1-31所示。

有五个运行方向时,信号显示如图1-32所示。

有六个运行方向时,信号显示如图1-33所示。

有七个运行方向时,信号显示如图1-34所示。

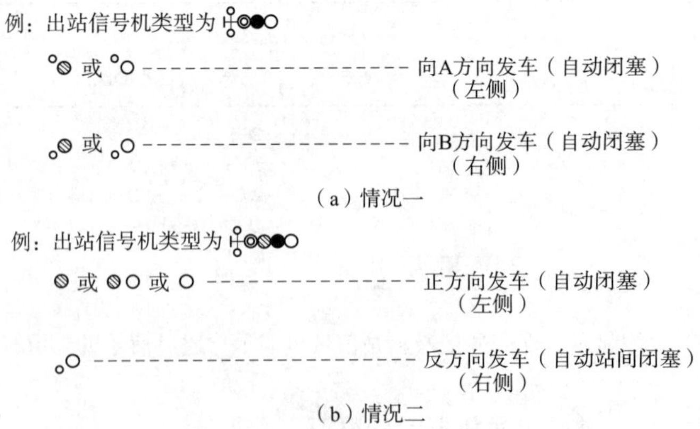

图1-29 有两个运行方向时的信号显示

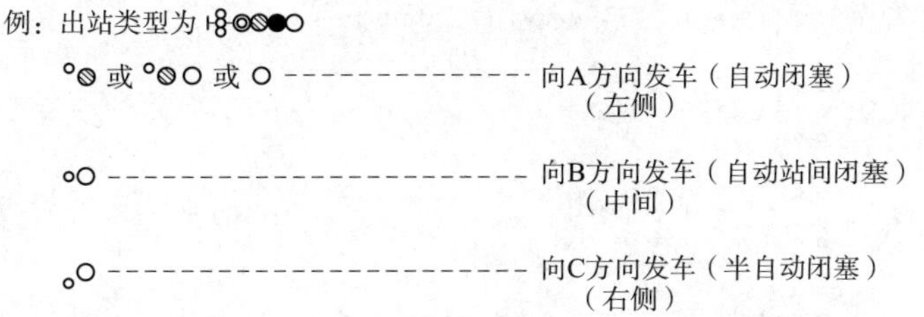

图 1-30　有三个运行方向时的信号显示

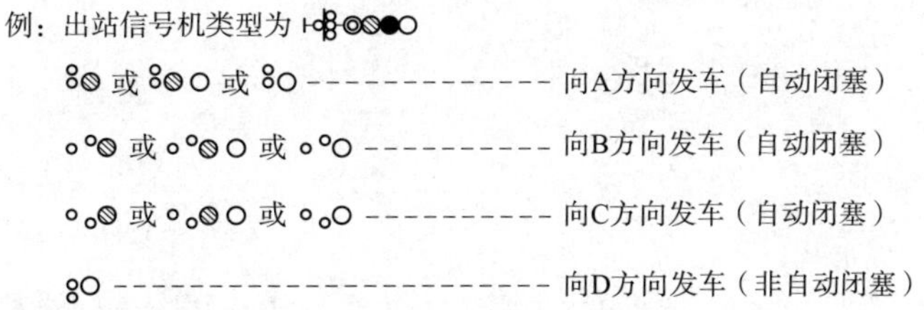

图 1-31　有四个运行方向时的信号显示

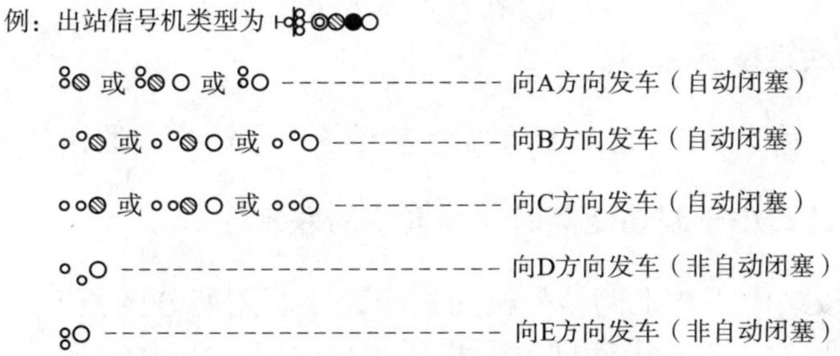

图 1-32　有五个运行方向时的信号显示

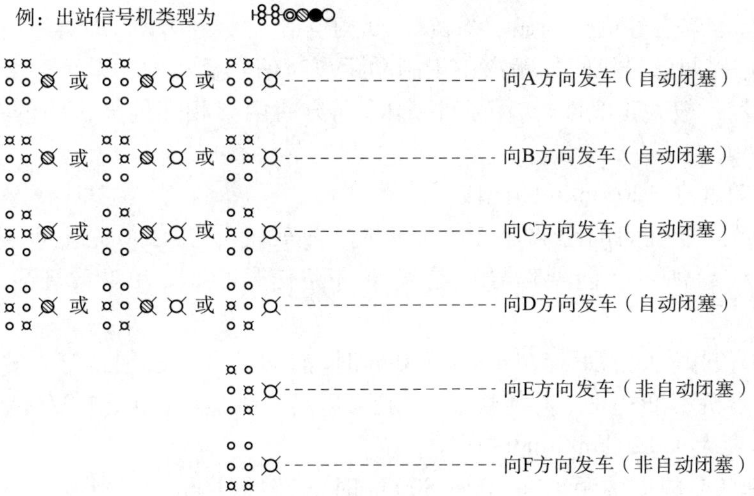

图 1-33　有六个运行方向时的信号显示

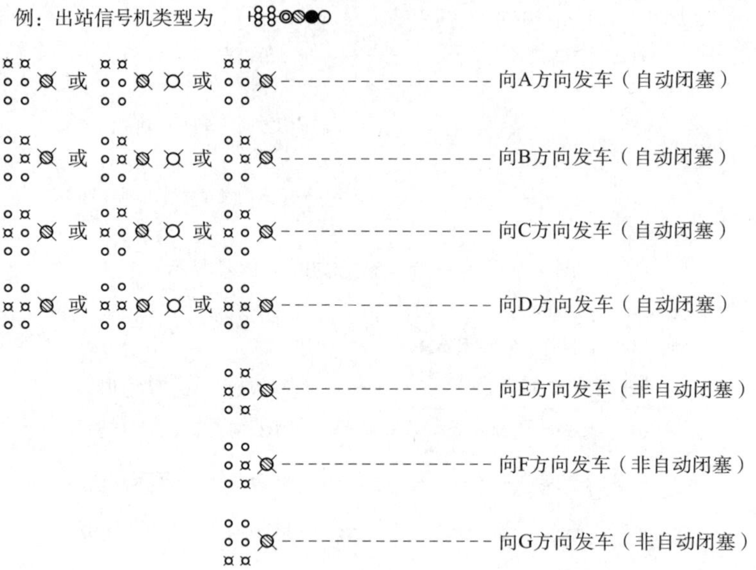

图 1-34　有七个运行方向时的信号显示

六、信号显示的联系举例

图 1-35 为信号显示联系图，它比较清晰地表明各信号机之间的信号显示的联系。

七、信号机间的距离小于制动距离时信号显示的联系

1. 自动闭塞区段站内正线上两信号机间的距离小于闭塞分区长度时信号显示的联系

在自动闭塞区段，站内正线上两同方向相邻信号机间的距离小于闭塞分区长度时，应采取相应降级和限速措施。它们信号显示的联系如图 1-36所示。

当次架信号机显示黄灯时，情况比较复杂，要视实际距离，以及能否满足从 120 km/h 减至 45 km/h 的要求，本架信号机分别显示绿黄灯、黄灯。

2. 同方向相邻两信号机间的距离小于制动距离时信号显示的联系

在特殊区段，一般为正线以外，因条件所限，同方向两架相邻信号机间的距离小于制动距离时情况。

(1)列车速度小于 120 km/h 的区段

当两架相邻信号机间的距离小于 400 m 时，前架信号机必须完全重复次架信号机的显示，如图 1-37(a)所示。前架信号机是发车进路信号机，没有双黄灯显示，故显示一个黄灯。

当两架相邻信号机间的距离在 400 ~ 800 m 时，前架信号机必须红灯重复，即次架信号机关闭时，前架信号机不准开放。其他显示，一般可提高一级显示，如图 1-37(b)所示。

(2)列车速度大于 120 km/h 的区段

当两架相邻信号机间的距离在 400 ~ 800 m 时，前架信号机也必须红灯重复，其他显示一般可提高一级显示，如图 1-38 所示。

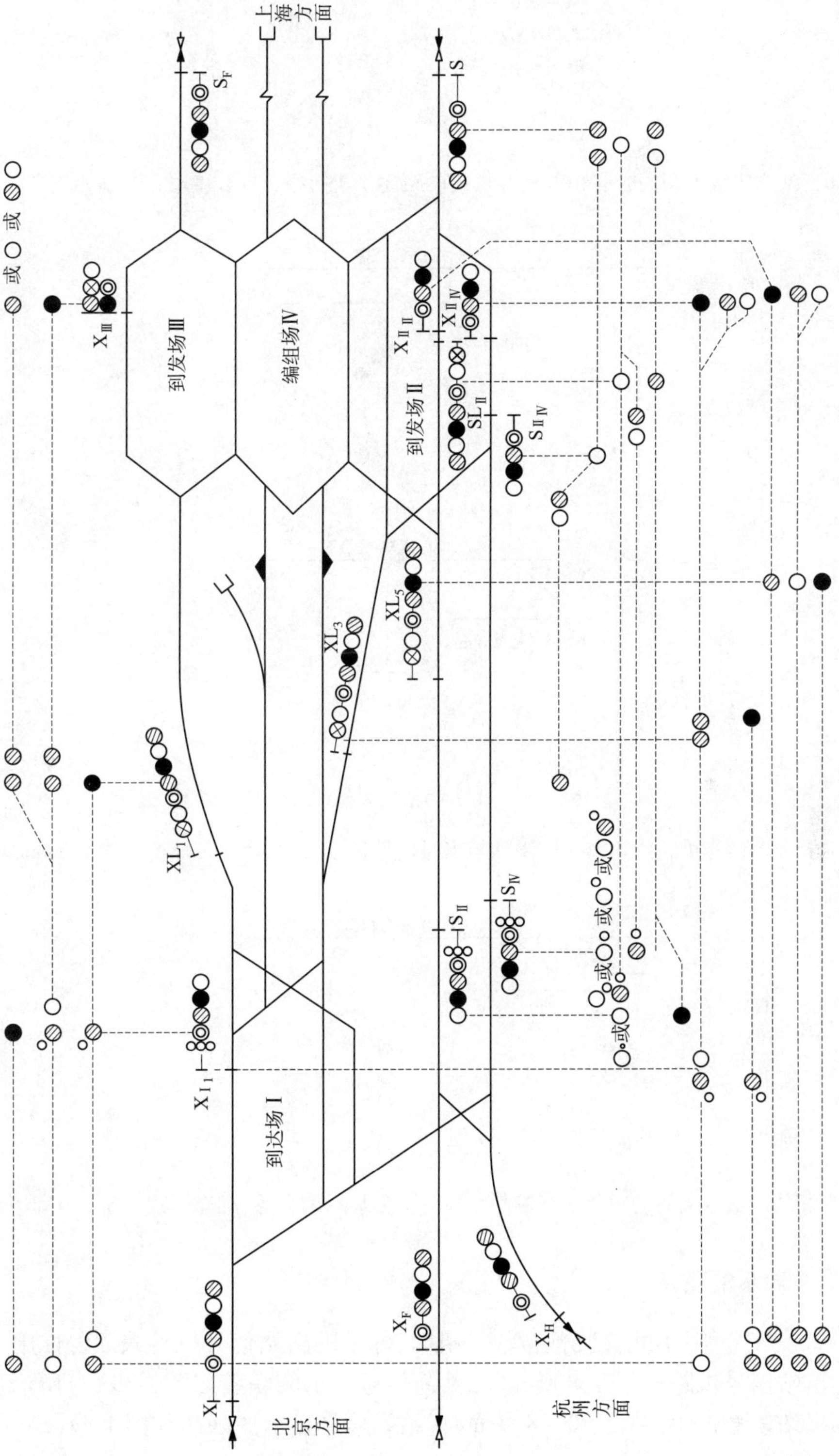

图 1-35　信号显示联系图

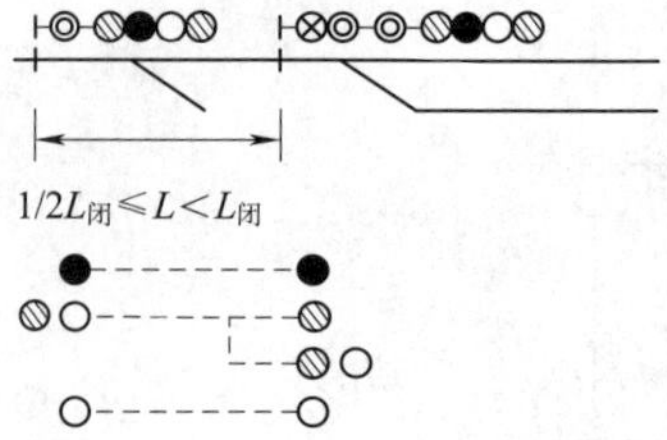

图 1-36　站内正线上两同方向相邻信号机间的距离小于闭塞分区长度时信号显示的联系

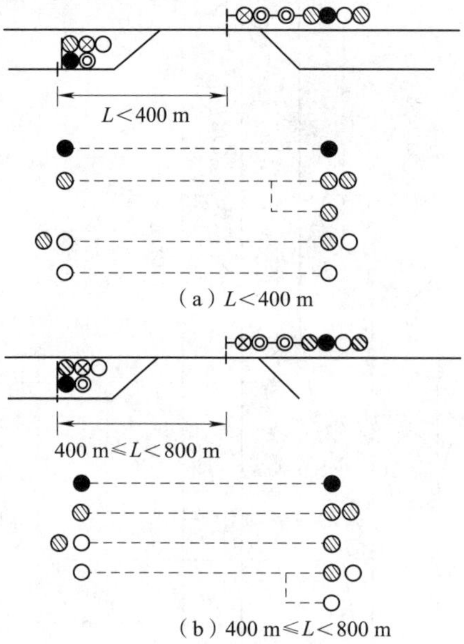

图 1-37　同方向相邻两信号机间的距离小于制动距离时信号显示的联系（列车速度小于 120 km/h 的区段）

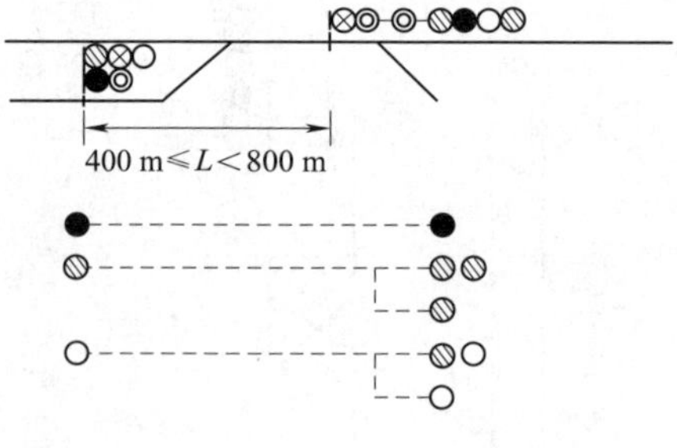

图 1-38　同方向相邻两信号机间的距离小于制动距离时信号显示的联系（列车速度大于 120 km/h 的区段）

八、站间信号显示的联系

当站间距离较短，区间不能安装预告信号机时，邻站的出站信号机可兼预告作用。进站信号机与邻站的出站信号机距离大于 800 m 时，站间信号显示的联系如图 1-39（a）所示。进站信号机与邻站的出站信号机距离在 400 ~ 800 m 时，站间信号显示的联系如图 1-39（b）所示。

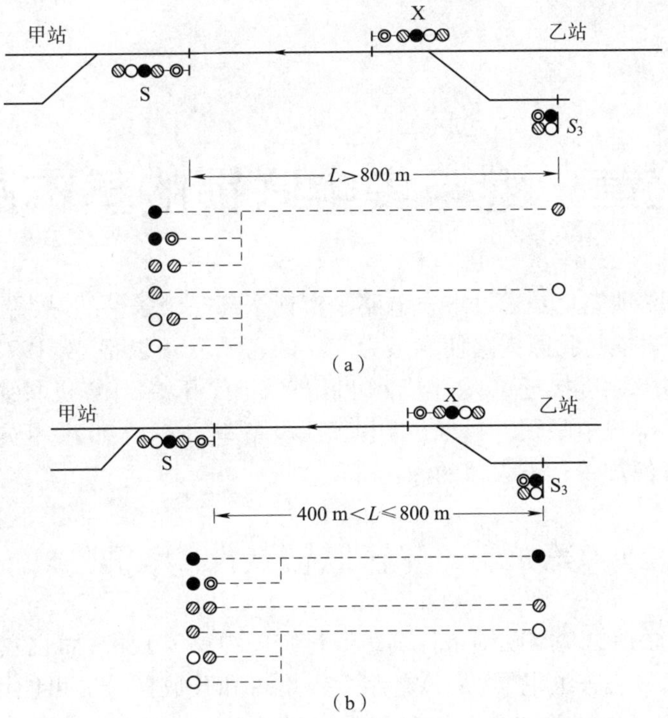

图 1-39　站间信号显示的联系

第二章　继电集中联锁的基本原理

6502 电气集中联锁完全是通过继电电路来实现全部联锁条件的,故称为继电集中联锁。

6502 电气集中联锁是我国铁路使用最为广泛的车站联锁设备,从 1972 年定型后,在我国铁路大力发展,装备率一度接近 90% 。从 20 世纪 90 年代开始,计算机联锁迅速成熟并得到积极推广,现正取代继电集中联锁。目前,继电联锁装备率已不足 20% ,但是对 6502 电气集中联锁原理的学习,方便读者对于联锁的深刻理解。

第一节　基本联锁条件的实现

6502 电气集中联锁的基本联锁条件都是通过继电电路实现的,而且主要是通过它的执行组实现的。其中,信号检查继电器(XJJ)电路检查是否和开放信号的可能性,满足条件就锁闭进路;信号继电器(XJ)电路检查是否满足开放信号的条件,满足条件就开放信号。只要有一项条件不满足,进路就不锁闭,信号也不会开放,保证了车站行、调车作业的安全。

一、进路上各区段空闲的检查

首先,在选岔电路 6 线网路对应轨道区段处接有轨道继电器(DGJ)的前接点,以反映该区段空闲,否则断开 6 线,在进路上有车占用时,禁止选路。

其次,在 8 线网路 XJJ 电路检查进路上各个轨道区段 DGJ 的前接点(以及侵限绝缘的检查),只有进路上各个轨道区段空闲,才允许锁闭进路。

最后,在 XJ 的励磁电路中通过 XJJ 吸起来间接检查进路空闲,只有 XJJ 吸起,即进路上各个轨道区段空闲,才允许开放信号。

二、进路上有关道岔在规定位置的检查

在 XJJ 电路中,通过开始继电器(KJ)前接点间接实现对进路上道岔位置的检查。因为 KJ 经 7 线网路检查选排一致后励磁,只有进路上道岔位置正确才能使 KJ 励磁,进而使 XJJ 励磁,才允许锁闭进路。

在 XJ 电路中,用 7 线上道岔表示继电器 DBJ、DBJF 或 FBJ 的前接点证明道岔位置正确,用锁闭继电器的落下,即 SJ(或 1SJ,或 2SJ)的后接点接通 11 线网路证明道岔已被锁在进路规定的位置上,这样才允许开放信号。

三、敌对信号未开放的检查

1. 本咽喉没有建立敌对进路

8 线网路中串接有各敌对进路的 KJ 和 ZJ 后接点,用敌对进路的 KJ 和终端继电器(ZJ)都

落下来证明本咽喉区没有建立敌对进路，XJJ 励磁，允许锁闭进路。

11 线网路中除用敌对进路的 KJ 和 ZJ 都落下来证明本咽喉区没有建立敌对进路外，还要检查敌对进路被锁在未建立状态，即用本进路建立后 SJ 落下切断 7 线，使敌对进路的 KJ 不能再励磁。

2. 同一股道另一咽喉没有建立迎面敌对进路

同一股道另一咽喉没有建立迎面敌对进路的检查是在 8 线股道端串接对端咽喉的照查继电器（ZCJ）前接点来实现的。当向股道建立进路时，本端的 ZCJ 落下，将其前接点接在同股道另一端的网路上实现对另一咽喉敌对进路的控制。

对于 XJ 电路，检查另一咽喉的敌对进路未建立并被锁在未建立状态，是通过在 11 线上接有本咽喉 ZCJ 后接点和股道检查继电器（GJJ）前接点及同股道另一咽喉的 GJJ 后接点来进行的。用本咽喉 GJJ 的后接点直接切断另一咽喉 11 线的 KF 电源，使敌对的信号继电器不能励磁，即将另一咽喉敌对进路锁在未建立状态。

另外，在向股道建立了进路或向股道引导接车时，严禁再向该股道建立进路，因此在股道端 6 线处接有 GJJ 后接点，已向股道建立了接车或调车进路后 GJJ 吸起将 6 线 KF 电源切断，使后办进路不能建立。

总之，6502 电气集中联锁对于基本联锁条件的检查，是十分严密的，可归纳为如表 2-1 所列的情况。

表 2-1　6502 电气集中联锁对基本联锁条件的检查

基本联锁条件检查	对区段空闲的检查	对道岔位置的检查	对敌对进路的检查	
			本咽喉	同一股道另一咽喉
XJJ 电路	各轨道区段的 DGJ 前接点	KJ 前接点（间接）	各敌对进路的 KJ 和 ZJ 后接点	对端咽喉的 ZCJ 前接点
XJ 电路	XJJ 前接点（间接）	7 线上各 DBJ、DBJF 或 FBJ 前接点，SJ（或 1SJ，或 2SJ）后接点证明道岔已被锁在进路规定的位置	各敌对进路的 KJ 和 ZJ 后接点，SJ 后接点	本咽喉 ZCJ 后接点和 GJJ 前接点及对端咽喉 GJJ 后接点，用本咽喉 GJJ 后接点切断对端咽喉 11 线的 KF 电源

可见，XJ 电路对于基本联锁条件的检查比 XJJ 电路更为严密，不仅要检查道岔位置的正确，而且要检查道岔被锁闭在进路规定的位置上；不仅要检查敌对信号未开放，而且要检查敌对进路被锁闭在未建立状态。

第二节　建立进路开放信号的基本原理

一、选岔网路中对于联锁的防护措施

必须防止车站值班员办理储存进路，即进路锁闭信号开放后，车站值班员又排列了与先排进路相重叠或交叉的敌对进路，此时若允许选岔电路再选路，使道岔操纵继电器吸起，并使记录电路复原，叫作储存进路。在没有特殊保护措施时，若发生故障会引起进路提前解锁影响行车安全，因此 6502 电气集中联锁禁止建立储存进路。另外在道岔区段故障或有车占用时应不准进路选出。

为此选岔电路采用了以下防护措施（图 2-1）：

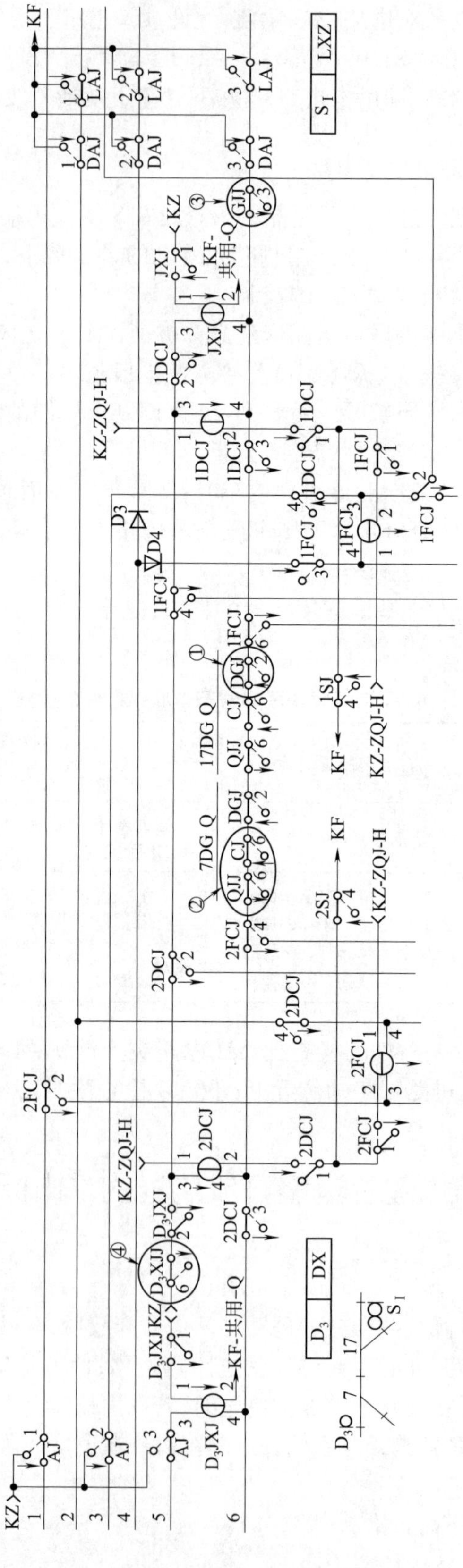

图 2-1 进岔电路的防护措施

(1)为了防止所选进路上任一道岔区段有车占用或轨道电路故障时进行选路,在6线网路对应轨道区段处接有轨道继电器(DGJ)的前接点,以反映该区段空闲。有车占用时用DGJ第二组前接点切断6线,使网路左端进路选择继电器(JXJ)不能励磁防止进路选出。见图2-1的①。

(2)为禁止在已锁闭的进路上办理储存进路,在轨道区段组合6线上还接有区段检查继电器(QJJ)的第六组后接点和传递继电器(CJ)的第六组前接点。当进路锁闭后该区段QJJ吸起、CJ落下切断6线KF电源以防止储存进路。见图2-1的②。

(3)在向股道建立了进路或向股道引导接车时,严禁再向该股道建立进路,为此在股道端6线处接有股道检查继电器(GJJ)第三组后接点,已向股道建立了接车或调车进路后GJJ吸起将6线KF电源切断,使后办进路的JXJ不能励磁。见图2-1的③。

(4)当信号已开放后,禁止再利用此信号排重叠的进路。信号开放后,信号检查继电器(XJJ)在励磁状态,对列车进路是用XJJ第一组后接点切断列车进路始端向5线接入的KZ电源;对于调车进路是用XJJ第六组后接点切断调车进路始端向5线接入的KZ,以达到禁止再利用此信号排进路的目的。见图2-1的④。

二、道岔控制电路——转换和锁闭道岔的关键

道岔控制电路有三种不同的情况:采用ZD6型转辙机的四线制道岔电路(双机牵引时使用六线制),用于非提速道岔;采用S700K型或ZYJ7型转辙机的五线制道岔电路,用于提速道岔;ZD6型和S700K型或ZYJ7型的结合电路,用于双动道岔一端提速(位于正线上)另一端非提速(位于侧线上)的道岔。不管哪种道岔控制电路都包括道岔启动电路和道岔表示电路,它们直接控制道岔的转换和锁闭,是关系行车安全的关键之一。

1. 四线制道岔控制电路(图2-2)。

(1)道岔启动电路技术条件

为了行车安全,道岔启动电路应保证实现以下技术条件:

①对道岔实行区段锁闭,道岔区段有车占用时,或道岔区段轨道电路发生故障时,不准道岔转换。

②对道岔实行进路锁闭,进路在锁闭状态时,不准进路上的道岔再转换。

③道岔启动后,如果列车或调车车列随后驶入该道岔区段,则应保证道岔能继续转到底,不受第一条技术条件限制而停转。若使道岔停转或允许车站值班员控制它回转,都将造成脱轨或挤岔等严重事故。

④道岔启动电路接通后,如果电路故障使道岔没有启动,如自动开闭器接触不良、电机炭刷与换向片不密贴等造成道岔未转动,则启动电路应自动被切断。以免由于邻线行车震动等原因,使接触不良故障自动消除,造成道岔自行转换,此时若有车进入会造成道岔中途转换事故。

⑤应保证道岔在不能转换到底时,能在车站值班员操纵下,随时都可以使它返回原位,以便在道岔尖轨与基本轨之间夹有障碍物时能使道岔转回原位。

⑥道岔转换完毕到位密贴后,应自动切断启动电路使电动机停转。

(2)道岔启动电路技术条件的实现

①在第一道岔启动继电器(1DQJ)励磁电路中检查锁闭继电器(SJ)的前接点(双动道岔则要检查1SJ和2SJ前接点),证明道岔既未被区段锁闭又未被进路锁闭,实现技术条件①和②。

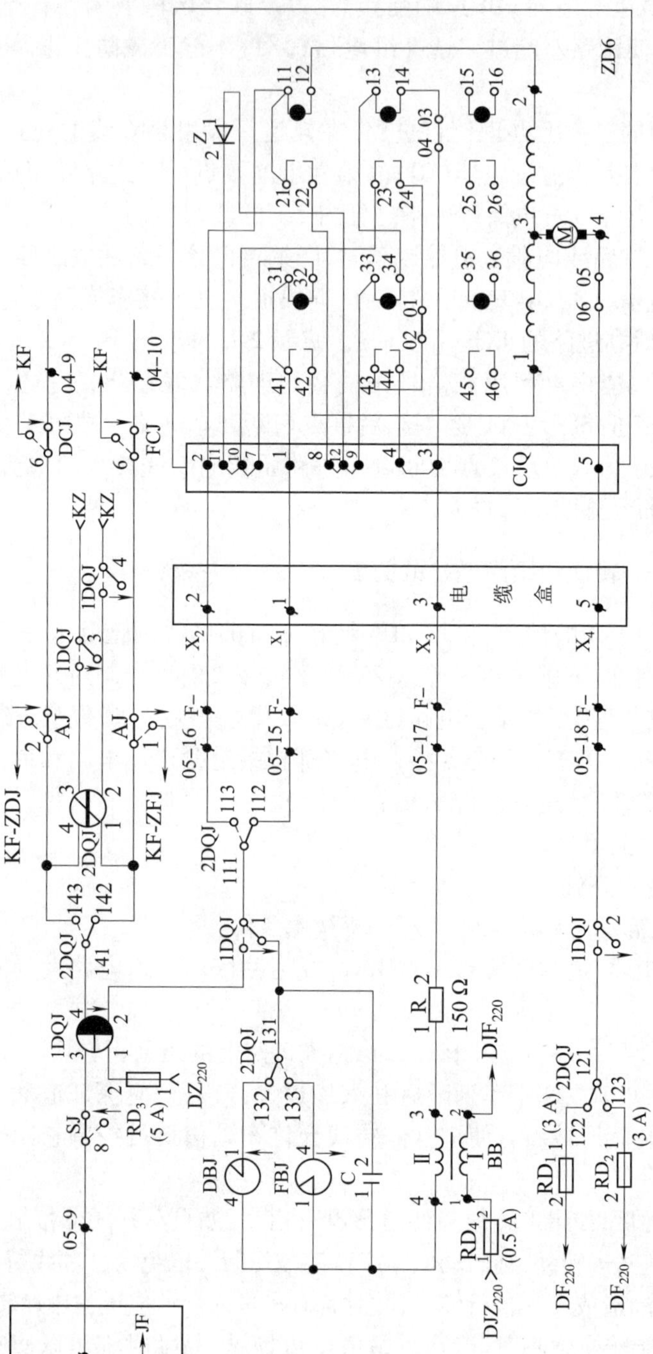

图 2-2 四线制道岔控制电路（ZD6型电动转辙机）

②为了在道岔启动后不受区段锁闭和进路锁闭的控制，以保证道岔转换到底，增加了1DQJ的1-2线圈与电动机串接的自闭电路，使电动机转动时脱离SJ的控制。这样，道岔转换中也不受车站值班员的控制回转。另外2DQJ转极向电动机送电后，其有极接点将不会变动，以保持电流方向不变，使电动机向一个方向转到底，直到自动开闭器动作才切断电源。以上措施保证了技术条件③的实现。

③1DQJ的1-2线圈阻值很小，仅为0.44 Ω，它与电动机串联，只有道岔启动使电动机转动后，有较大的电流流经它的1-2线圈，它才能保持吸起。若启动后，电动机回路中有某处接触不良，使流过1DQJ的1-2线圈电流大大减少，即会落下切断向电动机的供电电路，从而阻止此后再自动接通，实现了技术条件④。

④为了使道岔因故障不能转到底时，能在车站值班员操纵下转回原位，电路中采取了三项措施，以保证其技术条件⑤的实现。

第一，在电动机启动时，自动开闭器的另一组接点立刻接通使电动机准备反转的回路。如由定位转向反位时，自动开闭器第二组动接点先动，接通41-42电动机准备反转的回路，当车站值班员进行回转操纵使2DQJ转极后，电动机回转电路就被接通。

第二，将道岔按钮继电器CAJ接点接在DCJ或FCJ接点前面，它对1DQJ的励磁和2DQJ的转极比进路操纵优先。一旦进路操纵不能使某道岔转到底时，可先按下ZQA，使KZ-ZQJ-H无电，将进路上的道岔操纵继电器复原，然后采用单独操纵道岔的方法使道岔随时转回原位。

第三，为了防止道岔因尖轨处有障碍物使电动机空转，断路器脱扣后，不能再使电动机回转，将其DF_{220}电源处分设定位断路器RD_1和反位断路器RD_2（均为3 A）。一旦电动机空转使一处断路器脱扣后，仍然保证电动机能回转。

⑤道岔转换完毕到位密贴后，自动开闭器21-22接点接通，使11-12接点断开，自动切断电动机电路使电动机停转，从而实现技术条件⑥；同时使1DQJ的1-2线圈失磁，1DQJ落下接通道岔表示电路。

自动开闭器两组动接点不同时动作，是受表示杆密贴检查缺口的控制，启动时准备接通反转电路；道岔转到底后切断电动机电路，是道岔电路的一个重要环节。

为保护维修人员的安全，凡打开电动转辙机机盖后，遮断器05-06接点随即切断电动机动作电路，以防维修时电动转辙机被操纵。但要注意，此时仍能建立不改变该道岔的进路，须注意来往车辆。由于1DQJ从励磁转为自闭的过程中将因接点转换而瞬间断电，为保证1DQJ可靠自闭，采用缓放型继电器。

（3）道岔表示电路技术条件

在执行组电路中，用定位表示继电器（DBJ）和反位表示继电器（FBJ）的前接点表示道岔的位置，来区分执行组网路的形状，参与各种重要的联锁关系，在控制台上构成进路表示光带表示道岔的位置等。因此道岔表示电路必须是安全电路，它的工作是否正常将直接关系到行车安全，须满足故障—安全要求。

①只能用道岔表示继电器的吸起来反映道岔的位置，不准用一个继电器的吸起和落下来表示道岔的两种位置。即只能用DBJ的吸起表示道岔在定位，用FBJ的吸起表示道岔在反位。

②当外线发生混线或混入其他电源时，必须保证不使DBJ和FBJ错误励磁。

③在道岔转换过程中，或发生挤岔、停电、断线等故障时，应保证DBJ和FBJ落下。

(4)道岔表示电路技术条件的实现

①当外线混线时,可防止 DBJ 或 FBJ 的错误励磁,因为此时整流二极管失去作用,偏极继电器中流过交流电不会吸起。

②当电容器 C 击穿时,道岔表示继电器被 C 短路,从而不会励磁;当电容器引线断线时,由于失去滤波作用,DBJ 或 FBJ 将会颤动。

③当外线上混入外界电源时,由于采用 BB 变压器隔离,混入的电源不能构成闭合回路,可防止道岔表示继电器误动。

(5)道岔的单独锁闭

为了在维修道岔时引起车站值班员注意,在要点维修该道岔后,车站值班员应按下该道岔的单独锁闭按钮,使道岔处于单独锁闭状态。同时该道岔按钮点亮红灯,禁止再单独操纵道岔也禁止排列经该道岔的进路,以确保行车和人身安全。道岔维修完后,应拉出该道岔单独锁闭按钮使其复原,红灯熄灭,经试验该道岔动作正常后,即可复原。

(6)挤岔报警电路

为了使道岔被挤或因尖轨有障碍物转不到底,电动机空转时,能使车站值班员和信号维修人员及时发现,设置了挤岔继电器(JCJ)电路,对上述情况进行报警。即让挤岔表示灯亮红灯,同时挤岔电铃鸣响,发出报警以引起车站值班员注意。

通过道岔被挤时其电动转辙机的动作杆与电动转辙机相联结的主、副挤切连接销被挤断,使与动作杆一起动作的表示杆移位,检查柱被顶出表示杆缺口,带动自动开闭器动接点组断开表示接点,从而使平时吸起的 DBJ(或 FBJ)落下,由两个表示继电器的后接点使挤岔继电器励磁,发出挤岔报警。为了使 ZD6 型电动转辙机在挤岔时造成尖轨与基本轨之间较小不密贴也能被反映出来,设置了移位接触器,只要主挤切销被挤断,动作杆上的顶杆即可将移位接触器接点(反位时 01-02,定位时 03-04)断开,切断表示电路发出报警,以便维修人员及时发现。挤岔报警电路如图 2-3 所示,由两个表示继电器 DBJ 和 FBJ 均落下来沟通其励磁电路。

全站设一个 JCJ,将全站各组道岔的 DBJ 和 FBJ 的第八组后接点串接后,并联接入挤岔继电器 JCJ_1 电路中。平时,各道岔都有表示,因此每组道岔的 DBJ 和 FBJ 中总有一个处于吸起状态,各道岔的 DBJ、FBJ 后接点并联支路都不接通。当某一道岔被挤后,该支路的 DBJ 和 FBJ 都落下,用它们的第八组后接点将 JZ 电源接入 JCJ_1 电路,使其励磁。道岔在转换过程中,两个表示继电器约有 3 s 的时间处于同时失磁状态。为了区别道岔正常转换和被挤,又增设一个挤岔限时继电器(JCJ_2),它采用时间继电器(JSBXC-850 型),在 JCJ_1 吸起 13 s 后才能励磁。挤岔时,JCJ_1 吸起接通 JCJ_2 电路,超过 13 s 后 JCJ_3 励磁吸起。JCJ_2 吸起后,用其第四组前接点点亮挤岔表示红灯。为引起车站值班员注意,又用 JCJ_2 第三组前接点接通挤岔电铃,使其鸣响,发出挤岔报警。当未按下接通道岔按钮 TCA 时,为显示出是哪组道岔被挤,用 JCJ_2 第二组前接点使接通道岔表示继电器(TCJ)吸起,使它送出 JF-TCJ 条件电源,自动接通全站道岔表示灯电路,使其按所在位置亮黄灯或绿灯,被挤道岔因表示继电器均落下而不点亮其道岔表示灯。

车站值班员知道挤岔后,可按下切断挤岔电铃按钮 JCA(为非自复式),使切断挤岔电铃按钮继电器(JCAJ)励磁,用其第一组后接点切断电铃电路,使电铃暂停鸣响。待被挤道岔修复后,由于 JCJ_1 和 JCJ_2 都复原,所以电铃电路又将接通,再次响铃,通知车站值班员该道岔已修复,此时应将切断挤岔电铃按钮 JCA 拉出,电铃停止鸣响。至此,全部挤岔报警电路复原。JCJ_1 采用整流式继电器(JZXC-480 型)的原因是各道岔表示继电器构成的励磁支路与道岔表示灯电路共用第八组后接点,表示灯电路点灯采用的是 24 V 交流电源 JZ,所以 JCJ_1 必须用整

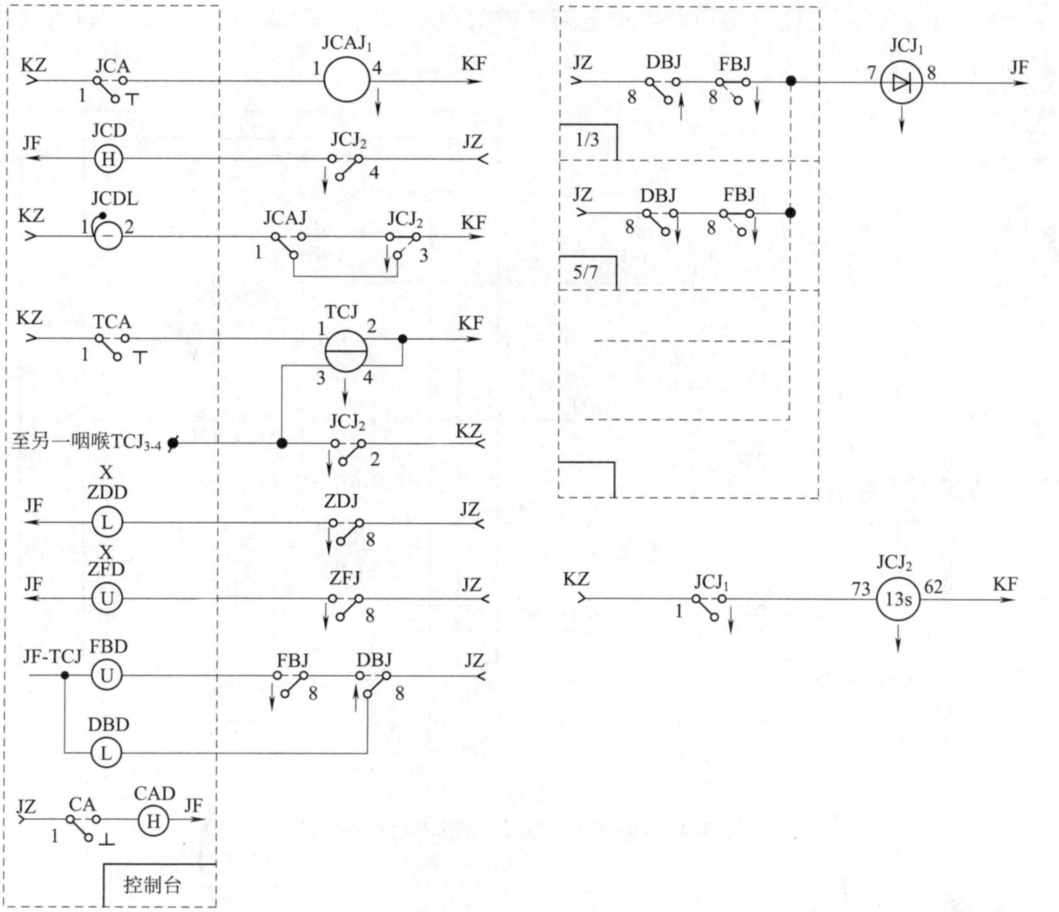

图 2-3　挤岔报警电路

流式继电器。JCJ_2 采用限时 13 s 后励磁，是考虑到正常情况下，最多可有四动道岔顺序转动，此时属正常情况，不应发生挤岔报警。显然，当道岔尖轨有障碍物使道岔空转，由于 1DQJ 第一组后接点不接通，表示电路也不能被接通，超过 13 s 后，也会发生道岔空转报警(此时道岔电流表指针也不能复原)。这样，车站值班员确认情况后，可将道岔转回原位，以免长期空转烧坏电动机。

除挤岔报警外，平时道岔位置表示灯都不着灯，需要了解道岔位置时，按下接通道岔表示按钮 TCA 后，使 TCJ 的 1-2 线圈被接通励磁，送出条件电源 JF-TCJ，于是通过各组道岔的 DBJ 或 FBJ 第八组前接点按其道岔所在位置点亮有关表示灯，DBJ 吸起点亮绿灯，或 FBJ 吸起点亮黄灯。

双机牵引的直流转辙机采用六线制道岔电路，其与四线制道岔的区别在于室外双机为同步动作，室内联锁条件则完全相同。

2. 三相交流转辙机控制电路

三相交流转辙机的道岔控制电路，采用五线制道岔电路。也由启动电路和表示电路组成。道岔动作电源为三相交流 380 V/220 V 电源，由五线制动作电路完成对转辙机的转换。为了对三相交流电源进行监督，设置了断相保护器和保护继电器。

在提速的情况下，道岔采用多点牵引和多点检查方式，双动道岔均按单动处理，不同之处就是牵引点数量不同，采用转辙机的台数不同，电路中并联 1DQJ、2DQJ 的数量不同，总表示电路中串联 DBJ、FBJ 的数量不同。

五线制道岔控制电路分为道岔启动电路和道岔表示电路。S700K 型电动转辙机道岔控制电路如图 2-4 所示。

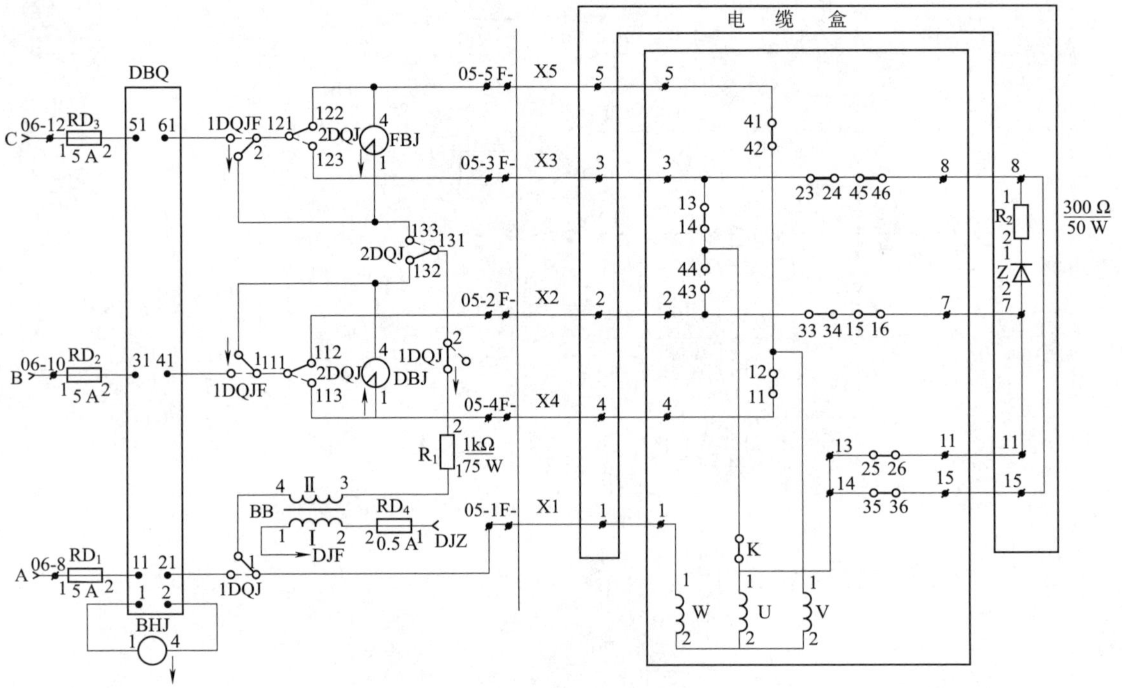

图 2-4 S700K 型电动转辙机道岔控制电路

(1)道岔启动电路

三相交流转辙机启动电路也采用两个启动继电器,通过三级控制电路完成对道岔转换的控制。第一级控制是 1DQJ 励磁电路,它检查联锁条件,确定能否接收控制命令。即检查没有办理单独锁闭,也未进行区段锁闭和进路锁闭,又经 2DQJ 接点检查道岔需转换后,经单独操纵(KF-ZDJ 或 KF-ZFJ 有电,CAJ 吸起)或进路操纵(DCJ 吸起或 FCJ 吸起)后励磁。第二级控制是 2DQJ 转极电路,确定道岔的转换方向。1DQJ 吸起后使 2DQJ 转极。1DQJ 吸起,2DQJ 转极后接通道岔动作电路。第三级控制是 1DQJ 自闭电路,用来检查电动机的动作电路的正常动作。道岔转换到底后由电动转辙机自动开闭器接点断开动作电路。

道岔启动继电器电路包括 1DQJ 励磁电路和自闭电路、2DQJ 转极电路、1DQJF 电路。

1DQJ 的 3-4 线圈励磁电路同四线制道岔电路。1-2 线圈自闭电路,由 BHJ 第三组前接点用直流 24 V 电源接通来间接检查电动机的正常工作。当三相电流无电或三相缺相时,BHJ 落下,断开 1DQJ 自闭电路。

当 1DQJ 吸起后,经 1DQJ 第三组前接点和 TJ 第三组后接点接通 1DQJF 励磁电路。因 1DQJ 接点不够用,故增设其复示继电器 1DQJF。

当 1DQJF 吸起后,2DQJ 转极,工作原理同四线制道岔控制电路。

ZYJ7 型电液转辙机动作电路与 S700K 型电动转辙机控制电路之有所不同,主要是考虑双机同步,控制电路需分别使用主、副机接点。ZYJ7 型电液转辙机道岔控制电路如图 2-5 所示。

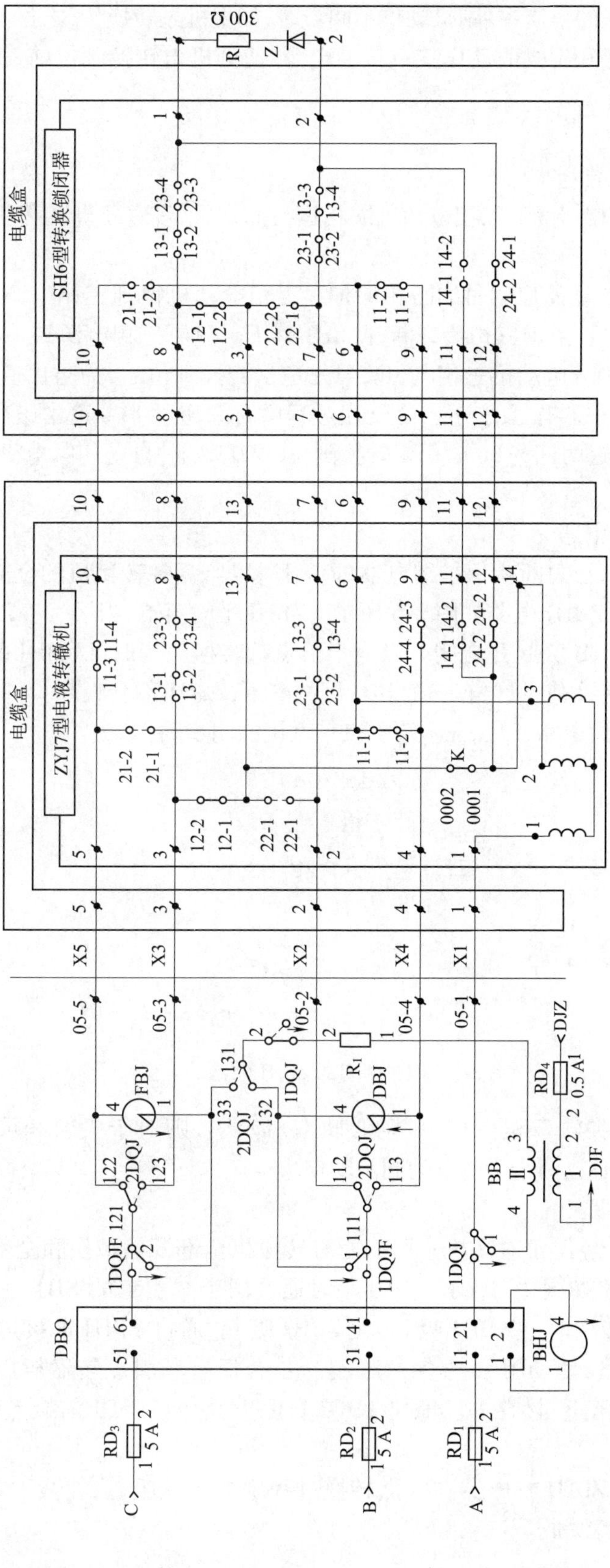

图 2-5　ZYJ7型电液转辙机道岔控制电路

主、副机的接点是并联的。当主、副机动作不同步时,如主机先转换到位,虽然其动作接点已断开,但仍能经另一排接点和副机的动作接点接通电源,使副机未转换到位前,主机中的三相电动机仍能继续转动。

(2)断相保护

①断相保护器和保护继电器

为防止在三相电源缺相情况下三相电动机缺相运行而烧毁,设置了断相保护器(DBQ)和保护继电器(BHJ)。

DBQ 有两个作用:一是道岔启动时的断相保护。三相电动机得到三相电源而正常工作时,BHJ 吸起。道岔转换到位后,由于三相负载断开,BHJ 落下。只要三相电源缺一相,就使 BHJ 落下,断开 1DQJ 电路,进而断开电动机三相电源。二是道岔转换到位后,为防护道岔卡阻,电动机持续工作而烧损。断相保护器有延时功能,在转换过程中时间超过 13 s 道岔(辙叉号 18 号及以上的道岔断相保护器的延迟时间为 30 s)仍未转换到位,BHJ 落下,自动切断电机电路,起到保护电机的作用。

②总断相保护继电器电路

在多机牵引的情况下,设总断相保护继电器(ZBHJ),以监督各转辙机的全部开始转换和全部转换到底。双机牵引的 ZBHJ 电路如图 2-6 所示。ZBHJ 平时落下,当第一、第二牵引点都开始工作时,两 BHJ 均吸起,ZBHJ 吸起并自闭。当两牵引点都转换完毕时,两 BHJ 落下,断开 ZBHJ 电路,使之落下。在道岔转换前,只要有一个 BHJ 因故落下,ZBHJ 不会吸起。将 ZBHJ 的前接点串入切断保护继电器(QDJ)电路,以保证两牵引点转辙机的同步动作。

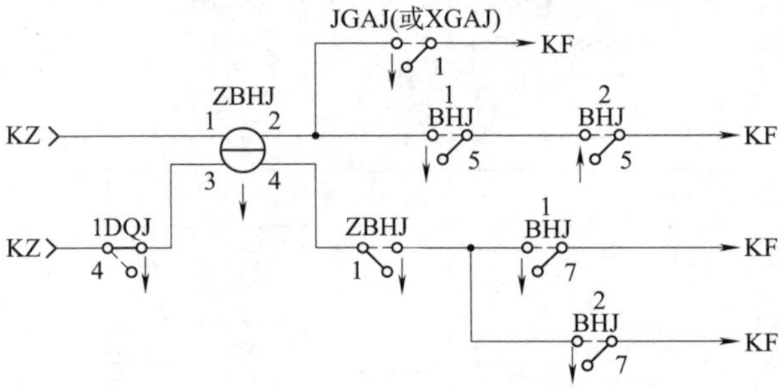

图 2-6　双机牵引的 ZBHJ 电路

如果是四机牵引,即尖轨双机牵引,可动心轨双机牵引,则对于尖轨和可动心轨分别设 ZBHJ,以保证尖轨或可动心轨两个牵引点的同步动作。

③切断保护继电器电路

切断保护继电器(QDJ)用于对多机牵引的所有转辙机全部开始转换和全部转换到底的监督。双机牵引的 QDJ 电路如图 2-7 所示。QDJ 平时通过两个牵引点的 BHJ 后接点保持吸起。当两牵引点转辙机开始转换时,两 BHJ 吸起,使 ZBHJ 吸起,通过 ZBHJ 前接点沟通 QDJ 的另一条励磁电路和自闭电路,使 QDJ 一直保持吸起。若有任一牵引点转辙机因故不能开始转换,则 ZBHJ 落下使 QDJ 落下,接在本转辙机 1DQJ 自闭电路中的 QDJ 前接点断开该电路,起到切断保护作用。

为了使 QDJ 在 BHJ、ZBHJ 继电器在接点转换过程中能可靠吸起,在其 1-2 线圈励磁电路上并联了 RC 电路,以获得缓放。

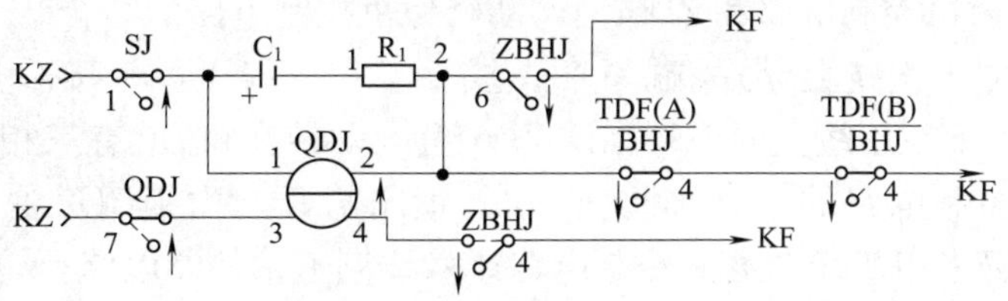

图 2-7　双机牵引的 QDJ 电路

如果是四机牵引,即尖轨双机牵引,可动心轨双机牵引,则对于尖轨和可动心轨分别设QDJ,以保证尖轨或可动心轨两个牵引点的同步动作。

④故障按钮继电器

在控制台上,对于每组尖轨设尖轨故障按钮(JGZA)(计算机联锁车站设尖轨故障按钮继电器 JGAJ,JGAJ 由计算机联锁驱动)。将其前接点接入该尖轨的 ZBHJ 或 QDJ 电路。当尖轨的某牵引点故障,BHJ 不能吸起时,按下尖轨故障按钮,JGAJ 吸起,接通 ZBHJ 或 QDJ 电路,使 ZBHJ 或 QDJ 吸起,此时除故障牵引点外(需摇动),其他牵引点的 1DQJ 吸起,转辙机可动作。

在控制台上,对于每组可动心轨设心轨故障按钮(XGZA)(计算机联锁车站设可动心轨故障按钮继电器 XGAJ,XGAJ 由计算机联锁驱动)。将其前接点接入该可动心轨的 ZBHJ 或 QDJ 电路。动作情况同尖轨。

(3)表示电路

表示电路则采用二极管与表示继电器并联的旁路控制电路,取消了滤波电容器,提高了电路的可靠性。

三相交流转辙机的表示电路和四线制道岔电路一样也是利用一对回线传递三个信息(道岔的定位、反位和四开)的“交流半波整流三值极性电路”,但其采用的不是二极管与继电器串联的直接控制电路,而是二极管与继电器并联的旁路控制电路。

S700K 型电动转辙机表示电路如图 2-4 所示。该道岔表示电路取消了电容器,表示继电器靠线圈的自感电势来渡过半波整流造成的无电半周,从根本上解决了由于电容器材质不良造成的电容器损坏,以及电容器产生的倍压对二极管的损坏而造成的表示电路惯性故障。但由于动作电源的混入,以及电动机产生的自感电势串入会产生高电压、大电流,因此在表示电路中串入较大阻值的电阻 R_1(1 000 Ω,75 W),二极管改用 2CZ57D(600 V,5 A)的大功率二极管,二极管上串有电阻 R_2(300 Ω,50 ~ 70 W)。

道岔表示电路还检查三相电动机每相线圈的完好,即一旦线圈断线,道岔将失去表示。

R_1 电阻主要是防止室外负载短路时保护电源不被损坏。R_2 电阻的作用:一是当道岔转换到位时,防止动作电源击穿二极管;二是防止外线短路时当道岔转换到位后因电动机反转使道岔逆转解锁。

提速道岔由多台转辙机牵引时,无论单动道岔还是双动道岔,无论是固定辙叉还是可动心轨,总的道岔表示继电器 DBJ(FBJ)要经所有各转辙机的 DBJ(FBJ)前接点构成励磁电路。

ZYJ7 型电液转辙机的表示电路室内部分与 S700K 型电动转辙机的表示电路相同,只是双点牵引和三点牵引的室外部分必须检查 SH6 型转换锁闭器的接点。

以上均以定位时第 1、3 排接点接通为例。如是定位时第 2、4 排接点接通,则应将 X2 与 X3 交叉连接,X4 与 X5 交叉连接,二极管 Z 反接。

3. 三相交流转辙机控制电路和 ZD6 型电动转辙机控制电路的结合

双动道岔一端位于正线上，另一端不在正线上。在正线上的一端采用 S700K 型电动或 ZYJ7 型电液转辙机，不在正线上的一端采用 ZD6 型电动转辙机，就有三相转辙机控制电路和 ZD6 型电动转辙机控制电路的结合，即为分动外锁闭与联动内锁闭道岔电路的结合。此时 ZD6 型电动转辙机仍采用四线制道岔控制电路或六线制道岔控制电路。

从 JSDZ 组合将道岔控制条件引至 TDF 的 1DQJ 和 2DQJ 电路，使各牵引点转辙机同步动作；另一端的 ZD6 型转辙机由 SDZ 的 1DQJ、2DQJ 驱动。与上述两端均在正线上的情况不同，1DQJ、2DQJ 不插。

在表示电路中将正线端各牵引点的 DBJ、FBJ 前接点分别串入 SDZ 的 DBJ、FBJ 电路，只有正线端各牵引点的 DBJ 或 FBJ 吸起，侧线端的 DBJ 或 FBJ 才吸起。此时，位于侧线端的 SDZ 中的 DBJ、FBJ 作为该双动道岔的总 DBJ、总 FBJ，如图 2-8 所示。

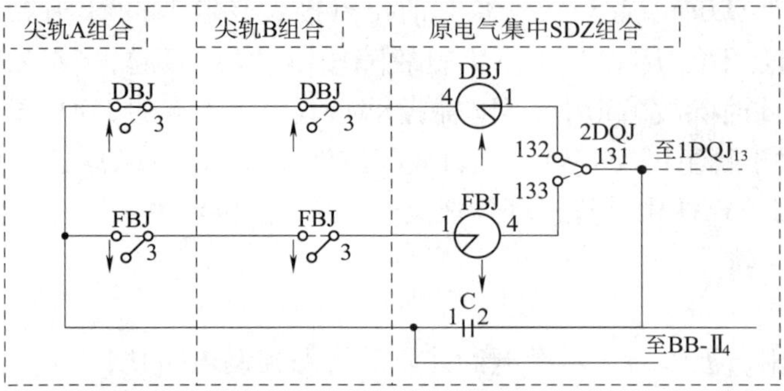

图 2-8 一端正线另一端侧线双动道岔表示电路

三、长调车进路上调车信号由远至近顺序开放——保证调车作业安全的重要措施

在办理长调车进路时，为了简化手续，可采用一次办理的方法，只需按压长调车进路的始、终端两个按钮，即可将由几段短调车进路组成的长调车进路一次办理出来。但各段短调车进路的信号应按什么顺序开放呢？若由近至远开放调车信号，当第一架信号机开放后，发生故障使后面几架信号机不能开放时，会造成调车运行后又停止，堵塞咽喉影响作业效率。若第一架和第三架调车信号都已开放，而处于弯道上的第二架调车信号机因道岔未转换好未能开放，当调车车列越过第一架调车信号机后，会误把第三架调车信号机当作第二架调车信号机（尤其夜间作业易发生误认），因而冒进第二架信号机内方将造成挤岔事故。所以，由近至远开放信号既影响作业效率又很不安全。

为此，采用长调车进路上的信号机由远至近顺序开放的方式，并且规定中间调车信号不能开放时，则近处的调车信号也不准开放，以此防止发生上述事故。

为使长调车进路上各调车信号由远至近顺序开放，采用使 7 线网路进路上各调车信号的 KJ 由远至近顺序励磁的方法，来控制调车信号机的开放顺序。如图 2-9 所示，具体做法是在 7 线网路上采取了以下一些措施：

（1）在整个选路过程中不使开始继电器 KJ 励磁。KJ 的 3-4 线圈通过本组合中 JXJ 的后接点接入 KF 电源，选岔时 JXJ 吸起切断 KJ 的 3-4 线圈 KF 电源，使 KJ 不能励磁。

（2）在进路选出后，用同方向相邻调车信号的 FKJ 来控制 KJ 的 3-4 线圈励磁 KZ 电源，使 KJ 从远至近顺序励磁。

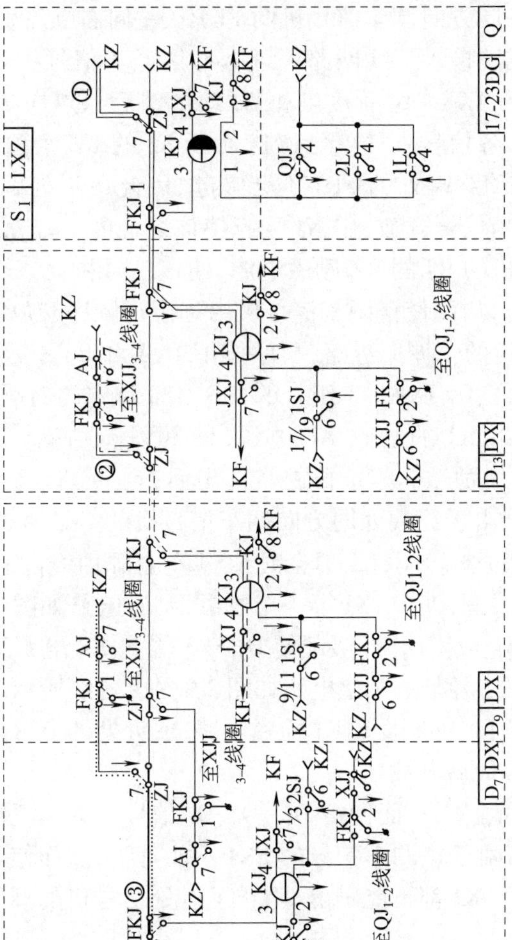

图 2-9 长调车进路的KJ电路

选路时，长调车进路上各同方向调车信号机的 FKJ 从左向右顺序励磁吸起，本组合的 FKJ 第七组前接点将 KJ 的 3-4 线圈接入 7 线网路。各咽喉区调车信号机处，通过 ZJ 的第七组前接点，用同方向调车信号的 FKJ 第一组后接点和 AJ 第七组后接点向 7 线始端的 KJ 送 KZ 电源。整个长调车进路选出后，各信号点的 FKJ 吸起切断 KJ 的 KZ 励磁电源，使各调车信号的 KJ 不能励磁。只有长调车进路终端处的 FKJ 不会吸起，因此最远处的那架调车信号机的 KJ 能第一个励磁。然后进路锁闭信号开放，用 XJ 吸起使该组合内 FKJ 落下，用 FKJ 第一组后接点接通倒数第二架调车信号机的 KJ 的 KZ 励磁电源，使该信号机第二个开放。以此一直推至最近的调车信号机的 KJ 励磁，从而使得调车信号机由远至近顺序开放。

例如，办理 D_3 至ⅠG 股道的长调车进路，顺序按下 D_3A 和 $S_Ⅰ A$ 后，选路时 D_3JXJ、D_7JXJ、D_9JXJ、$D_{13}JXJ$（DXF 组合中的）、$D_{13}JXJ$（DX 组合的）、$S_ⅠJXJ$ 从左向右顺序吸起，用它们的第七组后接点切断 D_3KJ、D_9KJ、$D_{13}KJ$ 的励磁 KF 电源，使其不能励磁。在选路的同时 D_3FKJ、D_9FKJ、$D_{13}FKJ$ 也从左到右顺序励磁。整条长进路选出后，全部 JXJ 落下各调车信号的 KJ 的 3-4线圈 KF 电源才被接通，但由于终端处同方向调车信号机的 FKJ 吸起切断了 KJ 的 KZ 励磁电源，因而不能励磁。只有最远端 $S_Ⅰ$ FKJ 不会励磁，KZ 电源由 $S_Ⅰ$ ZJ 的第七组前接点接入 7 线网路，送往 $D_{13}KJ$ 的 3-4 线圈，使 $D_{13}KJ$ 第一个励磁，励磁电路如图 2-9 的①实线所示。

进路锁闭后使 D_{13} 信号先开放。$D_{13}XJ$ 吸起使 $D_{13}FKJ$ 落下，KZ 电源又经 $D_{13}AJ$ 和 $D_{13}FKJ$ 的后接点送往 D_9KJ，使 D_9KJ 第二个励磁，励磁电路如图 2-9 的②虚线所示，然后 D_9 信号开放。

D_9XJ 的吸起使 D_9FKJ 落下，又接通 D_3KJ 励磁电路，使近处的 D_3KJ 最后励磁，励磁电路如图 2-9 的③点线所示，D_3 信号最后开放。

由于 KJ 的由远至近顺序励磁，从而使得 D_{13}、D_9、D_3 信号由远至近顺序开放。如果中间有哪一架调车信号机不能开放，由于该调车信号的 FKJ 不能落下，从而使与它相邻的调车信号机起的同方向的各调车信号机的 KJ 都不能励磁，阻止了近处信号机的开放。

四、信号检查继电器电路——允许锁闭进路的检查

信号检查继电器 XJJ 在进路的始端部位，由 KJ 的前接点将其接入 8 线网路，经检查 8 线上的联锁条件符合后励磁，达到锁闭进路的目的。

开放信号前，XJJ 检查是否具有开放信号的基本条件，即进路空闲、道岔位置正确、敌对进路未建立，满足上述三项条件，XJJ 励磁，才准许将进路锁闭。在重复开放信号时，也要在三项基本条件未变的情况下，才允许 XJJ 吸起构成信号的重复开放。

以 X-D_3 的 XJJ 为例，说明 XJJ 励磁时 8 线所检查的联锁条件。

X-D_3 的 XJJ 励磁电路为（如图 2-10 实线所示）

KZ—X-D_3LAJ_{61-63}—X-D_3DAJ_{61-63}—X-D_3FKJ_{11-12}—X-D_3QJ_{13-11}—X-D_3XJJ_{3-4}—X-D_3KJ_{12-11}—Ⅰ$AGJF_{52-51}$—$5DGJ_{12-11}$—$5/7FBJ_{11-12}$—$3DGJF_{21-22}$—$5/7DBJ_{13-11}$—$7DGJ_{12-11}$—$D_{11}ZJ_{11-13}$—$D_{11}KJ_{13-11}$—$9/11DBJ_{12-11}$—$11\text{-}13DGJ_{12-11}$—$13/15FBJ_{11-13}$—$21DGJ_{12-11}$—$21FBJ_{11-13}$—$S_ⅢKJ_{11-13}$—$S_ⅢZJ_{11-13}$—$X_ⅢZCJ_{32-31}$—ⅢGJF_{12-11}—KF

电路中所检查的联锁条件有：

（1）进路空闲

通过检查组成进路的各个轨道区段的轨道继电器 DGJ 的前接点来实现，即用 X 向ⅢG 接车进路上的ⅠAGJF、5DGJ、7DGJ、11-13DGJ、21DGJ 及股道处的ⅢGJF 的第一组前接点（图2-10的①）

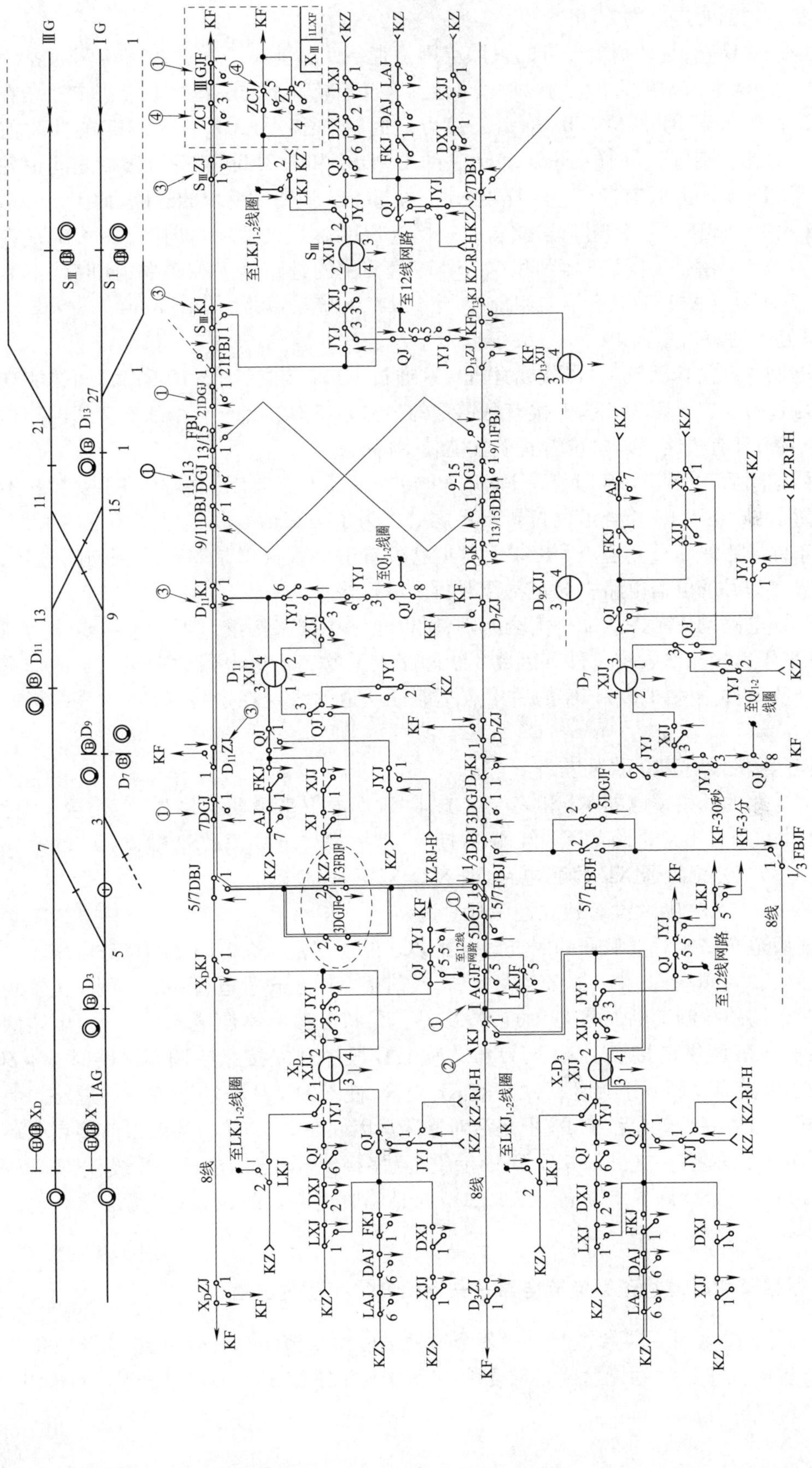

图 2-10　XJJ电路

均在接通状态来证明进路的空闲。

侵限绝缘的检查，是特别情况下的进路空闲检查条件。例如，3 号道岔和 5 号道岔之间设的绝缘节，在距两个道岔的警冲标小于 3.5 m 处，该组绝缘就是侵限绝缘。检查方法是在 8 线上 5/7 号道岔的 5/7DBJ 和 5/7FBJ 第一组接点之间，接入 1/3FBJF 和 3DGJF 的并联前接点（图 2-10 中的虚线圆圈）；同样在 1/3 号道岔的 1/3DBJ 和 1/3FBJ 第一组接点之间也并接入 5DGJF 和 5/7FBJF 的并联前接点。这样，当建立经过 5/7 号道岔反位的进路，而 1/3 号道岔处于定位时（用 1/3FBJF 落下证明），进路就必须检查 3DG 区段的空闲，即检查 3DGJF 应在吸起状态。若 1/3 号道岔处于反位时，它和 5/7 号道岔反位的进路是平行进路，此时就不需检查 3DG 区段了，由并接的 1/3FBJF 第二组前接点将 3DGJF 接点短路而沟通 8 线。

（2）进路上的道岔位置正确

指进路上各道岔均已转到所要求的位置，这通过 KJ 前接点（图 2-10 的②）间接实现对进路上道岔位置的检查。因为 7 线上接有各道岔的 DBJ 和 FBJ 的前接点，KJ 经 7 线网路检查选排一致后励磁，只有进路上道岔位置正确才能使 KJ 励磁。

但进路锁闭后 7 线网路因 SJ 落下断开，KJ 转入局部电路自闭，此时的 KJ 吸起就不能反映道岔位置了，这是用 KJ 检查道岔位置不足之处。为了提高信号联锁电路的可靠性，往往对同一联锁条件做必要的重复检查。8 线上对道岔位置的检查仅仅是验证能否锁闭进路，开放信号时还要在信号继电器电路中对道岔位置再次进行检查。

所有联锁电路均应考虑故障—安全原则，所以电路中都采用继电器的前接点作为联锁条件，而不能采用后接点作联锁条件。因此 8 线网路上道岔表示继电器的后接点不能作道岔位置正确的证明条件。例如，5/7FBJ 的后接点不能证明道岔肯定在定位，仅对 8 线站场网路起区分作用。

（3）本咽喉区没有建立敌对进路

用敌对进路的开始继电器 KJ 和终端继电器 ZJ 都落下来证明。例如，上述接车进路中，8 线网路中串接有各敌对进路的 KJ 和 ZJ 后接点，即用 D_{11}KJ、D_{11}ZJ，$S_{Ⅲ}$KJ、$S_{Ⅲ}$ZJ 的第一组后接点（图 2-10 的③）来接通 XJJ 励磁电路，使 X-D_3XJJ 得以励磁。

（4）同一股道另一咽喉没有建立迎面敌对进路

在 8 线股道端串接对方咽喉的照查继电器 ZCJ 的前接点（图 2-10 的④）来实现。当向股道建立进路时，本端的照查继电器 ZCJ 落下，将其前接点接在同股道另一端的网路上实现对另一咽喉敌对进路的控制。例如，8 线对应 $S_{Ⅲ}$ 出站信号机处接有本股道另一端 $X_{Ⅲ}$ 出站信号机 $X_{Ⅲ}$ZCJ 的第三、五两组前接点，当上行咽喉先向ⅢG 股道建立接车或调车进路时，$X_{Ⅲ}$ZCJ 落下，其第三组前接点就断开下行 8 线网路的 KF 电源，使 X-D_3XJJ 不能励磁建立进路。但两咽喉同时向同一股道调车是允许的，应不是敌对进路。因此在 $X_{Ⅲ}$ZCJ 的第五组前接点上还并接有 $X_{Ⅲ}$ZJ 的第五组前接点，它与 $S_{Ⅲ}$ZJ 第一组前接点串接使 KF 电源能送入 8 线，以实现两端同时向ⅢG 股道调车时允许 XJJ 励磁。例如，D_{11} 向ⅢG 股道调车时，D_{11}XJJ 就是靠上述接点接通 KF 而励磁的。

五、区段检查和股道检查继电器电路——锁闭道岔和敌对进路

6502 电气集中采用逐段解锁制。以各个道岔区段作为锁闭与解锁对象，因此对每个道岔区段和咽喉区有列车经过的无岔区段都要设一个 QJJ，用来锁闭与解锁道岔，并锁闭本咽喉的

敌对进路。如图 2-11 所示，QJJ 的 3-4 线圈是励磁电路，并接在 9 线上。QJJ 的 1-2 线圈为自闭电路，由 10 线供 KF 电源保持 QJJ 自闭。10 线网路用来防止列车迎面解锁和保证进路人工解锁、调车中途返回解锁的正常进行。进路上每个道岔区段内的道岔，应在车占用时才准许做解锁准备。进路正常解锁时，车占用了哪个区段，才准许该区段的 QJJ 落下，为区段解锁做准备，而车未驶入的运行前方道岔区段的所有 QJJ 均应保持励磁。因而可防止在错按事故按钮 SGA 和总人工解锁按钮 ZRA 时造成道岔区段错误解锁而影响行车安全。为了防止进路运行前方道岔区段产生迎面错误解锁，专设了 QJJ 1-2 线圈的 10 线自闭网路，使列车运行前方区段的 QJJ 保持励磁，防止产生进路迎面解锁。

对应每个能接车的股道的两端，各设一个股道检查继电器 GJJ。如图 2-11 所示，GJJ 的1-2 线圈经终端继电器 ZJ 的第二组前接点接在 9 线上，与同股道另一端的照查继电器 ZCJ 的第二组前接点并接后接在 9 线网路上。它的作用是锁闭另一咽喉的迎面敌对进路。当向股道办理接车进路时，GJJ 吸起与进路最后一个道岔区段的锁闭继电器 SJ 相配合，使 ZCJ 落下，将 ZCJ 前接点接在股道另一端执行组网路中，用以锁闭另一咽喉的敌对进路，使其不能建立。例如，办理下行ⅠG 股道接车时，此时要照查上行咽喉有没有向ⅠG 股道建立进路。下行ⅠG 股道接车时，股道端 $S_Ⅰ$ 信号机的 $S_Ⅰ$ GJJ 励磁吸起与 17-23DG 区段中进路最末一个道岔锁闭继电器 23/25 1SJ 的落下使 $S_Ⅰ$ ZCJ 失磁，用其前接点控制上行咽喉ⅠG 股道的执行组网路，使向ⅠG 股道办理的迎面进路不能建立。反之，上行咽喉ⅠG 股道端 $X_Ⅰ$ ZCJ 的前接点也接在下行咽喉ⅠG 股道的执行组电路中。上行咽喉向ⅠG 股道办理进路后，$X_Ⅰ$ ZCJ 的落下既切断 8 线 KF 电源，也断开经 $S_Ⅰ$ ZJ 后接点接通的 $S_Ⅰ$ GJJ 的 1-2 线圈电路，使 $S_Ⅰ$ GJJ 不能吸起，防止下行咽喉向ⅠG 股道建立迎面敌对进路。因此，同股道两端的照查继电器，是互相照查迎面敌对进路的。而两端向同一股道调车，两调车进路不算敌对进路，两咽喉均用 ZJ 前接点，将 ZCJ 前接点短路掉，使两咽喉执行组电路均能接通。

六、照查继电器电路——互相照查敌对进路

为了防止车站两端咽喉向同一股道办理迎面敌对进路造成车辆迎面碰撞的事故，就应对同一股道的两端建立迎面敌对进路的情况进行互相照查。照查继电器 ZCJ 的作用就是禁止同时建立两咽喉向同一股道办理的迎面敌对进路。严禁上、下行咽喉同时向同一股道办理接车进路，也严禁一个咽喉向某股道接车时另一咽喉又向该股道办理调车进路，以上列车进路对列车进路、列车进路对调车进路都规定为敌对进路，电路上都不准同时建立。然而两咽喉同时向同一股道办理迎面调车进路则不算敌对进路，电路上允许同时建立。

凡是同一股道两端有敌对进路联锁关系的信号机处，都应设 ZCJ。如图 2-12 所示，ZCJ 电路受本咽喉向股道建立进路时的 GJJ 和 SJ 的接点控制。对应于同股道两端信号机处都设有 ZCJ，并将它们的接点互相接在对方咽喉的执行组电路中进行敌对进路照查，防止迎面敌对进路的同时建立。例如，上行咽喉 $X_Ⅲ$ ZCJ 的前接点接在下行咽喉 $S_Ⅲ$ 信号机处的 8 线、9 线、11线网路上，控制上行进路的建立，下行咽喉 $S_Ⅲ$ ZCJ 的前接点接在上行咽喉 $X_Ⅲ$ 信号机处的 8 线、9 线、11 线网路上，控制上行进路的建立。若 S 进站信号向ⅢG 股道已建立了接车进路，则 $X_Ⅲ$ ZCJ失磁，用其前接点切断 $S_Ⅲ$ 信号机处的 8 线、11 线的 KF 电源，使 X_D 进站信号机或 X 进站信号机的 X_DXJJ 或 X-D_3XJJ 不能励磁，$S_Ⅲ$ GJJ 亦不能励磁吸起，使敌对接车进路被锁在未建立状态。

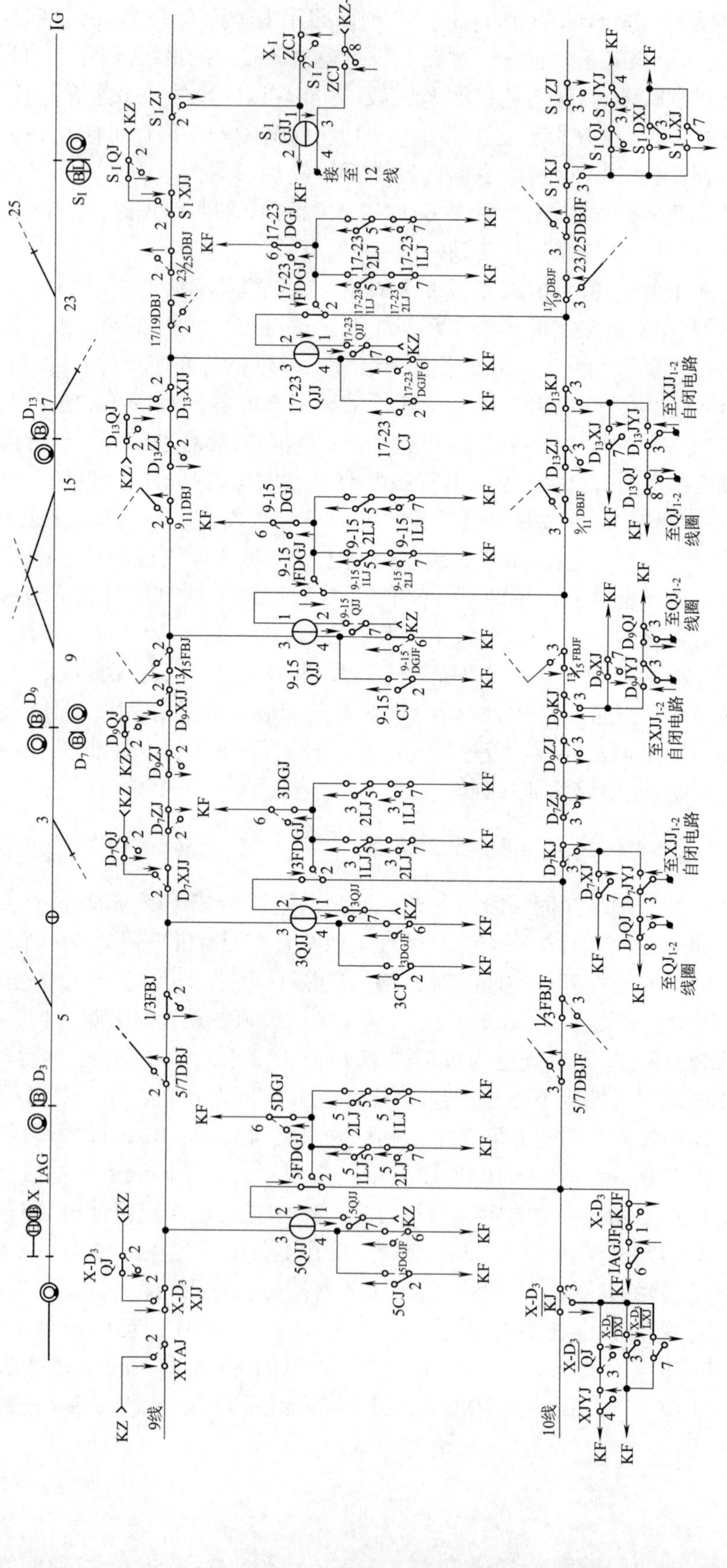

图 2-11 QJJ和GJJ电路

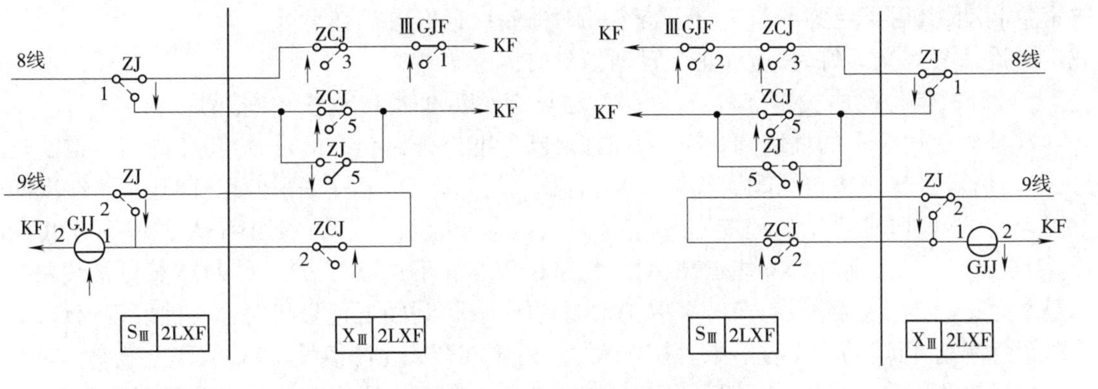

图 2-12　敌对进路照查

七、信号继电器电路——控制信号开放

信号检查继电器检查了开放信号的基本条件符合后，区段检查继电器将进路上的道岔锁闭；敌对进路的开始继电器和终端继电器的落下排除了本咽喉的敌对进路；照查继电器将同股道另一咽喉的迎面敌对进路锁在未建立状态，这些都为开放防护该进路的信号机准备了条件。此后，即由信号继电器来控制信号机显示允许灯光。平时信号继电器落下，使防护进路的信号机点亮禁止灯光，列车为红灯，调车为蓝灯，表示进路未建立，信号关闭。建立进路，检查了一系列联锁条件后，信号继电器吸起，使防护进路的信号机点亮允许灯光，即开放信号。显然，信号继电器直接控制着信号显示，它对行车安全极为重要。

1. 开放信号的联锁条件

根据我国铁路的有关规定，开放信号必须完成以下联锁条件：

(1)开放信号时，必须检查进路在空闲状态；

(2)开放信号时，必须检查敌对进路在未建立状态，并确定被锁在未建立状态；

(3)开放信号时，必须检查进路上道岔位置正确，并确定被锁在规定位置上；

(4)信号必须在车站值班员的操纵下才能开放，信号关闭后应能防止自动重复开放；

(5)车站值班员应能无条件地随时关闭信号，取消或人工解锁进路时信号应随着被关闭；

(6)列车信号在列车进入进路后自动关闭，调车信号在调车车列全部进入调车信号后自动关闭，在调车中途返回时退出调车信号机内方时自动关闭。

此外，还必须根据故障—安全原则满足其他一些要求，例如，对于列车信号还要实现以下联锁条件：

(7)信号允许灯光——黄灯或绿灯熄灭时应自动改点红灯。

例如，进站信号机若点亮的绿灯或黄灯熄灭，而不自动改点红灯，就变成无显示，虽然按规定色灯信号机灭灯应作为禁止信号处理，但如在夜间发生灭灯，由于没有灯光，司机要在临近进站信号机处才可能发现灭灯，为了不冒进信号势必采取紧急制动，会造成人员伤亡、货物碰撞等情况。

又如，进站信号机显示两个黄灯，指示司机应减速进侧线停车。若其中一个黄灯熄灭允许另一个黄灯继续着灯，则司机会误认为进正线停车，以较高的速度驶入进路，结果却是向侧线冲去，此时，因过岔速度较高可能造成颠覆事故。假如司机发现进站线路与信号显示不符，采取紧急制动,其后果更为严重,不但会严重破坏道岔,还会有颠覆危险。为避免上述行车事故,规定允许信号灯光灭灯时,应保证自动改点红灯。

(8)开放信号前应检查红灯灯丝完好,红灯灯丝断丝时不允许开放信号。

这是对上述要求的继续和补充,假如红灯断丝准许开放允许信号,恰巧允许信号也断丝灭灯,于是信号机就无法自动改点红灯。又如,开放的允许信号是好的,但红灯断丝,若在夜间开放了允许信号,司机看见后已有进站信号开放的印象,随后因某种原因(人工解锁或其他故障)引起信号关闭,则红灯不能点亮,对司机来说因为看不见红灯,认为绿灯或黄灯被线路上树木等障碍物遮挡了,因此没有及时采取正常制动措施,等到驶近信号机时才突然发现灭灯,势必采取紧急制动,可能造成严重后果。禁止信号灭灯不准开放允许信号,将影响作业效率。对站线出站信号机和调车信号机,由于运行速度较低,又容易确认发现,准许不做此项联锁条件检查。

(9)不允许信号机乱显示。

凡超出《铁路技术管理规程(普速铁路部分)》《铁路技术管理规程(高速铁路部分)》中规定的信号显示都属于乱显示。例如,进站信号机同时点亮一个绿灯和一个月白灯就属乱显示,是不允许的。

2. 调车信号继电器的励磁电路所检查的联锁条件

如图 2-13 所示,办理 D_1 至 1/19WG 的调车进路,D_1XJ 励磁的 KZ 和 KF 电源均经 D_5ZJ 的前接点供给,由 11 线接入 KZ,由 8 线接入 KF。D_1XJ 的 3-4 线圈励磁电路(如图 2-13 中实线所示)为

KZ—D_5ZJ_{42-41}—D_5KJ_{43-41}—$1/31SJ_{23-21}$—$1/3DBJF_{22-21}$—$1/31SJ_{11-13}$—$1CJ_{41-43}$—D_1KJ_{41-42}—D_1QJ_{41-43}—D_1XJ_{3-4}—D_1FKJ_{42-41}—D_1XJJ_{41-42}—D_1KJ_{12-11}—$1DGJ_{12-11}$—$1/3FBJ_{11-13}$—D_5KJ_{11-13}—D_5ZJ_{11-12}—KF

XJ 励磁电路检查如下联锁条件:

(1)进路空闲(开放信号的联锁条件 1)。

用进路上 8 线网路的轨道继电器前接点来检查进路空闲。当调车车列进入 D_1 信号机内方,1DGJ 落下(图 2-13 中的①)使 D_1XJJ 失磁,D_1XJJ 落下后才使 D_1XJ 脱离 8 线,转入调车白灯保留电路。

(2)检查敌对进路未建立和被锁在未建立状态(开放信号的联锁条件 2)。

不向股道调车,其敌对进路只为本咽喉的敌对调车进路和敌对列车进路。未建立敌对进路是用有敌对进路关系的 KJ 和 ZJ 处于落下状态来证明的(图 2-13 中的②)。而被锁在未建立状态,是指本进路建立后,使敌对进路的 KJ 和 ZJ 不能再励磁。

例如,D_1 调车进路的敌对进路为 D_5 调车进路和 $S_{Ⅱ}$ 发车进路。D_1XJ 在励磁前,D_5KJ 和 $S_{Ⅱ}KJ$(17/19 号道岔定位时)必须在落下状态,否则 D_1XJ 不能励磁。

一旦 D_1XJ 在 1/3 1SJ 落下后励磁使 D_1 信号开放,敌对进路的 D_5KJ 和 $S_{Ⅱ}KJ$ 将由于1/3 1SJ 的落下切断 7 线而不能再励磁,即将 D_5 的调车进路和 $S_{Ⅱ}$ 的发车进路锁在未建立状态。

如果是向股道建立调车进路,则不但有本咽喉敌对进路的联锁问题,还有另一咽喉的敌对照查。现以 D_{13} 向ⅡG 股道调车为例,$D_{13}XJ$ 的励磁电路是(如图 2-13 中虚线所示)为

KZ—$S_{Ⅱ}ZJ_{42-41}$—$S_{Ⅱ}ZCJ_{43-41}$—$S_{Ⅱ}KJ_{43-41}$—$17/19\ 2SJ_{23-21}$—$17/19FBJ_{32-31}$—$17/19\ 2SJ_{31-33}$—$17/19\ 1SJ_{33-31}$—$17/19\ 1SJ_{11-13}$—$17CJ_{41-43}$—$D_{13}KJ_{41-42}$—$D_{13}QJ_{41-43}$—$D_{13}XJ_{3-4}$—$D_{13}FKJ_{42-41}$—$D_{13}XJJ_{41-42}$—$D_{13}KJ_{12-11}$—$17/19FBJ_{11-12}$—$17/19DBJ_{13-11}$—$S_{Ⅱ}KJ_{11-13}$—$S_{Ⅱ}ZJ_{11-12}$—$X_{Ⅱ}ZCJ_{52-51}$—

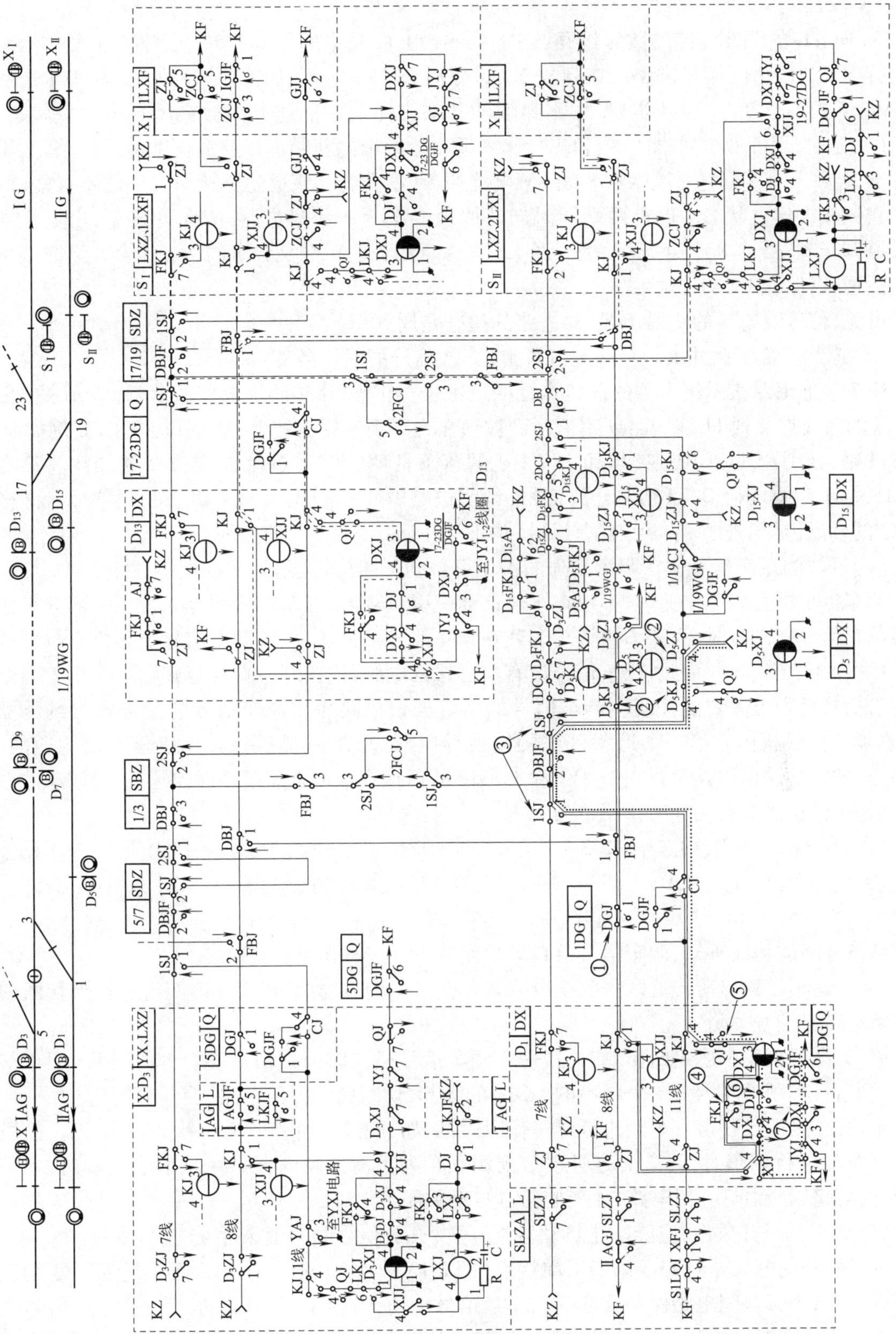

图 2-13　调车信号继电器电路

KF 或 $X_{Ⅱ}ZJ_{52-51}$—KF

D_{13}向ⅡG 的调车进路的敌对进路，在本咽喉为ⅡG 股道的发车和调车进路，在另一咽喉为上行向ⅡG 股道的接车进路。在建立 D_{13}进路时，$S_{Ⅱ}$KJ 落下，D_{13}信号开放后 17/19 1SJ 和 17/19 2SJ 的落下使 $S_{Ⅱ}$KJ 不能励磁，本咽喉的敌对进路就不能建立而被锁闭在未建立状态。D_{13}XJ 励磁时，用Ⅱ股道对端的 $X_{Ⅱ}$ZCJ 吸起来证明上行未向Ⅱ股道建立迎面的敌对进路，又用本咽喉 $S_{Ⅱ}$ZCJ 的落下将对端咽喉 8 线 KF 电源切断，使其向Ⅱ股道建立接车进路已不可能，即已将它锁在未建立状态。但是两端同时向Ⅱ股道调车为非敌对进路，应允许建立，当上行向Ⅱ股道调车时，虽然 $X_{Ⅱ}$ZCJ 落下，但 8 线 KF 电源可用证明对端是调车的 $X_{Ⅱ}$ZJ 第五组前接点将其接通，以保证 D_{13}XJ 的励磁。

可见，信号继电器的励磁，对敌对进路的检查是周到而严密的。

(3)道岔位置正确并被锁在规定位置上(开放信号的联锁条件 3)。

用 7 线上道岔表示继电器的前接点证明道岔位置正确，用锁闭继电器的落下，即 SJ 或 1SJ 或 2SJ 的后接点接通 11 线网路证明道岔已被锁在进路规定的位置上(图 2-13 的③)。例如 D_1 调车进路，分别用 1/3DBJF 吸起和 1/3 1SJ 的落下证明 1/3 号道岔在定位并被锁闭。只有 1/3 1SJ落下后才能使 D_1XJ 励磁开放信号，说明进路的建立是先锁闭进路后开放信号。同样 D_{13}XJ 的励磁，是检查了 17/19 道岔转到反位被锁住后才开放 D_{13}信号的。

(4)开放的调车信号应在调车车列的占用下自动关闭(开放信号的联锁条件 6)。

调车机车进行调车作业时，不仅在车辆前面牵引，还常常在车辆后面推送。当一部分车辆进入调车信号机内方时，为了不使调车车列在禁止信号下推送，所以调车信号要等机车越过调车信号机后才准关闭。为此，调车信号设有白灯保留电路，该白灯一直要等到整个调车车列全部进入信号机内方后才能关闭。调车信号的白灯保留电路是用调车信号的接近预告继电器 JYJ 和调车信号机内方第一个道岔区段的轨道继电器 DGJF 的后接点经 XJJ 落下而沟通的。例如 D_1 的白灯保留电路就是由 D_1JYJ 和 1DGJF 的后接点在 D_1XJJ 落下时接通的。D_1XJ 的白灯保留电路(如图 2-13 中点线所示)为

KZ—D_5ZJ_{42-41}—D_5KJ_{43-41}—1/3 $1SJ_{23-21}$—$1/3DBJF_{22-21}$—1/3 $1SJ_{11-13}$—$1CJ_{41-43}$—D_1KJ_{41-42}—D_1QJ_{41-43}—D_1XJ_{3-4}—D_1DJ_{11-12}—D_1XJ_{41-42}—D_1XJJ_{41-43}—D_1JYJ_{43-41}—D_1XJ_{31-32}—$1DGJF_{63-61}$—KF

从该电路的构成可知，调车信号的自动关闭有下列三种情况：

第一，调车车列出清接近区段完全进入调车信号机内方时，利用 JYJ 第四组后接点切断白灯保留电路使信号关闭。

第二，进行调车中途返回作业时，在跨入调车信号机内时保留白灯亮灯，完全退出调车信号机内方后，利用进路内头一个区段的 DGJF 的吸起，切断白灯保留电路，使信号关闭。

第三，在接近区段留有车辆进行调车作业时，例如，股道上留有车辆向外调车，或无岔区段上留有车辆进行调车时，调车信号必须等到调车车列出清进路内方第一个道岔区段后，利用 DGJF 的吸起切断白灯保留电路，才能使信号自动关闭。

(5)调车信号开放后，应能防止自动重复开放(开放信号的联锁条件 4)。

调车信号的开放非经 FKJ 第四组前接点(图 2-13 的④)不能接通 XJ 的励磁电路，XJ 励磁后 FKJ 落下，由其自闭电路保持吸起。若一旦信号关闭 XJ 落下，则须经办理重复开放信号手续使 FKJ 再次吸起才能使调车信号的 XJ 励磁，否则信号不会重复开放。

(6)随时可将开放的信号关闭(开放信号的联锁条件5)。

该条件是通过QJ见(图2-13的⑤)吸起切断XJ电路来实现的,不论是单独关闭信号,还是取消进路和人工解锁进路关闭信号,都会使QJ励磁,用其第四组后接点切断励磁的XJ电路而关闭信号。

(7)允许信号灭灯时应自动改点禁止灯光(开放信号的联锁条件7)。

由于在调车信号开放后,XJ自闭电路中接有灯丝继电器DJ第一组前接点(图2-13的⑥),当允许信号白灯灭灯时引起DJ落下,切断调车信号XJ的自闭电路,使其自动改点蓝灯。

(8)由于调车车列速度低,作业又繁忙,因此开放调车信号前,不检查蓝灯是否完好,蓝灯灭灯时也可开放允许白灯,故不作开放信号前禁止灯光完好的检查。

(9)禁止乱显示,在点灯电路中实现。

(10)防止轨道电路故障时,办理重复开放信号使XJ错误励磁这是利用调车白灯保留电路中接入XJ第三组前接点(图2-13的⑦)来实现的。作为白灯保留的XJ自闭电路中已有XJ第四组前接点作为自闭条件,完全不需要再接XJ第三组前接点。但当发生下述特殊情况时,有了XJ第三组前接点即可防止错误重复开放调车信号。即当调车进路处于接近锁闭时,如果进路内方头一个道岔区段发生故障(DGJF落下)或钢轨上抬上了轻便小车,而此时车站值班员未确认关闭信号的原因,办理了重复开放信号的手续,则XJ将在FKJ前接点闭合的条件下,经白灯保留电路接入KF,甩掉了8线上检查区段空闲条件,从11线终端处得到KZ而错误励磁,而有了XJ第三组前接点即可切断错误励磁电路,防止轨道电路故障或有车占用时信号重复开放。

3. 列车信号继电器励磁电路所检查的联锁条件

列车信号继电器电路,还包括调车信号继电器电路,它们是进站内方带调车和出站兼调车的信号继电器电路。在同一个始端通过KJ接点接有LXJ和DXJ两个信号继电器。其中DXJ的励磁电路和所检查的联锁条件,与上述咽喉区调车信号机的XJ电路完全一样。现仅分析列车信号继电器LXJ的励磁电路所完成的联锁条件。

例如,建立下行向ⅠG股道的接车进路。X进站信号机的LXJ励磁电路的KZ电源从局部电路中接入,电路只经过11线和7线,从11线尽头ⅠG股道端X_{I}信号机处接入KF电源。

XLXJ的励磁电路(如图2-14中实线所示)为

KZ—$LKJF_{21-22}$—X-D_3DJ_{11-12}—X-D_3FKJ_{31-32}—X-D_3LXJ_{1-4}—X-D_3XJJ_{42-41}—X-D_3LKJ_{42-41}—X-D_3QJ_{43-41}—X-D_3KJ_{42-41}—YAJ_{33-31}—3CJ_{43-41}—5/7　1SJ_{13-11}—5/7$DBJF_{21-22}$—5/7　1SJ_{21-23}—1/3DBJ_{32-31}—1/3　2SJ_{21-23}—……—D_{13}　ZJ_{41-43}—D_{13}　KJ_{43-41}—17-23CJ_{43-41}—17/19　1SJ_{13-11}—17/19$DBJF_{21-22}$—17/19 1SJ_{21-23}—……—S_{I} KJ_{41-43}—S_{I} ZCJ_{41-43}—S_{I} ZJ_{41-43}—S_{I} GJJ_{42-41}—X_{I} GJJ_{23-21}—KF

LXJ励磁后,经本身第三组前接点自闭,使信号开放。

LXJ励磁时,检查如下联锁条件:

(1)进路空闲(开放信号的联锁条件1)。

列车信号检查进路空闲,是通过XJJ吸起(图2-14的①)间接进行的。因为在信号的整个开放过程中XJJ都经过8线轨道区段的DGJ前接点保持励磁。局部电路中用XJJ第四组前接点接通,可以检查整个接车进路空闲。

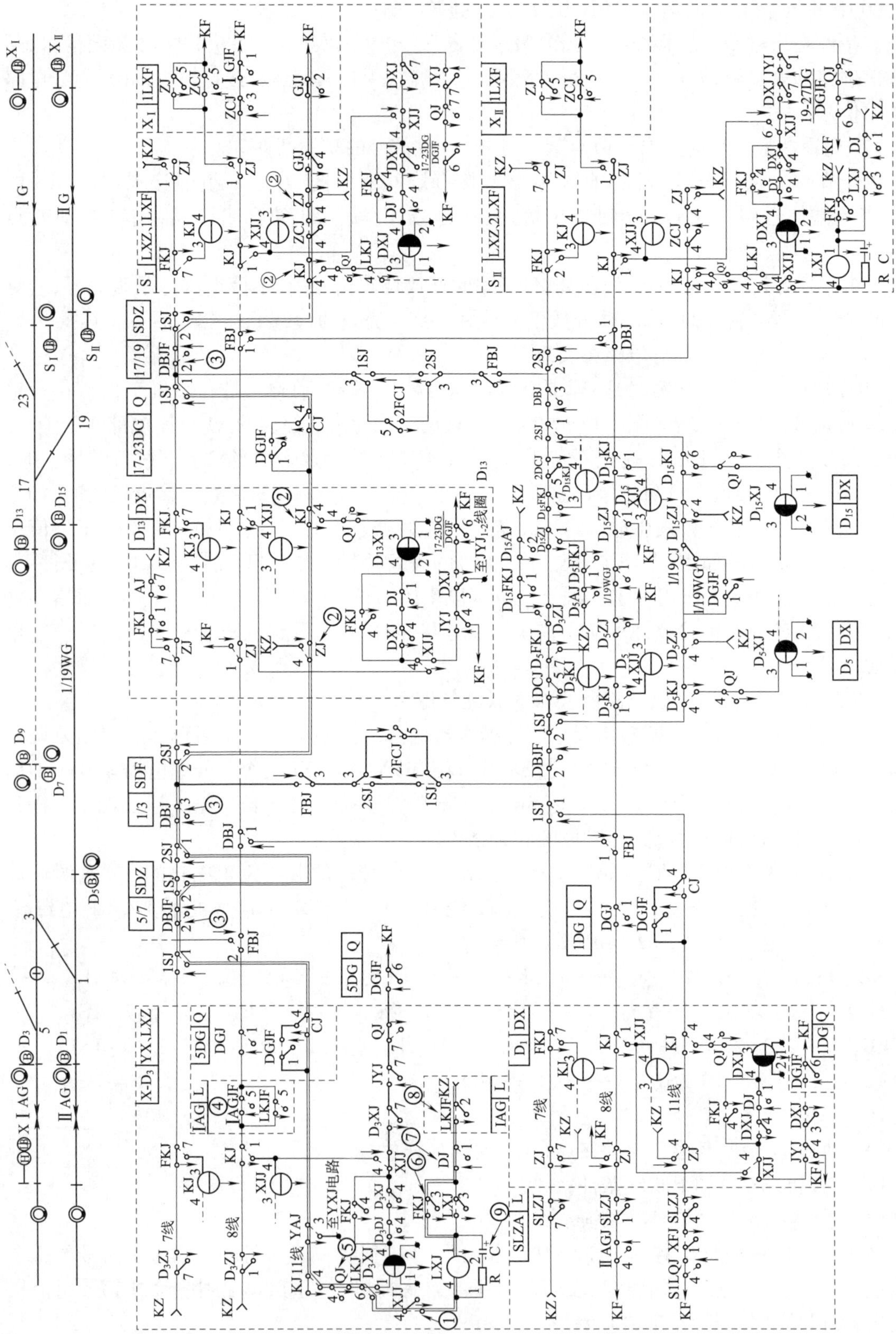

图 2-14 列车信号继电器电路

在11线上没有设检查进路空闲的DGJ前接点。对于进路空闲的检查，列车进路是通过XJJ的前接点来间接反映的。为了在轨道电路故障时开放引导信号，11线上并接的DGJF后接点和CJ前接点是作为引导信号继电器的接通条件，不是检查进路空闲用的。11线上YAJ接点接在进站信号KJ接点的内方可提高行车作业效率。例如车驶入已开放的进站信号机的接近区段时，接车进路上突然发生轨道电路故障，进站信号机关闭，此时不用进行人工延时解锁（要等3 min）待KJ落下后才办理引导接车，而可立即办理开放引导信号手续，按下引导按钮后，使YAJ吸起就将YXJ接入11线而励磁以开放引导信号。这样，列车可不停车地引导进站，而不必等在站外。

（2）敌对进路未建立，并被锁在未建立状态（开放信号的联锁条件2）。

本咽喉的敌对进路未建立用网路上有关敌对进路的KJ和ZJ的后接点（图2-14的②）证明。下行向ⅠG股道接车进路的敌对调车进路的开始继电器和终端继电器有，D_7KJ、D_7ZJ、D_9KJ、D_9ZJ、D_{13}KJ、D_{13}ZJ、$S_Ⅰ$KJ和$S_Ⅰ$ZJ，它们在LXJ励磁时均应处于落下状态。在接车进路锁闭，进站信号机开放后，由于进路上各道岔区段的锁闭继电器SJ的落下断开了7线网路，使上述各KJ和ZJ无法励磁被锁在未建立状态。

检查另一咽喉的敌对进路未建立并被锁在未建立状态，是这样来实现的：在11线$S_Ⅰ$信号机处接有本咽喉$S_Ⅰ$ZCJ第四组后接点和$S_Ⅰ$GJJ第四组前接点及ⅠG股道另一咽喉的$X_Ⅰ$GJJ第二组后接点，以接通KF电源。如X向ⅠG接车时，LXJ的励磁必须检查上行咽喉未向ⅠG建立接车进路，这里用$X_Ⅰ$GJJ落下来证明另一咽喉未建立敌对进路。建立下行向ⅠG接车进路后，$S_Ⅰ$ZCJ落下，$S_Ⅰ$GJJ吸起，接在本咽喉的$S_Ⅰ$ZCJ的第四组后接点和$S_Ⅰ$GJJ第四组前接点间接证明已将上行咽喉向ⅠG股道迎面敌对的调车进路锁住。因为$S_Ⅰ$ZCJ的后接点切断上行咽喉8线和9线，使上行向ⅠG股道的调车进路的XJJ和GJJ不能励磁；而$S_Ⅰ$GJJ的后接点直接切断上行咽喉11线的KF电源，使敌对的信号继电器不能励磁，即将另一咽喉敌对进路锁在未建立状态。

可见，列车信号继电器LXJ对于敌对进路的联锁条件检查同样相当严密，以保证开放信号后进路的安全。

（3）道岔位置正确并被锁好（开放信号的联锁条件3）。

用7线上DBJ、DBJF或FBJ前接点（图2-14的③）证明道岔位置正确。如1/3DBJ、17/19DBJF的前接点证明1/3、17/19等道岔均在接车进路要求的定位位置上。用1SJ或2SJ落下接通11线来证明道岔被锁闭。如1/3 2SJ的落下证明已将1/3号道岔锁在定位位置。

由于11线兼作引导信号网路，以进路锁闭方式开放引导信号时仍须检查道岔位置，所以11线网路也必须由SJ后接点与7线相连接，以检查DBJ、DBJF或FBJ的前接点。

（4）列车信号的自动关闭（开放信号的联锁条件6）。

进站信号开放，列车驶入进站信号机后，ⅠAGJF落下断开8线，XJJ落下，由其第四组前接点（图2-14的④）切断LXJ的自闭电路使进站信号关闭。

（5）保证车站值班员随时能关闭信号（开放信号的联锁条件5）。

关闭信号、取消进路和人工解锁进路关闭信号的方法都与调车信号电路一样，也是使QJ吸起，用其第四组后接点（图2-14的⑤）切断LXJ电路，使LXJ失磁来关闭列车信号。

在需要时可无条件地将开放的信号关闭，这对行车安全十分重要。不论调车信号或是列车信号，只要需要，均应能随时关闭。例如，列车接近开放的进站信号机后，发生咽喉区道口有拖拉机等闯入，此时若不能关闭进站信号机，将非常危险！如果恰好此时进站信号的 QJ 因电路断线等故障又不能励磁吸起时，信号就无法关闭。为此，6502 电气集中又考虑了第二种关闭信号的办法，即按下开放信号进路中任何一个道岔区段的事故按钮 SGA 和总人工解锁按钮 ZRA，使该区段的传递继电器 CJ 吸起，切断 11 线来关闭信号。因此，在 11 线上接有 DGJF 第一组后接点和 CJ 第四组前接点的电路串接环节。正常开放信号时，用 CJ 后接点接通 11 线。在开放引导信号时故障轨道区段用 DGJF 后接点和 CJ 的前接点来接通 11 线。

(6)列车信号在车站值班员操纵下开放并能防止信号自动重复开放(开放信号的联锁条件 4)。

这也与调车信号一样，是通过 FKJ 第三组前接点(图 2-14 的⑥)来实现的。

(7)信号开放前应检查红灯完好，信号开放后允许信号灭灯时应自动改点红灯(开放信号的联锁条件 7)。

在进站信号机的 LXJ 的励磁电路上串接灯丝继电器 DJ 的第一组前接点(图 2-14 的⑦)，无论 LXJ 励磁时还是自闭时，都要检查 DJ 的吸起。在开放信号 LXJ 励磁时，用 DJ 的前接点反映红灯灯丝完好。在信号开放后检查 DJ 的吸起可反映允许信号是否灭灯。这样，当进站信号机红灯断丝时使信号不能开放，而进站信号机开放后，如允许信号发生灭灯时，又能使其自动关闭改点红灯。

因为红灯灭灯而不准开放信号将会影响作业效率，所以侧线出站兼调车信号机开放信号前不检查红灯灯丝的完整，在它们的信号继电器电路中 DJ 均只接入自闭电路，作为开放允许信号灯丝的检查。S_4 出站信号的 LXJ 电路中，DJ 第一组前接点是串接在 LXJ 的自闭电路中的就是只检查允许信号，不检查红灯。但是，正线出站兼调车信号机的 LXJ 自闭电路又必须检查红灯。

(8)防止信号出现乱显示，这对进站信号机和出站信号机是十分重要的，其防止方法在信号机点灯电路中实现。

(9)检查 LKJ 和 LKJF 接点动作的一致性，防止电路错误动作。

进站内方带调车的信号电路，由于区分列车和调车性质的 LKJ 接点不够用，增设了它的复示继电器 LKJF，在开放信号前，必须确认它们动作的一致性。不然在下述情况下将危及行车安全：如果 LKJF 未随 LKJ 励磁，其一，在 8 线上应检查的ⅠAGJF 前接点将被 LKJF 的第五组后接点短路，使下行进站的 XJJ 不能检查 D_3 信号机接近区段ⅠAG 是否空闲，在有调车车列占用时，XJJ 也照样能吸起，造成下行进站信号机错误开放。其二，办理接车进路时，由于 LKJF 的落下将使接近预告继电器 JYJ 不能正确反映进站信号机接近区段的情况，而错误地反映 D_3 的接近区段ⅠAG 的情况。如果此时准许 LXJ 励磁开放进站信号，那么在列车驶入进站信号机的接近区段后不能实现接近锁闭。这时如果办理接车进路人工解锁，由于 JYJ 的吸起，进路将立即取消，会非常危险。因此在 LXJ 的励磁电路中必须检查 LKJF 第二组前接点(图 2-14 的⑧)接通后，才能准许进站信号机开放。其三，为了解锁安全，在 12 线和 13 线解锁网路之间也接有 LKJF 的前接点，来检查 LKJF 和 LKJ 的动作一致性。

未设 LKJF 的 LXJ 电路不作上述检查。

(10)在 LXJ 的 1-4 线圈上，并联有电阻电容器的串联支路(图 2-14 的⑨)，使 LXJ 有1.5～2 s 左右的较长缓放时间。其作用如下：

第一，在主、副电源转换时，利用其缓放特性，保证开放的列车信号机不会关闭。

第二，与调车信号继电器一样，在办理列车进路人工解锁时，利用 LXJ 的缓放，保证 XJJ 的 3-4 线圈检查条件电源 KZ-RJ-H 有电才准再励磁，若 LXJ 不缓放将使 XJJ 的 1-2 线圈经 LXJ 后接点励磁，这不妥当。

第三，为使 10 线 QJJ 的自闭 KF 电源在列车进入信号机内方时不致瞬间中断。

第四，列车正常解锁需要利用 LXJ 缓放瞬间接通始端的解锁电源。

(11)其他特殊联锁条件的检查。

对于出站兼调车信号机的发车进路，其 LXJ 的励磁电路与进站信号机的 LXJ 励磁电路基本相同，由于发车与区间闭塞等其他因素有关，出站兼调车的 LXJ 电路还要做以下几点联锁条件检查。现以 $S_{Ⅱ}$ 出站兼调车信号机的 $S_{Ⅱ}$ LXJ 励磁电路为例来说明。

第一，在双线方向运行的自动闭塞区段，出站信号机 LXJ 的励磁要检查区间的空闲。

在四显示双线双方向运行自动闭塞区段，11 线端部接入改变运行方向和自动闭塞结合电路的条件。如图 2-15(a)所示，为正向发车口的结合电路，用方向继电器 FJ_1、FJ_2 证明本站是发车站。正常办理时，用短路继电器 DJ 和发车辅助继电器 FFJ 后接点经总辅助按钮继电器 ZFAJ 接通 LXJ 电路；辅助办理时，用 DJ 前接点和控制继电器 KJ 前接点接通 LXJ 电路。电路中的 1LQJF 前接点用来证明一离去区段空闲，若 1LQ 有车占用，出站信号机不能开放。改变运行方向后，本站为接车站，FJ_1、FJ_2 转极至定位，反位接点 131-133 断开，就不能作为发车站而开放信号。

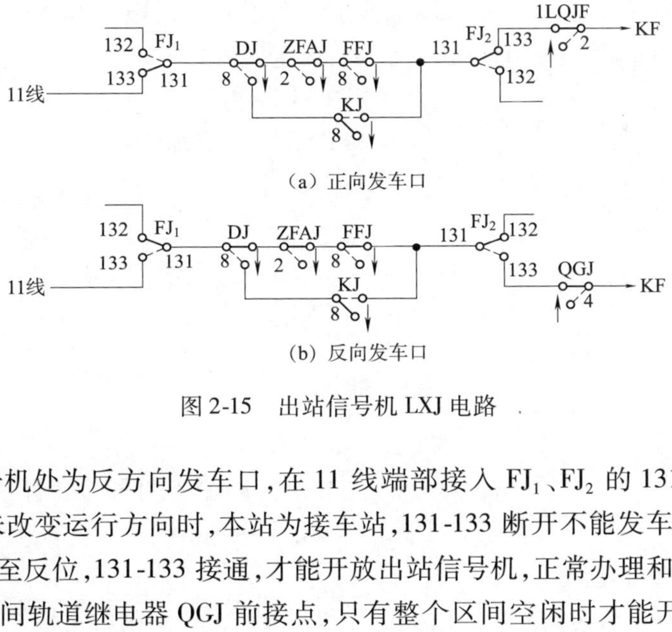

图 2-15　出站信号机 LXJ 电路

在 X 进站信号机处为反方向发车口，在 11 线端部接入 FJ_1、FJ_2 的 131-133 反位接点，如图 2-15(b)所示，未改变运行方向时，本站为接车站，131-133 断开不能发车。只有改变运行方向后，FJ_1、FJ_2 转极至反位，131-133 接通，才能开放出站信号机，正常办理和辅助办理的电路同上述。此处接入区间轨道继电器 QGJ 前接点，只有整个区间空闲时才能开放出站信号机，因反方向为自动站间闭塞，不同于自动闭塞，列车不能跟踪运行。

第二，为了证明是向主要方向，例如，向举例站场北京方面发车，需要主信号继电器 ZXJ 励磁，以保证出站信号只点一个绿灯。用与 ZXJ 相串联的信号辅助继电器 XFJ 的第一组前接点接通 11 线来证明 ZXJ 吸起。

第三，区间为半自动闭塞时，应取得发车权后才准开放出站信号。例如，向举例站场东郊方面发车，应先办理好区间闭塞后才准许开放 $S_{Ⅱ}$ 出站信号机，因此在 X_D 进站信号机处 11 线上接有半自动闭塞的开通继电器 KTJ 第五组前接点和 XZJ 第五组后接点，用 KTJ 励磁证明已取得区间闭塞的发车权，用 XZJ 落下证明确已排除了取消闭塞的可能。

第四，站线出站信号机开放信号前不检查红灯灯丝，将 DJ 第一组前接点接在 LXJ 的自闭电路中。

从以上分析可见，信号继电器的联锁条件有的是通过网路上有关接点进行检查的，有些是在信号继电器所在组合的局部电路中进行检查的。凡共用的条件均在网路上，而且能共用的网路尽量共用，以节省继电器接点，并互相制约，如连接 7 线与 11 线的 SJ 接点就体现了上述原则。

八、信号点灯控制电路——确定信号机的正确显示

信号点灯控制电路用信号继电器检查开放信号的联锁条件，用区别允许信号的各种继电器来构成各种不同的允许灯光，以及对信号机发生故障时进行监督和报警。

1. 区别列车允许信号的继电器电路

列车信号继电器的励磁，仅说明进路已锁好，开放允许信号的联锁条件已满足，但不能区别列车的允许信号。

(1)进站信号机区别允许信号的继电器电路

作为进站信号机控制信号显示的继电器共有五个，它们是：列车信号继电器 LXJ、引导信号继电器 YXJ、正线继电器 ZXJ、通过信号继电器 TXJ、绿黄信号继电器 LUXJ。用这五个继电器接点的组合，可控制六种信号显示(现以四显示自动闭塞区段的车站为例)，其逻辑关系如下：

LXJ↓→ | 点红灯

LXJ↑→
ZXJ↑→
TXJ↑→ | 点绿灯

LXJ↑→
ZXJ↑→ | 点一个黄灯

LXJ↑→
ZXJ↓→ | 点两个黄灯

LXJ↑→
ZXJ↑→
LUXJ↑→
TXJ↓→ | 点绿灯和黄灯

LXJ↓→
YXJ↑→ | 点红灯和月白灯

①正线继电器 ZXJ 电路

ZXJ 用来区分一黄与两黄显示。用决定开通正线的关键道岔的定位表示继电器接点来构成 ZXJ 的励磁电路。ZXJ 励磁，反映进路开通正线。

②绿黄信号继电器 LUXJ 和通过信号继电器 TXJ 电路

如图 2-16 所示，在建立下行正线发车进路 X_{I} LXJF 吸起和下行正线接车进路 XLXJ、ZXJ 吸起后，LUXJ 吸起。若此时下行二离去区段 X2LQ 被占用，X2LQJF 落下，通过信号继电器 XTXJ 不吸起；X2LQ 空闲，X2LQJF 吸起，XTXJ 吸起。这样，即可区分进站信号机的绿灯和绿黄灯显示。

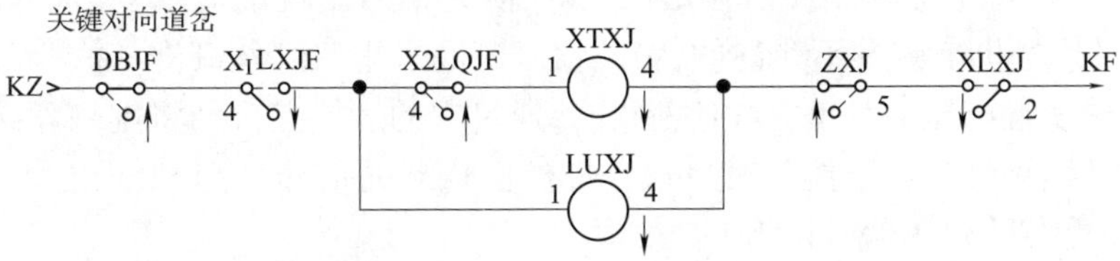

图 2-16　通过信号继电器和绿黄信号继电器电路

在电路中串入发车进路中关键对向道岔 6/8 号的 DBJF 前接点，只有开通正线，6/8DBJF 吸起，说明是直向发车进路，才能接通 XTXJ 和 LUXJ 电路。若 6/8DBJF 落下，虽然 X_{I} LXJF 吸起，也不能接通该电路，因是侧向发车进路。

反方向通过进路中绿黄信号继电器 LUXJ 不插，因反方向按站间闭塞运行，一建立通过进路，通过信号继电器 TXJ 吸起，反方向进站信号机即显示绿灯。

(2)出站信号机区别允许信号的继电器电路

在四显示自动闭塞区段，出站信号机也为四显示。用 2LQJ(F)和 3LQJ(F)来区分是点黄灯、绿黄灯还是绿灯。主信号继电器 ZXJ 在向主要发车方向办理发车进路时励磁。

由继电器接点组合完成以下四种显示，其逻辑关系如下：

LXJ↓→点红灯

LXJ↑→ ZXJ↑→ 2LQJ↓→ 点黄灯

LXJ↑→ ZXJ↑→ 2LQJ↑→ 3LQJ↓→ 点绿灯和黄灯

LXJ↑→ ZXJ↑→ 2LQJ↑→ 3LQJ↑→ 点绿灯

反方向一般为站间自动闭塞，没有黄灯和绿黄灯显示。若次要方向为非自动闭塞，也没有黄灯和绿黄灯显示。

对于出站信号机，设进路表示器，以区分不同的运行方向。进路表示器仅用于区别列车运行方向，不能单独构成信号显示。进路表示器仅在其主体信号机开放时才着灯，主体信号机关闭时，进路表示器应灭灯。

例如，在双线双方向运行区段，有三个发车方向时，主信号继电器 ZXJ 吸起，为正方向；ZXJ 落下，区间反方向继电器 QFJ 吸起，为反方向；ZXJ 落下，QFJ 也落下，为次要方向。在这三种情况下，分别点亮 B-A、B-B、B-C 进路表示器白灯。有两个发车方向时，正方向进路表示器不亮，反方向设进路表示器点亮，这用 ZXJ 接点区分。

2. 信号点灯电路

信号点灯电路直接控制允许信号显示，是指挥列车运行的重要电路，要求允许信号灭灯时自动改点禁止信号，在红灯灭灯时不准开放允许信号。为此，在每个信号灯泡上都串接有灯丝继电器 DJ，用以监督灯丝的完整(实现开放信号的联锁条件 7 和 8)。信号点灯电路断线会使信号灭灯，而信号点灯电路外线(电缆和接线箱、盒的端子)混线和混电，将会引起信号乱显示。对于混线，信号点灯电路采用了位置法来防护；对于外界混电，信号点灯电路采用供电双断法，以防止混入电源形成回路使信号错误点灯，防止信号出现乱显示，实现开放信号的联锁条件9。灭灯对信号机来讲是不允许的，为此信号灯泡采用双灯丝灯泡，并在双灯丝的主灯丝上串接有灯丝转换继电器DZJ。主灯丝断线时，通过它的后接点自动将副灯丝接在电路中，以保持信号灯泡继续亮灯。为了能及时发现主灯丝已烧断的信号灯泡，又设有主灯丝断丝报警电路，它仅设在重要的列车信号机上。

对于进站信号机，在点两个灯的电路中，均是第二黄灯先点亮，使第二灯丝继电器2DJ吸起，再点亮第一黄灯或绿灯。进站信号机点灯电路如图2-17所示。

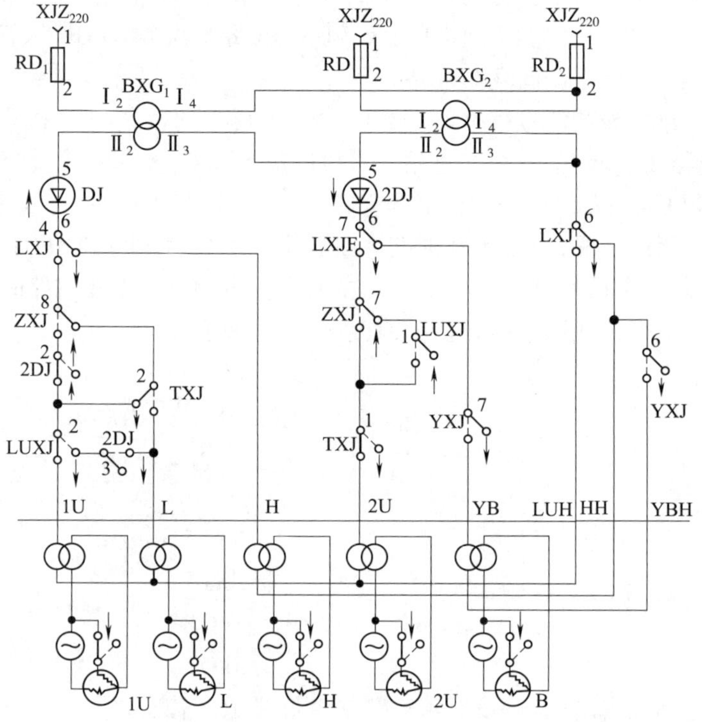

图2-17 进站信号机点灯电路

当进站信号机内方经过侧向位置的道岔均为18号及以上，次一架信号机已开放，且其防护的进路经道岔直向位置或18号及以上道岔的侧向位置时，该进站信号机显示黄闪、黄。为了实现黄灯闪光，在进站信号机1U点灯电路中接入侧线通过信号继电器CTXJ（或信号闪光继电器XSJ）和闪光继电器SNJ接点。其电路如图2-18所示。在CTXJ励磁电路中，$XLXJF_{21-22}$和$X_{I}LXJF_{51-52}$表示进站信号机和相同方向出站信号机开放，$FBJF_{11-12}$表示接车进路和发车进路经过18号及其以上道岔的侧向位置。

CTXJ吸起后，通过其第一组前接点接通SNJ励磁电路，由于R_2和C_1的接入，SNJ缓吸。SNJ吸起后，其第一组后接点断开SNJ励磁电路，但由于C_1放电而缓放。SNJ落下后，其第一组后接点再次接通SNJ励磁电路，故在CTXJ吸起时，SNJ成为一脉动继电器。

在进站信号机1U点灯电路中，CTXJ吸起后，SNJ第三组前接点脉动，闭合时，1U灯点亮，断开时电路中串入2 kΩ电阻R_1，电流变小，使1U不亮，实现了黄闪。

出站信号机点灯电路如图2-19所示。

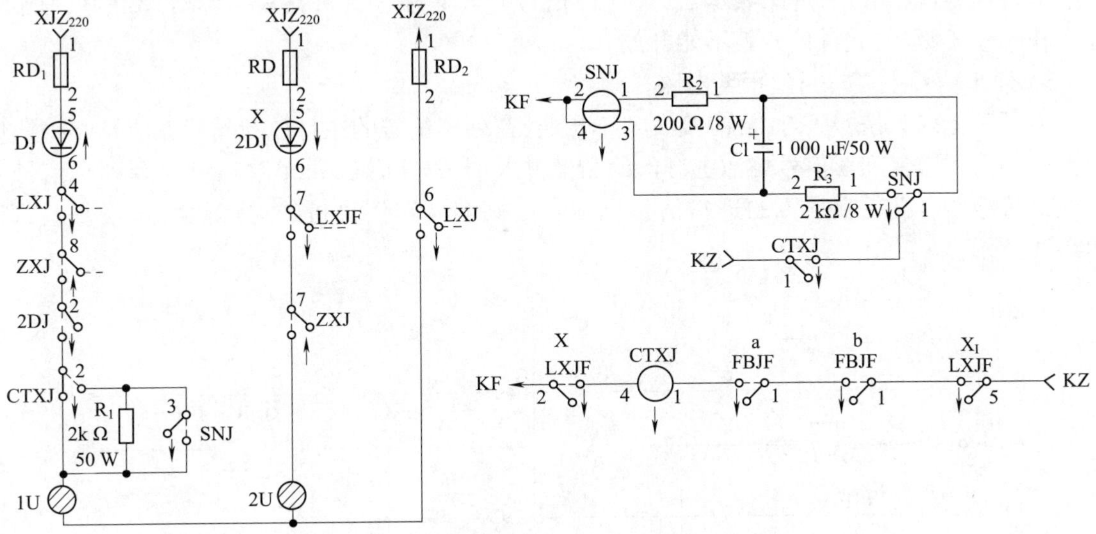

图 2-18　黄闪点灯电路及 CTXJ、SNJ 电路

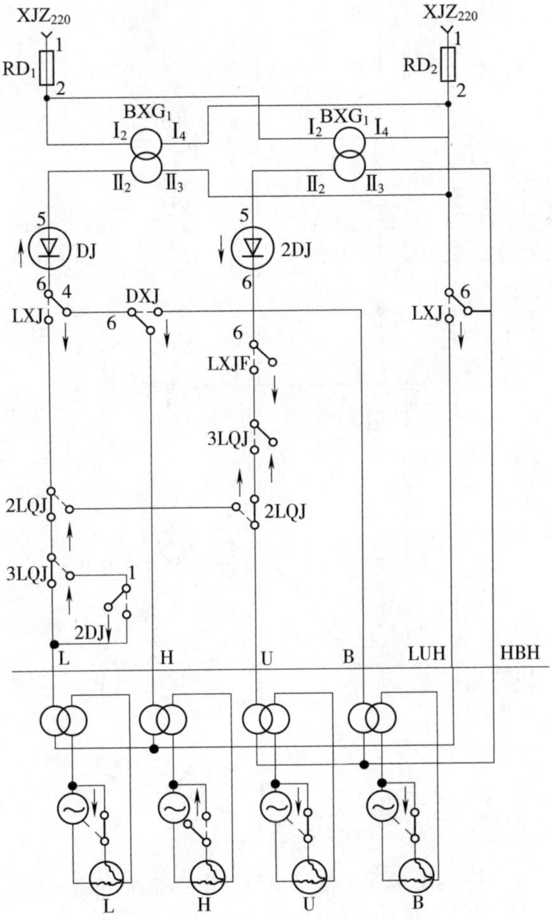

图 2-19　出站信号机点灯电路

对于出站信号机，如设有进路表示器时，允许信号开放必须检查进路表示器灯丝亮好，3DJ 吸起。若 3DJ 不吸起，允许信号就不能开放。

3. 列车信号主灯丝断丝报警电路

为了防止列车信号灭灯，影响接发列车作业，在列车信号的主灯丝断丝后就应及时将该灯泡更换。为了监督列车信号灯泡主灯丝的断丝并及时发出报警，每个咽喉设一套列车信号主灯丝报警电路。下行咽喉区的进站信号机和各出站兼调车信号机的主灯丝断丝报警电路如图 2-20所示。

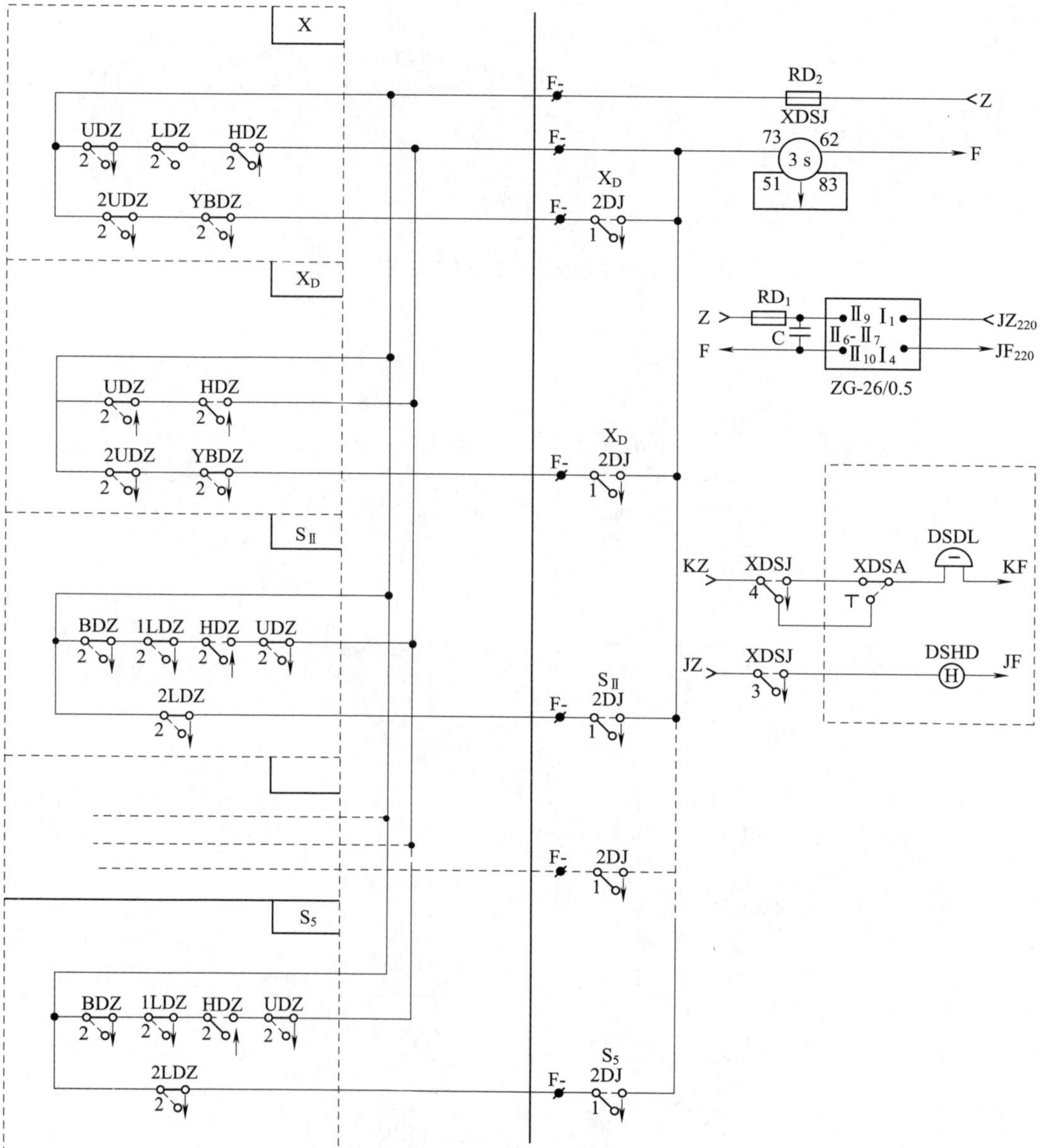

图 2-20 列车信号主灯丝断丝报警电路

每架进站信号机和出站兼调车信号机的各个灯泡均接有一个灯丝转换继电器。它们在主灯丝完好点灯时励磁，主灯丝断丝时失磁，用其后接点接通副灯丝保持灯泡继续亮灯。因此每个灯泡点灯时发生灯丝转换继电器落下，即表明该灯泡主灯丝已断丝。

本咽喉每架信号机的灯丝转换继电器后接点串接成一支路，各架信号机的支路互相并接，然后接入室内的主灯丝断丝报警继电器 DSJ 电路中。DSJ 采用时间继电器，通电 3 s 后才吸起。当任何一架信号机发生点灯灯泡主灯丝断丝时，该架信号机的各灯丝转换继电器都落下，接通 DSJ 电路延时 3 s 后 DSJ 吸起。之所以延时 3 s，是因为信号在变换显示时也有各灯丝转换继电器均落下的瞬间，此时 DSJ 不应吸起。主灯丝断丝使 DSJ 吸起后，用其第三组前接点接通灯丝报警红灯电路使其点亮，同时用第四组前接点接通报警电铃电路使其鸣响。车站值班员按下非自复式的灯丝报警按钮 DSA 使其暂停鸣响。待维修人员更换该信号机的灯泡后，由于灯丝转换继电器吸起使 DSJ 落下，断丝报警电铃又鸣响。车站值班员见灯丝断丝报警红灯已灭灯，拉出 DSA，停止铃响，设备即恢复正常。

对于有同时点两个灯的信号机，例如，进站信号点两个黄灯，开放引导信号的一红一白，出站信号机点两个绿灯，为了能发现第二个灯泡的主灯丝的断丝，将同时点灯的第二个灯丝转换继电器的后接点与检查该灯是否灭灯的第二灯丝继电器 2DJ 的前接点，串接成另一条使 DSJ 励磁的支路。例如，X_D 进站信号机的第二黄灯、引导白灯的灯丝转换继电器的第二组后接点串接后，再与该进站信号机的 X_D2DJ 第一组前接点串接起来，接入 DSJ 电路中。在 X_D 进站信号机站线接车，同时点两个黄灯发生第二黄灯主灯丝断丝时，X_D 的 2UDZ 落下，其第二组后接点和 X_D 的 2DJ 第一组前接点（注意：别误会 2DJ 落下，因为 2DJ 只在第二黄灯灭灯时才会落下，现第二黄灯通过副灯丝仍在点亮）使 DSJ 励磁，发出第二黄灯主灯丝断丝报警。

为了防止室外故障，例如，信号电缆发生混线造成电源短路，影响组合柜上各继电器的正常工作，灯丝断丝报警电路由硅整流变压器单独供给直流电源 Z 和 F。

4. 跳信号报警电路

跳信号报警电路是对进站信号机和防护通过进路的正线出站信号机非正常关闭进行报警的电路。

图 2-21 所示为跳信号报警电路的一部分。实际情况是，对每架进站信号机和防护通过进路的正线出站信号机设一个准备报警继电器 ZBJJ、一个报警继电器 BJJ 和一个取消继电器的复示继电器 QJF。

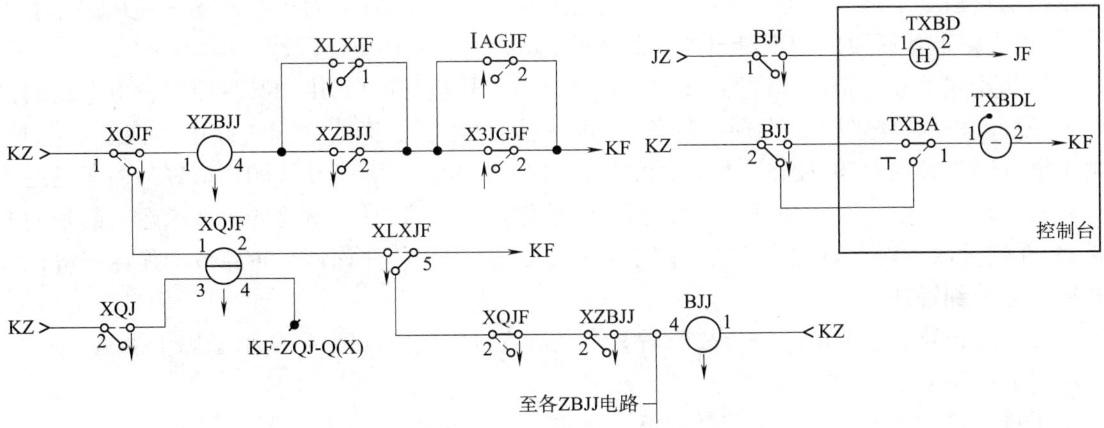

图 2-21 跳信号报警电路

XLXJF 吸起，下行进站信号机开放，列车未占用其接近区段及内方轨道电路区段，X3JGJF 和 ⅠAGJF 吸起，又未办理下行接车进路的取消或人工解锁，XQJF 落下，此时下行进站信号机的准备报警继电器 XZBJJ 吸起，吸起后自闭，为跳信号报警做好准备。

XZBJJ 吸起后，若信号突然关闭，XLXJF 落下，则接通报警继电器 BJJ 电路，BJJ 吸起，点亮控制台上的跳信号报警红色表示灯 TXBD，并使跳信号报警电铃 TXBDL 鸣响。按下跳信号报警按钮 TXBA，电铃暂停鸣响。修复后重新开放信号 XLXJF 吸起，或办理取消、人工解锁手续后 XQJF 吸起，断开 XZBJJ 和 BJJ 电路，使它们落下。此时 TXBDL 再次鸣响，拉出 TXBA，电铃停止鸣响，电路复原。XZBJJ 电路中，X3JGJF 第二组前接点和 ⅠAGJF 第二组前接点并联，是为了当列车进站、信号机正常关闭时断开 XZBJJ 的自闭电路，不予报警。

办理下行接车进路的取消或人工解锁手续后，KF-ZQJ-Q 有电，XQJ 吸起，其复示继电器 XQJF 吸起。XQJF 吸起后经 XLXJF 前接点和自身前接点自闭，断开 XZBJJ 电路。X 进站信号机关闭，XLXJF 落下，断开 XQJF 电路，使之复原。可见，设置 XQJF 的目的是当办理了取消或人工解锁手续后，信号关闭不报警，此时 XZBJJ 和 BJJ 均落下。

其他信号机的跳信号报警与上述相同。

第三节 进路解锁电路的基本原理

进路锁闭后开放信号，列车或调车车列按信号显示驶过进路后，进路就必须正常解锁。在办理进路后因故要取消该进路，分不同情况有取消和人工解锁。此外，在调车作业中还存在着调车中途返回解锁。在进行进路解锁时，必须是信号关闭后，证明车确实占用过并出清了该进路，或符合其他一些必要条件。这些都由进路解锁电路来完成。

一、与进路解锁有关的各继电器电路——实现解锁的一些必要条件

解锁的一些必要条件，是由设置在区段组合中的进路继电器 1LJ 和 2LJ、轨道反复示继电器 FDGJ、锁闭继电器 SJ、传递继电器 CJ 以及条件电源 KZ-GDJ 等实现的。

1. 条件电源 KZ-GDJ

6502 电气集中采用逐段解锁制，列车或调车车列是否驶过进路，是利用组成该进路的各个区段的轨道继电器 DGJ 的顺序落下和吸起来验证的。就是说，列车或调车车列从进路上驶过，使得进路上各区段的轨道继电器 DGJ 顺序地动作，该进路便逐段地解锁。

假如建立了某一条接车进路，在进路锁闭进站信号机开放后，由于某种原因轨道电路的供电电源突然中断，使进路上的 DGJ 都落下，进站信号机关闭，而当轨道电路电源恢复供电时，由于继电器参数的差异，使得各轨道继电器的吸起有快有慢，若其动作顺序恰好与列车通过该进路时的动作顺序一致，这时已锁闭的进路可能错误解锁，这是很危险的。如果建立的是调车进路，在接近区段无车时发生轨道电路电源停电恢复，也可能使该调车进路按中途返回解锁方式错误地得到解锁。

为了防止轨道电路电源停电故障后又恢复造成进路的错误解锁，采取了以下措施：

（1）在非电气化区段的车站

①对轨道电路的供电设置监督设备。

考虑到供电安全及缩小轨道电路停电故障的影响范围，大站电气集中一般采用四束干线

供电，每个咽喉两束。为了监督其供电情况，在每束供电干线上，并接一个监督继电器（设在电源屏中），并在各咽喉设置一个受本咽喉两束轨道电路监督继电器控制的轨道停电继电器GDJ，用它来监督供电情况，其电路如图2-22所示。

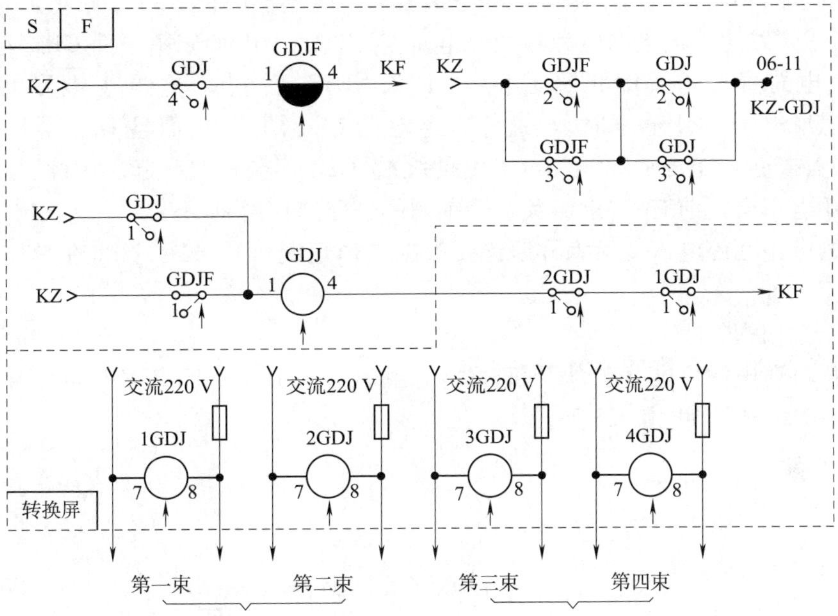

图2-22　轨道停电继电器及KZ-GDJ电路

轨道供电干线有电时，其监督继电器吸起。同咽喉的两束供电干线的监督继电器的前接点接通该咽喉的GDJ励磁电路，使它吸起。当供电干线发生故障（如电源停电、断路器分断、断线等）时，由于监督继电器失磁，通过它的前接点切断GDJ励磁电路，使之落下，此时条件电源KZ-GDJ无电。排除故障恢复供电时，监督继电器吸起，使GDJ励磁，KZ-GDJ即有电。

②用条件电源KZ-GDJ来控制与解锁有关的进路继电器、轨道反复示继电器、股道检查继电器和传递继电器。

在发生轨道电路供电停电时，使上述继电器迅速断电落下；而在停电恢复供电后，轨道继电器先吸起后，条件电源KZ-GDJ才向上述继电器供电，从而使得已锁闭的进路不会错误解锁。

由图2-24可知，KZ-GDJ是通过GDJ与它的复示继电器GDJF前接点串联电路而形成的。GDJ采用JWXC-1700型，而GDJF采用JWXC-H340型。这样条件电源KZ-GDJ就有以下特点：

断电快，发生轨道电路供电干线故障时，它马上断电，过程是

断　电 | →DGJ↓
→电源屏内的GDJ↓→GDJ↓→KZ-GDJ无电

停电恢复后，有电较慢，需经三个继电器顺序吸起后才有电，过程是

恢复供电 | →DGJ↑
→电源屏内的GDJ↑→GDJ↑→GDJF↑→KZ-GDJ有电

从以上电路的动作程序可以看出，当轨道电路供电干线故障停电时，监督继电器先落下，由其前接点断开GDJ的励磁电路，使GDJ和GDJF相继落下，KZ-GDJ无电。在恢复供电时，监督继电器先吸起，GDJ、GDJF相继吸起，并且由于GDJF采用缓放型继电器，它也有缓吸特性，

所以经 GDJ 和 GDJF 前接点送出的条件电源 KZ-GDJ 要比监督继电器的吸起滞后一段时间才有电。这样,在上述解锁电路中,进路继电器 1LJ 和 2LJ、传递继电器 CJ、轨道反复示继电器 FDGJ、股道检查继电器 GJJ 等电路必须在各轨道继电器吸起之后,接入的 KZ-GDJ 才有电。所以对已锁闭的进路不会因轨道电路电源停电恢复而产生错误解锁。

另外,考虑到发生轨道电路电源瞬间停电时,若出现 GDJF 尚未落下而 GDJ 又吸起将会造成 KZ-GDJ 有电的情况,在 GDJ 的励磁电路中加入 GDJF 后接点。这样,只要发生轨道电路电源停电使轨道继电器 DGJ 落下时,轨道停电继电器 GDJ 即落下,而且 GDJ 一旦落下后须经 GDJF 的后接点接通才能再励磁,由于 GDJF 的缓放,GDJ 不会很快吸起。因此,尽管停电时间很短,KZ-GDJ 也不会提前有电,就避免了已锁闭的进路错误解锁。

已锁闭的进路在停电恢复后怎样解锁要根据具体情况进行分析,这将在具体的解锁电路中讲述。

(2)在电气化区段的车站

为了监督轨道电源供电状态,设置监督电源继电器 JDJ、轨道停电继电器 GDJ 和轨道停电复示继电器 GDJF,电路如图 2-23 所示。

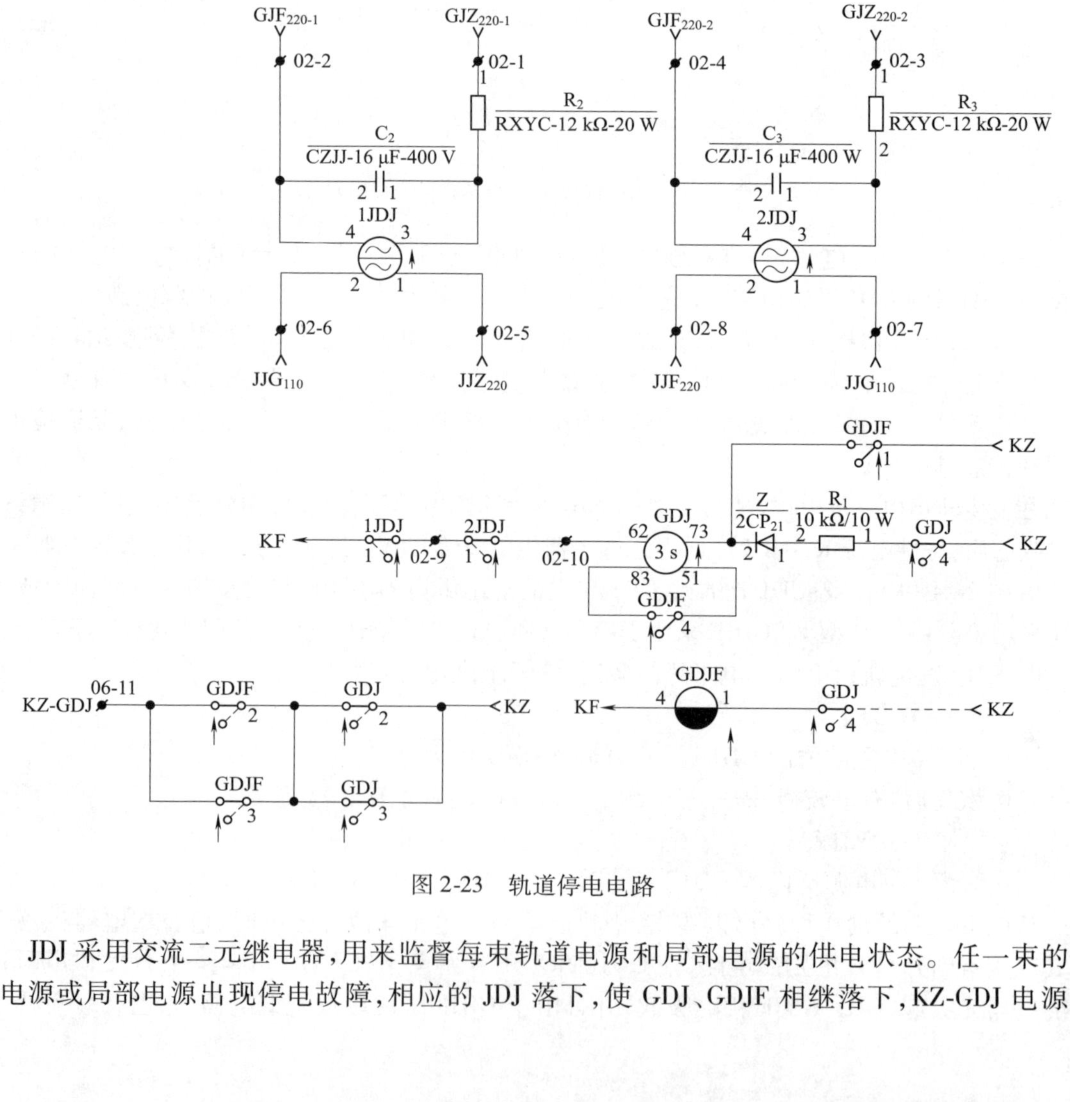

图 2-23 轨道停电电路

JDJ 采用交流二元继电器,用来监督每束轨道电源和局部电源的供电状态。任一束的轨道电源或局部电源出现停电故障,相应的 JDJ 落下,使 GDJ、GDJF 相继落下,KZ-GDJ 电源断电。轨道电源恢复供电时，JDJ 重新吸起，通过第一组前接点向 GDJ 供 KF，GDJ 的 KZ 由 $GDJF_{11-13}$后接点接通。由于 GDJ 采用 JSBXC-850 型时间继电器，$GDJF_{41-43}$将 GDJ 的 51-83 短接，GDJ 缓吸 3 s，而 GDJF 又采用具有缓吸特性的 JWXC-H340 型继电器，所以 KZ-GDJ 电源大约在 JDJ 吸起后 3 s 多才吸起。此时该束轨道电源供电的轨道继电器早已吸起，避免了轨道电源停电前已锁闭的进路被错误解锁。

轨道电源组合对应于每束轨道电源设一个，轨道电源的线束数按 25 Hz 轨道电源屏容量不同而不同，中、小站轨道电源屏为两束，大站轨道电源屏为四束。使用了轨道停电组合后，6502 电气集中方向组合中的 GDJ 和 GDJF 不再使用，可不插。

2. 轨道反复示继电器 FDGJ 电路

轨道反复示继电器 FDGJ 与轨道继电器 DGJ 在同一个区段组合中。轨道反复示继电器电路如图 2-24 所示。

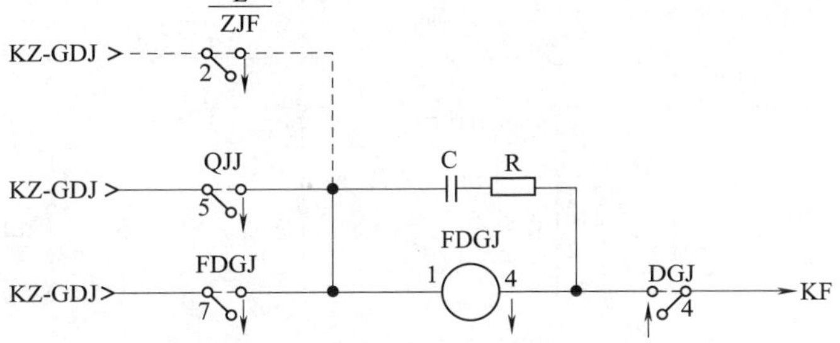

图 2-24　轨道反复示继电器电路

DGJ 平时吸起，FDGJ 落下。进路建立后，当有车占用时 DGJ 落下使 FDGJ 励磁。在 FDGJ 的 1-4 线圈上并联有电阻电容使它具有 3 ~ 4 s 较长的缓放时间。在车出清区段后 DGJ 再次吸起时，FDGJ 励磁电路被切断，经缓放后落下。

由于 FDGJ 动作上的一些特点，使它具有以下作用：

①利用 FDGJ 的是否缓放，使电路分别实现正常解锁、取消、人工解锁及调车中途返回解锁，即利用 FDGJ 缓放与否，来区分传递继电器是随进路继电器的吸起而立即吸起，还是在进路继电器吸起 3 ~ 4 s 以后再吸起。利用 FDGJ 的缓放性能，还实现了对解锁电路的瞬间供电。

②在 FDGJ 的励磁电路中接入 QJJ 第五组前接点，用它来检查 10 线及 FDGJ 线圈上所并联的电阻电容的完整性和电容是否被击穿。

③接入 KZ-GDJ 条件电源作为 FDGJ 的励磁电源。在 KZ-GDJ 断电的过程中，各区段的 DGJ 随着停电的恢复早已吸起（DGJ 的吸起时间约为 0.2 s 左右），所以各 FDGJ 均不会再吸起，从而防止了进路的错误解锁。

④能防止小车跳动或轨道电路出现瞬间分路不良造成锁闭继电器 SJ 提前错误吸起。

⑤在表示灯电路中，用 FDGJ 接点消除光带表示灯在进路锁闭与解锁瞬间出现闪白光的现象。

3. 进路继电器 LJ 电路

具体执行进路锁闭与解锁的电路是轨道区段组合中的进路继电器 1LJ 和 2LJ 电路。进路继电器和传递继电器电路如图 2-25 所示。

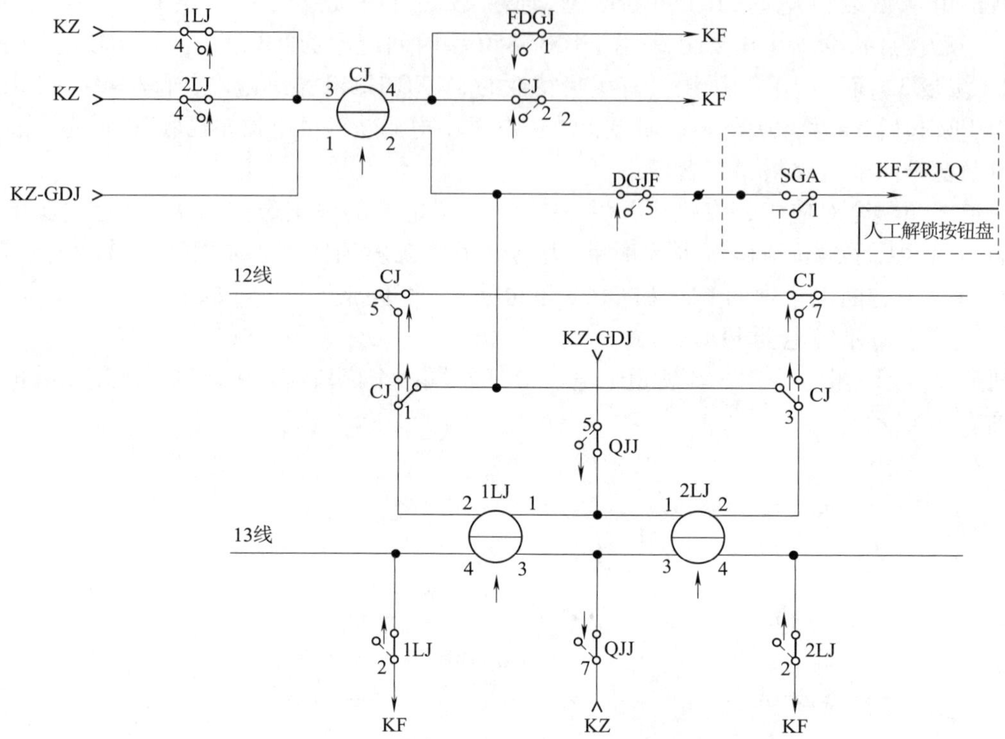

图 2-25 进路继电器和传递电器电路

进路继电器的作用是参与进路的锁闭和解锁，同时用其后接点点亮控制台上的进路光带表示灯。在一个区段组合中设置 1LJ 和 2LJ 两个进路继电器，是为了实现正常解锁的三点检查。

平时进路继电器 1LJ、2LJ 由各自的 3-4 线圈接通自闭电路而保持吸起，1-2 线圈由于 CJ 的吸起与 12 线网路断开。由 1LJ、2LJ 的前接点接通锁闭继电器 SJ 励磁电路，使 SJ 吸起，使该区段处于解锁状态。QJJ 吸起，断开 1LJ、2LJ 的自闭电路，使它们落下，并用它们的前接点断开 SJ 励磁电路，使区段处于锁闭状态。

进路锁闭后，当列车或调车车列占用该区段时，本区段的轨道继电器 DGJ 落下，在区段检查继电器 QJJ 吸起时使 FDGJ 吸起。FDGJ 吸起后使 QJJ 落下，为进路继电器 1LJ 和 2LJ 接通 KZ-GDJ 和 KZ 电源，做好解锁的准备。

4. 传递继电器 CJ 电路

传递继电器的主要作用是传递 12 线解锁电源，区分故障解锁和正常解锁等。另外在特殊情况下不能关闭已开放的信号机时，可用故障解锁的办法使 CJ 吸起来断开信号继电器电路，达到关闭信号的目的。

平时 CJ 靠其 3-4 线圈保持在吸起，建立进路后，由于 1LJ、2LJ 的落下，使 CJ 落下。

进路锁闭后，通过 CJ 的后接点接入 12 线网路，各种解锁的主要条件及 KF 电源通过 12 线网路检查符合后，使进路继电器的 1-2 线圈励磁。同样地，进路继电器的 3-4 线圈是从 13 线网路上得到解锁 KF 电源而吸起的。局部电路中供出的条件电源 KZ-GDJ，用来防止轨道电路电源瞬间停电恢复时造成进路继电器错误吸起。

在正常解锁、取消和人工解锁及调车中途返回解锁时，传递继电器 CJ 主要靠其 3-4 线圈吸起，它既作为励磁电路，又作为自闭电路。而故障解锁时，则利用它的 1-2 线圈构成励磁电路。此时，CJ 的 3-4 线圈经 1LJ 和 2LJ 前接点及轨道反复示继电器 FDGJ 后接点而励磁，并经其本身第二组前接点保持自闭。

（1）CJ 的两个特性

CJ 的 3-4 线圈励磁电路中接有轨道反复示继电器 FDGJ 第一组后接点，它控制 CJ 的励磁时间，使 CJ 具有两个特性。

①CJ 滞后于 1LJ 和 2LJ 吸起励磁的特性，称为 CJ 的滞后励磁特性。这是由于 FDGJ 具有缓放 3～4 s 的特性，使得 CJ 滞后 3～4 s 才励磁。

当进路建立后，车压入本区段 DGJ 落下构成 FDGJ 励磁，使本区段中有一个进路继电器励磁并自闭。当车完全出清本区段进入下一区段后，另一个进路继电器又吸起并自闭。由于车出清本区段 DGJ 吸起切断 FDGJ 的励磁电路使它缓放，经 3～4 s 后 FDGJ 第一组后接点才接通 CJ 的 3-4 线圈电路，这时 CJ 才励磁。即 CJ 等到车出清要解锁的区段 3～4 s 后才能吸起。

CJ 的滞后励磁特性，主要用于进路的正常解锁，以瞬间接通解锁电源，使解锁网路工作稳定可靠。

②CJ 随任何一个进路继电器的吸起而立即励磁，称为 CJ 的及时励磁特性。

进路建立后，在区段空闲时，由于 FDGJ 处于落下状态，只要有一个进路继电器 1LJ 或 2LJ 的吸起，CJ 就会马上跟着吸起。CJ 的这个特性，主要用于取消、人工解锁、调车中途返回解锁、引导进路解锁时由进路始端向终端方向传递解锁电源。

（2）CJ 的 1-2 线圈电路起作用的两种情况

①使故障锁闭后的区段解锁

例如，列车通过进路后由于轨道电路故障使个别区段未解锁，轨道电路停电后又恢复引起的区段锁闭，维修更换进路继电器等引起个别区段的锁闭。要使故障锁闭的区段解锁就要使 CJ 的 1-2 线圈励磁。

故障解锁要由两人协同操纵，一人按压控制台上本咽喉的总人工解锁按钮 ZRA，另一人按压区段人工解锁按钮盘上被解锁区段的事故按钮 SGA。在破铅封按下 SGA 前要确认列车的动态。

当按压 ZRA 后，条件电源 KF-ZRJ-Q 有电。按压要解锁区段的 SGA，经 DGJF 第五组前接点使 CJ 的 1-2 线圈励磁吸起。

CJ 吸起后，经 CJ 第一、第三组前接点构成 1LJ 和 2LJ 的励磁，进而使 SJ 吸起，将故障区段解锁。

区段解锁的必要条件是 QJJ 落下，因此对列车运行前方的区段由于 10 线对 QJJ 的自闭作用，可以防止该区段被故障人工解锁。

DGJF 第五组前接点可以防止轨道区段有车时使区段故障解锁。

②用特殊手段关闭信号

当 QJ 因故障不能吸起时，可以按压进路上任意一个区段的 SGA，使该区段的 CJ 经 1-2 线圈励磁，用 CJ 的第四组后接点切断 11 线使信号继电器失磁，达到关闭信号的目的。

在进路处于接近锁闭时，由于 JYJ 落下，QJ 因故障不能吸起即向 10 线供出 KF 电源使进路上各区段的 QJJ 都自闭，因此 CJ 吸起不会构成进路继电器 1LJ 和 2LJ 励磁。即只能关闭信号,不会使进路解锁,从而确保行车安全。

5. 锁闭继电器SJ电路

对应每组道岔设置一个锁闭继电器SJ。双动道岔因为在两个不同的道岔区段内,所以要设两个锁闭继电器,有列车经过的无岔区段设区段组合,其进路继电器只是为解锁用的,并无道岔可锁闭,故不设锁闭继电器。

锁闭继电器SJ用作锁闭道岔和敌对进路。对进路的锁闭,也就是锁闭该进路上的各道岔。锁闭继电器电路如图2-26所示。

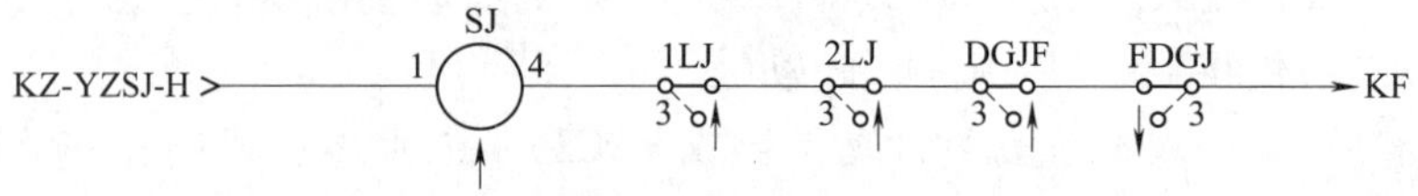

图2-26 锁闭继电器电路

锁闭道岔是通过接在道岔控制电路1DQJ励磁电路中的SJ前接点来实现的。SJ落下,断开1DQJ励磁电路,道岔就不能启动,达到了锁闭道岔的目的。

锁闭敌对进路是通过接在KJ、ZJ及ZCJ励磁电路中的SJ前接点实现的。进路锁闭后SJ落下,即断开了本咽喉敌对进路的KJ和ZJ励磁电路,使敌对进路的KJ和ZJ不能励磁(ZJ是JXJ检查6线上的锁闭条件间接实现的),达到锁闭本咽喉敌对进路的目的。用SJ的前接点与GJJ的后接点相配合,使ZCJ落下,以锁闭另一咽喉的敌对进路。

平时锁闭继电器SJ处于励磁状态,道岔可以操纵,进路可以排列。

锁闭继电器SJ由1LJ和2LJ、DGJF和FDGJ及条件电源KZ-YZSJ-H共同控制。它起着区段锁闭、进路锁闭及全咽喉总锁闭的作用。

SJ电路中各接点的作用如下:

①1LJ和2LJ的前接点:用作进路锁闭。进路建立后,由于进路继电器落下,切断了SJ励磁电路,实现进路锁闭。

②DGJF的前接点:实现区段锁闭。当道岔区段有车占用或轨道电路发生故障时,DGJF落下,断开SJ电路,使SJ落下。

③FDGJ的后接点:防止小车跳动或轨道电路瞬间分路不良时使SJ吸起而提前错误解锁。这在FDGJ电路中已作分析。但应注意,FDGJ后接点不能代替DGJF前接点,这是为了确保故障安全,对DGJF和FDGJ的动作一致性的检查。因为当FDGJ电路故障时,FDGJ不会吸起,即使此时该区段有车占用,FDGJ也不会吸起,所以它不能正确地反映轨道区段的情况。如果SJ电路中不接入DGJF的前接点,则有车占用时SJ也不会落下,道岔区段不能锁闭,这不符合故障—安全原则。

④条件电源KZ-YZSJ-H:平时KZ-YZSJ-H有电,当道岔失去表示时,需要锁闭全咽喉道岔后才能办理引导接车。此时,按下引导总锁闭按钮YZSA,使引导总锁闭继电器YZSJ吸起,切断条件电源KZ-YZSJ-H,使全咽喉的SJ都落下,即达到锁闭全咽喉道岔的目的。

二、进路的正常解锁

1. 进路的正常解锁必须符合的条件

(1)由于列车或调车车列进入进路而使信号自动关闭;

(2)要用三点检查法来验证车占用过进路;

(3)车出清进路上某道岔区段后,该区段就应自动解锁。

6502 电路中,每个道岔区段之所以设置两个进路继电器,就是用作正常解锁三点检查。例如从左向右解锁进路,当车占用过并已出清前一区段且占用本区段时,进路继电器 1LJ 就吸起作为记录,当车出清本区段并占用下一个区段时,进路继电器 2LJ 就吸起作为记录。1LJ 和 2LJ 都吸起,就完成了该区段的三点检查。反之,从右向左解锁进路,则是占用过并已出清前一区段且占用本区段时 2LJ 先吸起,出清本区段并占用下一个区段时 1LJ 后吸起。

2. 列车进路的正常解锁

图 2-27 所示为解锁网路的电路实例。

(1)接车进路的正常解锁

以下行向ⅠG 接车为例,当列车进入ⅠAG 区段时,由于轨道电器ⅠAGJ 落下,使信号检查继电器 XJJ 落下。XJJ 落下后,一方面断开向 9 线网路供出的 KZ 电源,使 QJJ 只能靠 10 线供出 KF 电源,接通未被占用的各区段的 QJJ 自闭电路,使它们保持吸起;另一方面断开列车信号继电器 LXJ 的自闭电路,使 LXJ 落下,于是 X 进站信号机自动关闭。

列车驶入 5DG 区段后,轨道继电器 5DGJ 落下,使 5FDGJ 吸起,5DG 的 QJJ 落下,于是接通 5/1LJ 的励磁电路(如图 2-27 实线所示),电路为

KZ-GDJ—5QJJ_{51-53}—5/1LJ_{1-2}—5CJ_{11-13}—5CJ_{53-51}—X KJ_{51-52}—X XJJ_{51-53}—X LXJ_{51-53}—X DXJ_{51-53}—X LKJ_{31-32}—CJ_{83-81}—Ⅰ$AGJF_{13-11}$—X $LKJF_{31-32}$—X KJ_{62-61}—5QJJ_{11-13}—5/2LJ_{11-13}—5$FDGJ_{12-11}$—KF

在 5/1LJ 励磁电路中检查了列车占用前一区段ⅠAG,用ⅠAGJ 落下来证明。检查了本区段 5DG 也被占用,用 5FDGJ 吸起来证明。这样,就检查第一点和第二点,于是 5/1LJ 吸起,由其 3-4 线圈自闭。

只要一出清ⅠAG 无岔区段,就使得轨道继电器ⅠAGJ 吸起。ⅠAGJ 吸起后断开了 5DG 区段的进路继电器 1LJ 的 1-2 线圈励磁电路。而 1LJ 早已经其 3-4 线圈自闭,故 5DG 的 1LJ 仍保持吸起。

当列车出清 5DG 区段时,其轨道继电器 5DGJ 吸起。5DGJ 吸起后,断开了 5FDGJ 的自闭电路,使 5FDGJ 经其 1-4 线圈上并联的电容器放电而缓放。同时,因 5DGJ 的吸起,立即接通 5DG 区段的 5/2LJ 的 3-4 线圈励磁电路,使 5/2LJ 由 13 线上从 3DG 区段的 3FDGJ 的第一组前接点接入 KF 电源而励磁。5/2LJ 的励磁电路(如图 2-27 虚线所示)为

KZ—5QJJ_{71-73}—5/2LJ_{3-4}—5DGJ_{32-31}—5/1LJ_{12-11}—5QJJ_{33-31}—5/7DBJ_{61-62}—1/3FBJ_{63-61}—3QJJ_{11-13}—3/2LJ_{11-13}—3$FDGJ_{12-11}$—KF

5/2LJ 吸起后,由其第二组前接点使 5/2LJ 经 3-4 线圈自闭。

从 5/2LJ 的励磁电路可看出,它检查了本区段的出清和占用下一个区段,即 5DGJ 的吸起和 3FDGJ 的吸起使 5/2LJ 吸起。对于 5DG 区段来说,本区段的出清作为第二点检查,3DG 区段的被占用作为第三点检查。

而对于 3DG 区段来说,它的前一区段即 5DG 的占用和出清,本区段的被占用,是用 5DG 进路继电器 5/1LJ 和 5/2LJ 的先后励磁来证明的。因此,在 5DG 区段的 5CJ 具有滞后励磁特性的情况下,5/1LJ 和 5/2LJ 吸起后 5CJ 因滞后尚未吸起之前,向 12 线送出 KF 电源,使 3DG 区段的 3/1LJ 吸起。3/1LJ 吸起后自闭电路。

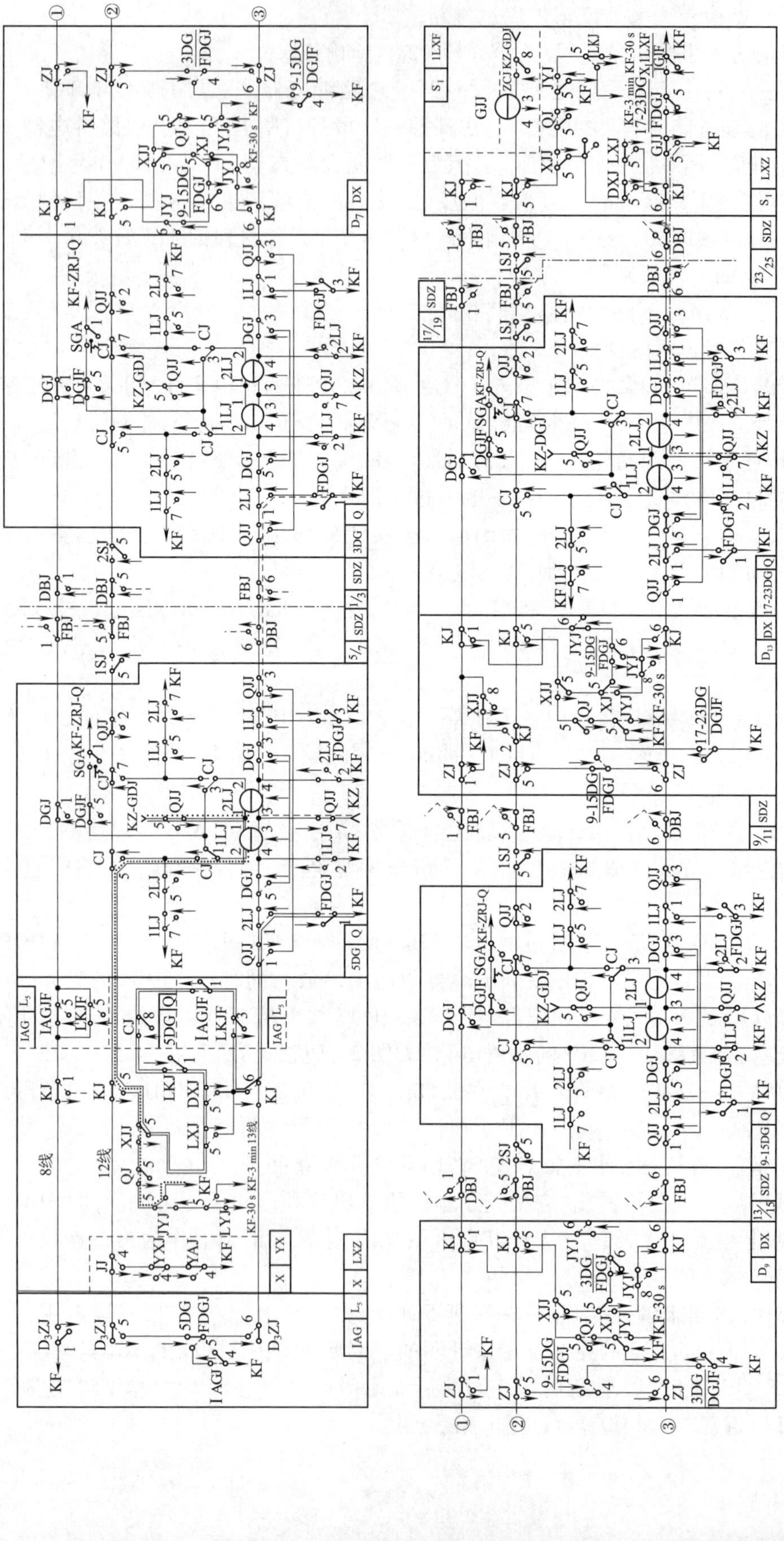

图 2-27 解锁网路

列车出清3DG区段时,3/2LJ的励磁电路与5/2LJ的励磁电路相仿,是由3/1LJ的前接点、3DGJ的前接点、9-15FDGJ的前接点沟通的。

由于3DG区段的3/1LJ和3/2LJ吸起后,3CJ滞后吸起之前,向12线送出KF解锁电源,使9-15DG区段的9-15/1LJ吸起,然后由其3-4线圈自闭。

同样,在列车出清9-15DG时,由于9-15/1LJ的吸起、9-15DGJ的吸起和17-23FDGJ的吸起向13线送出KF解锁电源,使9-15/2LJ吸起并自闭。

9-15/1LJ和2LJ的吸起以及9-15CJ具有滞后励磁特性,使17-23DG区段的1LJ吸起并自闭。

当列车出清17-23DG区段,全部进入ⅠG股道时,由于17-23/1LJ吸起、17-23DGJ的吸起和17-23FDGJ的缓放、ⅠGJF的落下,使17-23/2LJ吸起。17-23/2LJ吸起后即自闭。

至此,接车进路上各区段随着列车的运行逐段地解锁。

当进站信号机内方没有无岔区段时,例如没有ⅠAG区段,进路中的第一区段就是5DG区段,这时5/1LJ的1-2线圈励磁电路与上述有所不同。列车进入下行进站信号机内方5DG区段时,5DGJF落下,断开8线使下行进站信号机处的XJJ落下,XJJ的第四组前接点断开列车信号继电器LXJ励磁电路而由电容器放电进行缓放。此时5DG区段的轨道反复示继电器FDGJ的第一组前接点接通5/1LJ1-2线圈的KF解锁电源。其励磁电路为

KZ-GDJ—5QJJ$_{51-53}$—5/1LJ$_{1-2}$—5CJ$_{11-13}$—5CJ$_{53-51}$—X KJ$_{51-52}$—X XJJ$_{51-53}$—D$_3$ LXJ$_{51-52}$—X KJ$_{62-61}$—5QJJ$_{11-13}$—5/2LJ$_{11-13}$—5FDGJ$_{12-11}$—KF

5/1LJ吸起后由其3-4线圈构成自闭电路。

列车出清5DG区段,进入3DG区段时,5/2LJ的1-2线圈励磁就与前述一样。

由于没有ⅠAG区段,因此5DG区段的解锁只能检查两点。即列车占用本区段,5DGJ落下,使5FDGJ吸起,接通5/1LJ励磁电路,5/1LJ吸起后自闭,作为第一点检查。列车占用后一区段3DG出清本区段时,5DGJ和3FDGJ吸起,使5/2LJ吸起并自闭,作为第二点检查。

(2)发车进路的正常解锁

以上行ⅡG发车进路为例。发车进路建立,出站信号机$S_{Ⅱ}$开放后,列车出发驶过进路时的正常解锁与接车进路的正常解锁是相仿的。只不过由于列车运行方向是从右向左的,各区段的进路继电器1LJ和2LJ的励磁顺序也是从右向左的,正好与下行接车进路的正常解锁相反,即为

19-27/2LJ↑→19-27/1LJ↑→1/19 2LJ↑→1/19 1LJ↑→1/2LJ↑→1/1LJ↑

第一个区段19-27DG的解锁与前述不设无岔区段ⅠAG的进站信号内的第一个区段5DG的解锁一样,也是只能实现两点检查。即,本区段的被占用使19-27/2LJ的吸起作为第一点检查,后一个区段1/19WG的占用和本区段的出清使19-27/1LJ吸起作为第二点检查。1/19WG是无岔区段,不设锁闭继电器。但为了锁闭列车进路和实现进路正常解锁时三点检查的连续进行,因此该无岔区段中也设进路继电器和传递继电器。

发车进路的终端,因有ⅡAG无岔区段,所以1DG区段的解锁也能实现三点检查。1DG区段的2LJ在1/19WG区段出清和本区段被占用时吸起,1LJ在本区段出清和ⅡAG区段被占用时吸起。发车进路的正常解锁也与接车进路的正常解锁一样,从始端向终端逐段进行。

列车进路正常解锁的电路动作有以下规律:

①大多数区段的正常解锁均能实现三点检查,在车由左向右运行时用1LJ的吸起来证明

前一区段的出清和本区段的占用;用 2LJ 的吸起来证明本区段的出清和后一区段的占用。由右向左运行时,1LJ 和 2LJ 作用互换。

②向进路继电器送出的 KF 解锁电源是瞬间接通的,使进路继电器吸起后很快从网路上断开,由自闭电路保持吸起,这样使解锁时不致发生串电,网路的工作更加严密可靠。向 12 线送的 KF 解锁电源是利用传递继电器的滞后特性接通的,因此送入 12 线的 KF 电源只有 3 ~4 s 的时间。在 13 线上送的 KF 电源是利用轨道反复示继电器的缓放接通的,也只有 3 ~4 s 的时间。

③正常解锁时,例如下行ⅠG 接车进路正常解锁时,进路上各区段的进路继电器的励磁,按如下规律进行:

5/1LJ↑→5/2LJ↑→3/1LJ↑→3/2LJ↑→9-15/1LJ↑→9-15/2LJ↑→17-23/1LJ↑→17-23 2LJ↑

以上是列车从左向右运行时的情况,若列车从右向左运行时如上行ⅡG 发车,则动作顺序与上述相反。

构成以上动作关系的条件是,列车顺序占用及出清进路上的各区段。列车占用区段时,使轨道继电器 DGJ 落下,轨道反复示继电器 FDGJ 吸起,断开本区段检查继电器 QJJ 的自闭电路使 QJJ 落下。当列车出清本区段时,使 DGJ 吸起,轨道反复示继电器 FDGJ 因电容器缓放 3 ~4 s后落下,使得传递继电器 CJ 具有滞后特性。

由上述可见,在 10 线断线时 QJJ 不能自闭,当车占用区段时 FDGJ 就不能励磁。轨道停电恢复时 KZ-GDJ 无电也防止 FDGJ 的错误吸起,因此由 FDGJ 吸起向 13 线供给的 KF 解锁电源不能接通。若 FDGJ 上并联的电容器击穿或电阻断线,FDGJ 不能吸起,使传递继电器 CJ 不能具有滞后励磁特性,向 12 线传送的 KF 电源也就不能接通。这样,进路就不能正常解锁,以利及时发现故障并导向安全。

④各区段的解锁是由进路的始端向终端逐段进行的,如接车时各区段锁闭继电器的动作顺序是:

5/7 1SJ↑→1/3 2SJ↑→ | 9/11 1SJ↑→ 17/19 1SJ↑
| 13/15 2SJ↑→23/25 1SJ↑

27SJ↑→ |
17/19 2SJ↑→ | 1/3 1SJ↑

3. 调车进路的正常解锁

现以举例站场举 $S_{Ⅰ}$ 至ⅠAG 的长调车进路为例。此长调车进路由 $S_{Ⅰ}$ 至 D_7 和 D_7 至ⅠAG 两条短调车进路组成,因此正常解锁要按每段短调车进路进行。

长调车进路建立后,防护该进路的 D_7 和 $S_{Ⅰ}$ 信号机由远及近顺序开放。调车车列从ⅠG 驶入 $S_{Ⅰ}$ 信号机内方,使 $S_{Ⅰ}$ XJJ 因 17-23DGJ 的落下从 8 线断开而失磁。$S_{Ⅰ}$ XJJ 落下后接通 $S_{Ⅰ}$ DXJ的白灯保留电路。此时 17-23DG 区段 2LJ 的 1-2 线圈励磁,KF 解锁电源由 17-23FDGJ 第三组前接点送向 13 线,并经 $S_{Ⅰ}$ KJ 的第六组前接点、$S_{Ⅰ}$ DXJ 的第五组前接点、$S_{Ⅰ}$ XJJ 的第五组后接点、$S_{Ⅰ}$ KJ 第五组前接点转向 12 线,使 17-23/2LJ 的 1-2 线圈吸起并自闭。调车车列全部进入 9-15DG 区段,$S_{Ⅰ}$ JYJ 吸起使 $S_{Ⅰ}$ DXJ 落下将信号关闭。车出清 17-23DG 区段,17-23DG 区段的 1LJ 的 3-4 线圈经与列车进路正常解锁一样的径路励磁。在 17-23DG 区段的 1LJ 和 2LJ 均吸起后,使 $S_{Ⅰ}$ KJ 落下。

由于传递继电器CJ具有滞后励磁特性,将KF解锁电源由CJ的第五组后接点送向12线,使9-15/2LJ吸起。17-23FDGJ缓放3 s后,17-23DG区段的23/25号道岔和17/19号道岔的1SJ吸起,该区段解锁。而9-15/1LJ吸起,则要待调车车列驶入D_7信号机内方,出清9-15DG区段时。9-15FDGJ缓放的时间内将KF解锁电源经3DGJF第四组后接点和9-15FDGJ第四组前接点送向13线,使9-15/1LJ的3-4线圈励磁,经3～4 s后9/11 1SJ和13/15 2SJ吸起,9-15DG区段解锁,才使D_9ZJ落下。这样,从$S_Ⅰ$至D_7的第一段调车进路自始端向终端逐段解锁。

至于从D_7到ⅠAG第二段调车进路的解锁,D_7内方第一个区段3DG的2LJ的励磁径路与$S_Ⅰ$内方17-23DG区段2LJ的励磁径路一样,只是在电路中增加了D_7的接近预告继电器JYJ的第八组前接点。调车车列在D_7信号机前方接近区段即9-15DG区段时,D_7JYJ落下,并切断D_7XJJ的自闭电路,此时D_7XJJ由8线保持励磁。当调车车列进入D_7信号机内方时,由于3DGJ落下,断开8线,使D_7XJJ落下,使D_7XJ转入保留白灯的自闭电路。在调车车列全部驶入D_7信号机内方时,D_7信号机的接近区段9-15DG出清,9-15DGJ吸起使D_7JYJ随之励磁,切断D_7XJ白灯保留电路。在D_7XJ缓放的时间里接通3/2LJ的1-2线圈励磁电路,使其励磁。

3DG区段的1LJ和5DG区段的2LJ的励磁径路与发车进路的正常解锁时一样。

当调车车列驶过进路上的3DG区段和5DG区段,全部进入ⅠAG区段时,5DG区段1LJ的KF励磁电源由ⅠAGJ的后接点、处于缓放中的5FDGJ的前接点送入13线,使3/1LJ的3-4线圈励磁。

从D_7至ⅠAG进路的解锁与从$S_Ⅰ$到D_7进路的解锁一样,是从始端向终端逐段进行的。

调车进路正常解锁与列车进路的正常解锁相似,都是利用传递继电器的滞后特性来传递解锁电源的,随着列车或调车车列顺序地驶过进路而使各区段组合中的1LJ和2LJ顺序励磁并自闭。但两者略有不同,由于列车进路是从进站信号机到股道或从股道到区间,而调车进路则是从起始调车信号机到阻挡调车信号机。因而建立调车进路时,由开始继电器KJ和终端继电器ZJ将对应于每段调车进路的电路从12线、13线上分割开来。所以进路中最末一个区段的进路继电器的励磁要从ZJ的前接点接入KF电源。但以股道为终端的例外,因它未接终端继电器接点。列车兼调车的始端(如进站内方带调车和出站兼调车信号机处)的进路继电器,在列车进路时由列车信号继电器LXJ缓放接通KF解锁电源,在调车进路时同样经调车信号继电器DXJ缓放接通KF解锁电源。对于列车的信号检查继电器XJJ,在列车进路时它无防护自闭电路,在列车驶入信号机内方时它即落下。而对调车进路,XJJ有经JYJ前接点构通的防护自闭电路和8线励磁电路,它必须在调车车列占用接近区段和进入信号机内方时才落下。对于进路的解锁来说,调车进路的第一个区段进路继电器的励磁电路中,由于接有XJJ的第五组后接点,进路继电器的励磁是间接检查了接近区段的占用和出清的,即在调车信号电路被断开DXJ处于缓放之中,和本区段占用时才励磁的。另一个进路继电器则是出清本区段,进入下区段时励磁的。所以调车进路各区段的解锁,可以认为基本上都能实现三点检查。

对处于咽喉区的调车信号机,如D_7信号机作始端时,在进路继电器励磁电路中,为了实现瞬间向进路继电器供出KF解锁电源,增加了接近预告继电器JYJ的第八组前接点。也就是说,只有在调车车列全部进入D_7信号机内方DXJ处于缓放的瞬间,才接通进路继电器的KF电源。若不加入JYJ第八组前接点,则在调车车列跨在D_7信号机内、外方的时候,XJJ落下,DXJ自闭,使得KF解锁电源长期接通,这是不允许的。

在调车信号机前方接近区段是无岔区段时,如D_5信号机,其接近区段为1/19WG,由于允许调车时在无岔区段留有车辆,为了使进路始端区段的进路继电器能励磁,必须将 JYJ 第八组接点短路掉。因此,在这种情况下第一个区段的解锁只能实行两点检查。调车进路的无岔区段的 QJJ 不吸起,不会使 1LJ 和 2LJ 落下,故未锁闭,当然也就不存在无岔区段解锁的问题了。

特殊情况下的短调车进路,如 D_{15} 至ⅡG 股道的调车进路只有一个道岔区段,当 1/19WG 留有车辆,调车车列再去ⅡG 股道取送车辆时,调车车列驶过进路后,19-27DG 区段的解锁只能实现一点检查。

调车进路的正常解锁与列车进路的正常解锁相比较,具有如下不同特点:

①调车进路均是以短调车进路为基本单元进行解锁,即在 KJ 与 ZJ 之间进行。

②长调车进路的正常解锁均以组成它的每条短调车进路为基本单元进行逐条解锁。

③调车进路的第一个道岔区段的解锁利用 XJJ 的落下间接检查了接近区段的占用和出清;而列车进路的第一个道岔区段的解锁一般则没有这项检查(进站内方有无岔区段的除外)。

④调车进路的正常解锁是用进路始端 XJJ 的后接点和 JYJ 的前接点(切断 DXJ 白灯保留电路)来间接证明调车信号已关闭。

⑤调车进路的第一个道岔区段最先励磁的 LJ 的 1-2 线圈一般都在调车车列全部进入调车信号机内方 JYJ 吸起 DXJ 缓放瞬间接通励磁(股道和差置调车信号机除外)。

⑥调车进路的最末一个道岔区段最后励磁的 LJ 的 3-4 线圈励磁均经由 ZJ 的前接点和最末道岔区段的 FDGJ 缓放的瞬间接通励磁(以股道为进路终端的除外)。

三、进路的取消和人工解锁

1. 进路的取消

取消进路时必须符合下列条件时才允许进路解锁:

①进路的接近区段确实无车;

②防护该进路的信号机随办理取消手续而关闭;

③进路处于空闲状态。

作为取消进路的先决条件,必须证实已锁闭的进路的接近区段无车,这可用在信号开放后,其接近预告继电器 JYJ 励磁来证明。

办理取消进路手续后,取消继电器 QJ 吸起,切断信号继电器电路,使信号机关闭。并切断信号检查继电器 XJJ 的自闭电路,使 XJJ 落下,然后通过 8 线证明进路确实空闲后使 XJJ 再次吸起。区段检查继电器 QJJ 和信号继电器 XJ 落下表明具备解锁条件,此时将 KF 解锁电源接入解锁网路,使进路继电器吸起,以解锁进路上的各区段。

(1)接车进路的取消

当建立下行至ⅠG 的接车进路,X 进站信号机开放后,若接近区段无车,可办理取消进路。取消进路时的 KF 解锁电源从始端接入,在检查了下行接车进路的接近区段无车(用 JYJ 吸起来证明)、办理过取消手续(用 QJ 吸起来证明),并且检查了进路空闲(用 XJJ 的重新吸起来证明)后,通过 X KJ 的前接点将 KF 接入 12 线网路。

先是 5DG 区段的 5/1LJ 励磁并自闭,励磁电路(如图 2-27 点线所示)为

KZ-GDJ—5QJJ_{51-53}—5/1LJ_{1-2}—5CJ_{11-13}—5CJ_{53-51}—X KJ_{51-52}—X XJJ_{51-52}—X QJ_{51-52}—X JYJ_{51-52}—KF

5/1LJ 吸起后，由于 5DG 区段上无车，故 5FDGJ 从未励磁过，因此其传递继电器具有快吸特性。即 5/1LJ 励磁后，使 5CJ 随之吸起，并用其前接点将 KF 解锁电源立即传向下一个区段 3DG，使 3/1LJ 励磁并自闭。

同样，3/1LJ 励磁后，3CJ 随即励磁，继续将 KF 电源传向 9-15DG 区段，使 9-15/1LJ 吸起并自闭。

9-15CJ 立即吸起，再将 KF 电源传向 17-23DG 区段，使 17-23/1LJ 吸起并自闭。17-23CJ 也立即吸起，将 KF 电源传向股道端的股道检查继电器 GJJ。在检查了敌对进路仍处于被锁闭状态，即 S_{I}ZCJ 落下时，S_{I}GJJ 的 3-4 线圈励磁，S_{I}GJJ 吸起。

S_{I}GJJ 吸起，证明 12 线网路正常。然后才由 S_{I}GJJ 第五组前接点将 KF 解锁电源接入 13 线，使 17-23DG 区段的 2LJ 吸起并自闭，其励磁电路（如图 2-27 点划线所示）为

KZ—17-23QJJ_{71-73}—17-23/2LJ_{3-4}—17-23DGJ_{32-31}—17-23/1LJ_{12-11}—17-23QJJ_{33-31}—17/19DBJ_{61-62}—23/25DBJ_{61-62}—$D_{17}KJ_{61-63}$—$S_{\mathrm{I}}GJJ_{51-52}$—KF

17-23DG 区段的 1LJ 和 2LJ 吸起，使 17/19 1SJ 和 23/25 1SJ 也立即吸起，先使处于终端的 17-23DG 区段解锁，由于 23/25 1SJ 的吸起使 S_{I}ZCJ 吸起，并用其第八组前接点断开 S_{I}GJJ 励磁电路，使 S_{I}GJJ 落下，从而停止向 13 线送 KF 电源。

17-23DG 区段的 1LJ 和 2LJ 相继吸起，以及本区段空闲 DGJ 处于励磁状态，就将 KF 解锁电源送入 9-15DG 区段的 2LJ，使其吸起并自闭。

当 9-15DG 区段的 1LJ 和 2LJ 吸起并自闭后，该区段也立即解锁，并经相似的径路使 3DG 区段的 2LJ 也吸起并自闭。再用同样的方法使 5DG 区段的 2LJ 也吸起自闭。至此进路的解锁由终端推进到始端。当始端 5DG 区段解锁后，5/1LJ 和 5/2LJ 的励磁使 X 进站信号机的开始继电器 KJ 落下。KJ 落下后将 X XJJ 从 8 线上断开，使 X XJJ 落下。而 X XJJ 落下后又断开了 X QJ 的自闭电路，使它落下。这样，下行接车进路的取消解锁全部完成。

从以上下行 ⅠG 接车进路取消解锁的分析可看出进路上各进路继电器的励磁顺序为

5/1LJ↑→3/1LJ↑→9-15/1LJ↑→17-23/1LJ↑→S_{I}GJJ↑

待进路上所有的 1LJ 吸起后，由于 S_{I}GJJ 吸起将 KF 电源转入 13 线，使进路上的 2LJ 又顺序励磁。即

17-23/2LJ↑→9-15/2LJ↑→3/2LJ↑→5/2LJ↑

因此，进路的解锁是从终端推向始端，进路上各区段锁闭继电器 SJ 的励磁顺序为

23/25 1SJ↑→S_{I}ZCJ↑→S_{I}GJJ↓
　　　　　　　　　　　　|⟶ | 13/15 2SJ↑→1/3 2SJ↑→5/7 1SJ↑
　　　　　　　　　　　　　　| 9/11 1SJ↑
17/19 1SJ↑→ |

5DG 区段解锁后，

5/1LJ↑→ |
5/2LJ↑→ | X KJ↓→X XJJ↓→X QJ↓

（2）发车进路的取消

发车进路取消的办理方式、解锁条件、解锁规律均与接车进路的取消相同。但由于运行方向不同，解锁时进路继电器的励磁顺序正好与接车进路相反。

(3)调车进路的取消

①调车进路取消的两种情况

a. 调车进路以股道作为终端时,例如,D_{13}至ⅠG 和 D_{15}至ⅡG 等调车进路的取消与接车进路的取消相同。

b. 以咽喉区的调车信号机为终端的调车进路和以双线单方向的进站和出站口、尽头线调车信号机为终端的调车进路,在终端处接入 13 线的 KF 解锁电源是以终端继电器 ZJ 的第五组和第六组前接点由 12 线转入 13 线的。

单线和双线双向运行的进站口处,既是接车口,又是发车口,由于设有股道检查继电器 GJJ,当它用作调车进路终端时,也是由 GJJ 的 3-4 线圈经 12 线励磁后,用 GJJ 第五组前接点将 KF 解锁电源送入 13 线的。

由于调车进路终端处设有终端继电器 ZJ,终端先解锁,SJ 励磁使 ZJ 落下,然后使始端的信号检查继电器 XJJ 从 8 线断开 KF 电源(XJJ 的防护电路已由 QJ 第八组后接点断开)。

②调车进路取消解锁的规律

a. 在解锁过程中,由接近预告继电器 JYJ 吸起证明车未进入接近区段,以取消继电器 QJ 吸起证明办理了取消手续,并用 QJ 后接点切断信号继电器电路使信号机关闭和使区段检查继电器 QJJ 落下,为取消解锁做好准备。在整个解锁过程中,用信号检查继电器 XJJ 吸起来检查进路空闲。

b. 在解锁过程中,各区段进路继电器间隔吸起,并与进路的方向有关。始端在左边时,1LJ(也包括 GJJ)从始端向终端顺序励磁,到终端后又使 2LJ 从终端向始端顺序励磁,结果使得各区段从终端向始端逐段解锁。之所为如此,是因为进路上的各区段无车占用,轨道反复示继电器从未励磁过,所以传递继电器具有立即励磁特性的缘故。1LJ 由始端向终端顺序励磁后向终端处传递 KF 电源,到终端后再返回始端,使 2LJ 顺序励磁。反之,始端在右边时,则是 2LJ 从始端向终端顺序励磁,到终端后又使 1LJ 从终端向始端顺序励磁,使进路仍是由终端向始端逐段解锁。这是由于励磁网路结构对称所致,故在取消进路时,不论从左向右,还是从右向左,电路的动作规律都是一样的。

c. 从 12 线向 13 线转接 KF 解锁电源时,都要证明 12 线工作正常后才能使 13 线工作。对取消的是向股道或单线以及双线双向运行的进站信号机的列车或调车进路时,用 GJJ 的吸起向终端处 13 线送入 KF 解锁电源。

对取消咽喉区的调车进路,则由终端处的 ZJ 的吸起将 12 线 KF 电源直接转接至 13 线网路。

2. 进路的人工解锁

进路的人工解锁,应具备以下条件:

①信号机开放后,列车或调车车列已驶入接近区段。

②防护该进路的信号机必须随着办理人工解锁的手续而关闭。从信号关闭时起,接车进路和正线发车进路要延时 3 min 才允许解锁,站线发车进路和调车进路要延时 30 s 才允许解锁,以保证解锁时车已停住。

③在整个延时过程中,必须证明车未冒进信号才允许解锁。

在人工解锁进路时,向解锁网路接入 KF 解锁电源前,必须检查具备人工解锁的条件。用 JYJ 的第五组后接点证明车占用接近区段;在始端用 QJ 第五组前接点证明已办好人工解锁手续;用 XJJ 第五组前接点证明在整个延时过程中车未冒进信号;用条件电源来保证所规定的延时时间，即在延时时间内不供出 KZ-RJ-H 条件电源，不准其他进路进行人工解锁。

(1)接车进路的人工解锁

建立下行向ⅠG 接车进路，下行进站信号机开放后，列车已驶入接近区段，此时因故要取消这条进路，应采用人工解锁的方法，按下总人工解锁按钮 ZRA 和进路的始端按钮 XLA，有关继电器按以下逻辑关系动作：

按下 ZRA→ZRJ↑→ZQJ↑→KF-ZQJ-Q 有电→ | QJ↑→ | X XJJ↓↑ | →QJJ↓
按下 XLA→X LAJ↑ → | | X LXJ↓→ |

从上述继电器的动作关系可看出，QJ 的吸起表明已办理人工解锁手续；XJJ 的落下又吸起，表明进路空闲；由于办理了人工解锁手续使 X LXJ 落下后信号机关闭；进路上各区段的 QJJ 都落下，为进路的解锁做好准备。以上均与取消进路时一样，不同的是，信号开放后接近区段有车，使 JYJ 落下，向 12 线解锁网路接入 KF-3 分的限时解锁条件电源，即 KF 电源在信号机关闭 3 min 后才向 12 线网路送电。此后，从下行进站信号机 X 至ⅠG 股道的进路上各区段的进路继电器和锁闭继电器的动作顺序就和取消进路时一样，使进路从终端向始端逐段解锁。

(2)发车进路及调车进路的人工解锁

发车进路及调车进路的人工解锁，办理方式和解锁条件与上述接车进路的人工解锁相同。

解锁时电路的动作顺序及进路继电器和锁闭继电器的励磁顺序，与发车进路和调车进路的取消解锁时一样。只是根据进路的性质，规定了不同的延时条件电源。对于正线出站兼调车信号机，用列车开始继电器 LKJ 的接点来区分，发车时 LKJ 吸起接 KF-3 min 电源，调车时 LKJ 落下接入 KF-30 s 电源。而对于站线的出站兼调车信号机，发车和调车的延时均为30 s，就不需用 LKJ 接点作为区分条件了。

(3)延时电路

延时电路用来在人工解锁进路时产生延时电源，以达到进路延时解锁的目的。它由延时 3 min 的第一限时继电器 1XCJ，延时 30 s 的第二限时继电器 2XCJ，延时 3 min 的第一人工解锁继电器 1RJJ，延时 30 s 的第二人工解锁继电器 2RJJ 组成。上述四个继电器，是一个咽喉区所有信号机的控制条件。延时电路如图 2-28 所示。

1RJJ 和 2RJJ 的作用是：检查每架信号机处是否具备人工解锁的条件。当某架信号机满足人工解锁条件后，就有一个人工解锁继电器励磁，用其前接点接通相应的限时继电器，使它供出延时解锁电源。

每架信号机的人工解锁条件分别并联后接入 1RJJ 和 2RJJ 电路，对于列车兼调车信号机用 LKJ 的接点来区分接入 1RJJ 还是 2RJJ。当要人工解锁某一进路时，用 JYJ 后接点来证明接近区段有车，用 ZRJ 和 QJ 吸起来证明已办理人工解锁手续，用 LXJ 或 DXJ 后接点来证明信号机已关闭。符合人工解锁条件信号机关闭后接通相应的人工解锁继电器电路，使之吸起并自闭。人工解锁继电器吸起后，接通相应的限时继电器电路，限时继电器开始工作。在延时过程中，用 XJJ 吸起来证明未冒进信号。若车冒进了信号机，XJJ 落下，断开人工解锁继电器电路，使限时继电器停止工作。条件电源 KF-3 min 或 KF-30 s 不会有电，12、13 线网路不动作，停止进路解锁。

人工解锁继电器励磁后自闭，一直到进路全部解锁，XJJ 落下后才复原，此后才能再办理同咽喉另一条进路的人工解锁。

限时继电器 1XCJ 和 2XCJ 的作用是保证人工解锁进路所规定的延时时间。接车进路和正线发车进路在信号关闭后，使 1RJJ 励磁，用其第二组前接点接通 1XCJ 电路，经过 3 min 后

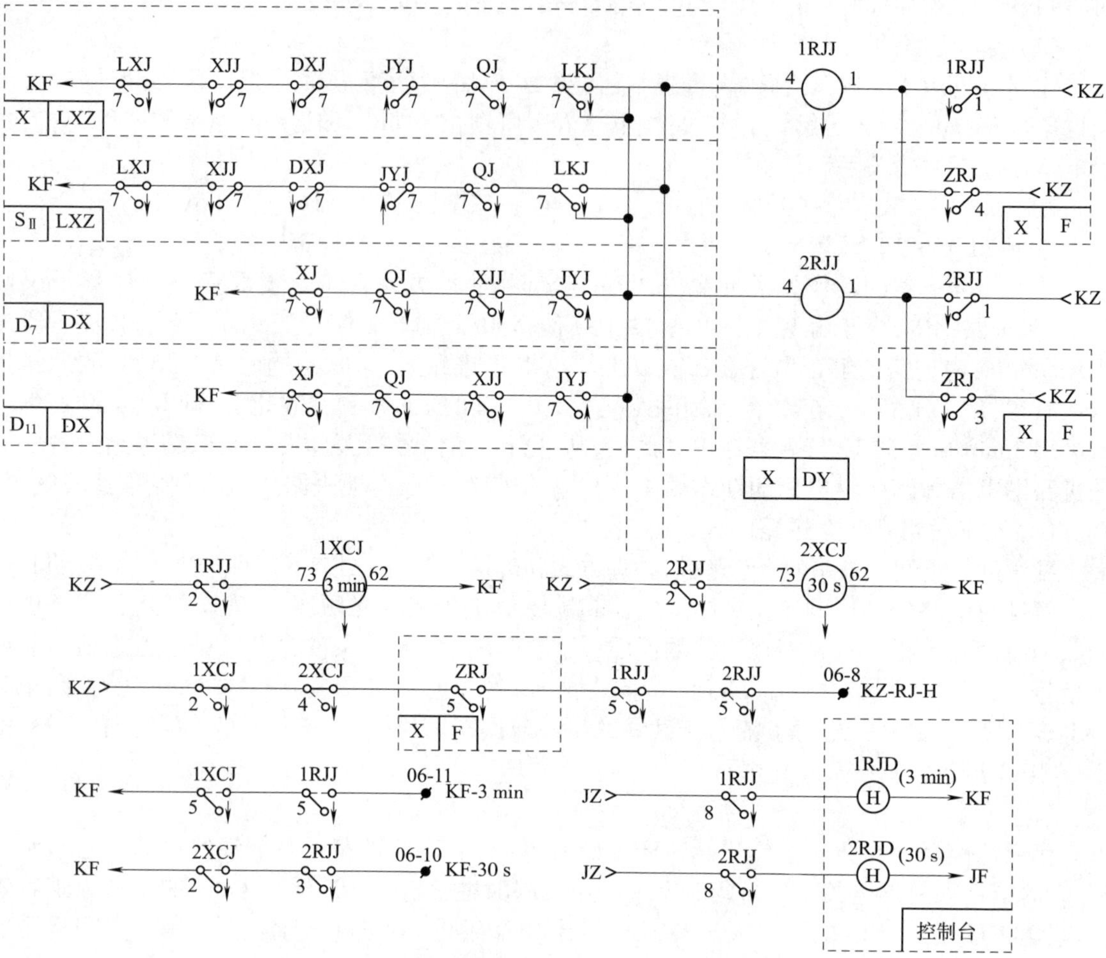

图 2-28 延时电路

1XCJ 才吸起，由 1RJJ 和 1XCJ 前接点向解锁网路供出 KF-3 分解锁电源。而站线发车进路和调车进路是在信号关闭后使 2RJJ 励磁，接通 2XCJ 电路，经过 30 s 后 2XCJ 吸起，由 2RJJ 和 2XCJ 的前接点送出 KF-30 s 解锁电源。延时继电器采用 JSBXC-850 型时间继电器。

进路解锁后，XJJ 落下，相继断开 1RJJ 和 1XCJ 或 2RJJ 和 2XCJ 电路，使延时电路复原。在进行人工解锁时为引起值班人员注意，由 1RJJ 或 2RJJ 的前接点点亮控制台上相应的人工解锁表示灯（红色）。人工解锁完成后，该表示灯熄灭。

四、调车中途返回解锁

调车中途返回解锁有两种情况：一是牵出进路的所有区段都没有解锁；二是牵出进路中有部分区段已经解锁，还有部分区段没有解锁。

例如，在图 2-29 所示的站场中，由 ⅠG 转线到ⅢG 去的调车作业，由于调车车列较长，办理牵出进路时不仅开放了 $S_Ⅰ$ 信号机，而且也开放了 D_7 信号机。车列牵出越过反向的调车信号机 D_{13}后就停下，然后在 D_{13} 信号机开放后转到ⅢG 去。这时列车只占用了 9-15DG 区段和 3DG 区段，没有占用 5DG 区段。当车列按 D_{13}的显示转至ⅢG 去后，各区段的解锁情况如何？

由前述,正常解锁要求实现三点检查,并要求车列从始端向终端顺序地占用和出清进路中的各个区段。对于从 S_{I} 至 D_7 牵出进路来说,有 17-23DG 和 9-15DG 两个区段,对 17-23DG 区段而言,牵出时车列占用过并已出清它,所以它能正常解锁,而且由于 17-23DG 区段的解锁才能开放反向的调车信号机 D_{13}。但 9-15DG 区段就不同了,虽然车列牵出时顺序占用过 17-23DG、9-15DG、3DG 三个区段,但并未出清 9-15DG 区段,而车列折返时又是先出清 3DG 区段,后出清 9-15DG 区段,这与正常解锁的情况不同,所以 9-15DG 区段不能正常解锁。这就是第二种情况,即牵出进路的部分区段已解锁,另一部分区段尚未解锁。

D_7 至 I AG 的牵出进路也包括 3DG 和 5DG 两个区段,对 3DG 区段来说,因车未占用过 5DG 区段,缺少第三点检查的证明条件,所以当车列退出 D_7 内方后它不能正常解锁。至于 5DG 区段,第二点和第三点检查的证明条件都没有,就更不能正常解锁了。这就是第一种情况,即牵出进路的所有区段均未解锁。

凡是咽喉区的调车信号机,不论是单置、并置、差置,都有可能碰到这种情况,它的牵出进路上的所有区段的解锁均要按调车中途返回解锁。由前述,取消进路和人工解锁时都是相应于进路始端处向 12 线接入 KF 解锁电源,既然这种情况也是从第一个区段就未正常解锁,那么,也可以相应于进路始端处 12 线接入解锁电源,使该进路解锁。

上述的第二种情况是牵出进路的部分区段已解锁,其余区段需按调车中途返回解锁。这种情况仅仅在牵出进路上设有反向的单置调车信号机时才有可能。因为牵出进路的第一个区段已正常解锁,始端开始继电器 KJ 随即落下,所以就不可能由原牵出进路的始端处向 12 线接入解锁电源,而要由反向单置调车信号机处向原牵出进路的终端从 12 线接入解锁电源,使原牵出进路未解锁的区段解锁。

1. 第一种情况的调车中途返回解锁电路

已开放的调车信号机,当调车车列一部分跨入信号机内方并按另一架反向调车信号机折返后,于调车车列退出其接近区段时,该调车进路内各道岔区段应按调车中途返回方式自动解锁。

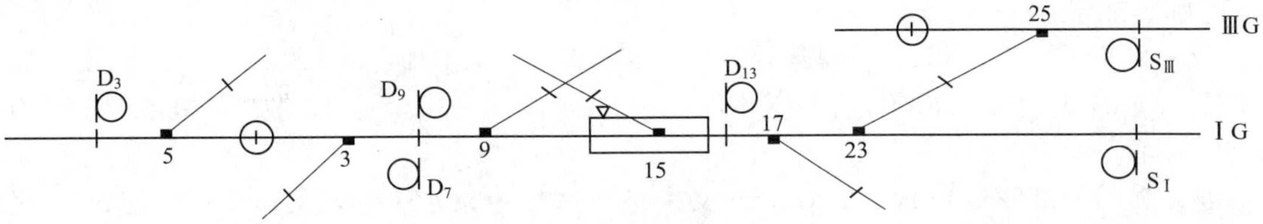

图 2-29　调车中途返回(一)

(1)此种情况的调车中途返回解锁要满足的解锁条件

①要证明整条牵出调车进路均未解锁,即原调车进路的 KJ 和 ZJ 都在励磁状态。

②证明调车车列曾有一部分跨入调车信号机内方,由于调车车列跨在信号机内外区段,JYJ 落下切断 XJJ 的 1-2 线圈防护电路,部分车辆在信号机内方 DGJ 落下使 8 线断开,结果使 XJJ 处于失磁状态。

③开放的调车信号机由于调车车列折返退出信号机内方而使调车信号自动关闭,这是由于进路内方头一个区段 DGJ 吸起切断调车信号机 XJ 的白灯保留电路。

④证明调车车列确实折返,即调车车列退出调车进路并且折返离开,这可用调车进路内各区段的 DGJ 吸起和接近区段的 JYJ 又励磁来证明。

例如,开放的 D_7 信号机,在调车车列跨入 D_7 信号机内方时按 D_{13}信号机折返,当调车车列退出 D_7 信号机内方,折返进入 D_{13}信号机内出清 D_7 的接近区段时,D_7 进路内的 3DG、5DG 区段就会按调车中途返回方式解锁。

当调车车列驶入 D_7 信号机接近区段时,D_7JYJ 落下断开 D_7XJJ 的 1-2 线圈防护电路。调车车列跨进 D_7 信号机时 3DGJ 落下断开 8 线使 D_7XJJ 落下,同时使 3FDGJ 励磁切断 3QJJ 的 1-2线圈自闭电路使 3QJJ 失磁落下,为 3/2LJ 的励磁准备条件。调车车列按 D_{13} 折返退出 D_7 信号机内方,3DGJF 吸起切断 D_7 白灯保留电路,使 D_7XJ 失磁,D_7 信号机自动关闭。当调车车列折返进入 D_{13}信号机内方出清 D_7 信号机接近区段时,D_7JYJ 又励磁。由于 D_7XJ 的落下和 D_7JYJ 的吸起,D_7 信号机的 10 线 KF 电源被切断,使 5QJJ 的 1-2 线圈自闭电路断电而落下。此时的 3FDGJ 经缓放后已经落下了,而 9-15FDGJ 正在缓放之中,解锁电源 KF 由原排进路的终端 D_3ZJ 的前接点向 8 线送入,检查进路上 5DGJ、3DGJ 的前接点,送至原排牵出进路的始端 D_7 信号机处,检查 D_7KJ、D_7JYJ 的吸起和 D_7XJJ、D_7XJ 的落下,在 9-15FDGJ 缓放期间转入 12 线使 3/2LJ 的 1-2 线圈励磁并自闭。其励磁电路(如图 2-30 实线所示)为

KZ-GDJ—3QJJ$_{51-53}$—3/2LJ$_{1-2}$—3CJ$_{31-33}$—3CJ$_{73-71}$—3QJJ$_{23-21}$—D_7KJ$_{51-52}$—D_7XJJ$_{51-53}$—D_7XJ$_{51-53}$—9-15FDGJ$_{62-61}$—D_7JYJ$_{62-61}$—D_7KJ$_{12-11}$—3DGJ$_{11-12}$—1/3DBJ$_{11-12}$—5/7FBJ$_{13-11}$—5DGJ$_{11-12}$—Ⅰ AGJF$_{51-52}$—X KJ$_{11-13}$—D_3ZJ$_{12-11}$—KF

3/2LJ 励磁后自闭。

3/2LJ 吸起后,由于 D_7 信号内方的 3FDGJ 经缓放后早已落下,使 3CJ 立即励磁,用 3CJ 的第五、第七组前接点将 12 线接通,使由 D_3ZJ 吸起送入 8 线经 D_7 始端转至 12 线的 KF 电源继续送入 5DG 区段的 5/2LJ 的 1-2 线圈,使 5/2LJ 吸起。其励磁电路(如图 2-30 虚线所示)为

KZ-GDJ—5QJJ$_{51-53}$—5/2LJ$_{1-2}$—5CJ$_{31-33}$—5CJ$_{71-73}$—QJJ$_{23-21}$—5/7 1SJ$_{51-53}$—5/7FBJ$_{51-53}$—1/3DBJ$_{52-51}$—1/3 2SJ$_{53-51}$—3CJ$_{51-52}$—3CJ$_{71-72}$—……至原 12 线 KF 解锁电源径路。

同样地,5/2LJ励磁后自闭,并使 5CJ 立即吸起,将 12 线上的 KF 电源向终端送去,经 D_3ZJ 的第五、六组前接点将 KF 电源由 12 线转向 13 线,使 5/1LJ 励磁,其励磁电路(如图 2-30 点线所示)为

KZ—5QJJ$_{71-73}$—5/1LJ$_{3-4}$—5DGJ$_{12-11}$—5/2LJ$_{12-11}$—3QJJ$_{13-11}$—X KJ$_{61-63}$—D_3ZJ$_{61-62}$—5FDGJ$_{51-53}$—D_3ZJ$_{52-51}$—X YJJ$_{43-41}$—X KJ$_{53-51}$—5CJ$_{51-52}$—……至原 12 线 KF 电源径路 5/1LJ 励磁后自闭。

因为 5/1LJ 和 5/2LJ 吸起,5DG 区段又未被车占用过,故 5/7 1SJ 随即励磁,使 5DG 区段解锁。

同时由于 5/1LJ、5/2LJ 及 3/2LJ 已吸起,车退出 3DG 区段时 3DGJ 励磁,于是沟通 3/1LJ 的励磁电路,3/1LJ 吸起后自闭。其励磁电路(如图 2-30 点划线所示)为

KZ—3QJJ$_{71-73}$—3/1LJ$_{3-4}$—3DGJ$_{52-51}$—3/2LJ$_{12-11}$—3QJJ$_{13-11}$—1/3FBJ$_{61-63}$—5/7DBJ$_{62-61}$—5QJJ$_{31-33}$—5/1LJ$_{11-12}$—5DGJ$_{31-32}$—5/2LJ$_{22-21}$—KF

由于车早已退出 3DG 区段,所以 1/3 2SJ 吸起,使 3DG 区段解锁。

因 5/7 1SJ 吸起使 D_3ZJ 落下,断开经 D_3ZJ 第一组前接点送入 8 线的 KF 解锁电源。1/3 2SJ 吸起后使 D_7KJ 落下,至此 D_7 信号机内方各区段的调车中途返回解锁即告完成。

(2)第一种情况的调车中途返回解锁的特点

①KF 解锁电源由原牵出进路的终端处的 ZJ 前接点向 8 线上供出;

②通过 8 线证明调车车列确实退出了牵出进路;

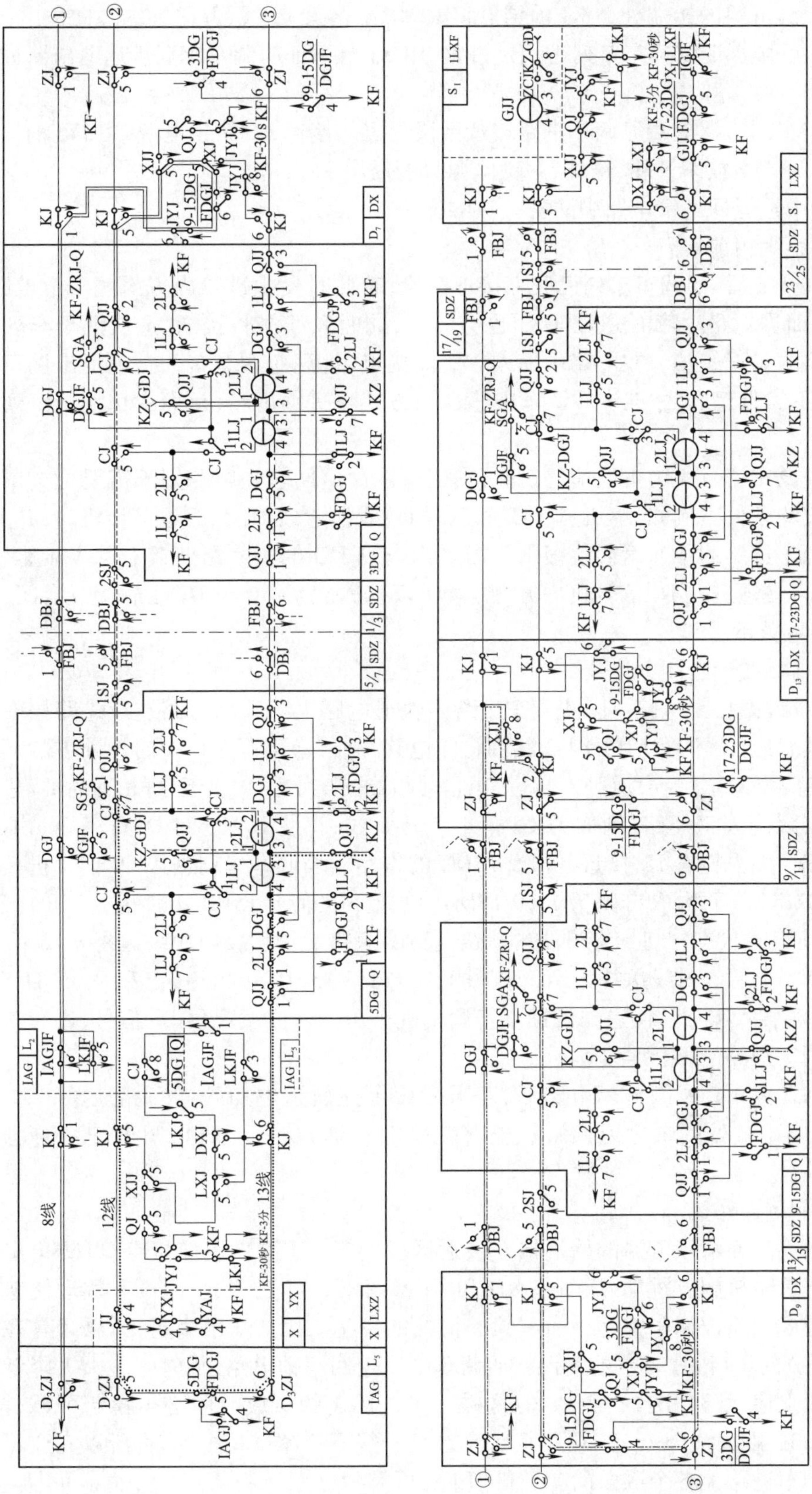

注:上图①②③分别接下图①②③。

图2-30　调车中途返回解锁电路

③由原牵出进路的始端处经 KJ 前接点将 KF 电源接入 12 线，并向终端方向送出；

④用 XJJ 后接点证明调车车列占用过进路，用 XJ 落下证明调车车列折返退出原进路时使调车信号关闭；

⑤在调车车列折返退清原调车进路接近区段的瞬间接通 KF 解锁电源，用 JYJ 前接点和接近区段 FDGJ 处于缓放来证明，这样，解锁电源只能供出 3～4 s。

(3)调车中途返回解锁电路中防护接点的作用

①JYJ 的第六组前接点

当信号机开放后，如调车车列已驶入接近区段，若此时发生进路内方瞬间轨道电路短路，XJJ 会落下。而当短路故障消失后，DXJ 也会落下，同时 8 线又将接通，造成调车车列尚未折返时牵出进路的错误解锁。在电路中加入 JYJ 前接点后，只有调车车列折返退出调车信号的接近区段，在 JYJ 吸起后，才准许按调车中途返回方式将进路解锁，从而避免调车车列进入已解锁的进路。

当以并置调车信号机为折返信号机时，其调车中途返回解锁电路则不需要检查调车车列出清接近区段的条件。例如，单机从ⅠG 至 5G 的转线作业以 D_9 为折返信号机时，并置 D_7 信号机防护的调车进路的中途返回解锁则不需要检查 D_7JYJ 的第六组前接点。很显然按 D_9 信号折返时，调车必须进入 D_7 信号机内方，此时 D_7JYJ 正常励磁并经 D_7XJ 后接点自闭，折返时 D_7JYJ 将不会再落下。

②XJJ 的 1-2 线圈自闭电路

XJJ 的 1-2 线圈自闭电路可防止调车进路内轨道电路人工瞬间短路造成进路按中途返回方式错误解锁。假如，不设 XJJ 的 1-2 线圈自闭电路，进行牵出调车作业时使前方的调车信号机开放，调车车列刚从ⅠG 股道驶出越过 D_{17} 信号机，尚未到达 D_7 接近区段，此时 D_7 进路内方发生轨道电路瞬间人工短路，例如 5DGJ 落下断开 8 线，将使 D_7XJJ 和 D_7XJ 落下，由于 D_7XJ 的落下使 D_7JYJ 失去检查 D_7 接近区段 9-15DG 的作用。当调车车列进入 D_7 信号机接近区段时，D_7JYJ 靠 D_7XJ 落下构成自闭吸起，9-15DGJ 的落下又使 9-15FDGJ 励磁，再加上 D_7KJ 和 D_3ZJ 都保持在吸起状态，此时 D_7 进路内轨道电路的短路撤销后，5DGJ 吸起将 8 线重新接通，D_3ZJ 吸起将 KF 电源经 8 线送往始端，经 D_7KJ、D_7JYJ、9-15FDGJ 的前接点和 D_7XJ、D_7XJJ 的后接点将 KF 电源转入 12 线，使进路解锁。若调车机车司机未注意观察 D_7 信号，调车车列将闯入已解锁的调车进路中，这很危险。

现设有 XJJ 的 1-2 线圈自闭电路后，若再发生上述轨道电路瞬间短路现象，XJJ 就不会落下，调车进路始端处的中途返回解锁电路就不会接通，从而可防止调车进路的迎面错误解锁。

③FDGJ 的缓放作用

在调车中途返回解锁电路的始端接有接近区段的 FDGJ 第六组前接点，可防止小车高速运行而在调车信号机内方跳动时，引起 XJJ 和 XJ 都落下，JYJ 已吸起，因小车跳动使轨道电路分路不良而造成进路按调车中途返回解锁的情况的发生。因 JYJ 已吸起，所以只有在接近区段的 FDGJ 缓放的 3 s 内才有可能错误接通调车中途返回解锁电路，从时间上大大降低了由于小车跳动造成上述危险情况的机会。但这样一来，FDGJ 的缓放时间必须稳定可靠，按 FDGJ 缓放 3 s 计算，3 s 可解锁 7～8 个区段，而调车进路一般不会超过 8 个区段，所以完全可以保证中途返回的调车进路上各个区段的 1LJ 和 2LJ 的可靠励磁。

2. 第二种情况的调车中途返回解锁电路

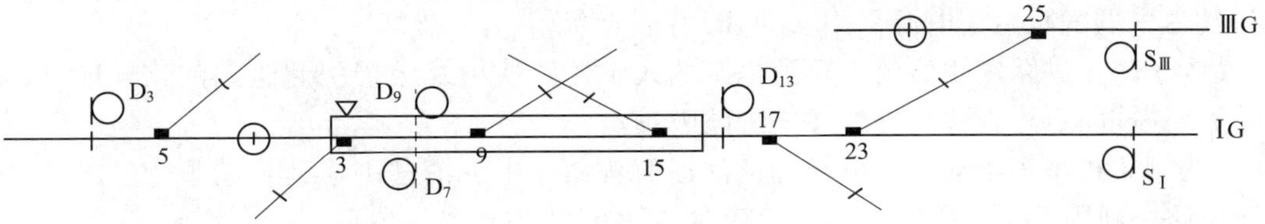

图 2-31　调车中途返回(二)

在如图 2-31 所示的线路上,同样办理从IG 到ⅢG 的转线作业,首先办理了由 S_I到 D_3 的牵出进路,调车车列在牵出过程中占用过 D_7 到 D_3 的进路后,又根据折返信号机 D_{13}信号返回ⅢG。这时,由 D_7 所防护的区段无法正常解锁,而需要用第二种中途返回解锁方式使其解锁。

此种情况仅是单置调车信号机外方区段的中途返回解锁,进路的解锁必须满足以下联锁条件:

①整条牵出进路尚有一部分未解锁,用 KJ 已落下,未解锁部分的 ZJ 仍吸起来证明。

②已排列了折返进路,用折返进路的 KJ 励磁来证明。

③调车车列已按折返信号的显示进入了折返进路内方,可用折返进路的 XJJ 已落下来证明。

④折返的调车车列已退清原排的牵出进路,用原进路中各区段的 DGJ 吸起来证明。

解锁的 KF 电源也是由原牵出进路的终端经 ZJ 吸起将电源送入 8 线,检查未解锁区段的 DGJ 第一组前接点后,送至折返进路的始端,检查折返进路单置调车信号机的 XJJ 落下,KJ 吸起后,将 KF 电源转至 12 线,送入未解锁区段的 1LJ 和 2LJ 中,按取消进路的解锁方式,使原牵出进路上未解锁区段解锁。

现仍以上述按 S_I 牵出、D_{13}折返时 9-15DG 的解锁为例。在车列牵出进入 S_I 信号机内方出清 17-23DG 区段,进入 9-15DG 区段时,9-15DG 的 2LJ 已吸起。当 D_{13}信号机开放后,调车车列折返跨入 D_{13}内方时,D_{13}XJJ 落下,而 D_{13}XJ 在自闭。调车车列全部驶入 D_{13}信号机内方时,9-15DGJ 励磁。由 D_9ZJ 第一组前接点将 KF 解锁电源接入 8 线,送向折返进路的始端 D_{13}处,经 D_{13}XJJ 第八组后接点和 D_{13}KJ 第二组前接点将 KF 电源接入 12 线,在 9-15FDGJ 缓放 3 s 落下后,使 CJ 立即励磁经其前接点传向终端,由 D_9ZJ 第五、六组前接点使 9-15/1LJ 的3-4线圈励磁,从而使 9-15DG 区段解锁。9-15/1LJ 的励磁电路(如图 2-30 双点划线所示)为

KZ—9-15QJJ_{71-73}—9-15/$1LJ_{3-4}$—9-15DGJ_{52-51}—9-15/$2LJ_{12-11}$—9-15QJJ_{13-11}—13/15FBJ_{61-63}—D_9KJ_{61-63}—D_9ZJ_{61-62}—9-15$FDGJ_{41-43}$—D_9ZJ_{52-51}—D_9KJ_{53-51}—13/15DBJ_{52-51}—13/15 $2SJ_{53-51}$—9-15CJ_{51-52}—9-15CJ_{72-71}—9-15QJJ_{23-21}—9/11 $1SJ_{51-53}$—9/11FBJ_{51-53}—D_{13} ZJ_{51-53}—D_{13} KJ_{21-22}—$D_{13}XJJ_{83-81}$—$D_{13}ZJ_{11-13}$—9/11FBJ_{13-11}—9-15DGJ_{11-12}—13/15DBJ_{11-12}—D_9KJ_{11-13}—D_9ZJ_{11-12}—KF

9-15/1LJ 励磁后自闭。

由于 9-15DG 区段的 1LJ 和 2LJ 均励磁,该区段即解锁,在 9/11 1SJ 励磁后使 D_9ZJ 复原。

不论是第一种情况还是第二种情况的调车中途返回解锁,它们的解锁网路中进路继电器的励磁,除 KF 解锁电源需从终端处经 8 线接入 12 线外,其电路动作过程与调车进路的取消和人工解锁相同。

小结:从以上进路的正常解锁、取消和人工解锁、调车中途返回解锁的分析中,可以看到对解锁网路的要求很高。为了防止进路锁闭后发生故障引起错误解锁和提前解锁,在解锁网路中采取了不少故障—安全的防护措施,归纳如下:

①为了防止进路锁闭后发生轨道电路供电瞬时停电引起进路继电器 1LJ 和 2LJ 错误吸起，进路继电器的励磁正电源采用 KZ-GDJ 条件电源。

②为了防止进路锁闭后由于轨道电路的人工短路或绝缘破损引起进路的错误解锁，采用三点检查法或两点检查法检查后才准进路解锁。

③为了防止小车跳动可能引起的道岔提前解锁而出现道岔中途转换的事故，在锁闭继电器 SJ 电路中利用 FDGJ 缓放 3 ~4 s 的特性，以保证出清道岔区段后再行解锁。

④为了防止小车高速运行而在调车信号机内方跳动时造成进路错误地按调车中途返回解锁的事故，采用了 KF 解锁电源在接近区段 FDGJ 缓放的 3 s 内供出的措施，减少了错误解锁的可能性。

⑤为了防止调车车列未驶入已锁闭的调车进路的接近区段时，该进路发生瞬间人工短路使进路提前错误解锁，调车信号 XJJ 增设 1-2 线圈自闭防护电路。

⑥人工解锁进路时，为了防止错误按压有车占用区段的事故按钮 SGA 使得该区段单独解锁，在传递继电器 CJ 的 1-2 线圈励磁电路中加入 DGJF 的前接点。

⑦为了防止迂回电路造成各进路继电器的 1-2 线圈串联，在 12 线上用 QJJ 第二组后接点断开由调车进路最后一个区段的 QJJ 的第一、三组前接点和 ZJ 的第五、六组前接点沟通的迂回电路。

⑧在 12 线上接有锁闭继电器 SJ 第五组前接点，可将已解锁的区段及时与未解锁的区段从 12 线上断开，以防止未解锁的区段串入 KF 电源提前错误解锁。

⑨调车进路的解锁，除接近区段允许停留车辆者外，都采用调车车列出清接近区段时 JYJ 吸起才向 12 线送出 KF 解锁电源的方式，这可防止调车信号机内方发生小车跳动造成轨道电路分路不良而引起的进路错误解锁。

⑩为了提高电路的安全性，对 12 线和 13 线均采用瞬间送出 KF 解锁电源的办法。在取消和人工解锁进路时，采用只有证明 12 线工作正常 GJJ 励磁后才向 13 线供出 KF 解锁电源的方法。

第四节　引导信号电路的基本原理

在进站信号机故障或轨道电路故障不能正常办理接车进路时，以及在道岔失去表示或向非接车进路接车等情况下，为确保安全，可采用将接车进路上的道岔实行锁闭或对全咽喉所有道岔实行总锁闭，然后开放引导信号的方式进行引导接车。

6502 电路的引导锁闭有两种方式：一是按进路方式锁闭道岔，称为引导进路锁闭；二是全咽喉的联锁道岔都锁闭，称为引导总锁闭。

一、引导进路锁闭

1. 引导进路锁闭的使用条件

在下列情况下采用引导进路锁闭方式开放引导信号：

(1)进站信号机或接车进路信号机因故不能正常开放时，例如允许信号灯泡断丝。

(2)接车进路上某一轨道电路区段故障不能建立正常接车进路时(但该故障区段内的道岔不需要转换)。

2. 引导信号电路

现以图 2-32 所示的向下行 I 道建立引导接车进路为例。

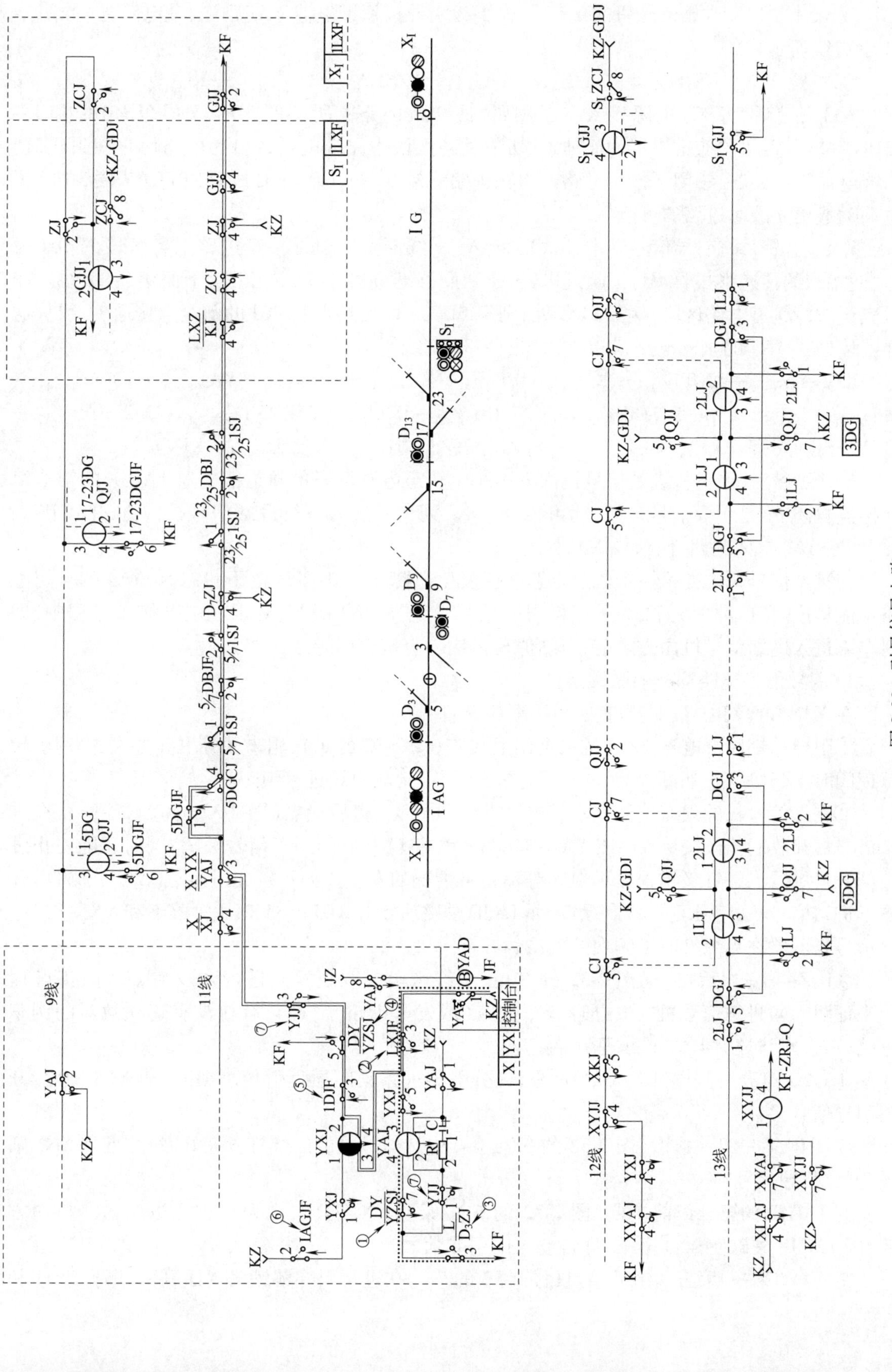

图 2-32　引导信号电路

破铅封按下 X 进站信号机的 YA 后,使下行引导按钮继电器 YAJ 励磁,其电路为(如图 2-32 中点线所示)

$KZ—YA_{11-12}—LXJF_{31-33}—YXJ_{51-53}—YAJ_{3-4}—YZSJ_{71-73}—D_3ZJ_{31-33}—KF$

YAJ 励磁后,将 KZ 电源接入 9 线网路,使 9 线网路上所接的 5DG、3DG、9-15DG 和 17-23DG 区段的区段检查继电器 QJJ 励磁,切断了各区段进路继电器的自闭电路使它们失磁,锁闭继电器随即失磁,锁闭了接车进路。而在进路终端 $S_Ⅰ$ 处,则由 GJJ 励磁使 ZCJ 失磁,排除了对端咽喉建立敌对进路的可能性。

YAJ 励磁后,将引导信号继电器 YXJ 接入 11 线网路。引导接车进路上各区段的 QJJ 吸起,使相应的传递继电器 CJ、锁闭继电器 SJ 和照查继电器 $S_Ⅰ$ZCJ 相继落下而接通 11 线。在对应于故障轨道电路区段,例如 5DG 处,则经 5DGJF 的后接点和 5CJ 的前接点接通 11 线。这样就接通了 YXJ 的励磁电路,其电路(如图 2-32 实线所示)为

$KZ—YA_{11-12}—LXJF_{31-33}—YXJ_{3-4}—1DJF_{32-31}—YZSJ_{51-53}—YJJ_{33-31}—YAJ_{32-31}—5DGJF_{11-13}—5CJ_{42-41}—5/7\ 1SJ_{13-11}—5/7DBJF_{21-22}—5/7\ 1SJ_{21-23}—D_7ZJ_{41-43}—23/25\ 1SJ_{12-11}—23/25\ DBJ_{21-22}—23/25\ 1SJ_{21-22}—S_Ⅰ KJ_{41-43}—S_Ⅰ ZCJ_{41-43}—S_Ⅰ ZJ_{41-43}—S_Ⅰ GJJ_{42-41}—X_Ⅰ GJJ_{23-21}—KF$

YXJ 励磁后,经下行进站信号机内方第一个轨道电路区段的轨道继电器ⅠAGJF 的第二组前接点自闭,于是引导信号开放,即可松开 YA。列车一进入下行进站信号机内方,ⅠAGJF 失磁,切断 YXJ 自闭电路,使引导信号关闭。

若进站信号机内方第一个轨道电路区段发生故障ⅠAGJF 处于落下状态时,YXJ 的自闭电路不能构成,在这种情况下,为了保持引导信号继电器 YXJ 吸起,要求在引导接车过程中,即列车未进入进站信号机内方之前,车站值班员应一直按着引导按钮。

3. 引导信号电路检查的联锁条件

在 YAJ 和 YXJ 电路中,检查了以下联锁条件:

①引导总锁闭继电器 YZSJ 的第七组后接点(图 2-32 的①),用来区分引导方式,办理引导总锁闭时 YZSJ 励磁,切断 YAJ 的励磁电路,从而不构成引导进路锁闭。

②进站信号机的列车信号复示继电器 LXJF 的第三组后接点(图 2-32 的②),能防止在进站信号机开放后错误按压 YA 使 YAJ 和 YXJ 励磁将已开放的列车信号关闭;同时还能防止进站信号复示器点绿灯又错误显示白闪等不正常情况的发生。如不接此组接点,LXJF 励磁后开放了进站信号机,信号复示器点绿灯,而 LXJF 励磁后断开 2DJ 电路,2DJ 的落下和 YXJ 的吸起使信号复示器在点绿灯时又闪白灯。

③D_3ZJ 第三组后接点(图 2-32 的③,在单线区段或双线双向运行区段为 ZCJ 前接点)。用来证明未向进站信号机内方办理调车进路(或发车进路)。即只有在没有建立敌对的调车进路(或发车进路)时,才能办理引导接车。

④YZSJ 第五组接点(图 2-32 的④),区分引导进路锁闭还是引导总锁闭,使 YXJ 励磁,开放引导信号。

⑤1DJF 第三组前接点(图 2-32 的⑤),检查进站信号机的红灯灯丝完好时,才准许 YXJ 励磁,开放引导信号。

⑥ⅠAGJF 的第二组前接点(图 2-32 的⑥),保持 YXJ 自闭,在列车进入进站信号机内方后,因ⅠAGJF 失磁使 YXJ 落下,即自动关闭引导信号。

⑦YJJ 的第一、第三两组后接点(图 2-32 的⑦),在进行引导解锁时 YJJ 励磁,断开 YAJ 和

YXJ 自闭电路,为引导接车进路的解锁准备条件。

YXJ 利用 11 线网路励磁,网路上的联锁条件与一般接车进路相同。

4. 引导进路的解锁电路

在车站值班员确认列车全部进入股道后,办理引导进路的解锁,手续是:按压本咽喉总人工解锁按钮 ZRA 和进站信号机(或接车进路信号机)的列车按钮 LA。

在引导接车的整个过程中,YAJ 自闭吸起,9 线网路一直有电,所以列车虽驶过进路,但各轨道电路区段的 QJJ 和股道 GJJ 也一直吸起,进路并不解锁。同时按下 ZRA 和 LA 使条件电源 KF-ZRJ-Q 有电,YAJ 和 LAJ 吸起,构成 YJJ 励磁,励磁后经其七组前接点自闭。

YJJ 励磁后,断开 YAJ 的自闭电路,YAJ 经缓放后落下,切断向 9 线网路送出的 KZ 电源,引导接车进路上 QJJ 和 GJJ 落下,为引导解锁做好准备;断开 YXJ 通向 11 线网路的励磁电路,使 YXJ 不再励磁。

若引导接车进路上某一轨道区段发生故障,假如 5DG 故障,由于 5DGJF 落下,使 5QJJ 不能励磁。此时,5DG 的进路继电器 1LJ、2LJ 和传递继电器 CJ 均不失磁。这样,在解锁引导进路时,即使故障区段尚未修复,也能利用 12、13 线网路来进行解锁。

由于 YJJ 的励磁和 YAJ、YXJ 的失磁,即沟通引导解锁电路。引导进路解锁时 1LJ 和 2LJ 的动作程序与取消进路时相同。除故障区段处于单独锁闭外,引导进路的其余部分均解锁。5DG 区段故障排除后,拉出按下的 5 号道岔按钮,使 5DG 区段也解锁。

可见,不让故障区段的 QJJ 励磁,保持它的 CJ 吸起,可以使 12 线解锁 KF 电源越过故障区段往下一个区段传送,13 线网路终端的 KF 电源也可经故障区段 DGJ 后接点之间短路线传向进路始端,使引导进路得以解锁。

YAJ 的 1-2 线圈上的电阻 R 和电容器 C 使之缓放,以保证 YJJ 可靠励磁。

引导解锁电路中各接点的作用是:

YJJ 励磁电路中的 YAJ 第七组前接点用以区分是引导解锁还是接车进路人工解锁。因为两者办理手续相同,但由于办理引导进路时按 YA,只有在 YAJ 励磁的情况下 YJJ 才能吸起,而在进行接车进路的人工解锁时由于 YAJ 失磁不会使 YJJ 励磁。

在 12 线网路始端接入 X 的 YAJ 和 X 的 YXJ 的第四组后接点,前者证明引导按钮确已复原,9 线已无 KZ 电源,使得 QJJ 失磁,作好解锁准备;后者证明引导信号确已关闭,这时向 12 线网路送入 KF 解锁电源才是安全的。试验完引导信号后,要关闭引导信号,解锁引导进路,这时 YXJ 励磁电路由 YJJ 第三组前接点断开,而不是由 YAJ 第三组后接点断开。

二、引导总锁闭

1. 引导总锁闭的使用条件

在下列情况下使用引导总锁闭方式接车:

(1)不是由于道岔被挤而造成的接车进路上某道岔失去表示时,如红光带区段摇动过道岔、自动开闭器接触不良或整流二极管击穿使道岔表示继电器不能吸起时;

(2)向调车线上接车;

(3)向非接车进路的股道上反向接车,如双线单向运行区段,办理非正常的接车进路。

2. 引导总锁闭电路

引导总锁闭电路如图 2-33 所示。办理引导总锁闭接车时,按下带铅封的非自复式引导总锁闭按钮 YZSA，使引导总锁闭继电器 YZSJ 吸起后，用其第一、四组后接点使条件电源 KZ-YZSJ-H 无电，全咽喉锁闭继电器 SJ 都落下，构成全咽喉道岔总锁闭。

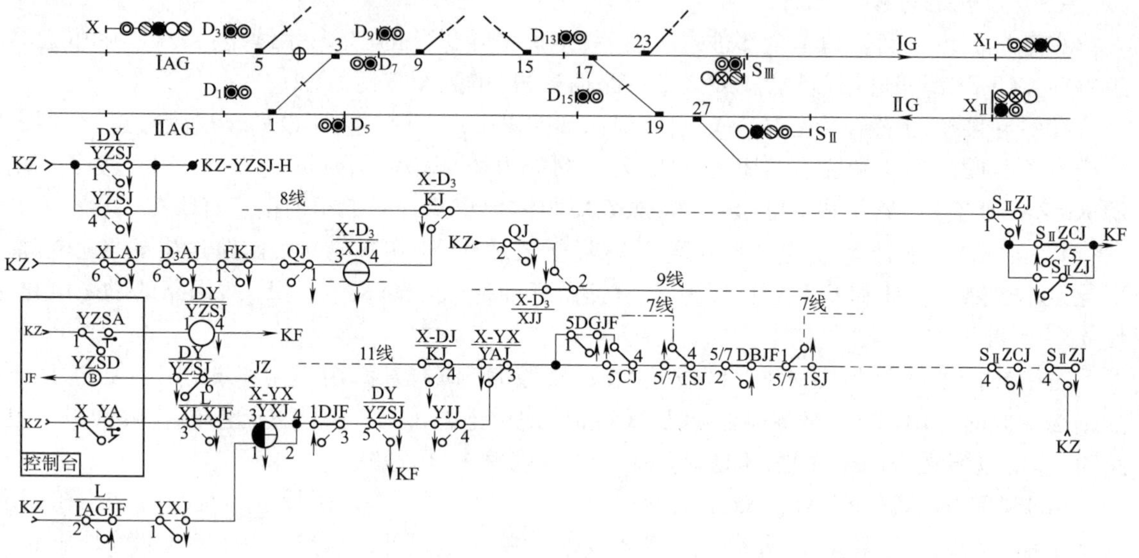

图 2-33　引导总锁闭电路

按下 YA 后，接通 YXJ 励磁电路，并由 ⅠAGJF 的第二组前接点构成自闭电路。YXJ 励磁后便开放引导信号。

此时用 YZSJ 第七组后接点断开 YAJ 的励磁电路，使 YAJ 落下，以免 9 线网路有 KZ 电源引起进路锁闭。

当列车进入进站信号机内方时，ⅠAGJF 落下，使 YXJ 失磁，随即关闭了引导信号。

车站值班员确认列车全部进入股道或调车线后，拉出 YZSA，使 YZSJ 落下，条件电源 KZ-YZSJ-H 恢复有电，使全咽喉道岔解锁。

采用引导总锁闭方式引导接车时，由于 YXJ 不接入 11 线网路，因此不检查本咽喉的联锁条件，也不锁闭另一咽喉的敌对进路，这时的行车安全必须由车站值班员人为保证。

第五节　站内结合电路的基本原理

对于各种类型的车站，由于运营的要求，需要在定型组合电路的基础上，增加一些结合电路，如非进路调车电路、到发线出岔电路、6‰下坡道延续进路电路等。

一、非进路调车电路

1. 非进路调车

一些车站设有调车线群，这些调车线群为非集中联锁区。为了方便调车车列的解体和编组，需利用集中联锁区的牵出线作为调车线群的推送线。集中联锁区的部分线路用作推送线时，若允许由现场调车员用手信号指挥调车车列往返调车，就构成了非进路调车。

非进路调车不受调车信号机位置的限制；可根据需要在任何地点停车，例如越过任何一组道岔都可停车,然后根据手信号折返,也允许推送溜放,因而提高了作业效率。

车站值班员必须确认推送线上的各道岔区段空闲(与该非进路调车的进路有关的侵限绝缘区段必须在空闲状态),且未利用这些区段排列任何进路后,才发出允许进行非进路调车的命令。该命令发出后推送线上的各有关联锁道岔都要自动转换至规定位置并被锁闭;这些道岔锁闭后,推送线上的所有(正向和反向)调车信号机都要开放,使之不阻挡调车车列往返调车,完全以手信号指挥调车。与该非进路调车的进路敌对的信号机须在关闭状态。

取消非进路调车时,必须确认调车车列已全部出清推送线上的有关道岔区段。调车车列由某些区段前进或后退时,若其进路上没有道岔或有道岔但有调车信号机防护的可除外。取消命令发出后,推送线上的各调车信号机应立即自动关闭,道岔经 30 s 后才准许其自动解锁。

当非进路调车的进路上留有机车车辆,而所在区段无调车信号机阻挡时,进路的解锁应检查有关道岔区段空闲。当轨道区段故障时,可按压特设的带铅封按钮解锁进路。

2. 非进路调车电路

非进路调车电路如图 2-34 所示,它由非进路调车按钮继电器 FAJ、非进路调车信号继电器 FXJ、非进路调车锁闭继电器 FSJ 和非进路调车延时继电器 FYJ 等电路组成,作为零散组合安装于组合柜上。信号楼控制台应设非进路调车按钮及其表示灯。

在办理非进路调车时,车站值班员按下非进路调车按钮 FA 后,非进路调车按钮继电器 FAJ 吸起。FAJ 吸起后,接通各有关道岔的启动电路,使它们转换到所需位置。如图 2-34 中 2/4、18/20 号道岔转至定位,22 号道岔转至反位。

非进路调车信号继电器 FXJ 平时落下,FAJ 吸起后,为 FXJ 的 1-2 线圈励磁电路准备了条件。该励磁电路中还接有推送线上各有关道岔组合的锁闭继电器 SJ 前接点,用来证明各道岔区段空闲且没有利用这些道岔排列任何进路;接有各有关道岔的定位表示复示继电器 DBJF 或反位表示继电器 FBJF 的前接点,用来证明各有关道岔已转至规定位置。在办理非进路调车时,有关道岔转换至规定位置后,FXJ 吸起。FXJ 吸起后自闭。自闭电路连续检查各有关道岔的位置。

FXJ 吸起后,断开非进路调车锁闭继电器 FSJ 的自闭电路,使其落下。FSJ 落下后切断各有关道岔的启动电路,在非进路调车时锁闭它们。

FXJ 的吸起和 FSJ 的落下,接通了推送线上所有调车信号机(图 2-34 中为 D_2、D_4、D_{14}、D_{16}、D_{18})的调车信号继电器的 1-2 线圈电路,使这些调车信号机都开放。

在进行非进路调车时,为了防止再利用有关道岔排列进路而造成选岔网路的错误动作,要用 FSJ 的前接点分别断开选岔网路的 1、3、5 线 KZ 电源和 2、4、6 线的 KF 电源。

非进路调车作业完毕后,车站值班员拉出 FA,使 FAJ、FXJ 相继落下。用 FAJ 的第二组后接点接通调车延时继电器 FYJ 电路,延时 30 s 后 FYJ 吸起。

FYJ 吸起后,用其第二组前接点接通 FSJ 励磁电路。如此时调车车列出清推送线上的最后一个道岔区段(如 22DG 区段)后,FSJ 吸起,各有关道岔解锁。当该道岔区段轨道电路故障时,车站值班员可按压人工解锁按钮盘上的非进路调车故障恢复按钮 FGHA,使非进路调车电路复原。

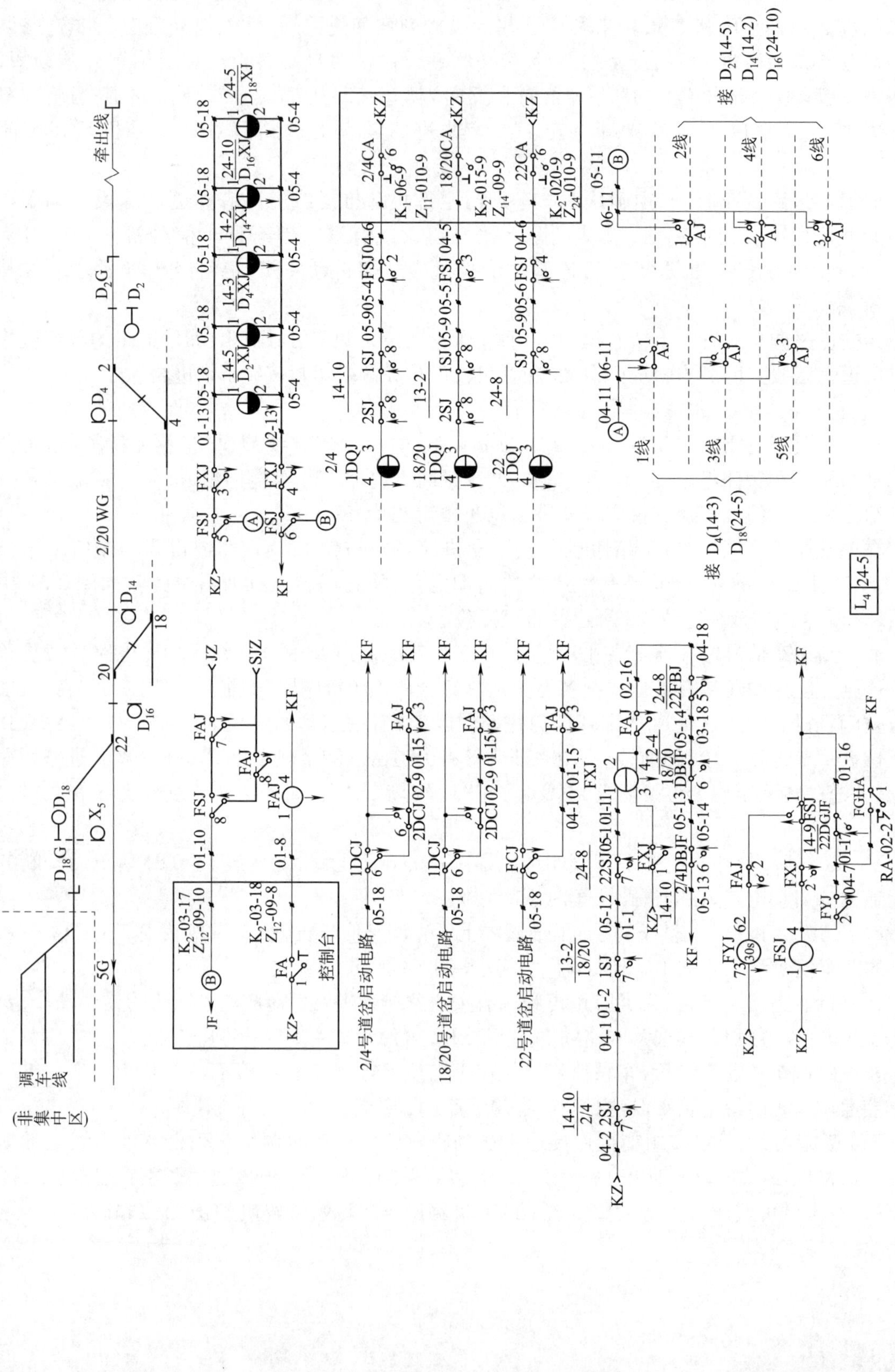

图 2-34 非进路调车电路

二、到发线出岔电路

在到发线中间铺设道岔，称为中间道岔，如图 2-35 中的 29 号道岔。如果此中间道岔采用集中控制，则需增加联系电路，称为到发线出岔电路，又称中岔电路。到发线出岔电路的关键是带动中间道岔，将接车进路的执行组网路延伸到股道里，把中间道岔、中间道岔区段和防护中间道岔的调车信号机都包括进去。

1. 技术要求

(1)接车

中间道岔位于接车进路上，所以凡排通往该到发线的接车进路时，它必须自动转到定位并锁闭后才能开放进站信号机。而当防护该中间道岔的调车信号机开放时，不能开放防护该到发线的进站信号机。

进站列车全部进入该到发线并按顺序通过中间道岔所在的轨道电路区段，(以下简称中间道岔区段)后，中间道岔经 3 s 后自动解锁。进站列车全部进入到发线，但未进入中间道岔区段时，中间道岔需经 3 min 限时自动解锁。进站列车全部进入到发线，占用中间道岔区段，该中间道岔不得解锁，待列车出清后自动解锁。

取消或人工解锁排往该到发线的接车进路时，待该咽喉区的道岔解锁后才准许中间道岔解锁。

(2)发车

中间道岔虽然不在发车进路上，但必须与经所在到发线的发车进路发生联锁关系，即凡排列由该到发线发车的进路时，除列车占用中间道岔区段经中间道岔反位开通另一线路(多为货物线)的发车作业外，中间道岔必须自动转换至定位并锁闭后才能开放该到发线的出站信号机。该出站信号机与防护中间道岔的调车信号机一律不按敌对信号处理，允许同时开放，否则，在列车头部进行加挂作业时，调车信号机不能关闭，其进路又不解锁的情况下，出站信号机将不能开放。另外，即使出站信号机和调车信号机同时开放，也不会导致不安全。

出发列车全部出清到发线，中间道岔应自动解锁。列车完全出清股道。若无岔区段上留有车辆，则须待出发列车出清发车进路的第一个道岔区段该区段解锁后，中间道岔才能解锁。

取消发车进路，中间道岔与发车进路同时解锁，当中间道岔区段被占用时仅保留区段锁闭。

(3)调车

中间道岔要用调车信号机来防护，如图 2-35 中的 29 号道岔，就要用 D_{19}、D_{21}、D_{23}三架调车信号机来防护。

经中间道岔的调车进路与接车进路是敌对进路，与发车进路不按敌对进路处理。到发线被中间道岔分隔为两个无岔区段，如图 2-35 中的 27/29WG、4G，它们和咽喉区的无岔区段一样，不允许同时向里排列对向的调车进路。但若 4G 足够长，根据运输需要也可设计成允许同时向 4G 排列对向调车进路。中间道岔及其防护的调车信号机归属于同一咽喉，可分段办理长调车进路。

2. 到发线出岔电路原理

到发线出岔电路如图 2-35、图 2-36 所示，其中定型电路部分未画出。

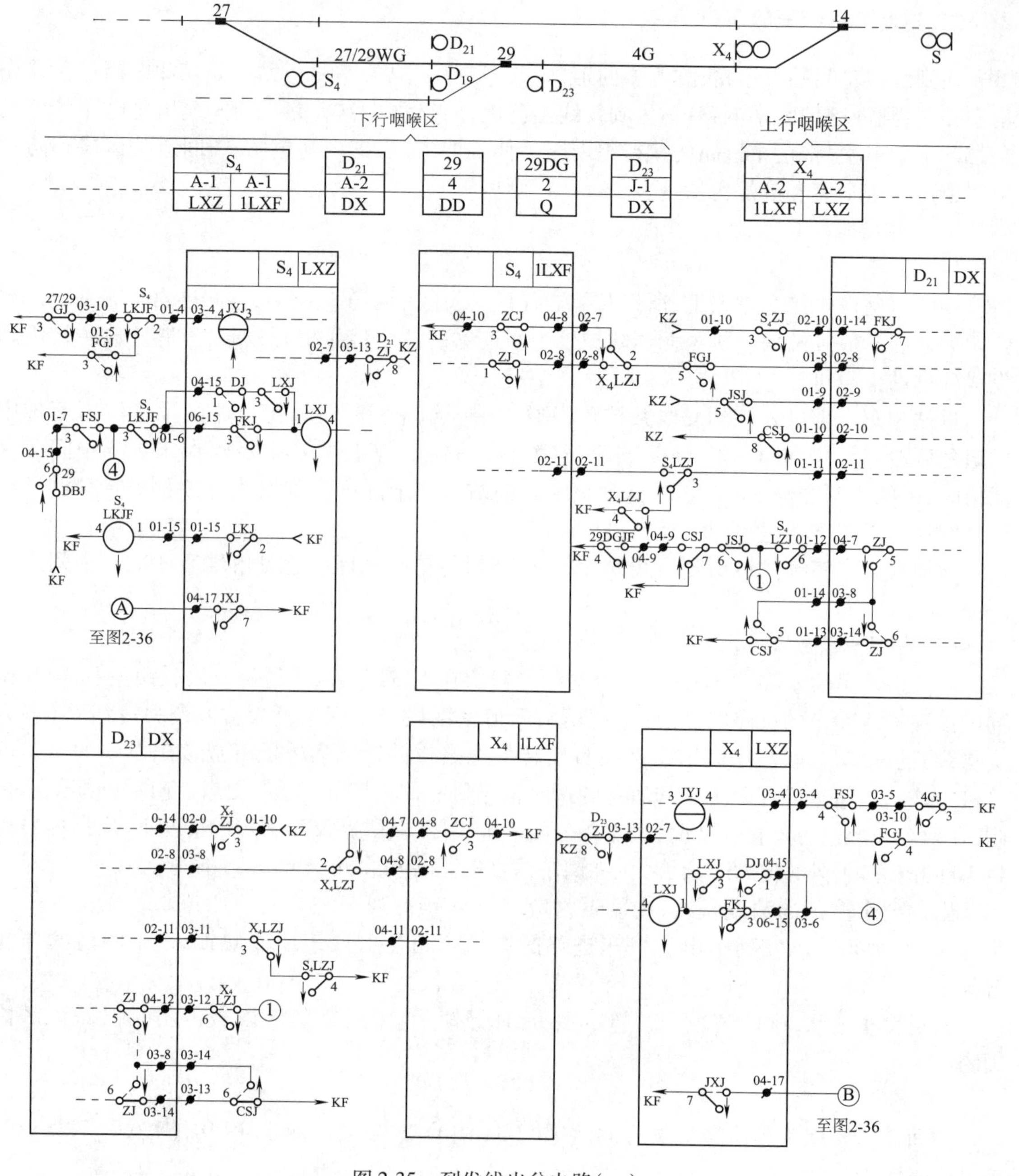

图 2-35　到发线出岔电路(一)

(1)到发线出岔电路选用的组合

对应于中间道岔选用一个 DD 组合,对应于中间道岔区段选用一个 Q 组合。对应于被中间道岔分隔成的两个无岔区段都不设区段组合,它们的 GJ 和 GJF 分别利用本到发线两架出站信号机 1LXF 组合中的 GJ 和 GJF。对应于防护中间道岔的三架调车信号机各选用一个 DX 组合,其中 D_{19}、D_{23}选用尽头线型,D_{21}选用差置型。中间道岔距哪个咽喉近,上述组合就归属于哪个咽喉。

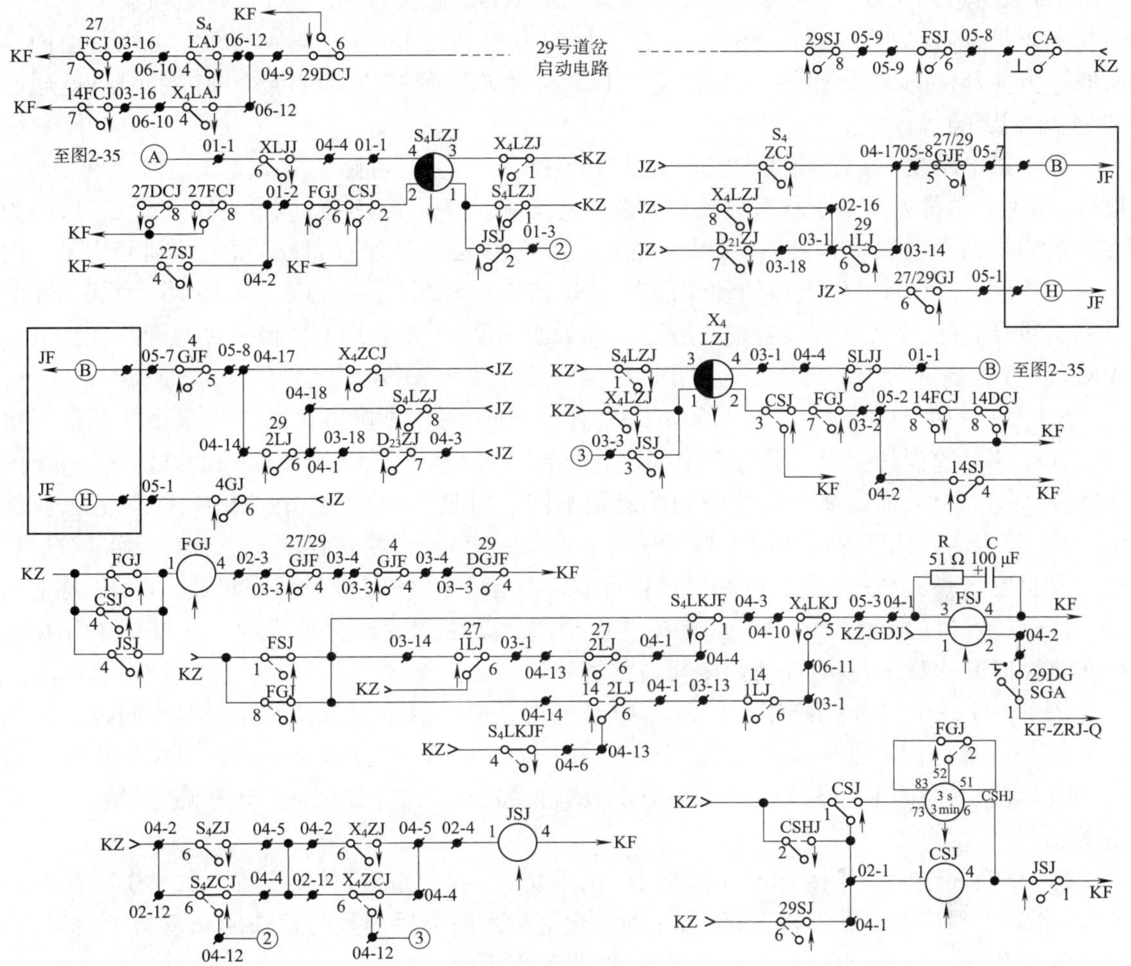

图 2-36　到发线出岔电路(二)

为到发线出岔电路需增设的继电器有:列车开始复示继电器 S_4LKJF、列车终端继电器 S_4LZJ 和 X_4LZJ、辅助轨道继电器 FGJ、发车锁闭继电器 FSJ、接车锁闭继电器 JSJ、道岔锁闭继电器 CSJ、道岔限时解锁继电器 CSHJ。它们放在一个零散组合里,称为到发线出岔电路组合。

(2)带动中间道岔的电路

选接车进路和发车进路时,都必须把中间道岔带动到定位。对于下行咽喉,27FCJ 和 S_4LAJ 都吸起,说明所选为 4G 接车或发车进路。因此,用串联的 27FCJ 前接点和 S_4LAJ 前接点作为带动中间道岔到定位的条件接入 29 号道岔的启动电路。对于上行咽喉,向 4G 的接车或发车进路,则由 14FCJ 和 X_4LAJ 都吸起作为带动中间道岔到定位的条件。

FCJ 和 LAJ 在进路选出后及时落下,所以中间道岔的带动条件是不会被储存的。

(3)列车终端继电器 LZJ 电路

为了将接车进路的执行组网路延伸到股道里,把中间道岔、中间道岔区段和防护中间道岔的调车信号机都包括进去,需增设列车终端继电器 S_4LZJ 和 X_4LZJ。

S_4LZJ 有两条励磁电路。一条为 3-4 线圈励磁电路,其中有 X LJJ 前接点、S_4JXJ 前接点

(用来证明所选的是以 X_4 为终端的接车进路)和 X_4LZJ 后接点(用来证明对端没有向该股道建立接车进路)。之所以要检查对端没有向该股道建立接车进路,是为了确定将执行组网路向股道方向延伸的界限,否则,S_4LZJ 和 X_4LZJ 同时吸起而将两个咽喉的执行组网路连通起来,会互相影响。

另一条电路是 1-2 线圈励磁电路,是为引导接车而设的,电路中有 S_4ZCJ 后接点和 JSJ 后接点,用来证明排列的是下行引导接车进路。此时第一条电路不通,该条电路非设不可,因为在开放引导信号时 X LJJ 和 S_4JXJ 都不吸起,但 11 线必须工作,而且必须延伸到股道里。向 4G 办理引导接车时,各继电器的动作程序是 S_4GJJ↑→S_4ZCJ↓→JSJ↓→S_4LZJ↑,而 S_4GJJ 又是靠 9 线吸起的,所以 9 线在对应于股道头部处必须断开,不能用 LZJ 接点接通网路,使 S_4GJJ 先吸起。9 线向股道里的延伸是通过 JSJ 后接点重新接入 KZ 电源实现的。

S_4LZJ 的自闭电路与 S_4ZJ 的自闭电路接有相同的条件,即咽喉区最末一个道岔区段不解锁,S_4LZJ 将一直保持吸起。但对于中间出岔的到发线,接车进路的最末一个道岔区段,在图 2-35 中不是 27DG,而是 29DG,这与调车进路不同。因此,对于接车,在 29DG 未解锁前,应使 S_4LZJ 保持吸起。用道岔锁闭继电器 CSJ 落下来反映 29 号道岔在锁闭状态,所以通过 CSJ 后接点又接有 S_4LZJ 的一条自闭电路。该电路在 CSJ 落下前经 27SJ 后接点接通,在 CSJ 落下后经 CSJ 后接点接通。在 CSJ 的接点转接过程中,S_4LZJ 由缓放而保持吸起。这样,S_4LZJ 在选接车进路时开始吸起,一直保持到中间道岔解锁时为止。

因 S_4LZJ 在中间道岔解锁后才复原,所以可用其前接点接通解锁网路。但中间道岔区段不直接与咽喉区的道岔区段相连接,中间隔开一无岔区段,而且这个无岔区段又未用区段组合,所以解锁网路的 12、13 线也要在相应于股道头部处断开,并通过 S_4LZJ 接点重新接入解锁电源。

S_4LZJ 自闭电路中还接有 FGJ 前接点,用来防止列车全部接入股道后,在 CSJ 吸起时使 S_4LZJ 错误保持吸起。若不接该接点,在列车全部接入股道后的延时解锁期间,27SJ 因排列其他进路又落下,CSJ 吸起时就会使 S_4LZJ 继续吸起而不能复原。

X_4LZJ 的电路原理同 S_4LZJ。

(4)辅助轨道继电器 FGJ 电路

4 股道由 27/29WG、29DG、4G 三个轨道电路区段组成。用辅助轨道继电器 FGJ 作为这三个区段的轨道总复示继电器。用 FGJ 吸起来证明该股道的出站信号机的接近区段空闲。

当向 4 股道接车时,在列车全部进入股道后,反映咽喉区道岔已全部解锁的接车锁闭继电器 JSJ 吸起,但因 4G 有车,FGJ 落下,而 CSHJ 的 51-52 端子相连将延迟 3 min 才励磁,因此 CSJ 不会立即吸起,中间道岔仍处于锁闭状态。但列车继续在 4G 区段运行时,若轨道电路发生瞬间分路失灵现象时,FGJ 就会错误励磁。此时因 CSHJ 的 52-83 端子相连,3 s 后它吸起,带动 CSJ 也吸起,致使中间道岔提前错误解锁。

因此,FGJ 不能仅单纯地作为轨道总复示继电器,还必须在上述情况下能起防护中间道岔提前解锁的作用。为此,在 FGJ 电路中接有用 CSJ 前接点、JSJ 后接点、FGJ 前接点组成的并联电路。其中,CSJ 吸起说明没有利用中间道岔排列接车进路,此时 FGJ 起轨道总复示继电器的作用;JSJ 落下说明即使利用中间道岔排列了接车进路,CSJ 落下,但在列车未进入进路前,仍使 FGJ 起轨道总复示继电器的作用,以便当该股道上的任一轨道电路区段被人工短路后仍能重复开放出站信号机。一个道岔区段已解锁但中间道岔尚未解锁前,即使轨道电路发生瞬间分路失灵的情况，FGJ 也不会吸起，不致提前使 CSJ 错误吸起，从而起到了防护中间道岔提前错误解锁的作用。FGJ 第一组前接点是自闭条件，排列接车进路时，在 JSJ 落下致使 CSJ 落下的过程中，使 FGJ 保持吸起。

出站信号机一般均兼调车，对调车信号来说，例如，S_4D 的接近区段只是 27/29WG，不能用 FGJ 吸起来证明该接近区段空闲。因此，用 FSJ 或 LKJF 的接点来区分列车或调车。LKJF 吸起或 FSJ 落下时(说明排了 4 道发车进路)，用 JYJ 来反映出站信号机的接近区段是否空闲。LKJF 落下或 FSJ 吸起时，用 JYJ 来反映调车信号机的接近区段是否空闲。

(5)发车锁闭继电器 FSJ 电路

发车锁闭继电器 FSJ 电路用来反映发车时中间道岔区段的锁闭状态。该区段解锁，FSJ 吸起。该区段锁闭，FSJ 落下。用 FSJ 的前接点控制中间道岔的启动电路，使该道岔在排发车进路时被锁住。用 FSJ 后接点控制出站信号机 LXJ 电路，以证明确实已将中间道岔锁住。

在 FSJ 电路中，用 LKJ 或 LKJF 的吸起来证明已排发车进路，用发车进路中的第一个道岔区段的 1LJ 和 2LJ 的落下和吸起来证明该发车进路的锁闭和解锁。在这里，进路是否锁闭，用 1LJ 或 2LJ 落下来证明都可以，但列车是否驶入进路中的第一个道岔区段必须用先吸起的进路继电器的前接点来证明。例如，下行 4 道发车，必须用 14/1LJ 吸起来证明，而不能用 14/2LJ 吸起来证明。

现以下行 4 道发车为例，说明 FSJ 电路的动作。X_4LKJ 吸起说明在排下行 4 道发车进路，14/1LJ 落下说明该进路已被选出且已锁闭，这时 FSJ 落下。FSJ 落下后，将中间道岔锁住，并接通 X_4LXJ 电路，开放出站信号机。列车出发驶入 14DG 区段时，14/1LJ 吸起，出清股道后，FGJ 吸起，此时 FSJ 吸起，使中间道岔解锁。为了在 14/2LJ 接点和 X_4LKJ 接点转接过程中不使 FSJ 落下，在 FSJ 线圈上并接电容器 C 和电阻 R。FSJ 吸起后，先经 14/2LJ 第六组后接点，后经 14/1LJ 第六组前接点最后经 X_4LKJ 第五组后接点保持吸起，直到下次再排 4 道发车进路时为止。列车出发后，用 14/1LJ 吸起证明列车已驶入该发车进路中的第一个道岔区段，用 FGJ 吸起证明列车已全部出清股道。

列车出发后股道上留有车辆时，经 14/2LJ 第六组后接点的电路不通，须待进路中第一个道岔区段解锁后，即 14/1LJ 和 14/2LJ 都吸起后，才能使 FSJ 吸起，中间道岔才能解锁。

FSJ 电路中的 S_4LKJF 第四组后接点用来证明没有排上行 4 道发车进路。若同时排了 4 道的上行和下行两条发车进路，则中间道岔的解锁时间即 FSJ 的励磁时机决定于邻近该股道的两个道岔区段哪个最后解锁，以保证安全。

停电时，FSJ 落下。恢复供电时，要使 FSJ 恢复吸起，须办理故障解锁，即同时按压总人工解锁按钮和 29DG 的 SGA。

(6)列车开始复示继电器 LKJF 电路

因 FSJ 电路中要用两组 S_4LKJ 接点，而它只有一组备用接点，所以设一个复示继电器 LKJF。当 S_4LKJ 吸起而 S_4LKJF 因故不能吸起时，S_4LKJF 的第三组前接点断开，不能构成出站信号机 S_4 的 LXJ 电路，这样就能使故障导向安全。

(7)接车锁闭继电器 JSJ、道岔锁闭继电器 CSJ 和道岔锁闭时间继电器 CSHJ 电路

接车锁闭继电器 JSJ 平时吸起，在排 4 道接车进路时落下，用它的再吸起证明咽喉区的最末一个道岔区段已正常解锁，或经取消进路或人工解锁后解锁。

道岔锁闭继电器 CSJ 平时也吸起，在排 4 道接车进路时落下，用它的再吸起来控制中间道

岔解锁的时机。

在取消或人工解锁进路时，FGJ 吸起，道岔锁闭时间继电器 CSHJ 在 JSJ 吸起 3 s 后励磁，CSJ 随之吸起，使中间道岔在咽喉区道岔解锁 3 s 后解锁。列车全部进入股道停在中间道岔区段前面时，FGJ 落下，CSHJ 在 JSJ 吸起 3 min 后励磁，CSJ 随之吸起，使中间道岔在咽喉区最末一个道岔区段解锁 3 min 后解锁。在这两种情况下，解锁网路的解锁电源是通过 CSJ 前接点送出的。当列车进入股道后相继占用无岔区段和中间道岔区段时，CSJ 尚在落下状态，用它的后接点向解锁网路送出解锁电源，待列车出清中间道岔区段后，使中间道岔正常解锁。

CSHJ 平时落下，在取消和人工解锁 4 道接车进路时，以及列车全部进入股道但停在中间道岔区段前面时，用它计算限时解锁的时间，使中间道岔分别在咽喉区最末一个道岔解锁 3 s 和 3 min 后解锁。

例如，在排上行 4 道接车进路时，咽喉区道岔锁闭后 X_4ZCJ 落下，JSJ 和 CSJ 相继随之落下。JSJ 落下后向 9 线送 KZ 电源，锁闭 29 号道岔。在取消进路、人工解锁或正常解锁时，只要咽喉区最末一个道岔区段解锁，X_4ZCJ 就吸起，使 JSJ 复原，但 CSJ 能否励磁，决定于不同的解锁情况。在取消或人工解锁进路时，股道上无车，FGJ 第二组前接点接通，所以 3 s 后 CSHJ 和 CSJ 相继吸起，经 CSJ 前接点向解锁网路送 KF 电源，使 29 号道岔解锁。正常解锁时，股道上有车，FGJ 第二组后接点接通，CSHJ、CSJ 不能立即吸起，但可经 CSJ 后接点接通 12、13 线的解锁电源，待列车占用 29DG 时使 29/2LJ 吸起，占用 27/29WG 出清 29DG 时使 27/1LJ 吸起，于是 29SJ 先励磁，CSJ 随之励磁。而当列车全部进入股道停在中间道岔区段前面时，CSHJ 和 CSJ 也不能立即励磁，须待 3 min 后，由 CSHJ 吸起带动 CSJ 吸起，然后通过解锁网路再使 29/2LJ、29/1LJ 和 29SJ 相继吸起。可见，用 JSJ、CSJ 和 CSHJ 可完成不同情况下的解锁要求。

3. 到发线出岔电路的动作程序

(1)接车时到发线出岔电路的动作程序

现以上行 4 道接车为例，说明接车时到发线出岔电路的动作程序。

①选路

按下 SLA 和 X_4LA 后，选择组电路中的一些继电器包括 S LJJ、X_4LAJ、X_4JXJ、14FCJ 吸起。

X_4LAJ 和 14FCJ 吸起，接通带动中间道岔的电路，使 29 号道岔转至定位，29DBJ 吸起。SLJJ 和 X_4JXJ 吸起，使 X_4LZJ 吸起。

②锁闭进路

进路中各咽喉道岔转换后，接通 7 线，使 S KJ 吸起。7 线未向股道里延伸，因中间道岔是被带动的，29DCJ 未吸起，所以对于 29 号道岔不检查选排一致性。而且只要是向 4G 接车，要求 29 号道岔必须在定位，也无须检查选排一致性。

在 7 线末端相应于 S_4 部位，接有 D_{21}ZJ 后接点，并在 7 线末端相应于 D_{21} 部位，接有 S_4ZJ 后接点，进行互相校核，以禁止同时由两个方向向 27/29WG 区段调车。

S KJ 吸起后，接通 8 线，使 S XJJ 吸起。此时 X_4LZJ 吸起，S_4LZJ 落下，因此 8 线已延伸到股道里，其末端一直到 S_4 的 1LXF 组合中。8 线上检查了 S_4ZCJ、FGJ、29DBJ 的吸起和 D_{21}KJ、D_{23}ZJ、D_{23}KJ 的落下条件。

S XJJ 吸起后接通 9 线，使进路上咽喉区各道岔区段的 QJJ 吸起，9 线网路末端的 X_4GJJ 也吸起，进路中咽喉区各道岔区段的 1LJ、2LJ 落下，各道岔的 SJ 也相继落下，最终使 X_4ZCJ

落下。

X_4ZCJ 落下后使 JSJ、CSJ 失磁。JSJ 落下，接通了 9 线的股道部分，使 29QJJ 吸起，29/1LJ、29/2LJ、29SJ 落下。至此，进路上各道岔包括中间道岔及迎面敌对进路均被锁闭。

③开放信号

X_4LZJ、S KJ、S XJJ 和 X_4GJJ 吸起，各道岔区段的 SJ 和 X_4ZCJ 落下后，11 线被接通，S LXJ 吸起，上行进站信号机开放。

11 线通过 X_4LZJ 前接点延伸到股道里来，一直延伸到 S_4 的 1LXF 组合前面被 S_4LZJ 前接点切断。在定型设计中，11 线末端应检查 S_4GJJ 落下条件，这里因 X_4LZJ 吸起时 S_4LZJ 不可能吸起，迎面的敌对进路包括引导接车进路不可能再建立，因此取消了该项检查。

④解锁

正常解锁时，列车全部进入 4G 后，X_4ZCJ 吸起使得 JSJ 吸起，由于股道上有车，FGJ 落下。列车驶入 29DG 区段时，29DGJF、29QJJ 落下，于是 12 线得到解锁电源，29/2LJ 吸起。列车驶入 27/29WG 区段出清 29DG 区段后，29DGJ 吸起，29FDGJ 缓放后落下，经 27/29WGJ 后接点和 29FDGJ 前接点，接通 13 线 KF 电源，使 29/1LJ 吸起。最后 29SJ 吸起，中间道岔解锁。29SJ 吸起后，CSJ 和 X_4LZJ 相继复原。

列车驶入股道停在中间道岔区段前面时，须限时解锁。JSJ 吸起后接通 CSHJ 电路，3 min 后 CSHJ 吸起，CSJ 随之吸起，在 X_4LZJ 缓放期间使 29/2LJ 吸起，随后 29/1LJ 吸起，最后 29SJ 吸起，中间道岔解锁。

在取消和人工解锁进路时，待咽喉区最末一个道岔区段解锁后，X_4ZCJ 吸起，使 JSJ 吸起。因此时股道空闲，FGJ 吸起，CSHJ 的 51-83 端子相连，所以 CSHJ 在 JSJ 吸起后 3 s 吸起，CSJ 随之吸起，使 12、13 线得到解锁电源，29/2LJ、29/1LJ 相继吸起，最后 29SJ 吸起，中间道岔解锁。在 CSJ 吸起使得 29/2LJ 吸起的过程中，X_4LZJ 靠缓放保持吸起。

(2)发车时到发线出岔电路的动作程序

现以下行 4 道发车为例，说明发车时到发线出岔电路的动作程序。

①选路

选路过程与带动中间道岔条件与接车时相似。

经中间道岔反位发车时，虽然满足了带动条件，但因此时中间道岔区段有车，中间道岔尚未解锁而且还受区段锁闭的控制，即 29SJ 在落下状态，所以 29 号道岔不会转换，不影响经 29 号道岔反位发车。

②锁闭进路

中间道岔在发车进路范围以外，不能靠执行组网路实行锁闭，而是在 29 号道岔的启动电路中接入有关控制条件完成的。即，发车时 29QJJ 不吸起，29/1LJ、29/2LJ 和 29SJ 也不落下。

X_4LKJ 吸起和 14/1LJ 落下，使 FSJ 落下，用其第六组前接点断开 29 号道岔的启动电路，使它锁闭。

③开放信号

用 FSJ 第三组后接点接通 X_4LXJ 励磁电路，使 X_4LXJ 吸起，开放 X_4 出站信号机。这里，用 FSJ 落下证明中间道岔已锁闭，用 29DBJ 吸起证明中间道岔在定位。

如有经 29 号道岔反位发车作业时，要在 X_4LXJ 电路中接入与 29DBJ 前接点并联的 29FBJ 前接点，以保证道岔位置的正确。此时，检查 29 号道岔位置的条件，不能再与 S_4LXJ 电路共用。

④解锁

发车进路上各道岔区段的解锁，与没有中间道岔时一样。

发车时，对中间道岔来说，取消进路、人工解锁、股道上留有车辆时的正常解锁都一样，在进路上第一个道岔区段14DG的1LJ和2LJ都吸起后，X_4LKJ缓放过程中，使FSJ吸起并自闭，中间道岔得以解锁。股道上未留有车时的正常解锁，是当列车出发驶入进路上的第一道岔区段14DG后，14/1LJ吸起，列车全部出清股道后，FGJ吸起，于是FSJ吸起并自闭，中间道岔解锁。

(3)调车时到发线出岔电路的动作程序

在有中间道岔的到发线上进行调车作业，其电路动作程序与一般调车作业相同。

三、6‰下坡道延续进路电路

当进站信号机外方制动距离范围内，进站方向为下坡道，如果其平均换算坡度等于或大于6‰时，必须设计接车进路的延续进路电路（也叫接车进路的敌对照查电路），以防止列车进站后停不住而发生行车事故。延续进路电路的关键是连通接车进路的11线和延续进路11线，以便检查联锁条件，准许开放进站信号机。

如图2-37所示，进站信号机X_A外方制动距离内，进站方向为超过6‰的下坡道。X_A防护4条接车进路，以ⅢG接车进路为例，其延续进路的始端为X_A，终端可以到D_4、S或D_2。即ⅢG接车进路的延续进路有3条，可根据具体作业情况任选其中一条。

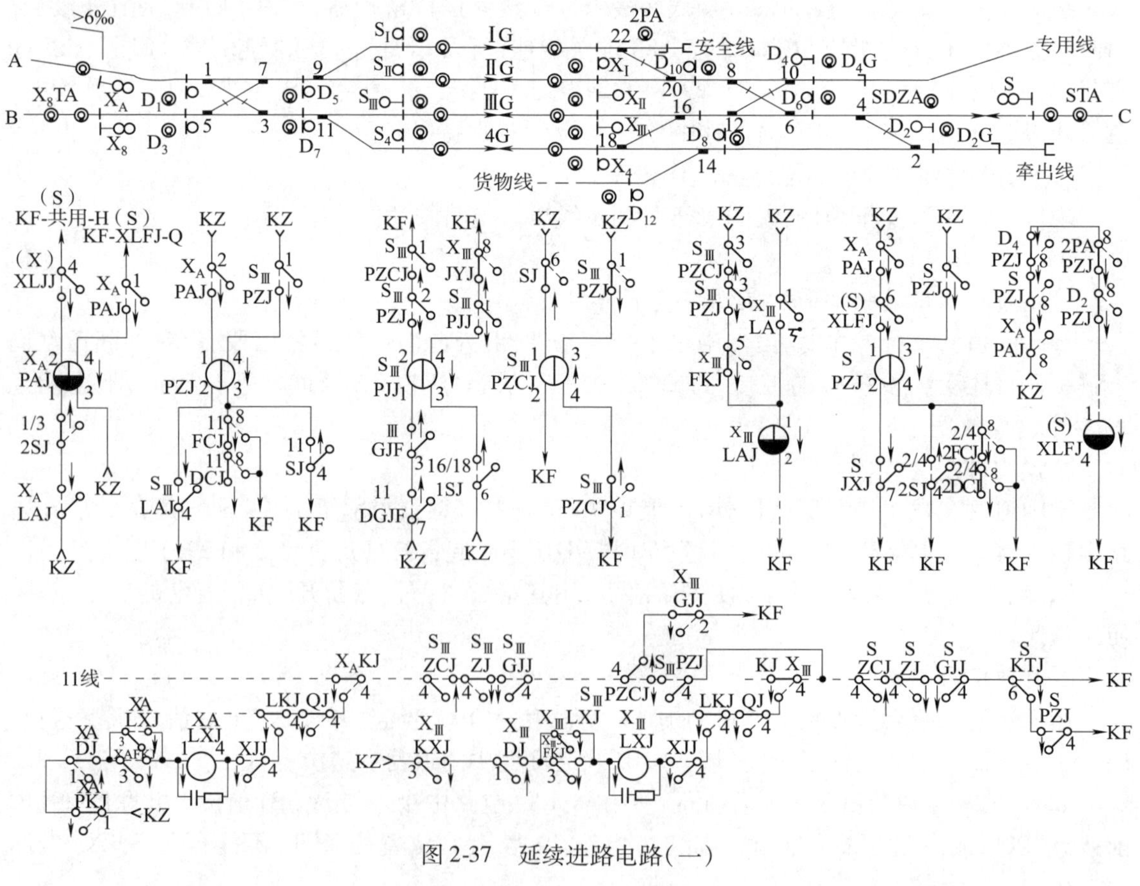

图2-37 延续进路电路（一）

1. 技术条件

(1)在接车方向末端已设有安全线的车站,其接车进路的延续进路应通向安全线。当站内有平行进路、隔开道岔等足以防止列车冲突的联锁设备时,延续进路可延至适当处所。

延续进路可通向安全线、调车牵出线、专用线以及车站的进、出口。延续进路的始端应为同方向的出站信号机,终端为安全线上的车挡、牵出线或专用线入口处的调车信号机,车站进、出口处的信号机或站界标。

(2)排列带延续进路的接车进路时,要按压三个按钮,即接车进路的始端按钮、终端按钮和延续进路的终端按钮。延续进路的终端按钮可用调车按钮兼或用列车按钮兼。在安全线上没有按钮可兼的情况下,需增设按钮,如图 2-37 中的 2PA。

(3)在开放进站信号机 X_A 时,应检查接车进路及其延续进路上的道岔位置正确并已被锁闭、进路空闲、敌对进路未开放并已被锁闭等条件。延续进路锁闭后,可不始终检查延续进路上的轨道区段空闲。

为了不影响另一咽喉的作业,在接车进路不能实现进路锁闭的情况下,不许选出其延续进路。

(4)当延续进路通向车站的出口时,如果连续发车,只需按压延续进路的始端列车按钮,即出站信号机的信号按钮,检查出站信号机开放的条件满足(闭塞条件具备)后,开放出站信号机。出站信号机开放后,此延续进路即为发车进路。出站信号机开放后,还可随时关闭,但延续进路不得解锁。

(5)延续进路应在接车进路实现进路锁闭后选出并进行锁闭。正常情况下须待列车驶入股道 3 min 后,经证明接车进路确已解锁,才准许延续进路自动解锁。当车站值班员能确认列车到达情况时,亦可按压专设的带铅封的解锁按钮代替限时解锁。取消或人工解锁进路时,必须先办理接车进路解锁手续,再取消延续进路,否则延续进路不能解锁。

(6)接车进路及其延续进路是分属两个咽喉的进路,因此必须在这两个咽喉都未选其他进路的情况下,才准许选带延续进路的接车进路。

(7)引导接车时,不设延续进路。

2. 延续进路电路

延续进路电路如图 2-37、图 2-38 所示。

(1)需增设的继电器

①对带有延续进路的接车进路始端,设坡道按钮继电器 X_APAJ 和坡道开始继电器 X_APKJ。X_APAJ 用来自动选出延续进路,X_APKJ 用来确认接车进路的 11 线和延续进路 11 线已连通,以便检查联锁条件,准许开放进站信号机。

②对带延续进路的每一条接车进路的终端,分别设四个继电器,以ⅢG 接车进路为例,应设坡道终端继电器 $S_{Ⅲ}$PZJ、坡道照查继电器 $S_{Ⅲ}$PZCJ、坡道准备解锁继电器 $S_{Ⅲ}$PJJ 和坡道解锁继电器 $X_{Ⅲ}$PJSJ。$S_{Ⅲ}$PZJ 和 $S_{Ⅲ}$PZCJ 用来证明接车进路已选好并已锁闭,以便连通接车进路的 11 线及其延续进路的 11 线。$S_{Ⅲ}$PJJ 用来证明列车已驶入股道,以接通限时解锁电路。$X_{Ⅲ}$PJSJ用来选择出该延续进路,使其在 3 min 后解锁。

③每条延续进路的始端设控制信号继电器(几条延续进路的始端在同一地点时可共用)。例如,ⅢG 设 $X_{Ⅲ}$KXJ,用它区分所排的是延续进路还是发车进路,是发车进路时,$X_{Ⅲ}$KXJ 吸起,以开放出站信号机。

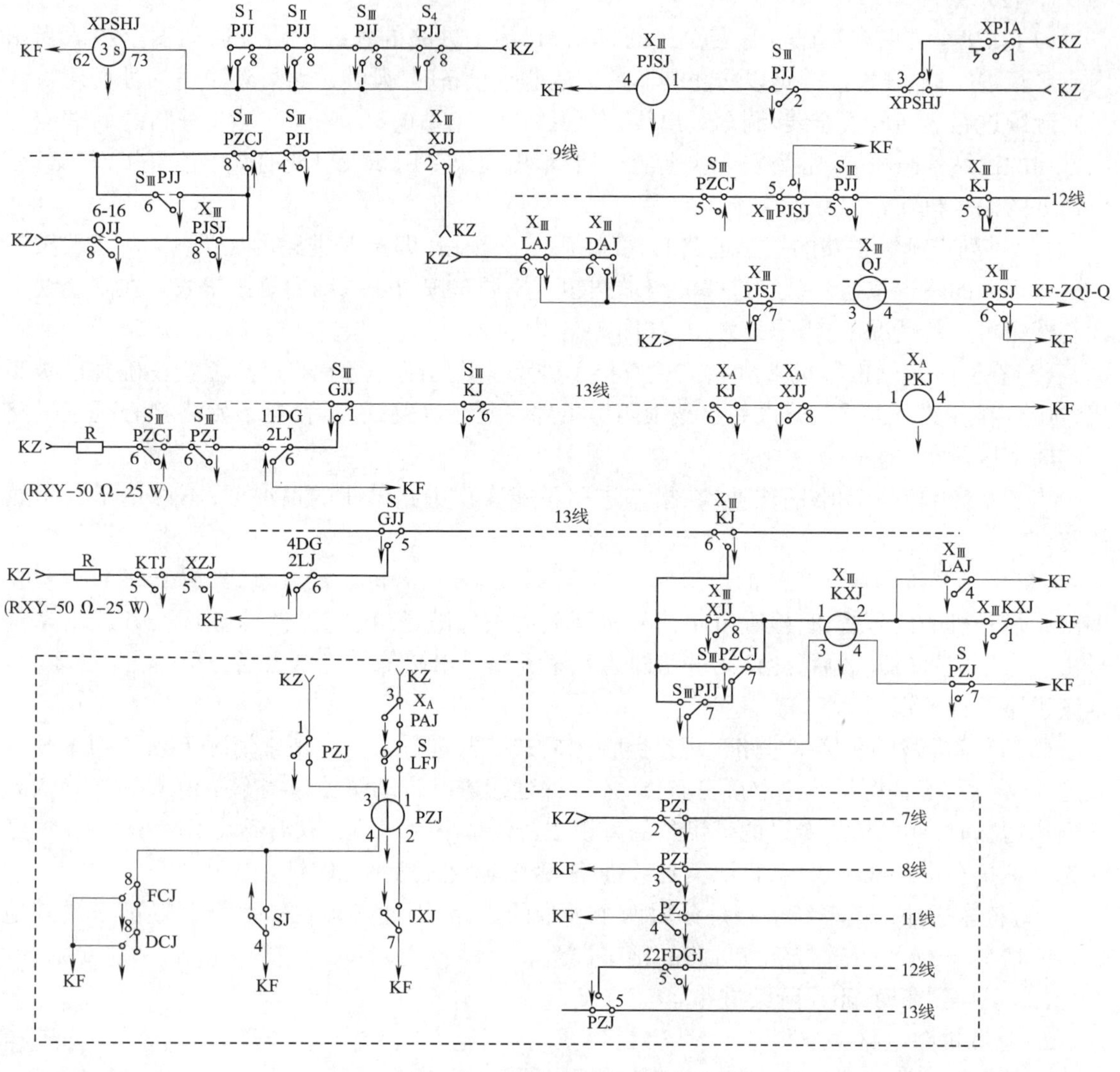

图2-38 延续进路电路(二)

④每条延续进路的终端设坡道终端继电器(几条延续进路的终端在同一地点时可共用)。例如,SPZJ,用来区分所排的是发车进路或调车进路还是延续进路,如是延续进路就不检查与区间闭塞设备的联系条件。如果延续进路通向牵出线或专用线时,则坡道终端继电器就可起类似于调车终端继电器的作用。例如,D_4PZJ,当其吸起时,说明所排进路是以 D_4 为终端的延续进路,以便利用 D_4PZJ 的前接点(此时 D_4ZJ 不吸起)接通网路的 7、8、11 线等。如果延续进路通向安全线,则 2PAPZJ 吸起,说明所排进路是以安全线为终端的延续进路,虽然对应于安全线部位不应向网路送电,但这时应通过 2PAPZJ 前接点向网路 7、8、11 线送 KZ 或 KF 电源。

⑤对带延续进路的几条接车进路,共设一个坡道解锁时间继电器,如 XPSHJ,用来在列车驶入股道后开始计时,使延续进路自动限时解锁。

所以,带延续进路的每一股道要增设 5 个继电器,进站方向有超过 6‰下坡道的接车口增设 2 个继电器,每一可作为延续进路终端处增设一个继电器。上述继电器都是零散继电器,每

10 个放在一个零散组合内。

(2)自动选出延续进路的电路

若选以 S 为延续进路终端的接车进路及其延续进路，要求 X_ALAJ、S_{III}LAJ、(X)XLJJ、LAJ、SLAJ、(S)XLFJ 吸起。但办理时只按了 X_ALAJ、S_{III}LA 和 SLA 三个按钮。按 X_ALA 时，X_ALAJ 和(X)XLJJ 吸起。按 S_{III}LA 时，S_{III}LAJ 吸起。按 SLA 时，SLAJ 吸起。X_{III}LAJ 和(S)XLFJ 都不会吸起，必须把它们带起来，否则选不出延续进路。为此，设坡道按钮继电器 X_APAJ 来进行带动。带动的逻辑关系式为

↓
X_ALA→X_ALAJ↑→(X)XLJJ↑→X_APAJ↑→(S)X LFJ↑
↓
S_{III}LA→S_{III}LAJ↑→X_{III}LAJ↑
↓
SLA→SLAJ↑

用 X_APAJ 的吸起来带动(S)X LFJ，是为了在 S LAJ 吸起后不使(S)X LJJ 吸起。用 X_APAJ 和 S_{III}LAJ 的吸起带动 X_{III}LAJ，虽可选出延续进路，但不能保证下行接车进路确已锁闭。为此，在 X_{III}LAJ 电路中，用 S_{III}PZJ 前接点和 S_{III}PZCJ 后接点代替 X_APAJ 前接点和 S_{III}LAJ 前接点，以证明下行接车进路已锁闭。

在 X_APAJ 的 1-2 线圈电路中接有 1/3 2SJ 前接点，用来证明上行进站方向道岔在解锁状态。这里的 KF-共用-H 是上行咽喉的方向电源，用以证明上行咽喉此时未选其他进路，不会影响选延续进路。在 X_APAJ 的 3-4 线圈电路中接有上行咽喉的 KF-XLFJ-Q 方向电源，在延续进路未选出前，X_APAJ 不会落下，以自动选出延续进路。

在(S)X LFJ 电路中，增加由 X_APAJ 前接点接通的励磁电路，该电路中串接四个延续进路终端的坡道终端继电器后接点。只要其中一个坡道终端继电器吸起，就说明延续进路的始端、终端按钮继电器均已吸起，且进路即将选出，该励磁电路就可断开。此时(S)XLFJ 已接通另外的励磁电路及自闭电路，新增加的励磁电路就不应再起作用，否则选出延续进路后，(S)X LFJ和 X_APAJ 都不能复原。

在 X_{III}LAJ 电路中，由 S_{III}PZJ 前接点和 S_{III}PZCJ 后接点组成的带动电路与由 X_{III}LA 接点组成的励磁电路相并联。带动电路中还串有 X_{III}FKJ 后接点，用来在选出延续进路后切断该电路，否则 X_{III}LAJ 和 X_APAJ 都不能复原。

(3)接车进路终端的坡道终端继电器 PZJ 和坡道照查继电器 PZCJ 电路

现以下行Ⅲ道接车为例，说明 PZJ 和 PZCJ 的电路原理。

为了开放进站信号机 X_A，必须连通接车进路的 11 线及延续进路的 11 线，才能检查接车进路及其延续进路上的道岔位置正确、进路空闲、没有建立敌对进路、道岔及敌对进路已锁闭等联锁条件。11 线连通的条件是：所选的是接车进路而不是引导进路；是由 X_A 至ⅢG 的接车进路，而不是由 X_B 至ⅢG 的接车进路；已具备开放信号的条件。这里，用 S_{III}PZJ 吸起证明选的是由 X_A 至ⅢG 的接车进路，用 S_{III}PZCJ 落下证明该进路已被锁闭。

选由 X_A 至ⅢG 的接车进路时，X_APAJ 和 S_{III}LAJ 吸起，接通 S_{III}PZJ 的 1-2 线圈励磁电路。因为 S_{III}PZJ 的吸起作为连通 11 线的条件，所以它在进路锁闭过程中必须保持吸起，为此它设有 3-4 线圈自闭电路。接车进路中最末一个道岔区段解锁 11SJ 吸起后，才断开该自闭电路。

S_{III}PZJ 吸起后，断开 S_{III}PZCJ 的 3-4 线圈电路。接车进路锁闭，11SJ 落下后，又断开

$S_Ⅲ$PZCJ的1-2线圈电路，使之落下。$S_Ⅲ$PZCJ落下，说明接车进路已锁闭。$S_Ⅲ$PZJ吸起和$S_Ⅲ$PZCJ落下后，就将接车进路的11线及其延续进路的11线连通起来，这时X_ALXJ受这两条11线的控制。

电路断线时，$S_Ⅲ$PZCJ将落下，因此11线的连通必须有$S_Ⅲ$PZJ的吸起条件；但$S_Ⅲ$PZJ吸起并不能证明接车进路已被锁闭，所以11线的连通也必须有$S_Ⅲ$PZCJ的落下条件。

$S_Ⅲ$PZCJ还有第二个用途，用它的吸起证明接车进路已解锁，以此作为延续进路解锁的先决条件。为保证断线故障时能导向安全，不能以$S_Ⅲ$PZCJ的落下作为延续进路解锁的先决条件。为此，在$S_Ⅲ$PZCJ的3-4线圈电路中接有其本身的前接点，以保证在接车进路完全解锁后，即进路中最末一个道岔区段解锁，11SJ吸起后，才接通$S_Ⅲ$PZCJ的1-2线圈电路，使之重新吸起。$S_Ⅲ$PZCJ吸起，延续进路才可能解锁。

(4)坡道开始继电器PKJ电路

为保证延续进路起作用，用坡道开始继电器X_APKJ的吸起证明接车进路的11线及其延续进路的11线已经连通，然后用X_APKJ前接点作为开放X_A的必要条件。这里之所以不能直接用$S_Ⅲ$PZJ的吸起和$S_Ⅲ$PZCJ的落下作为开放X_A的必要条件，是因为X_A的接车进路不只是一条，而有四条。

要用X_APKJ的吸起来反映各股道的PZJ吸起和PZCJ落下的情况，最简单而又最可靠的方法是用网路接通X_APKJ电路。13线在进路锁闭后及列车未驶入进路前可兼作他用，而X_APKJ正好在此期间内吸起，可以利用13线构成X_APKJ的电路，网路的结构不变。用网路13线证明所排进路是4条接车进路中的一条。例如，向ⅢG接车时，接通的是ⅢG接车进路的网路，这时$S_Ⅲ$GJJ和X_AXJJ吸起。X_APKJ线圈经X_AXJJ前接点接入网路，在列车未驶入进路前使X_APKJ吸起。X_APKJ电路的KZ电源是经$S_Ⅲ$GJJ前接点由进路终端部位在13线上向进路始端部位传送的。在列车未驶入进路前能否送出该电源，取决于$S_Ⅲ$PZJ是否吸起及$S_Ⅲ$PZCJ是否落下。因此，X_APKJ的吸起可以证明ⅢG的接车进路的11线与其延续进路的11线已连通。用X_APKJ的前接点再接通X_ALXJ电路，以确保安全。列车驶入进路后，X_AXJJ落下，将X_APKJ线圈从13线断开，$S_Ⅲ$GJJ落下，切断KZ电源，恢复13线解锁网路的作用。

原来13线上的是$S_Ⅲ$GJJ第五组接点，因2LXF组合里的GJJ_{52}未引至组合侧面端子上，所以改为GJJ的第一组接点。

如果仅有一个接车方向，就可不设坡道开始继电器PKJ，只要把引导按钮继电器YAJ前接点加在11线接车进路终端部位$X_Ⅲ$GJJ第二组后接点后面即可。若两个接车方向均为6‰下坡道，PKJ可设也可不设。如果不设，在11线接车进路终端部位要用关键道岔的表示继电器接点区分两个进站信号机的YAJ接点。

(5)控制信号继电器KXJ电路

延续进路始端设有出站信号机时，对应每架出站信号机需设一个控制信号继电器KXJ。

排列发车进路时，使KXJ吸起，以开放出站信号机；排列接车延续进路时，使KXJ落下，不许开放出站信号机。

图2-38所示是$X_Ⅲ$KXJ的例子。KXJ电路和PKJ电路一样，是利用网路13线构成的。

因为终端是多个而不是一个，所以简单而可靠的方法是采用网路构成电路。

如排列ⅢG下行发车进路时，由13线构成$X_Ⅲ$KXJ电路，电路中接有以下控制条件：

①KTJ 吸起和 XZJ 落下

这是与继电半自动闭塞设备的联系条件。满足此条件说明办理好闭塞手续,区间开通,且取得了发车权。开放出站信号机时必须检查这一条件。

②$X_{Ⅲ}$XJJ 吸起或 $S_{Ⅲ}$PZCJ 落下或 $S_{Ⅲ}$PJJ 吸起及 $X_{Ⅲ}$LAJ 吸起或 $X_{Ⅲ}$KXJ 吸起

用 $X_{Ⅲ}$XJJ 前接点把 $X_{Ⅲ}$KXJ 线圈接入 13 线。列车驶入发车进路后,$X_{Ⅲ}$XJJ 落下,及时将 $X_{Ⅲ}$KXJ 线圈从 13 线断开,以恢复 13 线的解锁作用。排列延续进路时,因 $X_{Ⅲ}$LAJ 吸起时 $X_{Ⅲ}$XJJ尚未吸起,而 $X_{Ⅲ}$XJJ 吸起后 $X_{Ⅲ}$LAJ 早已落下,所以 $X_{Ⅲ}$KXJ 电路不会接通,不致开放出站信号机。排列延续进路后又接着改排发车进路时,只要按一下 $X_{Ⅲ}$LA,使 $X_{Ⅲ}$LAJ 吸起,$X_{Ⅲ}$KXJ 随之吸起,以开放出站信号机。但是 $X_{Ⅲ}$XJJ 电路中接有 $X_{Ⅲ}$LAJ 后接点,$X_{Ⅲ}$LAJ 吸起时将使 $X_{Ⅲ}$XJJ 落下,所以在 $X_{Ⅲ}$XJJ 第八组前接点处并联 $S_{Ⅲ}$PZCJ 第七组后接点。因列车尚未出清接车进路最末一个道岔区段前 $S_{Ⅲ}$PZCJ 一直落下,所以改排发车进路时可用 $S_{Ⅲ}$PZCJ 第七组后接点接通 $X_{Ⅲ}$KXJ 电路,使 $X_{Ⅲ}$KXJ 吸起并自闭。$X_{Ⅲ}$LAJ 落下后,$X_{Ⅲ}$XJJ 重新吸起,于是 $X_{Ⅲ}$LXJ 吸起,出站信号机开放。

列车完全到达股道后,$S_{Ⅲ}$PZCJ 吸起,如不采取措施,此时要改延续进路为发车进路是不可能的,必须等 3 min 延续进路解锁后再排发车进路。为了不影响效率,在 $X_{Ⅲ}$XJJ 第八组前接点上又通过 $S_{Ⅲ}$PZCJ 第七组前接点并接 $S_{Ⅲ}$PJJ 第七组前接点。$S_{Ⅲ}$PJJ 从列车驶入股道起一直保持吸起到延续进路的第一个道岔区段解锁为止,这样,在列车全部进入股道后也能将延续进路改为发车进路。

$X_{Ⅲ}$KXJ 通过其第一组前接点自闭。在列车未驶入发车进路前一直保持吸起,列车驶入发车进路后,由于 SGJJ 和 $X_{Ⅲ}$XJJ 落下,$X_{Ⅲ}$KXJ 复原,13 线恢复解锁网路的作用。

③$X_{Ⅲ}$XJJ、$S_{Ⅲ}$PZCJ 吸起和 $S_{Ⅲ}$PJJ、SPZJ 落下

$S_{Ⅲ}$PZCJ 吸起和 $S_{Ⅲ}$PJJ、SPZJ 落下证明接入ⅢG 的下行列车,是从 X_A 方向进站的,并已停站 3 min,延续进路已解锁或是从 X_B 方向进站的根本未建立过延续进路。在这种情况下,如果 $X_{Ⅲ}$XJJ 吸起,说明所建立的不是延续进路而是发车进路,应接通 $X_{Ⅲ}$KXJ 电路,开放出站信号机。这时,无需补按发车进路始端按钮。在排延续进路时,因 $S_{Ⅲ}$PZCJ 落下或 $S_{Ⅲ}$PJJ 吸起,即使 SPZJ 因故落下也不致错误开放出站信号机。

13 线上的 KZ 电源处均接有一个 50 Ω 的电阻,用来防止某个 QJJ 因断线落下而造成电源短路。

(6)延续进路终端的坡道终端继电器 PZJ 电路

可以作为延续进路终端的处所往往不止一个,在排延续进路时用坡道终端按钮进行选择,通过延续进路终端的坡道终端继电器接通有关网路。现以车站进、出口为延续进路终端的坡道终端继电器 SPZJ 为例说明其电路原理。

SPZJ 的 1-2 线圈接励磁电路,该电路中时 X_APAJ 和(S)LFJ 前接点接通,说明所选的是延续进路。检查(S)LFJ 的吸起条件,是为了证明已把(S)LFJ 带起来,确系延续进路,且运行方向正确。S JXJ 吸起证明选岔网路工作正常,进路已选出或即将选出,并且在选路前此进路在解锁状态。

SPZJ 的 3-4 线圈接自闭电路,该电路中的控制条件与一般的调车终端继电器 ZJ 和列车终端继电器 LZJ 一样,即 SPZJ 吸起后要保持到进路解锁为止。

对于 7 线,规定由进路终端送 KZ 电源。若为调车进路须经 ZJ 前接点接通 KZ 电源;若此

处还是列车进路终端,则无条件地接入 KZ 电源。遇到既是调车进路终端、发车进路终端又是延续进路终端时,亦无条件地接入 KZ 电源。如果既是调车进路终端又是延续进路终端,但不能作为发车进路终端时,除经 ZJ 前接点外,还须经 ZJ 后接点和 PZJ 前接点接入 KZ 电源。否则,以此处为终端选发车进路时,也将错误地接通 7 线。若以安全线为延续进路的终端时,则此处就必须经 PZJ 前接点接入 KZ 电源,否则 7 线不通。

同理,8 线、11 线、12 线和 13 线都有这个问题,设计电路时必须注意处理。图 2-38 虚线框内画出了以安全线为延续进路时各有关网路的处理方法。此时,如 12 线和 13 线不按图示连接,则取消进路将不可能。既是发车进路终端又是延续进路终端时 11 线的处理方法,在图 2-37 中也有例子。

(7)坡道准备解锁继电器 PJJ、坡道解锁继电器 PJSJ 和坡道解锁时间继电器 PSHJ 电路

延续进路要在列车驶入股道 3 min 后才自动解锁,故用坡道准备解锁继电器 PJJ 记录列车已驶入股道。列车是否驶入股道采用两点检查法,这两个检查点是接车进路的最末一个道岔区段和股道。只有证明已排延续进路时才作此记录,待延续进路解锁后自动取消这个记录。

现以ⅢG 下行接车为例,说明 PJJ 的电路原理。$S_{Ⅲ}$PJJ 的 1-2 线圈励磁电路中用 $S_{Ⅲ}$PZJ 前接点和 $S_{Ⅲ}$PZCJ 后接点证明已排列了从 X_A 至ⅢG 的接车进路及其延续进路,用 11DGJF 和ⅢGJF 后接点证明列车已驶入股道。$S_{Ⅲ}$PJJ 吸起后接通其 3-4 线圈自闭电路。16/18 1SJ 吸起,证明延续进路已解锁,使 $S_{Ⅲ}$PJJ 落下。自闭电路中还接有 $X_{Ⅲ}$JYJ 前接点,$X_{Ⅲ}$JYJ 落下说明 $X_{Ⅲ}$出站信号机已开放且接近区段有车,发车进路即延续进路已转入接近锁闭,再不能使延续进路限时自动解锁,此时不能让 $S_{Ⅲ}$PJJ 自闭。但站线的 PJJ 电路中不接 JYJ 接点,因站线发车进路的人工解锁延时 30 s,若接入 JYJ 接点,就可能在出站信号机开放列车驶入股道的情况下,用人工解锁的方法使延续进路提前错误解锁。

带延续进路的四条接车进路是互相抵触的,同时只能建立一条,因此用作延续进路限时解锁的坡道解锁继电器 XPSHJ 只设一个,四股道共用。$S_{Ⅲ}$PJJ 吸起后立即接通 XPSHJ 电路,3 min后 XPSHJ 吸起。延续进路解锁后,$S_{Ⅲ}$PJJ 落下,XPSHJ 复原。

每股道设一个坡道解锁继电器 PJSJ,它吸起后向 12 线送出 KF 解锁电源。例如,$X_{Ⅲ}$PJSJ 吸起后,由 $X_{Ⅲ}$始端部位向 12 线送出 KF 解锁电源,使以 $X_{Ⅲ}$为始端的延续进路解锁。

$S_{Ⅲ}$PJJ 吸起说明要解锁的是ⅢG 的延续进路,XPSHJ 吸起说明列车驶入股道已 3 min,于是 $X_{Ⅲ}$PJSJ 吸起。$X_{Ⅲ}$PJSJ 吸起后,由 $X_{Ⅲ}$延续进路始端部位向 12 线送出 KF 解锁电源,使 12 线工作。进路上最末一个道岔区段的某一进路继电器(如图 2-38 中的 4/2LJ)吸起后,由延续进路终端部位向 13 线送出 KF 解锁电源,使 13 线工作。要注意,延续进路解锁时进路是空闲的,SGJJ 吸起,如果列车冒进了出站信号机,则不应使延续进路解锁。延续进路解锁后,$S_{Ⅲ}$PJJ 落下,XPJSJ 复原。

如果车站值班员能确认列车到达后已停车,则可打开铅封,按压坡道解锁按钮 XPJA,使 $X_{Ⅲ}$PJJ 吸起,延续进路就可不经限时而及时解锁。

12 线上还串接 $S_{Ⅲ}$PJJ 后接点和 $S_{Ⅲ}$PZCJ 前接点。当 $S_{Ⅲ}$PJJ 吸起而 $X_{Ⅲ}$PJSJ 尚未吸起时,用 $S_{Ⅲ}$PJJ 后接点排除经 $X_{Ⅲ}$KJ 前接点送出解锁电源的可能性,否则此时可用取消进路的方法使延续进路不经限时即解锁。当 $X_{Ⅲ}$PJSJ 落下时,$S_{Ⅲ}$PJJ 落下和 $S_{Ⅲ}$PZCJ 吸起证明没有排列延续进路,可经 $X_{Ⅲ}$KJ 前接点送出解锁电源,解锁发车进路;当 $X_{Ⅲ}$PJSJ 吸起时,用 $S_{Ⅲ}$PZCJ 吸起证明接车进路确已解锁,可送出延续进路的限时解锁电源。

为保证排列延续进路后列车尚未驶入股道前接车进路及其延续进路都不解锁，除了在12线上接有$\mathrm{S_{III}}$PZCJ前接点外，还在9线上增加一KZ电源作为防护措施。因为，虽然原经$\mathrm{X_{III}}$XJJ前接点向9线送有KZ电源，但随时可用取消进路的办法断开该电源，所以不能靠它来保证接车进路及其延续进路不解锁。如图2-38所示，在排列延续进路时，经6-16QJJ前接点、$\mathrm{X_{III}}$PJSJ后接点、$\mathrm{S_{III}}$PJJ前接点与$\mathrm{S_{III}}$PZCJ后接点并联电路，向9线接入一条新增的KZ电源线。6-16QJJ前接点和$\mathrm{X_{III}}$PJSJ后接点用来证明延续进路在锁闭状态。$\mathrm{S_{III}}$PJJ前接点与$\mathrm{S_{III}}$PZCJ后接点并联条件用来证明所排的是延续进路。列车未驶入股道前，KZ电源经$\mathrm{S_{III}}$PZJ第八组后接点送出；列车驶入股道后，KZ电源经$\mathrm{S_{III}}$PJJ第六组前接点送出；用$\mathrm{X_{III}}$PJSJ第八组后接点控制断开该电源的时机，只有达到限时解锁要求时才断开这个电源，为延续进路解锁准备条件。就是说，在排延续进路时，接车进路未解锁以及尚未满足延续进路限时解锁条件前，一直可由新增的KZ电源线向9线送电，使进路中的QJJ不落下，禁止用取消进路的方法解锁延续进路。因此，在排列延续进路时，9线又兼原来10线所起的防护作用，此时10线可不参与工作。

以上措施只在电路正常工作时起作用，电路断线后就不起作用了。因此，12线上的$\mathrm{S_{III}}$PZCJ第五组前接点是必不可少的。

(8)延续进路始端的取消继电器QJ电路

一般情况下，延续进路的始端也是发车进路的始端。定型组合里已设有取消继电器QJ，不需增设，但要按延续进路的要求加以修改。

排列进路时，FKJ吸起，在LXJ吸起后自动复原。而在排延续进路时，LXJ不吸起，所以FKJ不能自动复原。为此，须修改QJ电路，使FKJ得以自动复原。如图2-38所示，在原$\mathrm{X_{III}}$QJ电路的基础上，增加一条经$\mathrm{X_{III}}$PJSJ第六、第七组前接点接通的励磁电路，使$\mathrm{X_{III}}$QJ在延续进路限时解锁时吸起，切断FKJ自闭电路，使其自动复原。

在延续进路选出后一直到解锁止，FKJ始终保持吸起，延续进路始端的按钮表示灯将一直点亮稳定白灯。就是说，延续进路是否排好，不但要看白光带是否点亮，还要看始端按钮表示灯是否亮白灯。

3. 延续进路电路的动作程序

现以ⅢG下行接车为例，说明各种情况下延续进路电路的动作程序。

(1)排列$\mathrm{X_A}$至ⅢG的接车进路及以S为终端的延续进路

选择组电路的动作程序，可用以下逻辑关系式表示为

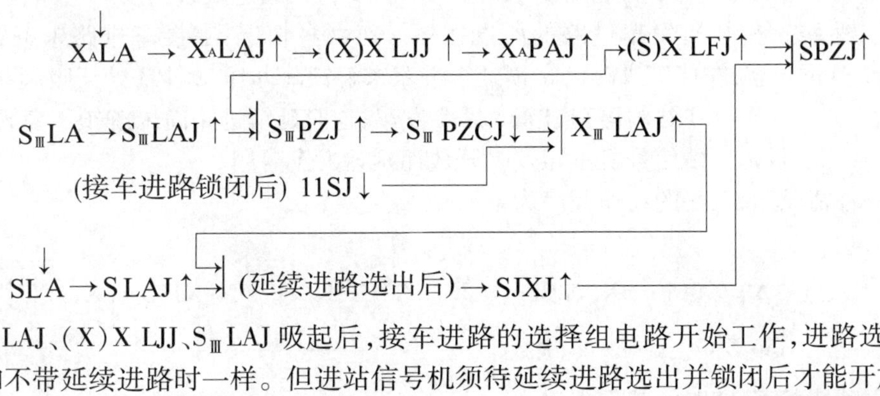

在$\mathrm{X_A}$LAJ、(X)X LJJ、$\mathrm{S_{III}}$LAJ吸起后，接车进路的选择组电路开始工作，进路选出后即被锁闭，这和不带延续进路时一样。但进站信号机须待延续进路选出并锁闭后才能开放。

$\mathrm{X_{III}}$LAJ、(S)X LFJ、S LAJ吸起后，就能选出延续进路。这要待接车进路锁闭后才有可能，

因为接车进路锁闭后 $X_{Ⅲ}$LAJ 才能吸起。即，接车进路不锁闭选不出它的延续进路，延续进路不锁闭防护该接车进路的进站信号机不能开放，这样既保证了安全，又提高了行车效率。

选出延续进路且道岔转换完毕后，网路的 7 线、8 线、9 线顺序工作，锁闭延续进路。在 $S_{Ⅲ}$PZJ、$S_{Ⅲ}$PZCJ 落下后，接车进路的 13 线接通，X_APKJ 吸起。在 $S_{Ⅲ}$PZJ 吸起、$S_{Ⅲ}$PZCJ 落下及 SPZJ 吸起后，延续进路的 11 线与接车进路的 11 线连通，并由延续进路的终端部位向 11 线送出 KF 电源，使接在 11 线接车进路始端部位的 X_ALXJ 吸起，进站信号机 X_A 开放。这样，就检查了接车进路及其延续进路上的道岔位置、进路空闲、道岔和敌对进路被锁闭等联锁条件。另外，与接车进路的 11 线连通的是延续进路的 11 线，而不是调车进路的 11 线，保证了延续进路有足够的长度。这时即使区间不空闲，也能开放带延续进路的进站信号机，从而区分了对延续进路和发车进路的不同运营要求。

列车进站后，接车进路的正常解锁和不带延续进路时一样，其延续进路的解锁过程用以下逻辑关系式表示为

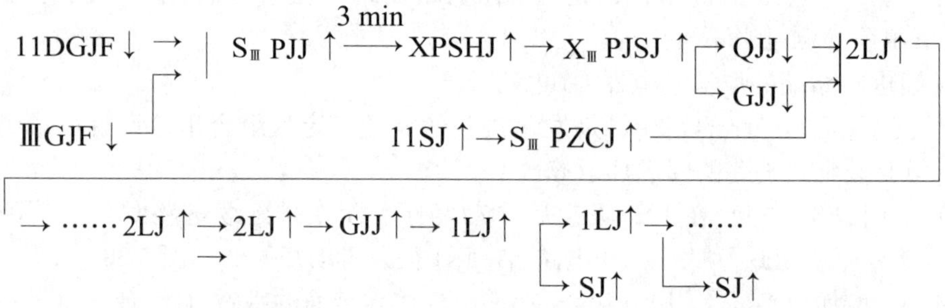

可见，延续进路是在列车驶入股道 3 min 后解锁的。接车进路解锁时 12 线和 13 线的动作程序与取消进路时相同。

X_A 进站信号机开放后，若要取消进路，则必须先取消接车进路，后取消延续进路。因为接车进路不取消，9 线上经 $S_{Ⅲ}$PZCJ 后接点接有 KZ 电源，QJJ 和 GJJ 都不能落下；而且接车进路不取消，不能向 12 线送出 KF 解锁电源，因为 12 线上接有 $S_{Ⅲ}$PZCJ 前接点。

人工解锁时，也要先办理接车进路的人工解锁，限时 3 min 接车进路解锁后，再办理延续进路的取消，此时延续进路的解锁是不限时的。

(2)排列延续进路后连续发车

连续发车是指列车进站内不停车即发车。此时，要将延续进路改为发车进路，使出站信号机开放。办理手续是，按压发车进路的始端按钮。有两种情况：在接车进路未解锁前办理，$S_{Ⅲ}$PZCJ处于落下状态；在接车进路已解锁延续进路未解锁前办理，$S_{Ⅲ}$PJJ 处于吸起状态。在第二种情况下，如果列车已在站内停车，1 min 后要发车，这时延续进路尚未解锁。考虑连续发车应包括这种情况，否则出站信号机不能及时开放而延迟发车时间。

在第一种情况下，电路的动作程序为

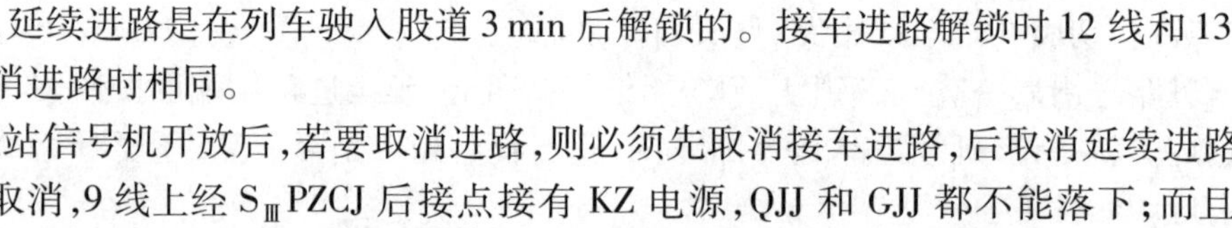

在第二种情况下，电路的动作程序为

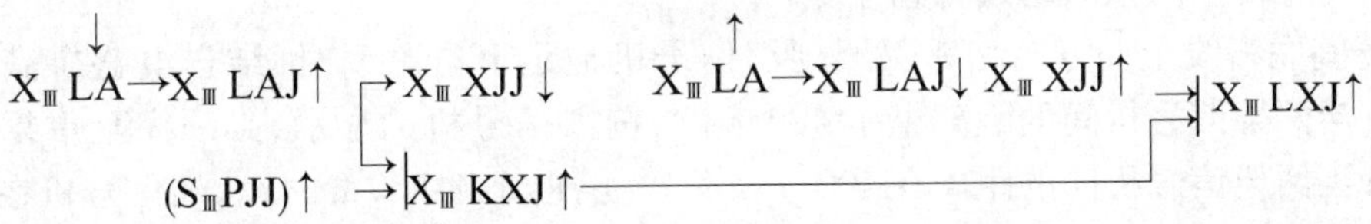

可见，在 $X_Ⅲ$ LAJ 吸起后 $X_Ⅲ$ XJJ 落下，因此在 $X_Ⅲ$ KXJ 电路中，要与 $X_Ⅲ$ XJJ 前接点并联 $S_Ⅲ$ PZCJ后接点（第一种情况需要）和 $S_Ⅲ$ PJJ 前接点（第二种情况需要）。

（3）以 D_2 为终端的延续进路

以 D_2 为终端的延续进路要在 D_2PZJ 吸起以后才能锁闭，因为 7 线和 8 线的终端部位都要接入 D_2PZJ 前接点，以区分是延续进路而不是发车进路。选发车进路时，若错误地按压 D_2A，也不会接通网路，不致造成进路的错误锁闭。

以 D_2 为延续进路终端时，在 13 线上该终端部位不接 KZ 电源，只有在以发车口为终端时才接 KZ 电源。因为以 D_2 为终端的延续进路不许改变为发车进路，出站信号机不能有开放的可能。在 12 线和 13 线的连线上，必须像调车终端电路那样，接入 FDGJ 后接点和 PZJ 前接点（参看图 2-38 虚线框中的电路），否则延续进路将不能解锁。

此时在 11 线上不接 KTJ 前接点，但要接 D_2PZJ 前接点，这就排除了发车进路以 D_2 为终端的可能性。

（4）排列发车进路

列车停站 3 min 后发车，或发由 X_B 方向进站的列车时，都要按压发车进路的始端、终端按钮，这和没有延续进路时一样。因这时 $X_Ⅲ$ XJJ、SGJJ 吸起，SPZJ、$S_Ⅲ$ PJJ 落下，$S_Ⅲ$ PZCJ 吸起，所以 $X_Ⅲ$KXJ 能励磁，以开放出站信号机。

图 2-37 的 11 线上接有 KTJ 第六组接点，用来区分所排进路是发车进路还是延续进路。排列发车进路时，KTJ 必须吸起；而排列延续进路时，KTJ 可落下，但 SPZJ 必须吸起。建立延续进路后可改为发车进路，所以在 13 线终端部位必须再接入 KTJ 前接点，以证明区间空闲并已办好闭塞手续。

第六节　联系电路的基本原理

联系电路包括场间联系电路、站间联系电路、与机务段联系电路，与驼峰调车场联系电路在第六章中介绍。

一、场间联系电路

当一个车站的两个车场分属两个信号楼控制时，因为两场不能同时向场间联络线发车或调车，所以要互相联锁，应为场间联络线设置场间联系电路。

1. 技术要求

场间联系电路应满足场间联络线上有接车进路信号机或无接车进路信号机的单向或双向运行。

（1）当场间联络线的轨道电路区段有车占用时，任一车场都不允许向场间联络线排列列车进路或调车进路。特殊情况需排列调车进路时，须经铁路局集团公司批准。

（2）不允许两个车场同时向同一场间联络线排列进路，即当任一车场向联络线排列进路后,另一车场不得再向该联络线排列进路。

(3)场间联络线上同方向相邻两架列车信号机显示上有联系时,结合电路应满足信号显示的要求:当两架信号机间的距离小于400 m时,前架信号机的显示,必须完全重复后架信号机的显示;当两架信号机闻的距离在400 m及其以上,但小于800 m时,后架信号机在关闭信号时,则前架信号机不得开放信号,只有在后一架信号机开放开放信号后,前一架信号机才能开放信号,并允许出现较高一级显示。

(4)分属两个车场的两架同方向列车信号机,当其信号显示有联系时,后一架列车信号机所防护进路的接近区段,应从前架列车信号机内方第一区段开始。当后架信号机的接近区段小于列车的制动距离时,还应适当延长。

(5)联络线无列车信号机时,列车进路应由两个车场间的两段进路组成。当接近区段或前段进路有车占用时,后段进路不得解锁。取消或人工解锁进路时,必须先解锁前段进路,后段进路才能解锁。

(6)每一车场的控制台上应设监督其他车场向联络线排列进路的照查表示灯、联络线轨道占用表示灯、邻场的信号开放(或同意发车)表示灯。根据需要,还可设同意接车表示灯。

2. 电路原理

场间联系有两种情况:场间联络线较长,联络线两端设有高柱接车进路信号机;场间联络线较短,联络线两端只设调车信号机,接车进路信号机设于股道上。

(1)联络线两端设接车进路信号机的场间联系电路

如图2-39所示,Ⅰ-ⅡG为Ⅰ场与Ⅱ场的场间联络线。该联络线既有调车作业,又有列车作业。因此,在Ⅰ场和Ⅱ场的入口处,分别设有接车进路兼调车信号机SL和XL。

此时,在两信号楼上各设照查继电器ZCJ、调车通知继电器DTJ、绿灯继电器LJ、黄绿继电器LUJ、接近轨道继电器JGJ。

现以Ⅰ场为例,介绍电路原理。

①ZCJ及DTJ电路

为了取得照查关系,用ZCJ和DTJ反映对方场是否向联络线排列了调车进路或列车进路。

ZCJ和DTJ都采用偏极继电器,它们的动作有三种状态。

a. Ⅱ场没有向联络线排列进路时,Ⅱ场接车进路信号机的XLZCJF吸起,SZCJ得到正极性电流而吸起,SDTJ得到负极性电流而落下。平时SZCJ吸起,反映对方车场没有向联络线排列任何进路。

b. Ⅱ场已向联络线排列调车进路,Ⅱ场接车进路信号机的XLZCJF落下,XLZJF吸起,这时SZCJ得到负极性电流而失磁,SDTJ得到正极性电流吸起,控制台上的调车照查表示灯亮白灯。SZCJ落下和SDTJ吸起,反映对方车场已向联络线排列了调车进路。

c. 当Ⅱ场向联络线排列列车进路,Ⅱ场接车进路信号机的XLZCJF落下,XLZJF落下,SZCJ和SDTJ的电路被断开,SZCJ和SDTJ都落下,这时控制台上的列车照查表示灯亮绿灯。SZCJ和SDTJ都落下,反映对方车场向联络线排列了列车进路。

为了禁止两信号楼同时向场间联络线排列进路,在Ⅰ场的8线和11线上,分别串接有SZCJ第一组和第三组前接点。这样,当Ⅱ场向联络线排列进路时,SZCJ落下,Ⅰ场就不能向联络线排列进路了。

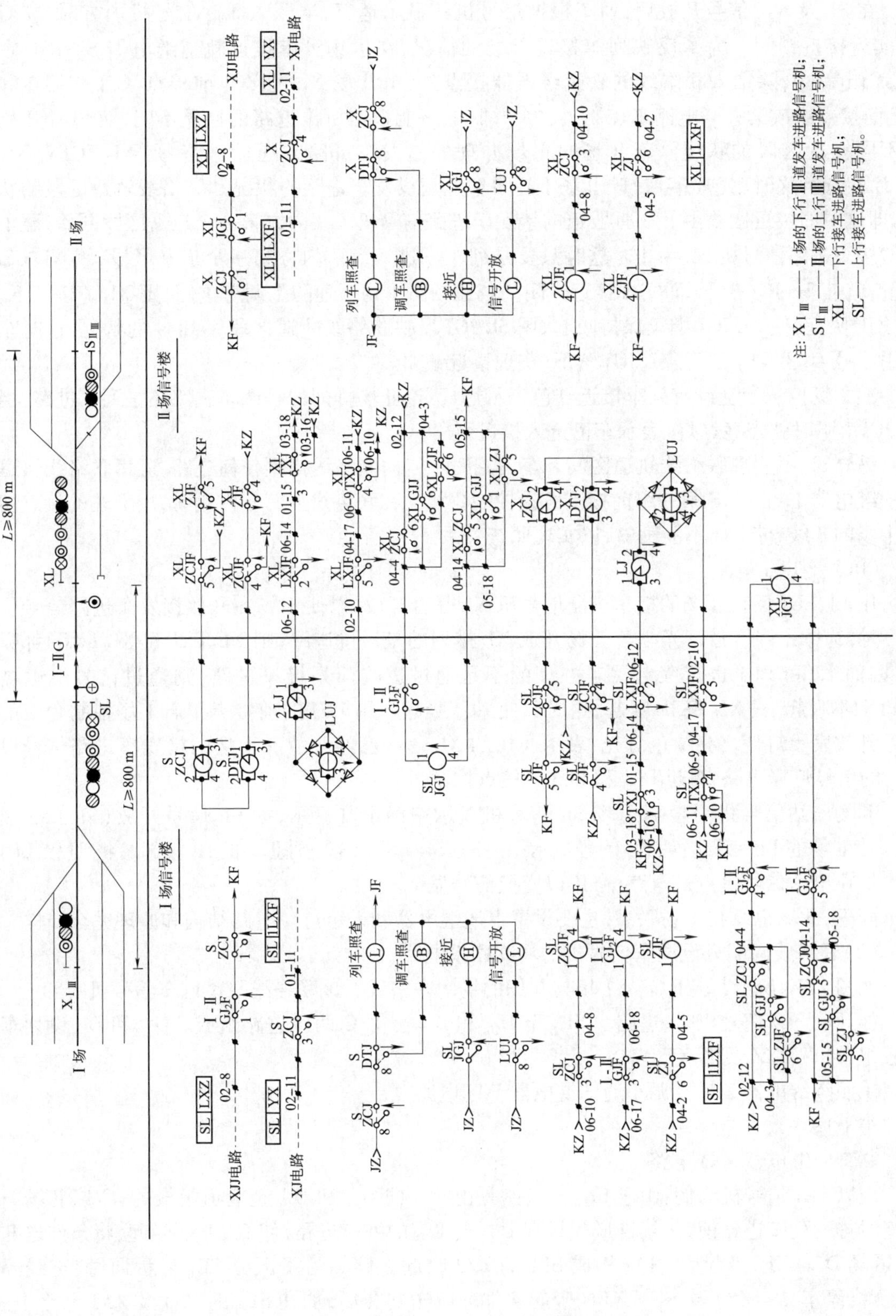

注：$X_{Ⅰ Ⅲ}$——Ⅰ场的下行Ⅲ道发车进路信号机；
$S_{Ⅱ Ⅲ}$——Ⅱ场的上行Ⅲ道发车进路信号机；
XL——下行接车进路信号机；
SL——上行接车进路信号机。

图 2-39　场间联系电路（一）

②JGJ 电路

在 SL 及 $S_{ⅡⅢ}$ 信号开放后，列车根据信号机的显示运行，当压入 $S_{ⅡⅢ}$ 信号机内方时，应对 SL 实行接近锁闭。为了反映列车接近Ⅰ场的情况，在Ⅰ场设有接近轨道继电器 SL JGJ，在 SL JGJ电路中，除加入联络线的轨道继电器接点外，由Ⅱ场 XL 的 ZCJ 前接点、GJJ 前接点和 ZJF 前接点组成的并联电路来控制。这个并联电路能根据所排进路的性质不同，使 SL JGJ 反映不同接近区段的状况。若Ⅱ场向Ⅰ场办理的是发车进路或通过进路，则 XL ZCJ 落下，XL GJJ吸起，这时用 SL JGJ 反映Ⅱ场上行Ⅲ股道正线发车进路的状况和联络线轨道区段的状况，即这时的接近区段由Ⅱ场Ⅲ股道的接发车进路信号机 $S_{ⅡⅢ}$ 内方第一个道岔区段开始，至Ⅰ场的接车进路信号机 SL 为止。这时只要是列车一进入 $S_{ⅡⅢ}$ 内方第一个道岔区段，因 XL GJJ 落下，就使 SL JGJ 落下，而实现接近锁闭。若Ⅱ场向Ⅰ场办理的是调车进路，则 XL ZCJ 落下，XL ZJF 吸起，使 SL JGJ 继续保持吸起，用 SL JGJ 反映联络线轨道区段Ⅰ-ⅡG 的状况，这时车占用Ⅰ-ⅡG 区段时，便使 SL JGJ 落下，实现接近锁闭。

在Ⅰ场控制台上设有列车接近红色表示灯，不论Ⅱ场排列的是调车进路还是列车进路，当 SL JGJ落下时就点亮红灯，表示车已进入接近区段。

另外，为了实现联络线轨道区间有车占用时不得向联络线排列任何进路，还用联络线轨道复示继电器Ⅰ-ⅡGJ_2F 第一组前接点直接控制 8 线。在联络线上有车占用时，用上述的接点切断Ⅰ场的 8 线，使 XJJ 不能励磁，以实现照查关系。

③LJ 及 LUJ 电路

用 LJ、LUJ 反映Ⅱ场的接车进路信号机 XL 是否开放，以便Ⅰ场在开放接发车进路信号机 $X_{ⅠⅢ}$时，选择允许信号灯光。若Ⅱ场开放 XL 排列的是通过进路，则 XL TXJ 和 XL LXJF 都吸起，因而 LJ 和 LUJ 也都吸起。若办理的不是通过进路而是接车进路，则通过信号继电器 XL TXJ不吸起，只 XL LXJF 吸起，这时只使 LUJ 吸起。用 LUJ 的前接点接通Ⅰ场控制台上的信号开放表示灯使之亮绿色灯光，表示Ⅱ场的 XL 信号已经开放。Ⅰ场的接发车进路信号机 $X_{ⅠⅢ}$的信号灯光电路直接用 LJ 和 LUJ 的接点控制。

Ⅱ场出站信号机需根据Ⅰ场 SL 信号机显示来确定其显示，如 SL 信号开放（SL LXJ 吸起），使Ⅱ场的 LUJ 吸起；如 SL 信号显示绿灯时（SL TXJ 吸起）则Ⅱ场的 LJ 吸起。将 LJ 及 LUJ 接点加在出站信号机点灯电路中，用以变换信号显示。

同理，Ⅱ场也要和Ⅰ场联系，也要设置上述继电器和表示灯。电路结构和原理完全一样。

(2)联络线两端只设调车信号机的场间联系电路

如图 2-40 所示，Ⅰ-ⅡG 为Ⅰ场与Ⅱ场的场间联络线。该联络线只设调车信号机。

如开放 $SL_{Ⅱ}$ 信号机时，进路由 $SL_{Ⅱ}$ 至 D_{201} 和 D_{102} 至 $Ⅰ_{Ⅱ}$G 两段进路组成。D_{102} 和 D_{201} 设列车信号组合（即 LXZ 及 1LXF）。

①照查继电器 ZCJ 及调车通知继电器 DTJ 电路

与上述一致。

②直向继电器 ZXJ 电路

现以 $SL_{Ⅱ}$ 信号机为例：由于 $SL_{Ⅱ}$ 的进路是由 $SL_{Ⅱ}$ 向 D_{201} 和 D_{102} 至股道组成的，所以Ⅱ场向联络线排列列车进路前，Ⅰ场即应先排列 D_{102} 至股道的列车进路，使 D_{102}LXJ 吸起，将条件送Ⅱ场，Ⅱ场 D_{102}LXJF 吸起后，才能构成 $SL_{Ⅱ}$ 的 LXJ 吸起电路。为了区分 $SL_{Ⅱ}$ 显示通过、正线停车、侧线停车，D_{102}ZXJ 及 $S_{ⅠⅡ}$LXJ 的吸起条件均应送到Ⅱ场，加在 $SL_{Ⅱ}$ 的 TXJ 及 ZXJ 电路中。

Ⅱ场上行接发车或发车进路信号机如要显示绿灯，则Ⅰ场 $S_{ⅠⅡ}$ 信号机的发车进路必须经过进路上所有道岔的直向，所以Ⅱ场增设的是 $S_{ⅠⅡ}$ZXJ。当 $S_{ⅠⅡ}$LXJ 吸起，关键道岔处于直向（DBJ 吸起）时，$S_{ⅠⅡ}$ZXJ 才吸起。

如因Ⅱ场故障，$SL_{Ⅱ}$ 信号机欲办理引导进路锁闭方式开放引导信号时，必须检查Ⅰ场 D_{102} 至股道的列车进路在锁闭状态，所以在Ⅱ场 D_{201}GJJ 的励磁电路中检查了 D_{102}LXJF 的前接点。如因Ⅰ场故障，$SL_{Ⅱ}$ 信号机只能引导总锁闭方式来开放引导信号。

$SL_{Ⅱ}$ 信号开放后，为防止Ⅰ场信号楼值班员未取得Ⅱ场值班员的同意，取消 D_{102} 至股道的进路，在 D_{102}QJ 中，加有 SZCJ 吸起条件，当 SZCJ 落下时，D_{102}QJ 不能吸起，防止了单方面取消进路。

③Ⅰ-ⅡG 的进路继电器 LJ 电路

列车驶至Ⅰ-ⅡG 时，由于 D_{201}ZCJ 已吸起，为防止此时轨道分路不良而造成立即取消 D_{102} 至股道列车进路的可能，增设了Ⅰ-ⅡG 的进路继电器 LJ。LJ 一旦失磁，需 D_{102} 内方第一区段解锁后才能再度励磁。将 LJ 前接点加在 D_{102}QJ 电路中，以达到上述目的。

当Ⅱ场向联络线办理的是调车进路，此时应允许Ⅰ场值班员根据本场作业需要随时取消 D_{102} 的调车进路，在 D_{102}QJ 电路中用 SDTJ 前接点短路 SZCJ 和 LJ 条件。

在 LJ 电路中，为了解决进路排列后，因故欲取消进路，在主信号楼 $XL_{Ⅰ}$→D_{102}（或 $SL_{Ⅱ}$→D_{201}）的进路取消后，能办理另一信号楼 D_{201}→$Ⅱ_{Ⅱ}$G（或 D_{102}→$Ⅰ_{Ⅱ}$G）的进路取消，LJ 电路作成接近落下，即在 LJ 电路中加 JGJ 或Ⅰ-ⅡGJ 的前接点。

④接近轨道继电 JGJ 电路

如 $SL_{Ⅱ}$ 显示通过信号，则当列车压入信号内方时，应对 $S_{ⅠⅡ}$ 信号所防护的进路实行接近锁闭。通过 D_{201} 的 GJJ 及 ZCJ 的落下，将 D_{102}JGJ 的电路切断使其落下，通过 D_{102}JGJ 切断 D_{102}JYJ 电路，再断开 $S_{ⅠⅡ}$JYJ 的电路而使 $S_{ⅠⅡ}$JYJ 落下。当Ⅰ场值班员排列 D_{102} 至股道的列车进路后通过 D_{102}LXJ 的吸起，在本操纵台上点亮发出同意表示灯，在Ⅱ场控制台上点亮同意发车表示灯，Ⅱ场值班员即可根据此表示灯的显示来办理向Ⅰ场的发车进路。

二、站间联系电路

当两相邻车站站间距离很短，其间不能装设预告信号机，在区间装设轨道电路及站间联系电路，完成闭塞功能。有双线站间联系和单线站间联系两种情况。

1. 技术要求

（1）双方向运行区间的原接车站，只要是区间空闲，原发车站的发车进路在解锁状态，原接车站排列好发车进路，使发车进路锁闭后，即准许自动改变运行方向，原接车站即改为发车站；但必须做到先将原发车站改为接车站，再将原接车站改为发车站，不准许两站同时成为发车状态，即使是瞬间也不许可。

（2）单方向运行区间的车站，应检查区间空闲后，出站信号机才能开放。

（3）当区间有车时，应保证列车完全到达接车站后，才准许改变运行方向。

（4）双方向运行区间，任何情况下联系电路都不得出现“双发”现象。

（5）两站间同方向的出站信号机与进站信号机显示上应有联系。后架信号机所防护进路的接近区段，应从前架信号机内方的第一轨道区段开始。当其接近区段的长度仍小于列车的制动距离时，还应适当延长。

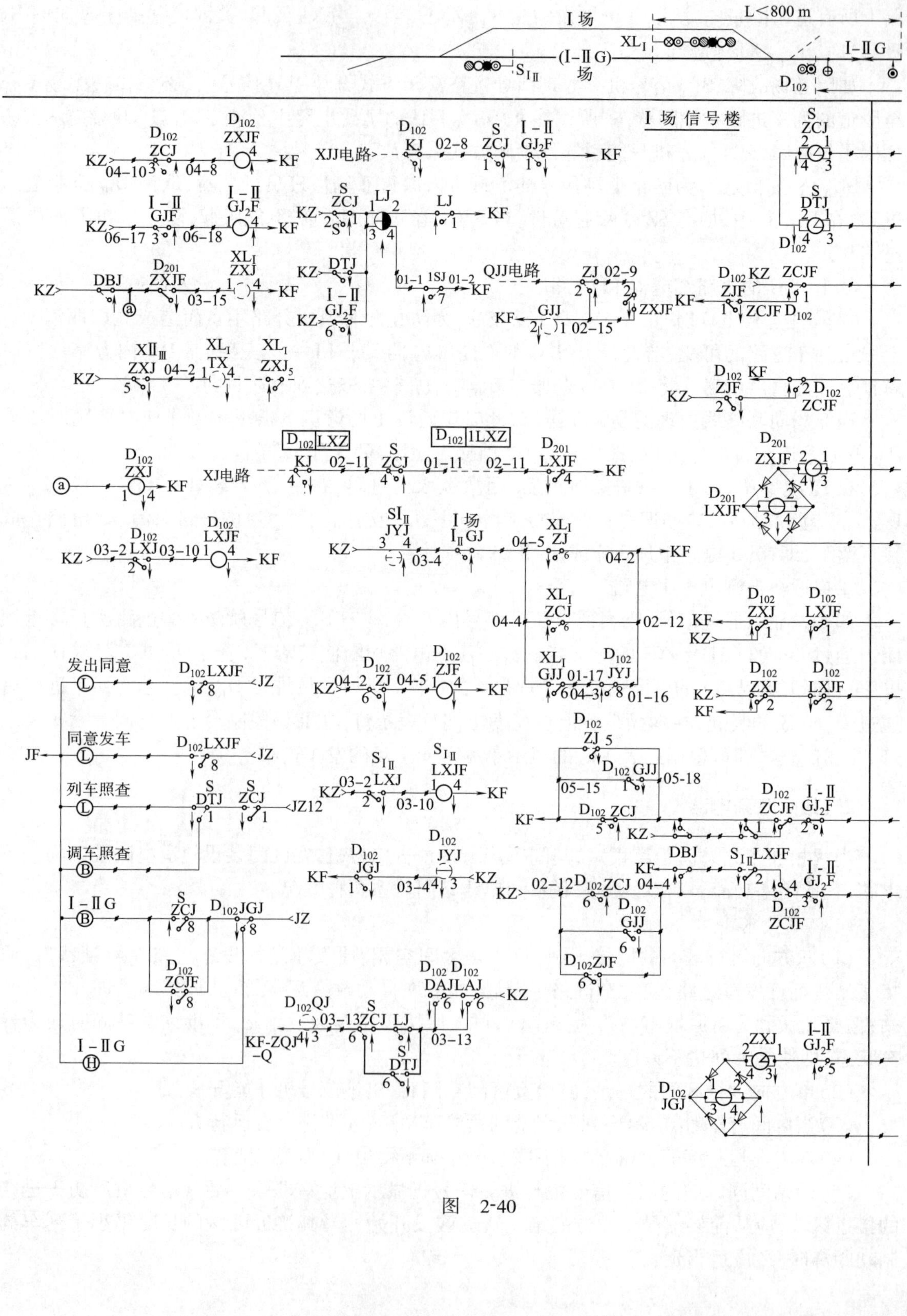
Ⅰ场
L＜800 m
$XL_Ⅰ$
Ⅰ-ⅡG
(Ⅰ-ⅡG)场
$S_{ⅠⅡ}$
D_{102}
Ⅰ场信号楼
XJJ电路
QJJ电路
XJ电路
D_{102} LXZ
D_{102} 1LXZ
发出同意
同意发车
列车照查
调车照查
Ⅰ-ⅡG
Ⅰ-ⅡG
KZ
KF
JZ
JZ12
JF
KF-ZQJ-Q
ZXJF
ZCJ
GJF
LJ
DTJ
DBJ
ZXJ
TX
KJ
LXJ
LXJF
JYJ
ZJ
ZJF
ZCJF
GJJ
JGJ
DAJ
LAJ
QJ
1SJ

图 2-40

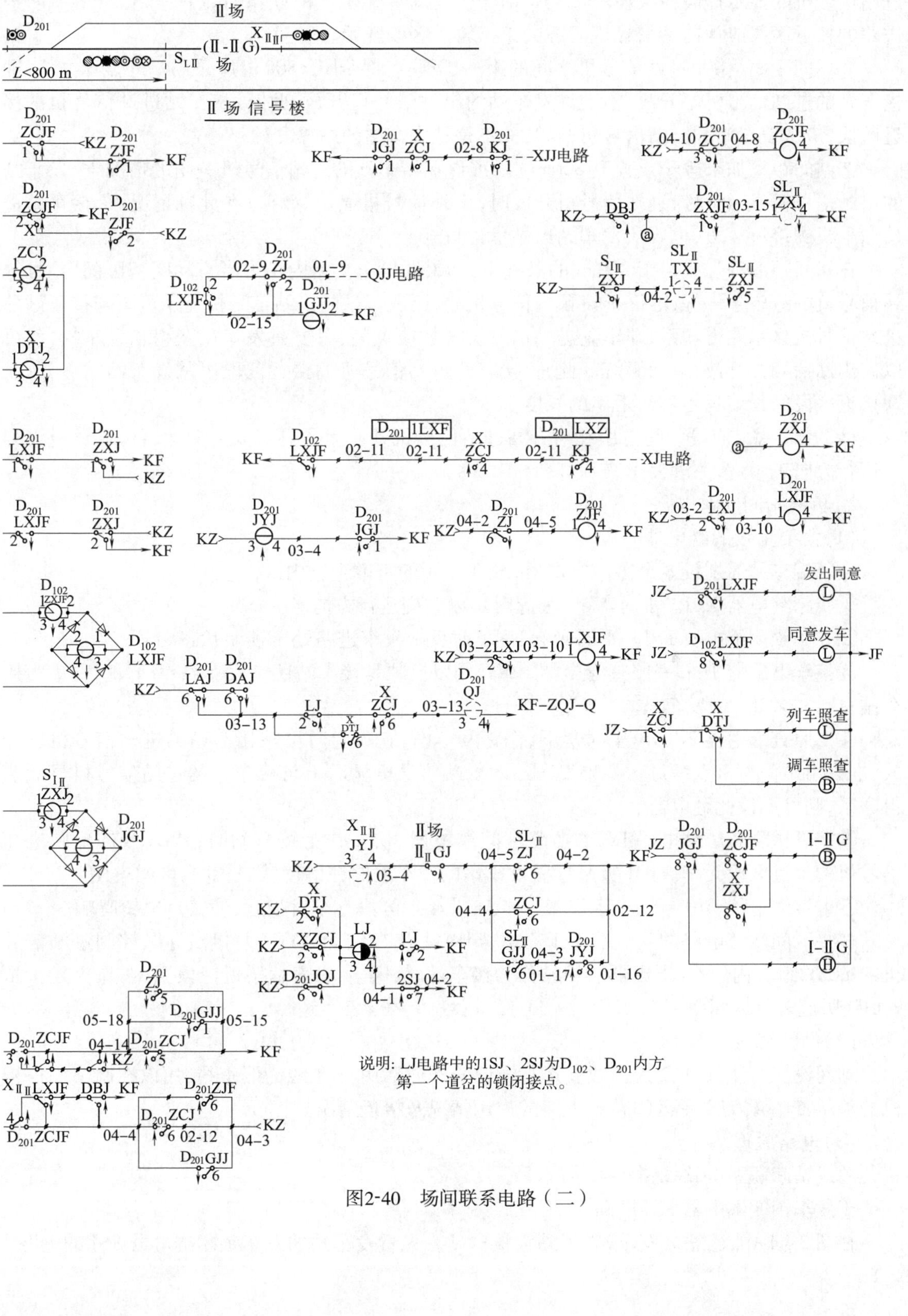

说明：LJ电路中的1SJ、2SJ为D_{102}、D_{201}内方第一个道岔的锁闭接点。

图2-40　场间联系电路（二）

①当出站信号机与邻站进站信号机间距离等于或大于800 m,此时出站信号机可根据邻站进站信号机的显示提高一级显示。当两信号机之间有显示上的联系时,后一架信号机所防护进路的接近区段应从前架信号机后方的第一轨道区段开始。

②站间距离(指两进站信号机之间的距离,下同)如果小于800 m应采用重复显示办法,即接车站的进站信号机不开放,不准许发车站的出站信号机开放,此时,接车站进站信号机的接近区段,应从发车站的出站信号机开始,而不是从发车站的站界开始。

③站间距离如果等于或大于800 m时,准许在接车站的进站信号机关闭的情况下,发车站的出站信号机显示黄灯,进站信号机开放时,出站信号机显示绿灯。在此种情况下,接车站进站信号机的接近区段,也要从发车站出站信号机开始。

在站间距离等于或大于800 m的条件下,如果此机车交路内均为半自动闭塞区间,并且进站信号机的瞭望条件好,准许不设预告信号机时,则发车站的出站信号机显示可不与接车站的进站信号机显示取得联系,即不论进站信号机开放或关闭,只要是发车站获得了发车权,就可以使出站信号机开放,显示绿灯。此时,接车站进站信号机的接近区段可从发车站站界开始,即接近区段的长度只是站间距离的长度。

(6)控制台上应设区间占用和对方站进站信号机开放表示灯。双方向运行区间还应设列车运行方向表示灯,办理发车表示灯。

2. 单线站间联系电路

(1)需要增设的继电器

在每端车站需增设8个零散继电器,放在专用的零散组合内。

①线路继电器XLJ。平时落下,吸起时用以改变运行方向。

②发车锁闭继电器FSJ。平时吸起,落下时反映发车进路处于锁闭状态。

③接车继电器JJ和一照查继电器1ZCJ,用以反映是接车站还是发车站:JJ↑、1ZCJ↓为接车站;JJ↓、1ZCJ↑为发车站。

④二照查继电器2ZCJ。平时落下,作为发车站,它吸起时反映接车站的进站信号机已开放,准许出站信号机点绿灯。如果发车站的出站信号机显示不与接车站的进站信号机显示取得联系,则可不设此继电器。

⑤接近预告轨道继电器JYGJ、监督区间继电器JQJ。作为接车站时,JYGJ吸起反映进站信号机的接近区段无车。JQJ吸起反映发车站的发车进路在解锁状态,并且区间空闲。

⑥电铃继电器DLJ。平时落下,作为接车站接近区段有车时吸起,使接近电铃鸣响。

如果区间轨道电路的受电端设于乙站,则甲站以1ZCJ和JYGJ两接点并联控制进站信号机的1LXF组合内的GJ继电器。甲站作为接车站时,GJ吸起表示接近区段空闲,作为发车站时,GJ吸起表示区间空闲。

(2)站间线对

站间设三对线条:1、2线为改变运行方向兼作通话用;3、4线为照查线,用以控制出站信号机的显示;5、6线为复示区间轨道电路的占用情况及接近情况。

(3)电路原理

单线站间联系电路如图2-41所示。

①发车锁闭继电器FSJ电路

在图2-41中,乙站为发车站,甲站为接车站。先看发车站的发车锁闭继电器FSJ的电路。

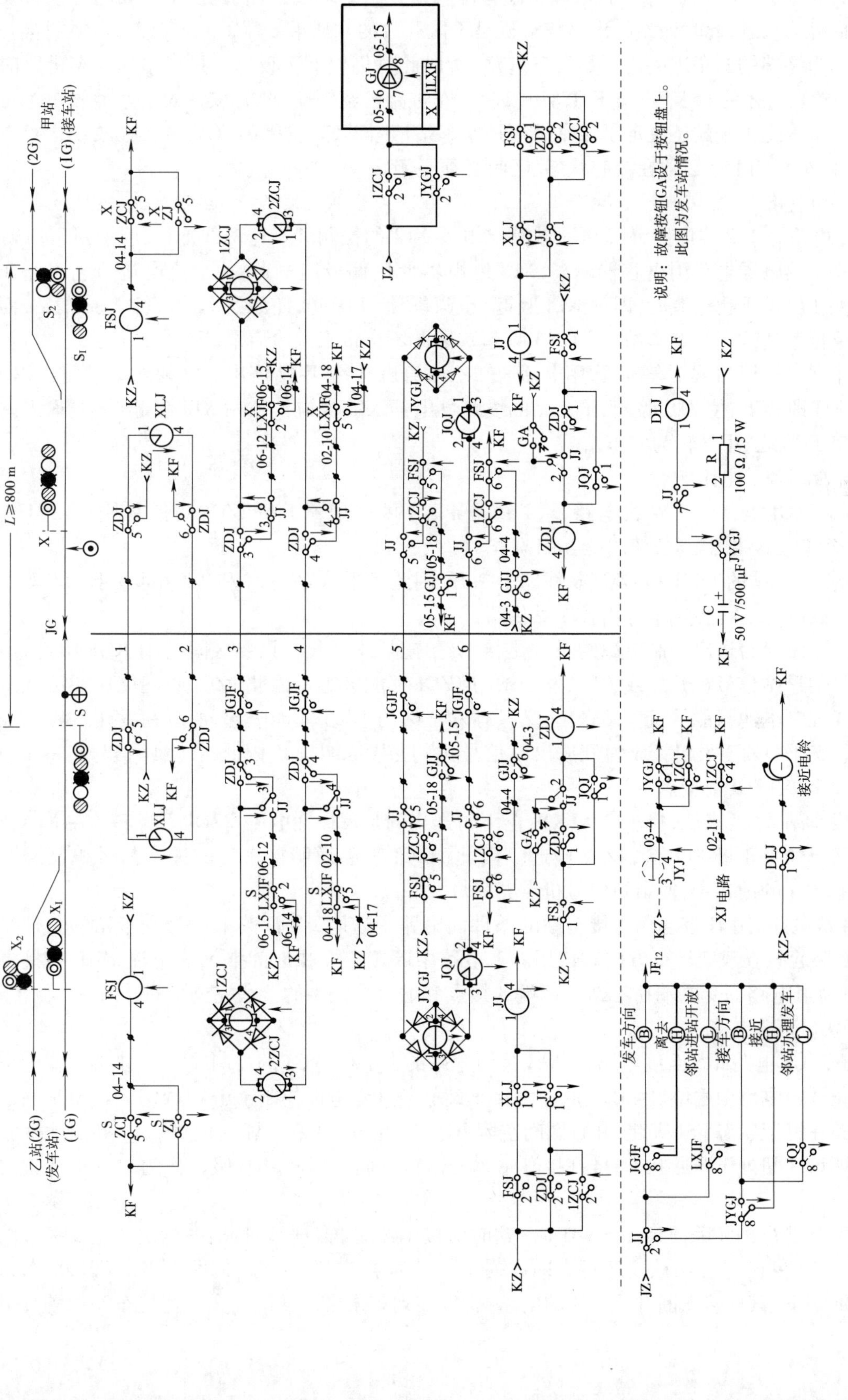

图 2-41　单线站间联系电路

注:1.两站的出站信号与图2-40相同,以2ZCJ作为黄绿灯转换条件。
2.两站表示电路相同。

在 FSJ 的电路中,SZCJ 前接点闭合,说明没有排列以 S 为终端的进路,因此 FSJ 吸起能说明发车进路在解锁状态,此时该站的出站信号机是不能开放的。如果 S ZCJ↓、S ZJ↑,则说明排列的是以 S 为终端的调车进路而不是发车进路,所以此时仍使 FSJ 吸起。只有排列发车进路时 S ZCJ↓、SZJ↓,才使 FSJ 落下。FSJ落下反映发车进路已经锁闭,此时该站的出站信号机才可能开放。至于能否开放还决定于该站必须是发车站,并且区间空闲(1ZCJ↑)。在改变运行方向时,原发车站的 FSJ 必须在吸起状态,区间必须空闲。

②XLJ 电路

XLJ 电路即 1、2 线电路,1、2 线是线路继电器 XLJ 的控制线。这两线准许使用原闭塞线。电话电路和继电器电路用电容器隔离,XLJ 继电器使用偏极继电器,使交流电流对它不起作用。在外线出现干扰电流时,即使 XLJ 吸起,也只能使 JJ 吸起,使原发车站改变为接车站,而不能将原接车站改变为发车站(因 1ZCJ 吸起),因此不会带来危险后果。

接车站——甲站欲发车时,除用电话通知乙站值班员外,甲站值班员办理发车进路,XZCJ 落下后 FSJ 即落下,使 ZDJ 吸起,给乙站的线路继电器 XLJ 送电。乙站 XLJ 吸起后,接通甲站 JJ 电路使 JJ 吸起,甲站转为发车站。

③1ZCJ、2ZCJ 电路

1ZCJ、2ZCJ 电路即 3、4 线电路,3、4 线是甲乙两站的 1ZCJ 和 2ZCJ 的控制线。1ZCJ 和 2ZCJ 两个继电器线圈串联,使之能互相监督。

平时,接车站的 1ZCJ 和 2ZCJ 从线路上断开,因此接车站的 1ZCJ 和 2ZCJ 都落下。发车站的 1ZCJ 接在线路上,控制电源由接车站供给。

由接车站能否送出控制电源的条件是接车继电器 JJ 吸起。只要区间空闲 JGJF 吸起,不论接车站的进站信号机开放或关闭,发车站的 1ZCJ 都能吸起。因此 1ZCJ 吸起能说明区间空闲。由于控制电源只能从接车站送出,又只有发车站的 1ZCJ 才能吸起,所以在发车进路已经锁闭的情况下,1ZCJ 吸起就成为开放出站信号机的必要条件了。因此,在出站信号机的 LXJ 电路中要串接 1ZCJ 前接点。

对发车站 2ZCJ 来说,接车站 XLXJF 落下时送出的是反极性电流,2ZCJ 不吸起。在 XLXJF 吸起时送出的是正极性电流,2ZCJ 吸起。因此,2ZCJ 吸起说明接车站的进站信号机已经开放,可用 2ZCJ 的前接点,使出站信号机点亮绿灯。

3、4 线电路,用 JJ 吸起作为接车站的条件向电路中送电,用 JJ 落下作为发车站的条件受电。ZDJ 吸起只在改变运行方向时使用。在电路中除接有反映区间空闲的条件 JGJF 前接点外(区间轨道电路的受电端在乙站),两端的接点和继电器线圈的接法完全相同并对称。

④JQJ、JYGJ 电路

JQJ、JYGJ 电路即 5、6 线电路,5、6 线是两车站的 JQJ 和 JYGJ 的控制线。用 JJ 落下作为发车站的条件向电路中送电,用 JJ 吸起作为接车站的条件受电以控制 JQJ 和 JYGJ。当发车站的发车进路在解锁状态 FSJ 吸起,并且区间空闲 JGJF 吸起时,使接车站的 JQJ 励磁。因此 JQJ 吸起能证明该区间处于开通状态,准许接车站改变运行方向。因此,JQJ 吸起作为改变运行方向的必要条件。

当发车进路排好后,FSJ↓、S GJJ↑。这时对接车站的 JQJ 来说,因电源送出的是反极性电流,所以 JQJ 落下,禁止再改变运行方向。列车出站后虽然 FSJ 吸起,但因 JGJF 落下,发车站的 1ZCJF 落下,其前接点断开了 JQJ 的电路,所以在列车未出清区间完全到达接车站以前,JQJ

不会吸起，因而也就不会再改变运行方向。

JYGJ 是用来反映进站信号机接近区段情况的。因为接近区段不是从发车站的站界开始，而是从发车站的出站信号机开始。例如，开放 X_I 时即从 X_I 开始，开放 X_2 时即从 X_2 开始。所以是用 S GJJ 前接点和 JGJF 前接点相串联来反映的。在未排列发车进路时 FSJ 吸起，这时 JYGJ 吸起，只反映区间轨道电路空闲。在排列好发车进路后，FSJ 落下，此时 JYGJ 吸起，反映从 X_I 或 X_2 至 X 之间各轨道区段都空闲。这样，当开放进站信号机后，只要是列车由邻站一出发，不论由哪一股道出发，一旦进入出站信号机内方，接车进路立即会转入接近锁闭状态。

在 5、6 线电路中接入的 1ZCJ 第五、六组前接点，用它证明该站为发车站，并且用它防止在排好发车进路以后，在接车站的 JJ 因故障落下时，使两个车站的控制电源相串联而被短路。

区间轨道电路的受电端设在乙站，因此，乙站 S 的 1LXF 组合里的 GJ 和 GJF 可用作 JGJ 和 JGJF，S 的 JYJ 电路必须用 JYGJ 前接点控制。甲站 X 的 1LXF 组合里的 GJ 和 GJF 就不能用作 JGJ 和 JGJF 了，因为受电端不在甲站。解决办法如图 2-41 所示，用 1ZCJF 前接点和 JYGJ 前接点并联控制 X 的 1LXF 组合里的 GJ。当甲站作为发车站时，用 1ZCJF 吸起（这时 JYGJF↓）反映 JGJF 吸起，即区间空闲时使 GJ 吸起。当甲站作为接车站时，用 JYGJF 吸起（这时 1ZCJF↓）反映 JGJF 吸起和邻站所排列的发车进路各轨道区段空闲，即 X 的整个接近区段空闲时使 GJ 吸起。这样，X 的 JYJ 电路就可以用 X 的 ILXF 组合里的 GJF 接点进行控制了。

由于发车站 JYGJ 在落下状态，为避免发车站试办接车进路时造成接近锁闭，故在 JYJ 电路中加入 JYGJ 和 1ZCJ 并联接点。

⑤ZDJ 电路

原发车站——乙站的发车进路在解锁状态（FSJ↑），并且区间空闲（JGJF↑）时，原接车站——甲站的 JQJ 才能吸起，证明满足了改变运行方向的基本技术条件。在此种情况下，甲站排好发车进路后，FSJ 落下，使 ZDJ 吸起并自闭。改变运行方向后，甲站的 1ZCJ 吸起，断开 JJ 的自闭电路，JJ 落下又使 ZDJ 落下。

⑥JJ 电路

在甲站排好发车进路后，FSJ 落下，使 ZDJ 吸起，于是向乙站送出改变运行方向的电流，使乙站的 XLJ 吸起。XLJ 吸起后，接通 JJ 电路，使 JJ 吸起。JJ 的励磁电路中检查了原发车站确实没有建立发车进路（由 FSJ 第二组前接点证明）。JJ 吸起后，经由 ZDJ 第二组后接点构成自闭电路，保持吸起。在 JJ 的自闭电路中，接有 ZDJ 和 1ZCJF 两个并联的后接点。在改变运行方向过程中，原接车站的 ZDJ 后接点已断开，此时，JJ 是靠 1ZCJ 后接点保持吸起的，一直到改成发车站 1ZCJ 吸起时为止。

原接车站——甲站的 JJ 平时吸起。当乙站的 JJ 吸起后，接通对方站的 1ZCJ 电路，使甲站的 1ZCJ 吸起。甲站的 1ZCJ 吸起后，断开本站的 JJ 自闭电路，使 JJ 落下。

⑦DLJ 电路

作为接车站时，JYGJ 吸起，这时给电容器充电。当列车由邻站出发，驶入出站信号机内方时，JYGJ 落下，于是电容器放电，使电铃继电器 DLJ 瞬间吸起，接通电铃电路，电铃鸣响。只有接车时，才准许 DLJ 吸起，因此在电路中接入 JJ 前接点加以控制。

（4）运行方向的改变

改变运行方向要由原接车站办理。办理时除用闭塞电话通知乙站外，要排列好发车进路，使发车进路锁闭。就是说,发车进路不锁闭不能改变运行方向。

如乙站为发车站,甲站为接车站,区间无车,两站信号机均在关闭状态。此时在乙站 FSJ、1ZCJ 吸起,XLJ、2ZCJ、JYGJ、JQJ、JJ、ZDJ 均落下。在甲站 FSJ、JQJ、JYGJ、JJ 吸起,1ZCJ、2ZCJ、XLJ、ZDJ 均落下。

甲站欲发车时,除用电话通知乙站值班员外,甲站值班员办理发车进路,XZCJ 落下后 FSJ 即落下,使 ZDJ 吸起,给乙站的线路继电器 XLJ 送电。乙站 XLJ 吸起后,接通 JJ 电路使 JJ 吸起。此时在乙站由于 JJ 的吸起,断开 1ZCJ 的供电电路,1ZCJ 落下,使乙站的出站信号机不能开放。在甲站由于 ZDJ 吸起,同时因乙站 JJ 吸起接通甲站的 1ZCJ 和 2ZCJ 电路,使 1ZCJ 吸起,2ZCJ 因乙站进站信号机未开放,供电电源极性相反,仍落下。由于 1ZCJ 吸起,断开 JJ 的自闭电路,JJ 落下又使 ZDJ 落下,停止向乙站 XLJ 送电。

可见,转变接发车方向时,必须先使发车站 JJ 吸起转为接车站,随后原接车站待 1ZCJ 吸起后再使 JJ 落下转变为发车站。至此甲站即由接车站转为发车站,点亮发车方向表示灯,而乙站则由发车站转为接车站,点亮接车方向表示灯。

当乙站进站信号机开放后,由 LXJ 的吸起接点通过 3、4 线向甲站送以反极性电源,使甲站的 2ZCJ 吸起,2ZCJ 接点加在出站信号机点灯电路中,使出站信号由黄灯变为绿灯。

甲站原为接车站时,5、6 线上的 JQJ 及 JYGJ 均吸起。转变为发车站后,由于乙站 JJ 吸起,断开甲站的 JQJ 及 JYGJ 的供电电路,甲站的 JQJ 及 JYGJ 落下,同时在甲站因 JJ 已落下,又沟通了向乙站 JYGJ 及 JQJ 的供电电路,使乙站的 JYGJ 及 JQJ 吸起。当甲站排列发车进路后,由于 FSJ 落下及 GJJ 吸起改变了向乙站供电的电源极性,使乙站的 JQJ 落下,排除了乙站变为发车站的可能。当出发列车压入甲站出站信号机内方第一轨道区段后,GJJ 落下,断开乙站的 JYGJ 供电电路,使 JYGJ 落下,从而使乙站进站信号机的 JYJ 落下。至此,即对乙站进站信号机所防护的进路实现了接近锁闭。

当接车站因故障或停电恢复使 JJ 失磁,此时欲使闭塞设备恢复正常,应在两站值班员共同确认区间空闲的情况下,由原发车站破铅封,按下设于人工解锁按钮盘上的故障按钮 GA,使正电继电器 ZDJ 吸起,向接车站的线路继电器送电,使 JJ 吸起,从而使两站的设备恢复正常。

3. 双线站间联系电路

双线站间联系一般也按单线处理,即按双线双向运行处理,其电路同单线站间联系电路,当然需要两套。

双线按双线单向运行时,其站间联系电路如图 2-42 所示。

两站分设照查继电器 1ZCJ 和 2ZCJ,其中 2ZCJ 为偏极继电器。1ZCJ 的吸起表示区间空闲,2ZCJ 吸起表示邻站进站信号机开放。将 1ZCJ 接点加在 XJ 电路中以检查区间空闲,而将 2ZCJ 的接点加在出站信号点灯电路中,用以区别出站信号机的黄绿显示。

为了当出站信号开放后,列车压入出站信号机内方第一轨道区段,对邻站进站信号机所防护的进路实行接近锁闭,由出站口的 ZCJ、GJJ 及 ZJ 接点并联控制邻站的 JGJ。

三、与机务段联系电路

与机务段联系有三种情况:机务段为双线双方向运行、机务段为双线单方向运行、机务段为单线双方向运行。

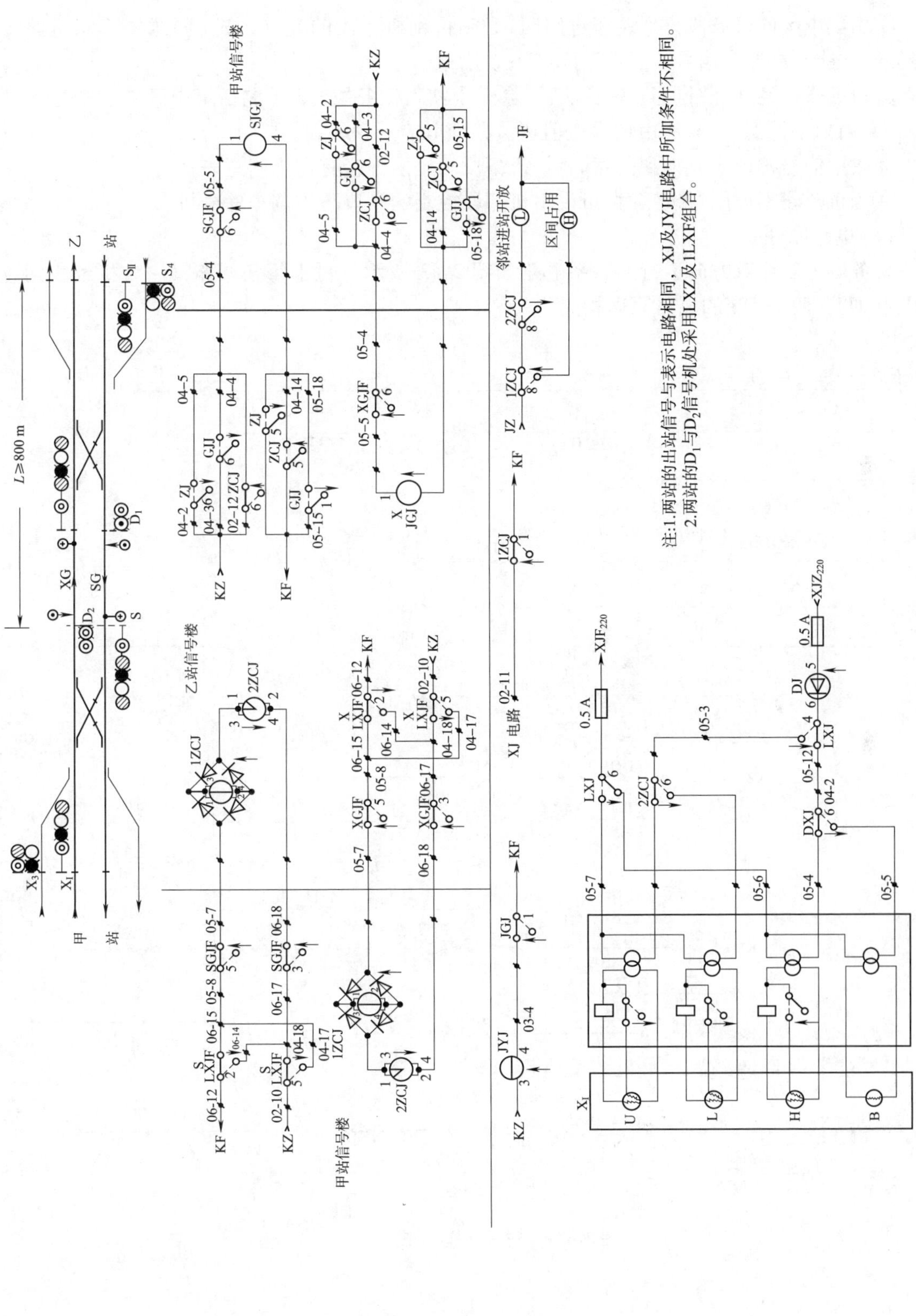

注:1.两站的出站信号与表示电路相同，XJ及JYJ电路中所加条件不相同。
2.两站的D_1与D_2信号机处采用LXZ及1LXF组合。

图 2-42　双线站间联系电路

1. 机务段为双线双方向运行的联系电路

(1)技术要求

①由集中区向机务段排列调车进路时,必须得到机务段的允许(按压同意按钮),进路才能排通,才能开放调车信号。"同意"只能一次有效。

②机务段一经办理"同意"手续以后,除机车驶入机务段管界(包括集中区外方的连接部分)而自行取消同意外,只能由信号楼值班员办理取消同意手续。

③集中信号楼内应有得到同意表示,机务段闸楼内则应有发出同意表示。

④当机务段不设同意按钮时,可设由机务段控制的入口防护调车信号机。

(2)电路原理

机务段为双线双方向运行的联系电路如图2-43所示。对于每条线路设一个机务段同意继电器JTJ。两个JTJ的电路原理相同。

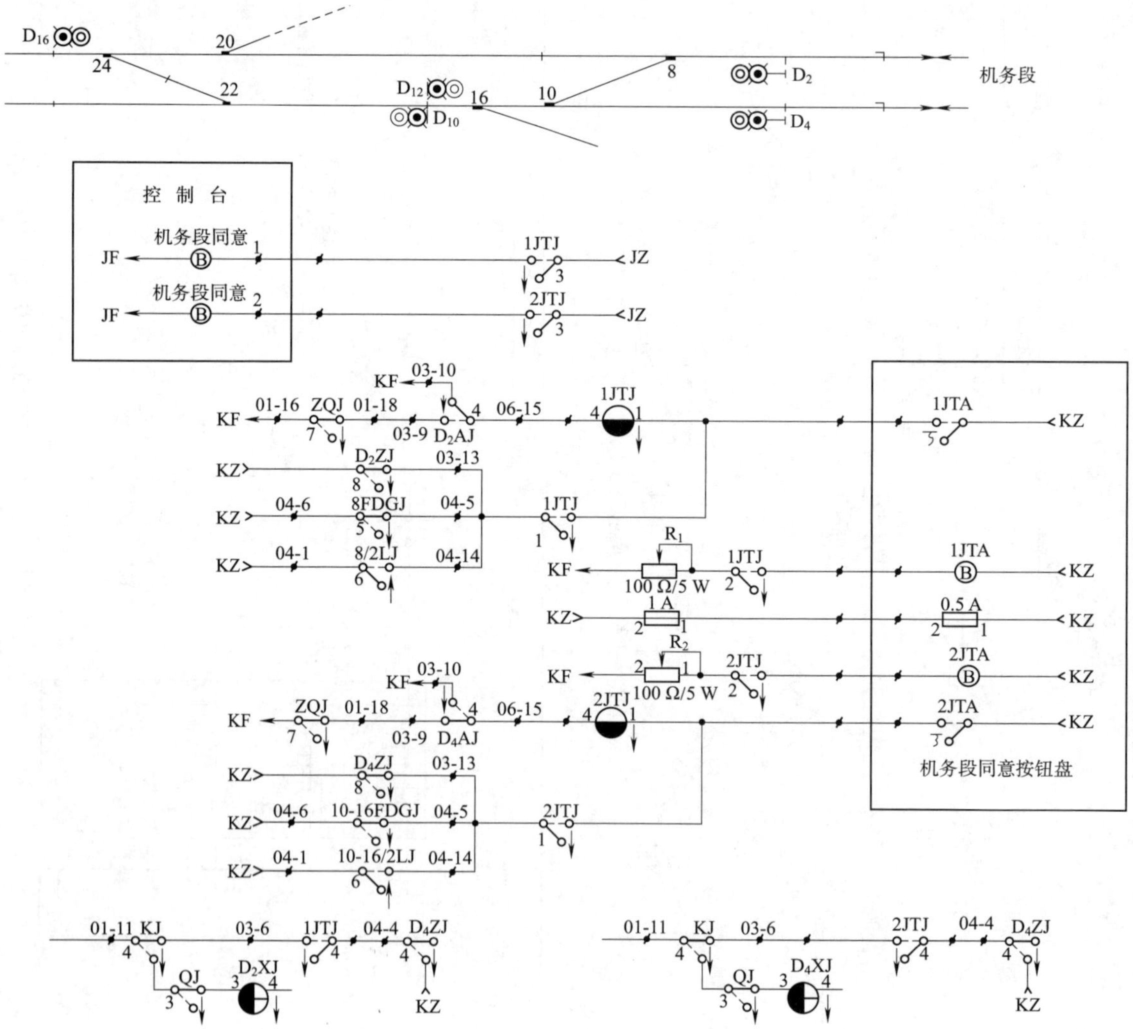

图2-43 与机务段联系电路(一)

机务段闸楼同意机车入库时,须按下机务段同意按钮 JTA,JTJ 励磁并自闭。其作用是:同时接通集中楼的得到同意表示灯和机务段闸楼同意表示灯;将其接点接入相应的调车信号电路,控制向机务段开放调车信号。

欲取消"机务段同意"时,经电话联系后,信号楼值班员同时按压机务段出口处的调车信号按钮和总取消按钮,断开 JTJ 电路。

JTJ 自闭电路中,加入 FDGJ 和 LJ 并联接点是为了使机车驶入机务段而自行取消同意的。LJ 接点应采用紧靠机务段侧的进路继电器 LJ 接点,这样才能保证机车完全进入机务段管内后 JTJ 才落下。如无 LJ 接点,则机车推送车列进机务段时,车列一压入邻接机务段的道岔区段,JTJ 就落下,断开了调车信号自闭电路。

JTJ 自闭电路还加入机务段口处的调车终端继电器 ZJ 接点,是防止因轨道电路故障等原因而取消了"机务段同意"。

2. 机务段为双线单方向运行的联系电路

机务段为双线单方向运行的联系电路如图 2-44 所示。

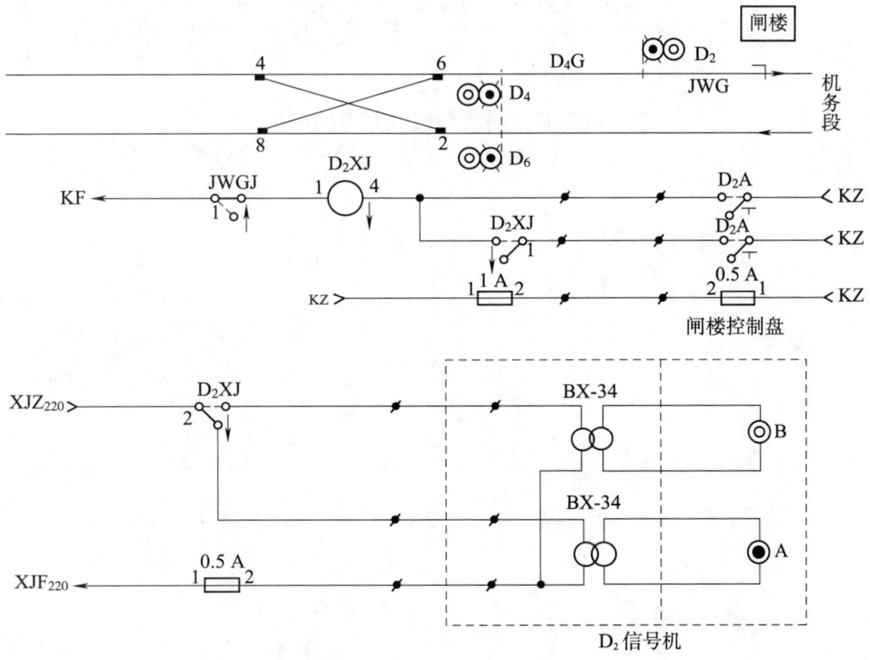

图 2-44　与机务段联系电路(二)

D_2 信号机由机务段闸楼控制,信号楼无须机务段同意,可随意向 D_4G 排调车进路,放行机车。闸楼值班员按压 D_2A,D_2XJ 励磁且自闭,D_2 信号机开放。机车压入 D_2 信号机内方 JWG,D_2XJ 失磁,D_2 信号就关闭。D_2 信号开放后,闸楼值班员可拉出 D_2A 来关闭 D_2 信号。

为使设备集中,D_2XJ 设在信号楼。

3. 机务段为单线双方向运行的联系电路

机务段为单线双方向运行的联系电路如图 2-45 所示。

机务段为单线双方向运行,D_2 信号机由机务段闸楼控制,信号楼不需机务段同意,可随意向 D_6G 排调车进路,放行机车。机车压入 D_2 信号机内方,D_2 信号即自动关闭。D_6 信号机开放,D_6F 信号机才开放,机车压入 D_6G,D_6F 信号机就自动关闭。

D_2 信号机的电路同双线单方向运行的方式。

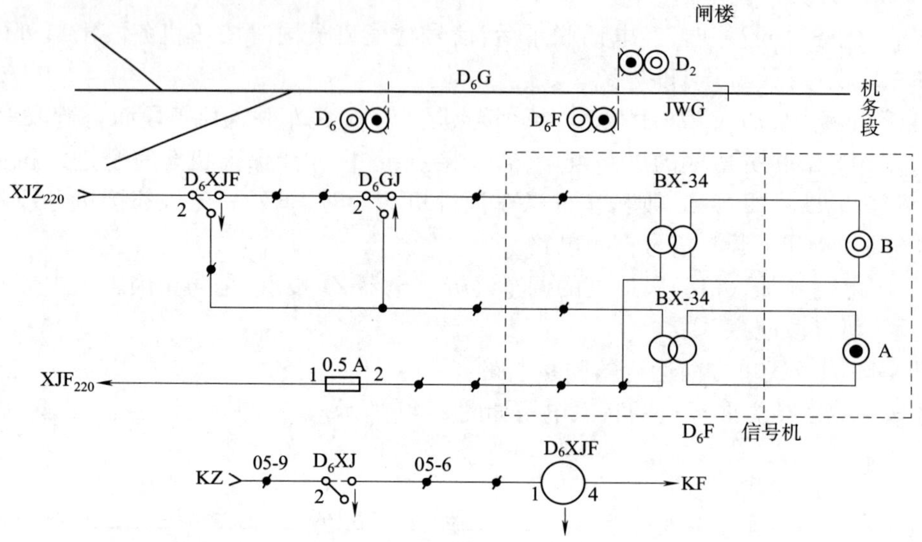

图 2-45 与机务段联系电路(三)

第三章　计算机联锁的基本原理

计算机联锁，通常采用工业控制计算机或安全计算机平台，由一套专用的软件来实现车站信号、进路、道岔间的联锁关系，进行联锁关系的逻辑运算和判断。即利用计算机对车站值班员的操作命令和现场监控设备的表示信息进行逻辑运算后，完成对信号机、道岔及进路的联锁和控制。它实质上是一个满足故障—安全原则的逻辑求值器，自动采集、处理信号机、道岔、轨道电路的信息，把车站值班员的控制命令和现场的各种表示信息输入计算机，再根据储存在计算机内的有关条件，进行联锁关系的逻辑运算和判断，然后输出信息至执行机构，实现对车站信号设备的控制和监督。

这就使得计算机联锁与继电集中联锁有着明显的区别，也使得计算机联锁具有显著的优点。

在计算机联锁里，没有必要设计电路意义上的到发线出岔、6‰下坡道延续进路、非进路调车等结合电路，也不存在方向电路、方向电源的电路层次结构，对于长进路一次解锁、中途返回解锁等都能合理地实现。

虽然计算机联锁有各种不同的型号，它们之间有差异，但是它们的硬件系统是大致相同的结构，软件系统的基本原理也是相同的。

第一节　计算机联锁的主要技术条件

计算机联锁的主要技术条件有：

1. 计算机联锁是以计算机为主要技术手段实现车站联锁的信号系统。计算机联锁应保证行车安全，能满足各种车站（场）规模和运输作业的需要，提高运输效率，改善劳动条件，并具备大信息量和联网能力。

2. 计算机联锁应工作可靠并符合故障—安全原则，其安全完整性应满足 GB/T 28809—2012 规定的 SIL4 级要求。

3. 有关电源、电磁环境、外部接口、人机接口等环境条件和使用条件的设计应采用与安全完整性等级相适应的设计方法。

4. 联锁计算机应采用高可靠性硬件和冗余结构。

5. 计算机联锁的硬件和软件结构应实现模块化和标准化。联锁程序和车站基础数据宜具有相对独立性。

6. 计算机联锁应能够与调度集中、列车调度指挥系统、无线闭塞中心、列控中心、信号集中监测等信号系统接口，应遵循规定的通信协议和接口规范。

7. 计算机联锁应向规定的软件检测设备提供必要的接口。

8. 计算机联锁应具备符合要求的电磁兼容和防雷能力。

9. 计算机联锁应具备一定的自诊断和故障报警功能。

第二节　计算机联锁硬件系统的基本原理

计算机联锁硬件系统是软件赖以运行的硬件支撑。

计算机联锁系统的功能要求与性能要求均比较高,既要求具有友好而准确的人机界面,同时又要求具有高可靠性与高安全性,采用的是上下两层乃至多层的分层结构。

就控制的层次而论,计算机联锁系统可分为人机对话层、联锁层和监控层,相应地,可由操作表示计算机、联锁计算机以及控制器来承担各层的任务。这样,整个系统可以分为上下两层,即上层为人机会话层,下层为联锁层。

操作表示计算机的主要任务是接收来自鼠标等的操作输入,判明操作输入能否构成有效的操作命令,并将操作命令转换成约定的格式,输送给联锁计算机。另外,接收来自联锁计算机的表示信息,将它们转换成显示器能够接收的格式。

联锁计算机是联锁系统的核心部分,实现高可靠性与高安全性的联锁功能。联锁计算机接收来自人机对话计算机的操作命令,接收来自人机对话计算机的室外监控对象的状态信息,进行联锁逻辑运算,发出控制道岔转换和开放信号的控制命令。

I/O 接口用来实现对象群与室内联锁机之间的联系。I/O 接口是控制命令和状态信息的转送站,它接收来自联锁机的控制码,经过变换形成控制命令以驱动相应的控制电路;它又接收监控对象的状态信息,经过编码再传送到联锁计算机。I/O 接口是数传终端,没有联锁功能,但它所处理的信息均属于涉及安全的信息,因此,它不仅应十分可靠,而且应具有故障—安全性能。控制器本身发生故障时也应能自动地通知联锁计算机,以便及时进行处理。

为了提高系统的可靠性和安全性,计算机联锁系统大多采用了冗余结构。按处理故障的方式,冗余结构分为两大类,一类是故障切换结构,一类是故障屏蔽结构。

故障切换结构又分为双机热备结构和 2×2 取 2 结构。在双机热备系统中,一个 CPU 执行联锁(主机),另一 CPU 虽然也进行联锁运算(热备),但不控制输出。在 2×2 取 2 系统中,两个 CPU 构成一个子系统执行联锁任务(主机),另两个 CPU 处于热备状态(备机)。

故障屏蔽结构采用屏蔽冗余技术,属于这类结构的目前只有 3 取 2 系统。

目前均采用 2×2 取 2 结构,因为其具有高安全性和高可靠性。

第三节　计算机联锁软件系统的基本原理

和其他计算机系统一样,计算机联锁系统必须依靠软件,才能实现它的全部功能。计算机联锁系统的软件也分为系统软件和应用软件。

系统软件包括标准程序库、语言处理程序、操作系统、服务性程序、网络软件等。系统软件主要用来管理整个计算机系统,监视服务,使系统资源得到合理调度,确保高效运行。应用软件是根据任务需要所编制的各种程序。系统软件的基本结构应设计成实时操作系统或者实时调度程序支持下的多任务实时系统。

一、计算机联锁系统的软件功能

一般来说,计算机联锁系统的软件应具有人机界面信息处理功能、联锁控制功能、执行控制功能、自动检测与诊断功能等。

1. 人机界面信息处理功能

人机界面信息处理功能包括操作信息处理、表示信息处理、维护与管理信息处理的功能。

2. 联锁控制功能

联锁控制功能指基本的联锁功能，即进路控制功能，主要包括：

①建立进路；

②进路锁闭；

③信号开放；

④信号开放保持；

⑤进路正常解锁；

⑥进路非正常解锁；

⑦道岔单独操纵；

⑧引导进路锁闭和引导总锁闭。

3. 执行控制功能

执行控制功能即输入控制和输出控制功能。

输入控制功能采集现场设备的状态信息，为联锁运算提供数据。

输出控制功能根据联锁软件生成的控制命令来驱动现场设备控制电路。

4. 自动检测与诊断功能

自动检测与诊断功能主要是在执行联锁程序的过程中在线检测故障现象，检查硬件的失效，软件的缺陷以及故障的位置。

5. 其他功能

其他功能指基本联锁功能以外的功能，包括：

①非进路调车控制功能；

②平面调车溜放控制功能；

③与 CTC/TDCS 联系功能；

④与其他系统，如站内调度、管理信息系统等的结合功能；

⑤监测联锁设备状态功能。

在这些软件中，人机界面信息处理软件、基本联锁软件、执行控制软件、自动检测与诊断软件，是计算机联锁系统必须具备的。

二、计算机联锁系统软件的任务划分

计算机联锁系统分为上位机系统和下位机系统。上位机系统的人机会话由人机会话机实现，维修诊断由电务维修机实现。下位机系统的联锁运算、输入和输出由联锁机实现。

计算机联锁系统软件的任务由联锁机、人机会话机、电务维修机的软件分工完成。

联锁机软件：完成按钮操作处理及站场信息处理；联锁运算；输入和输出。

人机会话机软件：完成对操作命令的接收、判断与发送；站场信息显示；系统信息提示。

电务维修机软件：完成站场状态跟踪与回放；操作命令记录与故障记录；输入/输出故障定位提示。

三、计算机联锁系统软件的总体结构

不同的计算机联锁系统,软件的组成和原则是不一样的,但软件的基本结构可归结如下。

1. 按照系统层次结构分类

如图 3-1 所示,按照软件的层次结构,可分为三个层次,即人机会话层、联锁运算层和执行层。每个层次又根据功能需要划分为几个功能模块。

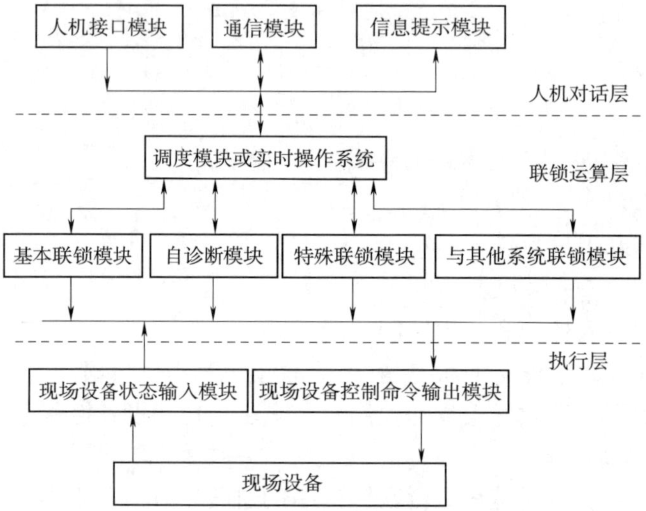

图 3-1　计算机联锁系统软件的总体结构

人机对话层完成人机界面信息处理;联锁运算层完成联锁运算;执行层完成控制命令的输出和表示信息的输入。

2. 按照冗余结构分类

按照冗余结构,可分为双机热备系统的软件结构、2 ×2 取 2 系统的软件结构和 3 取 2 系统的软件结构。

3. 按照联锁数据的组织形式分类

按照联锁数据的组织形式,可分为联锁图表式和进路控制式软件结构。

四、联锁数据与数据结构

在联锁程序中,参与逻辑运算的逻辑变量和常量统称为联锁数据。联锁数据可按信号机、道岔和轨道电路等监控对象划分为相应的数据块。例如,对一组道岔来说,在数据块中应包括道岔定位操纵、反位操纵、定位表示、反位表示、道岔锁闭等数据结构。数据量确定后,数据块的格式就定型化了,也就是说数据块本身与车站结构无关。

在计算机联锁系统所处理的大量数据中,代表安全信息的二值逻辑变量占有重要的地位。电子器件是一种对称出错元件,不能仅以 1 和 0 来代表状态信息和控制信息这些开关量,如果简单地用一个二值码元(bit)代表一个具体逻辑量,不符合故障—安全要求。因此,必须采取多个码元编码,以多元代码代表开关量,才是故障—安全的。就是说,有关监控对象的状态和控制的所有开关量,在电子电路(包括计算机本身)中的存储、传递和处理过程中必须以代码

形式存在，才符合故障—安全的要求。

联锁数据包括静态数据和动态数据。

1. 静态数据

静态数据即常量，在联锁运算中保持不变。例如，对于一条进路，该进路的特性和有关监控对象的特征及其数量，就是静态数据。包括：

①进路性质，是列车进路还是调车进路；

②进路方向，是接车方向还是发车方向；

③进路的范围，即进路的始端和终端，如果是变通进路，应指明变更点（相当于变通按钮所对应的位置）；

④防护进路的信号机（信号机名称）；

⑤与建立进路相敌对的信号机及敌对条件；

⑥进路中的轨道电路区段（名称）及数量；

⑦进路中的道岔（名称）、所处的位置、数量；

⑧进路所涉及的侵限绝缘轨道区段（名称）及检查条件；

⑨进路的接近区段（名称）和离去区段（名称）；

⑩进路末端是否存在需要结合或照查的设施，如闭塞设备、驼峰信号设备、机务段联系等。

给定一个车站的信号设备平面布置图后，就可根据其选定全部静态数据块。

2. 动态数据

动态数据指参与联锁运算的变量，主要包括操作输入变量、状态输入变量、表示输出变量、控制输出变量以及为实现联锁逻辑所需的控制变量及中间变量等。

操作输入变量是反映操作人员操作动作的开关量。

状态输入变量是反映监控对象状态的变量，如轨道电路区段状态、道岔状态、信号机状态、灯丝状态，以及与进路有关的其他设备状态等。

表示输出变量是指向显示器提供的变量。通过这些变量反映有关列车或调车车列运行情况、操作人员的操作情况以及联锁设备工作状况。

设备控制变量是指控制信号机和转辙机的变量。

中间变量是指联锁程序执行过程中产生的一些变量。这些变量是为实现联锁逻辑而起过渡或中间转换作用的。

五、联锁软件

联锁是一种比较复杂的功能。在实现联锁处理时，如果完全离开已由实验验证的继电集中联锁而另行研究一种新的逻辑算法，难免会有潜在的逻辑错误。因此，以继电集中联锁所实现的联锁为依据编制联锁处理程序，一般认为是一种有效的途径。联锁程序原理上可由继电电路变换而成。

1. 联锁软件的基本模块

车站规模的大小、站场结构的繁简主要影响进路的数量，而各条进路的控制过程则基本上是一样的，这是由安全作业的要求所决定。一条进路从办理到解锁需经历一个过程。这个过程包括操作、选路、道岔动作、选排一致性检查、进路锁闭、信号开放等阶段，以及进路解锁阶段,这些阶段的划分与车站结构无关。因此,进路控制过程很自然地就作为设计联锁程序的依据,这可使它为各条进路所共用,也就使联锁程序标准化,为各个车站所通用。

对于每一个阶段的程序,可设计成相应模块,以及再划分为若干个子模块,这样可使联锁程序尽量模块化,以摆脱受车站结构的影响。

对于进路控制,有些过程必须有操作人员的参与,例如,办理进路、取消进路、人工解锁进路等。有些过程不需人的参与,例如,进路锁闭、信号开放、进路自动解锁等。在进路控制过程中必须了解监控对象的状态,必须向操作人员提供表示信息,以及向道岔控制电路和信号机控制电路提供控制命令。

因此,联锁软件一般来说可分成六个模块:操作输入及操作命令形成模块、操作命令执行模块、进路处理模块、状态输入模块、表示输出模块、控制命令输出模块。

(1)操作输入及操作命令形成模块

操作输入是指把车站值班员操作鼠标等形成的操作信息输入到计算机中并记录下来,分析操作信息是否能构成合法的操作命令,不合法时则向操作人员提示。

操作输入量很大,形成的操作命令的种类也有十几种。该模块一般可由人机会话计算机完成。人机会话计算机将形成的操作命令经由串行数据通道输送到联锁计算机中,并储存在一个操作命令表中。

(2)操作命令执行模块

操作命令执行模块是根据操作命令执行相应功能的程序模块。该模块中包括许多子模块。实际上,有多少种操作命令就有多少个子模块。每个子模块执行时间很短,不需考虑它们的优先级别,在执行顺序上不受限制。在执行"操作命令执行模块"时,根据操作命令表的每一条现在的命令,从操作命令执行模块中找出相应的子模块予以执行。如果执行结果达到预期目的,则从操作命令表中删去相应的操作命令。否则应给出表示信息,提醒车站值班员采取相应的措施。

(3)进路处理模块

进路处理模块是在执行了进路搜索子模块对所办进路已形成进路表之后,对进路进行处理的模块。进路处理分成五个阶段,进路处理程序也相应分成五个子模块。

进路选排一致性检查及道岔控制命令形成子模块检查道岔位置是否符合进路要求,如果不符则形成相应的道岔控制命令。

进路锁闭模块检查进路的锁闭条件是否满足,若满足时给出进路锁闭变量及提示信息(如白光带等)。

信号开放与保持子模块检查进路信号开放条件是否满足,若满足时形成防护该进路信号机的开放命令。在信号开放后,不间断地检查信号开放条件,条件满足时使信号保持开放,否则使信号关闭。

进路正常解锁子模块实现进路正常解锁和调车进路的中途返回解锁。

取消进路子模块实现进路的取消和人工解锁。

(4)状态输入模块

将道岔、信号和轨道电路等的状态信息输入到联锁计算机中。

(5)表示信息输出模块

将已形成的各种表示信息通过相应的接口,来驱动显示器工作。

(6)控制命令输出模块

将已形成的道岔控制命令和信号控制命令通过相应的输出通道,来控制道岔控制电路和信号控制电路。

2. 操作命令执行程序

对应每种操作命令都有一个执行程序子模块。这些子模块按一定的程序控制方式联系在一起就构成操作命令执行模块,如图 3-2 所示。程序构成思路是:操作人员的操作由人机对话计算机采集并传送到联锁计算机,由按钮分析模块对按钮操作进行分析后,形成操作命令并存储在操作命令表中,当主程序执行“操作命令执行模块”时,顺序地从存储区中取出命令并予以执行;当命令的执行条件满足而成功执行后,从存储区删去相应的命令。图 3-2 所示的模块仅有一个入口和一个出口,而且其中各个子模块也仅有一个入口和一个出口,这种结构符合结构化程序设计,便于对模块进行独立设计和调试。

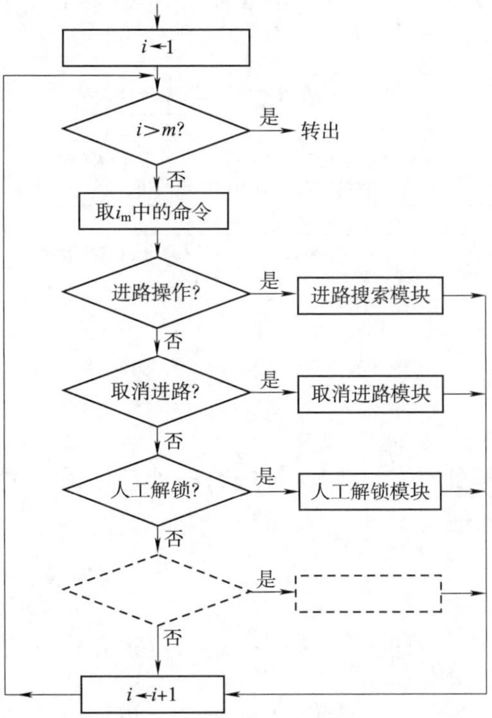

图 3-2　操作命令执行模块

道岔控制程序的实现包括道岔控制技术条件的检查和道岔操作命令程序的执行。

(1)对于道岔总定位、总反位,道岔控制技术条件的检查

①检查道岔锁闭情况,如果道岔被进路锁闭和单锁,则不允许转换道岔;

②检查道岔所在区段有车占用,如果占用,则不允许操作;

③检查道岔所在区段的超限绝缘的情况,如相邻区段有车,则不允许操作;

④检查双动道岔的另一道岔及其所在区段是否被锁闭或有车占用,如果锁闭或占用,则不允许操作;

⑤道岔转换时间如果超过 13 s,则取消控制命令,并给出提示“命令不能执行”提示。

(2)对于单锁、单解,道岔控制技术条件的检查

①道岔未被封锁;

②道岔不在转换之中;

③单锁后允许排列经锁闭道岔位置的进路,但不能转动道岔;

④单解道岔,应在满足相应的检查条件后方可进行。

(3)对于封锁、封解,道岔控制技术条件的检查

①道岔未被进路锁闭;

②道岔未被单独锁闭;

③道岔不在转换之中。

在对设备进行维护或维修时,封锁后不允许再排列经该道岔的进路。

道岔操作命令的处理模块是一个相对独立的部分,不与进路的处理发生联系,有较好的独立性,实现的技术条件也比较简单。该模块的总体结构流程如图 3-3 所示。

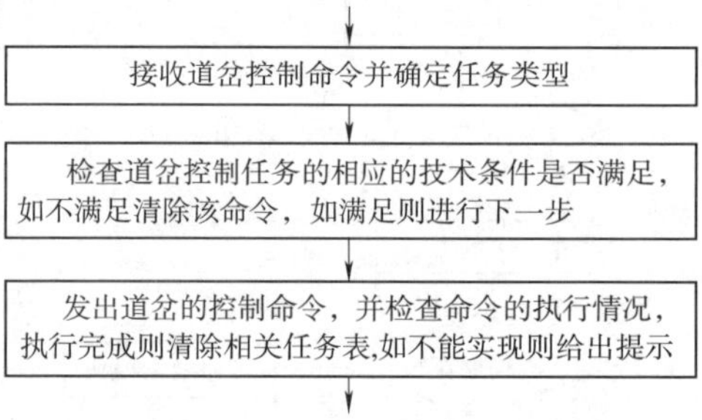

图 3-3 道岔控制程序结构流程

3. 进路处理程序

进路处理程序是联锁程序的核心部分,对进路的处理可采用进程控制方式。进路的处理主要包括进路搜索和进路处理。

(1)进路搜索程序

进路搜索程序根据形成的进路操作命令搜索进路,选出符合进路需要的静态数据,构成一个进路表,并存于进路总表中。目前广泛采用的进路搜索方式有动态生成进路和从进路表中选出进路两种。

动态生成进路方式把站场中所有设备都各自作为进路中的一个结点,根据进路中的相关结点之间的关联关系,从进路始端向进路终端搜索出一条符合要求的进路并存储到进路控制表中。但从经验及理论分析得知,最佳的方式是从进路终端向进路始端进行搜索。

从进路总表中选出符合进路需要的静态数据,并存于进路控制表中。这种方式是事先把与进路相关的数据都存于进路总表中,在进路总表中指明各设备之间的联锁关系,从而便于进路的处理。

目前计算机的发展已经解决了内存的容量限制问题,所以综合上述两种方式,最佳的方案就是采用计算机辅助设计(CAD)来生成静态进路表,在 CAD 中设计出一套完整成熟的进路搜索程序来完成进路表的制作,从而避免了手工输入进路表而产生的人为错误,大大提高了联锁程序的效率和可靠性。

(2)进路处理模块

进路搜索完成后,联锁程序将进入进路处理模块。进路处理包括进路的选排一致检查、进路锁闭、信号开放并保持、进路解锁,其中进路解锁又包括进路正常解锁、取消、人工解锁等。

一般通用的进路处理模块可划分为:进路选排子模块、进路锁闭子模块、信号开放与保持子模块、进路正常解锁子模块、取消进路子模块、人工解锁进路子模块、区段故障解锁子模块、清除进路控制表子模块。

①标准检查子模块

进路处理过程中,不少地方需检查进路空闲、道岔位置正确、照查条件(包括两咽喉间的敌对进路的检查,与区间闭塞的联系、场间联系、与机务段联系、与非进路调车联系以及其他联系等)是否满足等。对此,可设计相应的标准检查子模块以供调用。

a. 进路空闲检查子模块

进路空闲的检查就是检查进路上的所有轨道电路区段都无车占用或轨道电路故障。因此必须设置输入参数和返回参数才能实现完备的检查。输入参数主要是所要检查进路的首址,也就是该进路在静态进路表中的位置。这样就可从静态进路表中提取进路上各区段的状态地址,从而完成进路空闲的检查。检查完成后,有两种情况:一是进路空闲,二是进路不空闲。要把进路的状态通知给调用它的模块就必须设置返回参数,并在参数中指明进路处于上述两种情况中的哪一种状态。该子模块流程如图 3-4 所示。

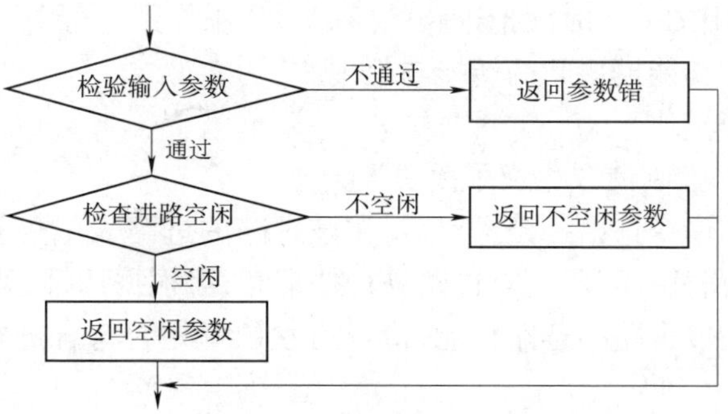

图 3-4　进路空闲检查子模块流程

b. 道岔位置检查子模块

道岔位置检查就是检查进路上的道岔开通位置是否为满足进路建立的状态。与进路空闲的检查处理方式相类似,也是从静态进路表中找到要检查道岔的首址,从道岔动态控制表中采集到的道岔位置与进路建立所要求的位置相比较,来确定道岔的位置是否正确,同样要在返回参数中指明检查的结果。而输入参数就是进路在静态进路表的地址。该子模块流程如图3-5所示。

c. 照查条件检查子模块

照查条件就是指与该进路的联锁关系。例如,向半自动闭塞区间办理发车作业,必须检查区间已经办理闭塞,一旦建立发车进路,就不能任意取消闭塞。有的进路有照查条件,有的进路没有照查条件,但总可以建立一个标准的照查条件检查模块,通过设置一个或几个照查参数来反映照查条件(如果无照查条件就设控制参数为 0)。

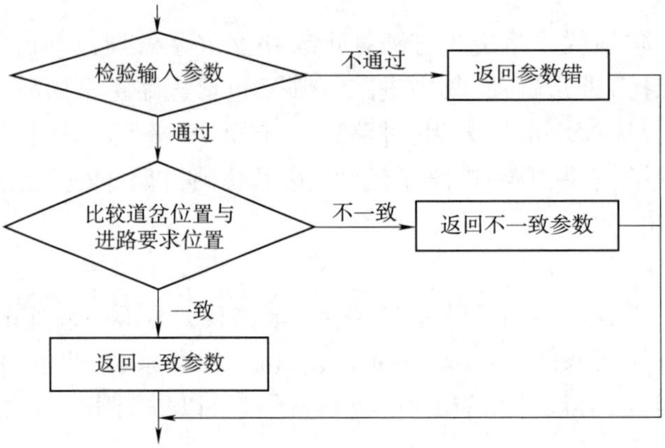

图 3-5 道岔位置检查子模块流程

d. 进路控制表的设置子模块

当完成进路搜索并找到要处理的进路时,下一步就是对进路的处理。采用进路控制表来实现进路的控制。要把找到的进路及其相关参数转移到进路控制表中,以便于控制。进路控制表的维数就是一个站场能够同时排列进路的最大数。一个进路控制的长度就是所有与进路控制相关的参数的长度的总和。可采用插空的方式来添加进路控制表。从进路控制表的第一行向下扫描,当找到空闲的一行时就把进路的控制参数添加到该行中。在进路处理时,根据该条进路的进程来实现各功能模块间的转换与处理。

②进路处理基本子模块

a. 进路选排及道岔控制命令生成子模块

当执行了进路操作命令选出一条进路后,在该进路的进路表中首先将进程标志设置成选排标志;当程序进入进路处理阶段而对进路进行处理时,可根据选排标志进入进路选排模块。

进路选排子模块完成进路的选路功能,检查道岔位置是否符合进路要求。进路选排一致检查子模块流程如图 3-6 所示。

在这个模块里要检查所有与进路建立相关的条件,如果条件不满足则说明进路不能建立;如果条件满足,则将进路的进程标志置成锁闭标志,为执行锁闭模块做准备;当进路中某一道岔位置不符合要求时,则生成相应的道岔控制命令;在生成道岔控制命令以前,检查道岔所在区段是否空闲,该道岔是否被单独锁闭。

道岔控制命令的保持时间不大于规定的时间,若超过规定时间道岔仍选排不一致,则强制取消该操作命令。

b. 进路锁闭子模块

当进路处理模块的进路标志为锁闭标志时,进路处理程序转到执行进路锁闭子模块。

进路锁闭是在进路选排一致后,表明进路建立条件成立的情况下,把进路中的区段、道岔及各种锁闭变量设置为相应锁闭状态或标志。进路锁闭前必须检查满足进路建立的条件,这些条件是:进路中的所有区段空闲,包括侵限的道岔区段;道岔位置正确;照查条件具备。在条件满足时,实现进路锁闭;在条件不满足时,调用诊断程序,分析不能锁闭的原因,给出提示信息。

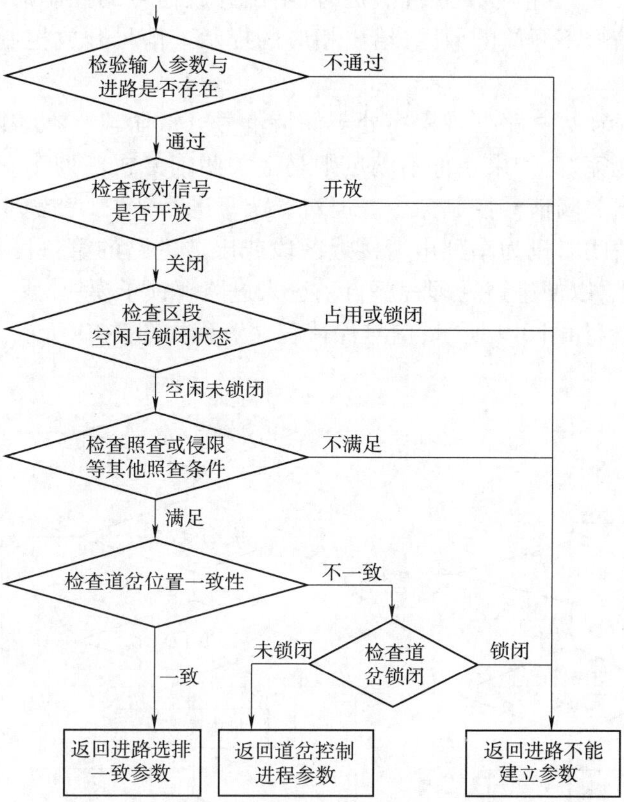

图 3-6　进路选排一致检查子模块流程

进路锁闭流程如图 3-7 所示,进路建立条件检查流程如图 3-8 所示。

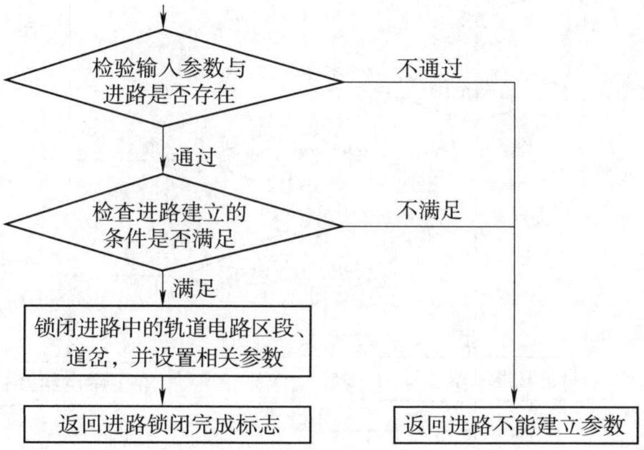

图 3-7　进路锁闭流程

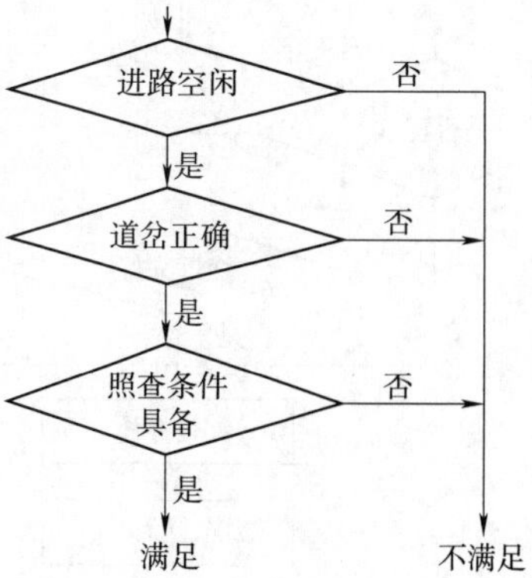

图 3-8　进路建立条件检查流程

c. 信号开放与保持子模块

信号开放与保持子模块完成信号机的开放,并在信号开放后检查信号开放的条件是否满足。

在信号开放前应检查:进路空闲;道岔位置正确并锁在规定的位置;将敌对进路锁在未建立状态上;若为接车进路或正线发车进路,则应检查红灯灯丝是否完好;若为长调车进路,则应检查前一条进路是否已开放信号。条件满足时,给出开放信号的控制命令;当条件不满足时,调用诊断程序,分析信号不开放的原因,给出相应的提示。信号开放控制命令有时限,超限时应强制取消开放命令。

当进程标志为保持时,进路处理程序处于保持信号开放阶段。在该阶段应持续地校核进路状态,检查允许灯光完好,如果条件不满足则马上关闭信号机。列车一旦驶入进路,信号应立即关闭,即立即给出关闭信号控制命令。但对于调车进路来说,考虑到调车中途返回和机车后推的情况,其信号关闭时机为车列出清接近区段或出清进路的第一区段。当信号正常关闭时,给出进路解锁标志,以便进路处理程序自动进入进路解锁子模块。

信号开放程序流程如图 3-9 所示,信号保持程序流程如图 3-10 所示。

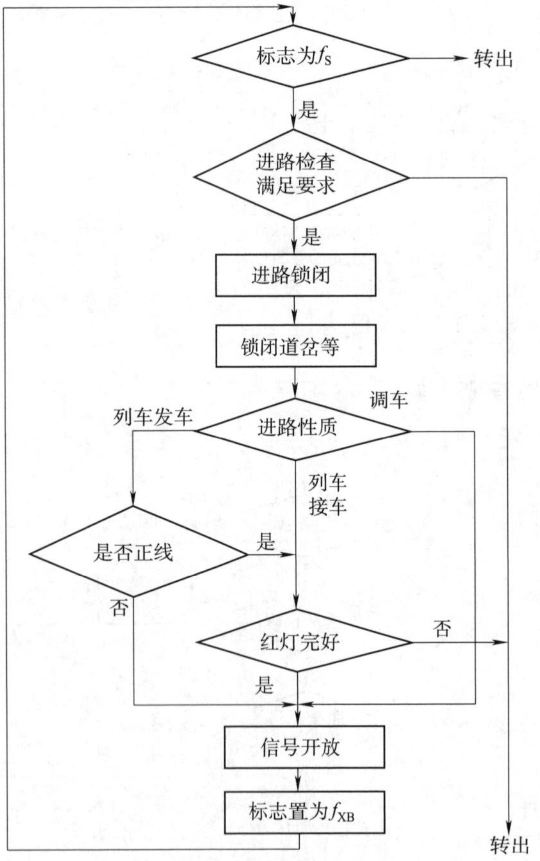

图 3-9 信号开放程序流程

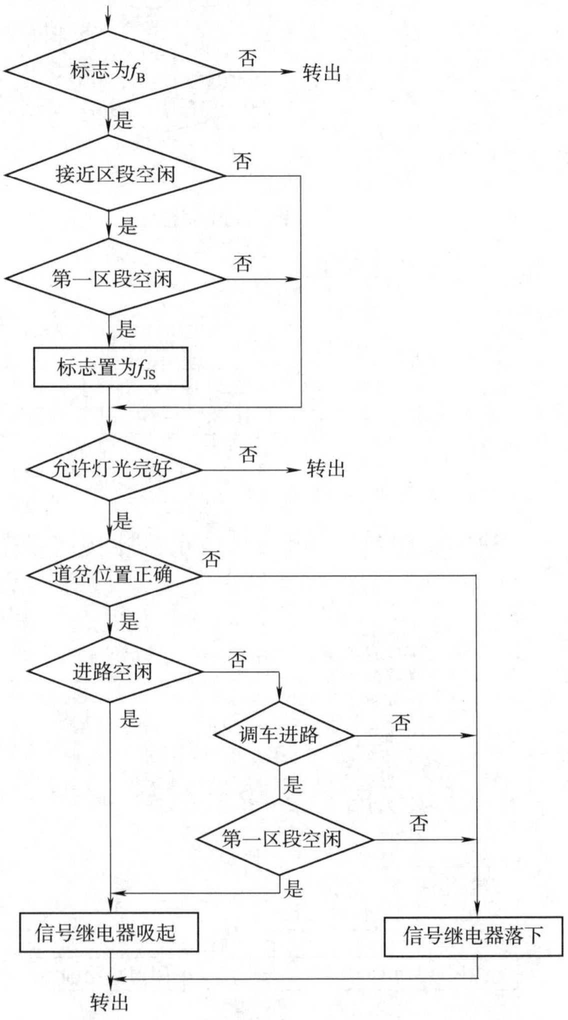

图 3-10 信号保持程序流程

d. 进路正常解锁子模块

当进路处理的进程标志为解锁标志时,进路处理程序进入进路自动解锁阶段。在该阶段要确定调车信号的关闭时机,实现进路正常解锁,以及实现中途返回解锁。与这三个功能相应地设三个程序模块:确定调车信号关闭时机的模块;正常解锁模块;中途返回解锁模块。

调车信号正常关闭的时机：一是当调车车列进入信号机内方第一区段且出清接近区段时；二是当接近区段留有车辆时，当调车车列出清信号机内方第一区段并压入下一相邻区段时。

进路的正常解锁是在进路两端采用两点检查法，其他区段按三点检查法解锁区段及道岔。

中途返回解锁是在转线的调车作业过程中，由于调车车列中途返回而使得某些牵出进路的道岔区段，甚至整个牵出进路不能按正常解锁方式解除进路锁闭，因此，需采取中途返回解锁措施。

牵出进路的中途返回解锁有两种情况。

第一种情况是当牵出进路中有折返调车信号机，而调车车列根据该调车信号机折返时，折返调车信号机前方的道岔区段按中途返回解锁方式解锁。在这种情况下，解锁的条件必须能反映调车车列确实已经折返并且离开了待解锁的区段，而且这些条件不会由于轨道电路瞬间误动而造成。于是选取如下条件作为中途返回解锁的依据：在牵出进路的中折返调车信号机曾开放过；待解锁的各个轨道区段已经空闲；折返调车信号机内方第一轨道区段有车占用。这些条件满足后，足以表明调车车列确实折返而又出清了待解锁的轨道区段。

另一种中途返回解锁的情况出现在当转线的调车车列较长，需为它办理多条基本进路相衔接的牵出进路时。第二种中途返回解锁的条件是：（牵出）进路及其接近区段曾被占用过；进路已空闲而且其接近区段已出清，即调车车列已退出进路和其接近区段，车列确实折返离开进路了。

调车中途返回解锁的程序流程如图 3-11 所示。

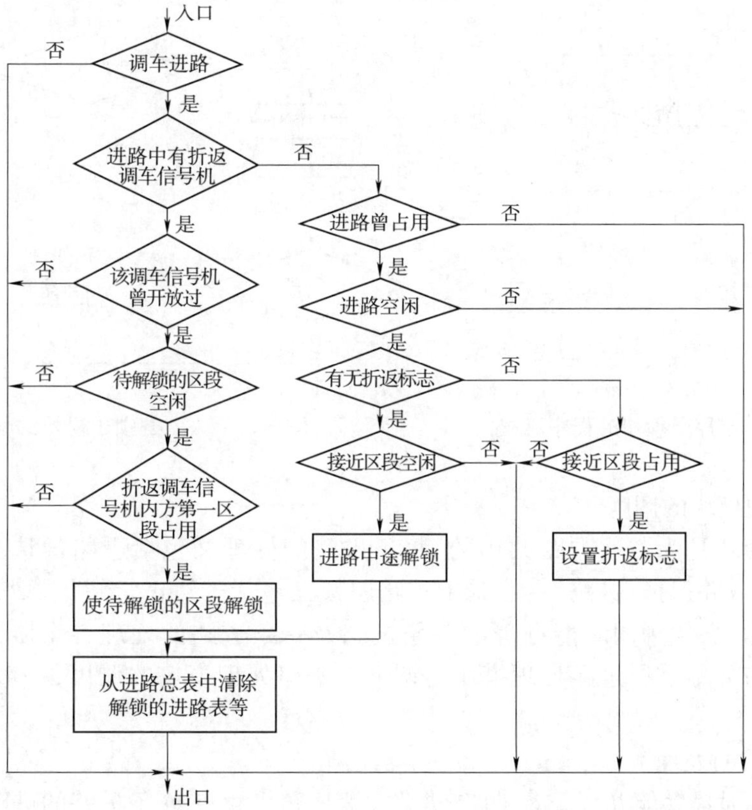

图 3-11　调车进路中途返回解锁程序流程

e. 取消进路子模块

在进路完好的情况下,有时根据作业需要取消已建立的进路,以让其他的作业能够实现,这时就要采用取消进路的方式来解除进路的锁闭。另一种情况是,进路中的区段或道岔瞬间发生故障又恢复,此时信号机已关闭,也可用取消进路的方式解锁进路。取消进路的技术条件见前述。取消进路子模块的程序流程如图3-12所示。

在进路接近区段有车,进路处于接近锁闭的情况下,要使进路解锁必须采用人工解锁,延时解除进路锁闭。对于接车进路及正线发车进路要延时3 min(高速铁路为4 min)才能解锁,其他进路要延时30 s(高速铁路为1 min)才解锁。人工解锁子模块的程序流程如图3-13所示。

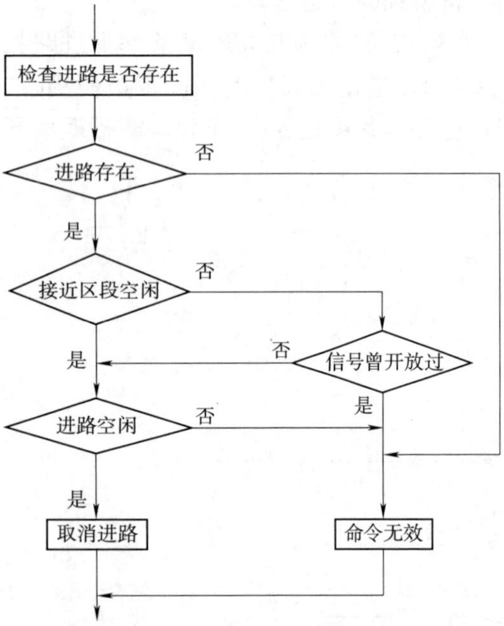

图3-12　取消进路子模块的程序流程

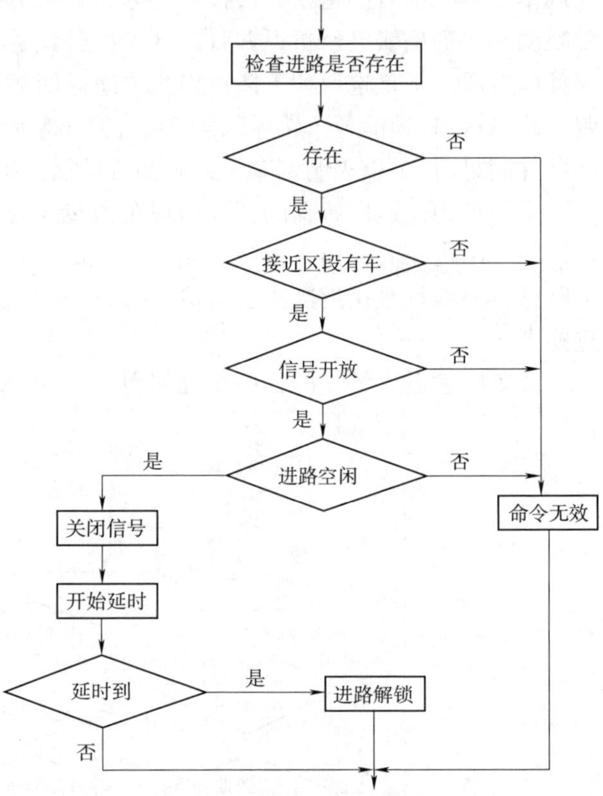

图3-13　人工解锁子模块的程序流程

③进路处理模块的调度

进路处理模块是为各条进路共用的,每条进路的处理又包括进路的选排一致检查、进路锁闭、信号开放并保持、进路解锁,其中进路解锁又包括进路正常解锁、取消进路、人工解锁、故障解锁等。必须为同时能办理的各条进路及每条进路的处理各个阶段安排好顺序,即必须正确而有效地进行进路处理模块的调度。进路处理模块的调度,一般采用进程控制方式实现。

a. 各条进路的处理

一个车站同时最多能办理 x 条进路,进路总表中最多存有 m 条进路的进路表。当主程序进入进路处理阶段时,对进路总表中各条进路处理一遍而后转出。假设进路总表中的存放进

路的单元为 $i(1,2,3,\cdots,m)$，单元 i 中可能存有进路，也可能是空着的。进路处理总流程如图 3-14 所示。

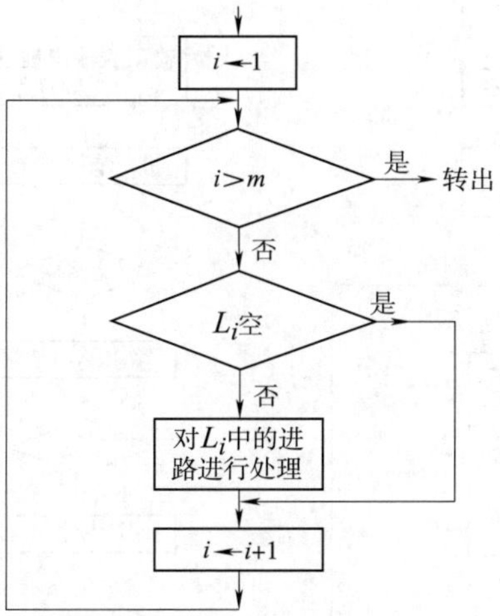

图 3-14　进路处理总流程

b. 一条进路的处理

在对某一条具体进路进行处理时，分五个阶段，并按照顺序方式进行处理。每次进入一个阶段时，其执行条件可能满足，也可能不满足。为了不延误时机，当条件满足时，处理完毕后立即处理它的后续模块；若条件不满足，则立即转出而对另一条进路进行处理。进路处理程序流程如图 3-15 所示。

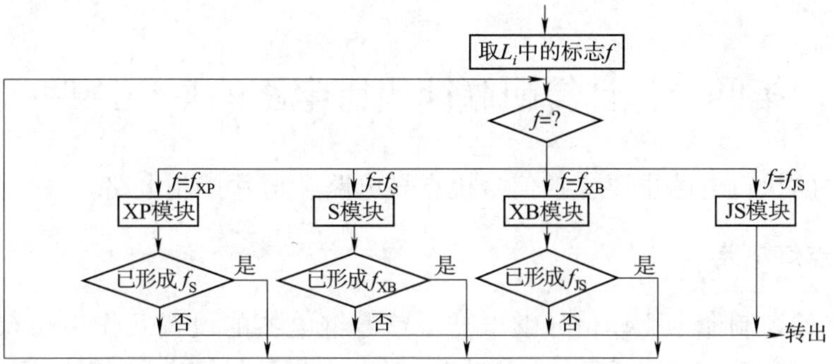

XP—进路选排；S—进路锁闭；XB—信号保持；JS—进路正常解锁

图 3-15　进路处理程序流程

4. 过程输入/输出程序

在联锁运算中，需要实时读取现场设备的状态和向转辙机、信号机输出控制命令。这里的过程输入指完成将现场的设备状态读入联锁机的过程，过程输出指向现场设备输出控制命令的过程，相应地有完成现场设备状态输入的安全输入程序，向现场设备输出控制命令的安全输出程序。过程输入/输出程序流程如图 3-16 所示。

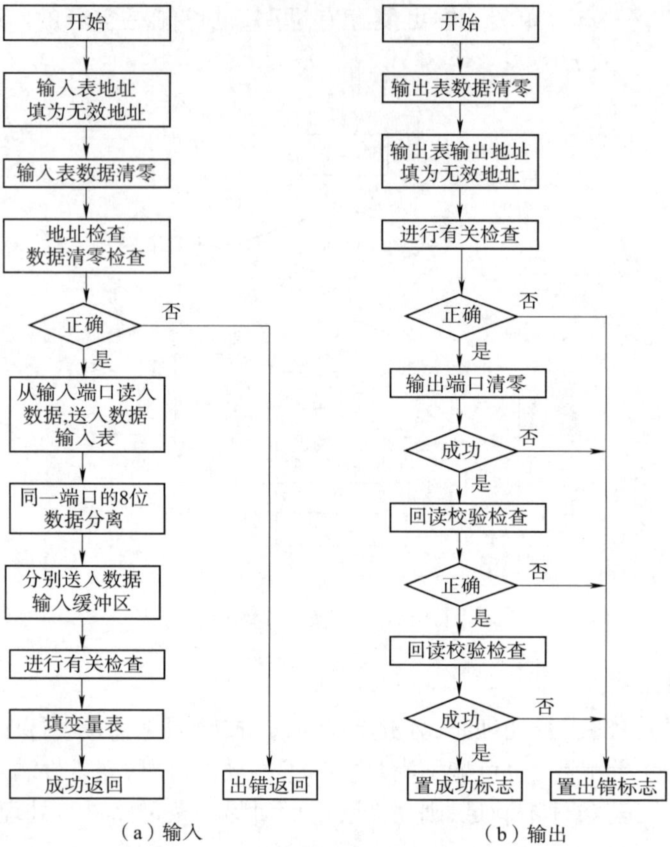

图 3-16 过程输入/输出的程序流程

第四节 计算机联锁执行电路的基本原理

计算机联锁的执行电路主要包括信号机点灯电路和道岔控制电路。

一、信号机点灯电路

计算机输出的控制命令驱动信号继电器。信号继电器的设置及作用和 6502 电气集中相同,包括列车信号继电器 LXJ、调车信号继电器 DXJ、引导信号继电器 YXJ、ZXJ(进站为正线继电器,出站为主方向继电器)、A(B、C)FJ(表示出口为 3 个或 3 个以上的方向继电器)、通过信号继电器 TXJ、LUXJ。

信号机点灯电路,有进站信号机点灯电路、出站信号机点灯电路(包括一方向、二方向及多方向)、调车信号机点灯电路,与 6502 电气集中点灯电路完全相同。只是在进站信号机显示 USU 时有所不同,如图 3-17 所示。每个接车方向,设一套闪光控制电路。将Ⓐ、Ⓑ接至进站信号机点灯电路 2DJ 的 22 和 LUXJ 的 21 之间,此时 TXJ 的 23 仅和 2DJ 的 22 相连接。闪光继电器 XSJ 由联锁机驱动,当为经 18 号以上道岔侧向接车时,XSJ 吸起,接通闪光电路,使进站信号机点黄闪黄灯。为监督电路动作的正确性质,计算机联锁回采 XSJ 前后接点,并采集 SNJJ 前后接点。

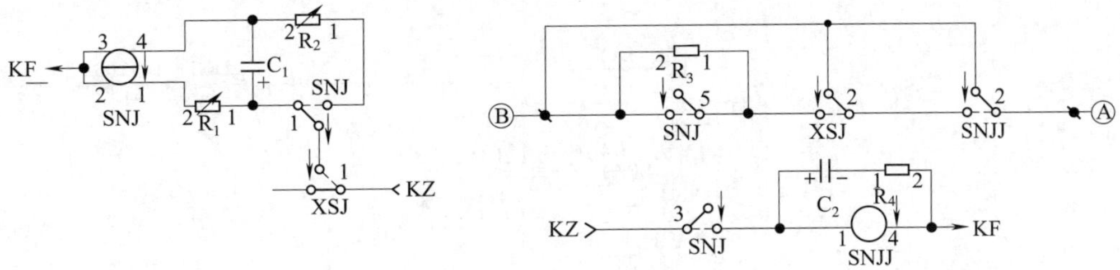

图 3-17 闪光控制电路

二、道岔控制电路

计算机输出的控制命令驱动道岔操纵继电器(定位操纵继电器 DCJ、反位操纵继电器 FCJ)和道岔锁闭防护继电器(SFJ)。DCJ 和 FCJ 的设置及作用同6502 电气集中。每组道岔各设一个锁闭防护继电器 SFJ(或道岔允许操纵继电器 YCJ、道岔防护继电器 CFJ),该继电器平时在落下状态,切断道岔启动电路的 KZ 电源。当操纵道岔时,SFJ 和 DCJ(或 FCJ)同时吸起,接通 1DQJ 的 KZ 电源。SFJ 的励磁时间是由联锁计算机设定的,一般为 8 s 左右,这种瞬态的供电方式既可以有效防止电源单边混电造成的道岔错误转换,同时保证道岔的每次转换都必须由联锁机发出操控指令后方可进行。

道岔控制电路与6502 电气集中的道岔控制电路基本相同。四线制单动道岔控制电路如图 3-18 所示。五线制提速道岔启动电路如图 3-19 所示。不同的只是用锁闭防护继电器 SFJ 和轨道继电器 DGJ 作为道岔电路的控制条件。只有接收到该道岔的驱动命令,SFJ 吸起和该道岔所在的轨道区段空闲(双动道岔所在两个的轨道区段都空闲)DGJ 吸起时,才允许道岔转换。这里也不存在单独操纵道岔的有关接点,因为在计算机联锁中,单独操纵和进路操纵都作为操纵命令进入计算机联锁中,经逻辑判断,允许该道岔转换,就发出驱动命令,使锁闭防护继电器 SFJ 和 DCJ 或 FCJ 吸起。

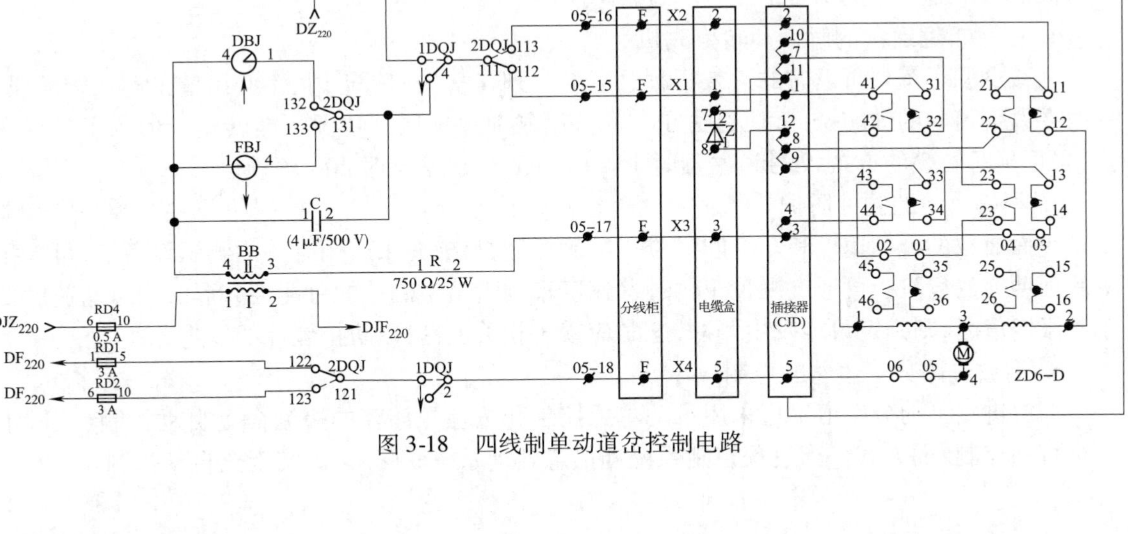

图 3-18 四线制单动道岔控制电路

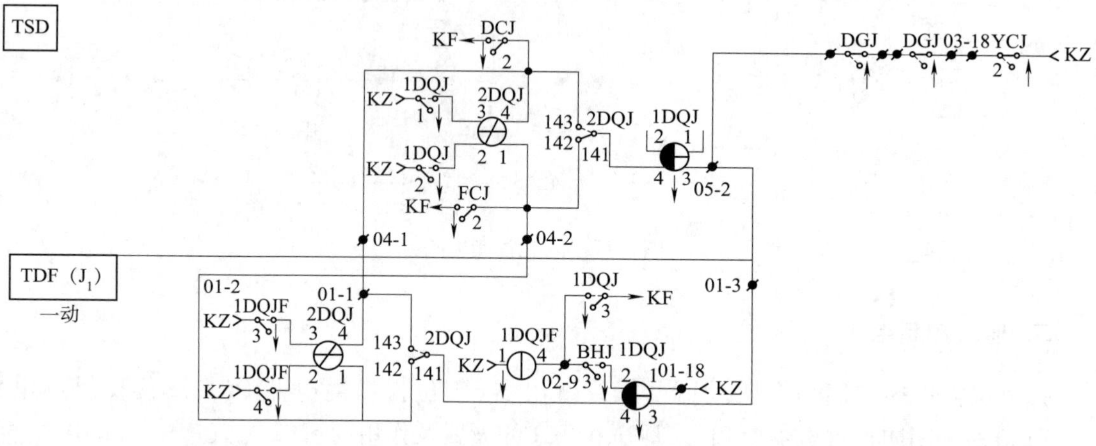

图 3-19 五线制提速道岔启动电路

第五节 用于平面调车的计算机联锁的基本原理

一、平面调车集中联锁的主要技术原则

1. 溜放与一般调车作业的关系

牵出线溜放调车作业和不同区域的一般调车作业应能平行进行。多于一条牵出线时,应能允许不同的牵出线平行进行溜放调车作业。同一溜放调车区或进行一般调车作业,或进行溜放调车作业,不许混合进行。

2. 溜放进路上轨道电路区段的划分

溜放进路上的分路道岔只设区段锁闭。连续溜放,每组分路道岔单独设轨道电路区段,需设岔前保护区段,为防止瞬间失去分路引起不良后果,增设一组绝缘,构成双区段轨道电路。双区段轨道电路还可减少车列折返的走行距离。

3. 溜放车组间隔距离

相邻车组间的最小间隔应能保证前行车组出清道岔轨道区段,后续车组方可进入岔前保护区段。按限制苛刻的 9 号道岔计算,应不小于 23 m。

4. 中途折返道岔的解锁和转换时机

为减少调车车列折返时的无效行程,例如,车列在岔尖前折返时,不必出清岔前保护区段,这时要改变道岔的锁闭条件,使道岔在车列占用岔前保护区的情况下能转换。但为了确保安全,采用延时解锁的方式,9 号道岔延时 13 s 解锁,6 号道岔延时 20 s 解锁。

5. 相邻车组的侧冲防护

平面溜放的脱钩速度和车组间隔难于准确控制,目前尚未应用有关的测试设备,有可能出现侧面冲突的危险。可通过测量车辆过岔速度来判断发生侧冲的可能性,例如,当过岔速度低于某限定值时,则判定可能发生侧冲,这时应锁闭相关道岔,以防护侧冲的发生。

6. 溜放进路分路道岔的控制

溜放进路上的分路道岔可采用手动单独控制和按预先储存的控制命令自动控制(实际上是半自动控制)的方式。当过程控制系统和信息处理系统联网后,可实现全自动控制。

7. 溜放作业指挥

调车人员随车运行，不能处于固定地点指挥，地面信号机有时也会造成司机瞭望困难。目前的做法是，实现集中联锁后，仍由调车员手信号指挥，多采用无线调车，地面调车信号机显示月白色闪光。

8. 连续溜放进路控制命令的储存、传递、执行时机

采用预排溜放进路的半自动控制方式时，溜放开始前，将进路控制命令（亦称码令，一般为代码形式）预先储存起来。溜放进路分段建立，分段使用，分段解锁。进路控制命令在溜放车组作用下分段传递和执行。

二、平面调车集中联锁的技术条件

1. 溜放进路必须由牵出线通向某一股道或某一指定线路的所有调车进路组成。

2. 溜放区的所有区段均应设置轨道电路，以实现全区域轨道占用的监督。分路道岔轨道电路区段应设岔前保护区段，并设计成双区段轨道电路。

3. 分路道岔的控制

（1）分路道岔的控制电路应满足一些特殊条件：分路道岔转辙机一经启动，车辆驶入保护区段到达岔尖前，道岔应保证能转换到底；已被操纵的道岔，因故不能启动时，车辆进入保护区段后应自动断开其动作电路，使其不再能转换；自动控制的分路道岔启动后，在规定时间内因故未能转换到底时，在车辆进入轨道电路前应自动转换回原来位置。

（2）分路道岔为集中联锁道岔时，在授受权后方可受溜放控制，应满足上述要求，并设道岔位置表示器。

（3）连续溜放区的分路道岔应能手动单独控制和自动或半自动控制。

（4）溜放进路上的分路道岔只设区段锁闭或延时锁闭。

4. 溜放进路的办理

（1）溜放进路的办理有单办和储存两种方式。当采用储存方式时，区段解锁后道岔延时解锁，且在该溜放区内不允许同时办理其他列、调车进路或其他溜放进路。使用储存方式作业时，应满足作业过程中的要求和提供完善的表示，如储存或循环储存进路控制代码；对储存的进路控制代码进行检查、修改；溜放过程中办理增钩或减钩；作业过程中改变作业方式（如由自动改手动）等。

（2）溜放进路控制命令储存器的容量应能满足作业的需要，多组溜放的二次分钩数量按需要设计。

5. 调车信号机开放溜放信号需要满足的条件

（1）溜放进路建立后。

（2）溜放进路具有退路锁闭。

（3）溜放方向的调车信号机外方有车列时，或退路方向的调车信号机内方直至牵出线末端空闲时。

6. 溜放信号关闭时机

（1）当车列全部越过溜放方向的调车信号机时。

（2）当车列在该信号机内方区段分钩并出清后，该信号机及其外方溜放方向的所有信号机均关闭。车组所跨调车信号机及其运行前方的调车信号机继续保持溜放信号，与是否取消

溜放无关,直至车组越过该信号机。

(3)当机车进入退路方向的信号机内方时,该信号机关闭。

(4)取消溜放时,除在行车组所跨的调车信号机及其运行方向前方的调车信号机外,其他所属调车信号机均关闭。

7. 溜放进路的锁闭和解锁

(1)分钩时自分钩区段前方第一架溜放方向调车信号机内方的进路应随溜放车组的走行分段解锁;若分钩点为溜放方向调车信号机内方第一区段,则该信号机防护的进路亦随溜放车组的前进分段解锁;若分钩点非信号机内方第一区段,则该信号机防护的进路与该信号机外方至牵出线的溜放退路进路相同,当车列退行至信号机外方时该信号防护的进路按中途返回方式解锁。

(2)通向股道的调车信号机,当机车车列驶入该信号机内方后再全部退回信号机外方,即按分钩处理,该信号机所防护的进路按中途返回解锁,其继续退行出清的进路,亦按中途返回方式解锁,其余进路待机车车辆出清后解锁或采取提前解锁方式以便车列及时改变退路。

(3)溜放进路不能正常解锁时,可施行区段故障解锁。

(4)溜放过程中,为保证机车车辆后退的安全,后退进路应处于锁闭状态。机车车辆在岔前折返时,允许道岔在车列占用岔前保护区段的情况下解锁并转换。

8. 预测可能发生的侧冲并实现侧冲防护锁闭。

三、平面调车集中联锁的分类及选用

按功能分,平面调车集中联锁有单钩溜放、连续溜放两种电路类型。单钩溜放电路又分固定牵出线型和非固定牵出线型两种。

根据运营需要来选用电路类型。单钩溜放用于溜放作业较少的线束。当中间站、区段站进行溜放,且同一溜放区内同时只由一台调车机车作业时,宜采用单钩溜放电路。连续溜放适用于对沿摘列车进行站顺等编组作业线束,驼峰调车场尾部有较多连续溜放作业时宜采用连续溜放电路。但目前,基本上不采用连续溜放电路。

用计算机联锁完成联锁功能并增加平面溜放调车作业功能,就是具有平面溜放功能的计算机联锁。

四、平面调车集中联锁的设备组成及功能

1. 平面调车集中联锁的室外设备

单钩溜放,室外不增加任何设备,只是调车信号机具有月白闪光显示。进行溜放作业时,调车信号机显示月白闪光。它指示溜放进路一直锁到股道,有退路锁闭,允许机车后退。当车列在调车信号机前和内方第一个区段分钩后,调车信号机自动关闭。溜出车组后,即使车列占用接近区段,溜放进路也能随着溜放车组的通过逐段解锁。

2. 平面调车集中联锁的室内设备

目前发展的平面调车集中联锁即为带平面溜放功能的计算机联锁,它既完成车站的联锁功能,又具有单钩溜放功能。硬件设备就是计算机联锁的设备,只是控制台上还设有溜放用的按钮和表示灯。它和一般的计算机联锁不同之处,就是必须编制进路命令程序和溜放程序。

进路命令程序完成进路命令的储存、检查、修改、增加、删除和取消。溜放程序用以完成溜放作业。

五、执行电路

用于平面连续溜放的计算机联锁的执行电路与一般计算机联锁的执行电路不同之处在于:其分路道岔采用五线制道岔控制电路,具有道岔位置表示灯电路,调车信号机有闪光信号电路。

1. 驱动和采集

驱动电路驱动定位操纵继电器 DCJ、反位操纵继电器 FCJ 和锁闭防护继电器 SFJ,每组道岔各设一组。

驱动电路驱动溜放报警继电器 LOBJ、闪光表示继电器 SBJ 和折返继电器 ZFJ,每组分路道岔各设一组。

驱动电路驱动调车信号继电器 DXJ 和溜放信号继电器 LOXJ,每架溜放区的调车信号机各设一组。

驱动电路驱动闪光控制继电器 SNKJ,全站或每个咽喉设一个。

采集电路采集每组道岔的定位表示继电器 DBJ 和反位表示继电器 FBJ 的前后接点,采集每架调车信号机的 DXJ 前后接点、LOXJ 的前接点和灯丝继电器 DJ 的前接点,采集闪光检查继电器 SNJJ 的前接点。

2. 五线制道岔控制电路

分路道岔采用 ZD7-A 型或 ZD7-C 型电动转辙机,由五线制道岔控制电路控制并构成表示,其中 X_1、X_2、X_3 是控制线,X_4、X_5 是表示线,如图 3-20 所示。

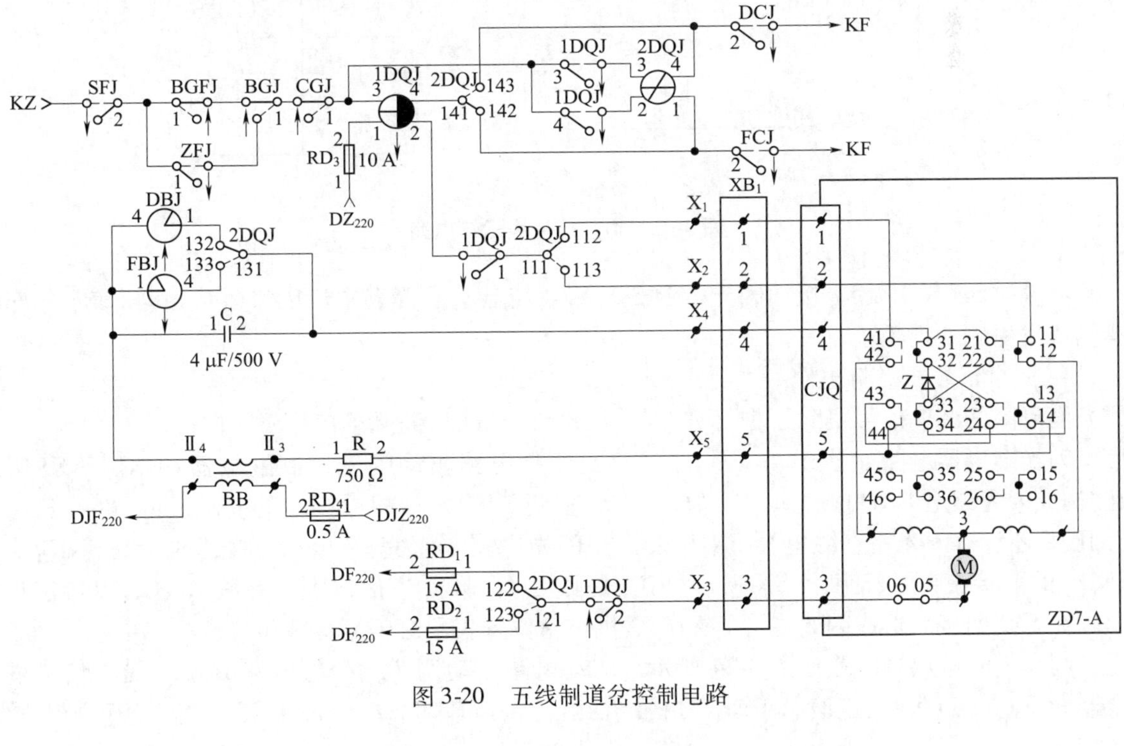

图 3-20　五线制道岔控制电路

和一般道岔不同的是，在1DQJ的3-4线圈电路中除了SFJ前接点外，串联双区段轨道电路的保护区段轨道继电器BGJ及其复示继电器BGFJ、道岔区段轨道继电器CGJ的前接点。当计算机联锁发出转岔命令，DCJ或FCJ以及SFJ吸起时，只要保护区段和道岔区段都空闲，即BGJ和CGJ都吸起时，就沟通了1DQJ的3-4线圈电路。在车进入保护区段，BGJ落下时，则由ZFJ前接点经过BGJ后接点继续沟通1DQJ的3-4线圈电路，以保证道岔转换到底，构成折返进路。

保护区段轨道复示继电器BGFJ电路如图3-21所示。BGFJ平时吸起并自闭。DCJ或FCJ吸起时，车占用保护区段BG，BGJ落下，BGFJ随之落下。车出清保护区段BGJ吸起，占用道岔区段CG，CGJ落下，使BGFJ恢复吸起。在DCJ和FCJ落下时，BGFJ吸起。BGFJ的主要作用是防止因轻车跳动造成道岔中途转换。当道岔有转换命令时，DCJ或FCJ吸起，若轻车跳动，使得BGJ、CGJ吸起又落下，此时BGFJ不吸起，道岔不会中途转换。

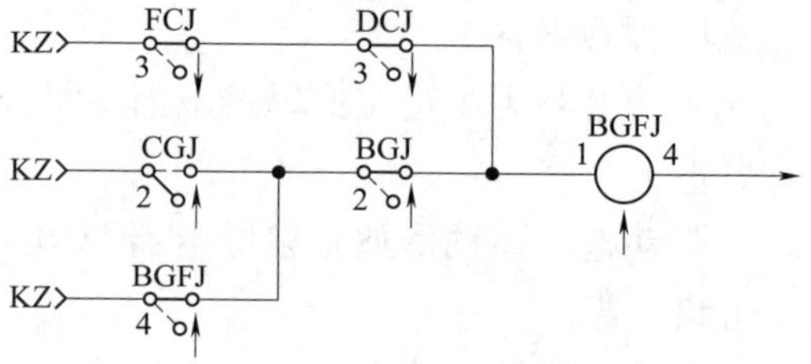

图3-21 BGFJ电路

3. 道岔位置表示灯电路

道岔位置表示灯电路如图3-22所示。进行溜放作业时，溜放表示继电器LOBJ由驱动电路驱动，LOBJ吸起，通过道岔定位表示继电器DBJ或道岔反位表示继电器FBJ的前接点分别点亮紫灯或黄灯，表示该分路道岔开通直股或弯股。

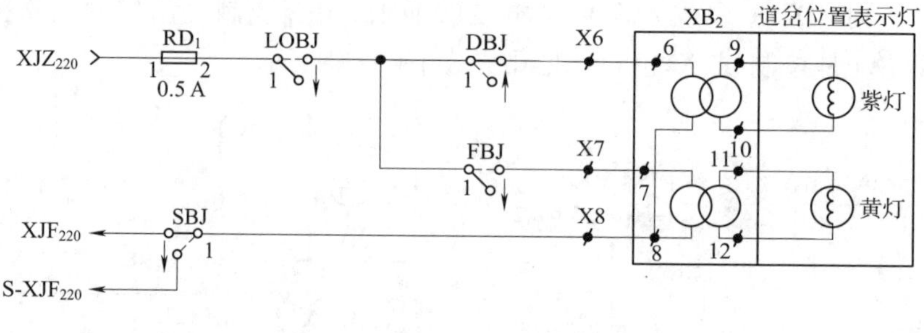

图3-22 道岔位置表示灯电路

溜放时，若SBJ吸起，接通闪光电源S-XJF_{220}，使道岔位置表示灯闪紫灯或黄灯，表示钩车错钩或发生侧冲锁闭。

4. 调车信号机点灯电路

溜放区的调车信号机除了白灯和蓝灯外，准许溜放时，该调车信号机闪白灯。

闪光继电器电路如图3-23所示。计算机驱动电路驱动闪光控制继电器SNKJ，SNKJ吸起，构成闪光继电器SNJ脉动。因溜放区有较多调车信号机，故设SNJ的复示继电器$SNJF_1$～$SNJF_6$。还设有闪光检查继电器SNJJ，以检查闪光电路是否完好。SNJJ通过SNJ及$SNJF_1$～$SNJF_6$的前接点吸起，SNJ及$SNJF_1$～$SNJF_6$是脉动的，所以SNJJ线圈上并联R_1、C_2，以稳定吸起。经SNJ前接点形成闪光电源S-XJZ_{220}，供道岔位置表示灯闪紫灯或黄灯。

调车信号机点灯电路如图3-24所示。驱动电路驱动调车信号继电器DXJ和溜放信号继电器LOXJ。仅DXJ吸起时，调车信号机点白灯。在溜放时，DXJ和LOXJ吸起，SNJF接点脉动，闭合时白灯点亮，断开时电路串 3 kΩ 电阻 R，电流骤然变小，使白灯暗下来，实现了白灯闪光。

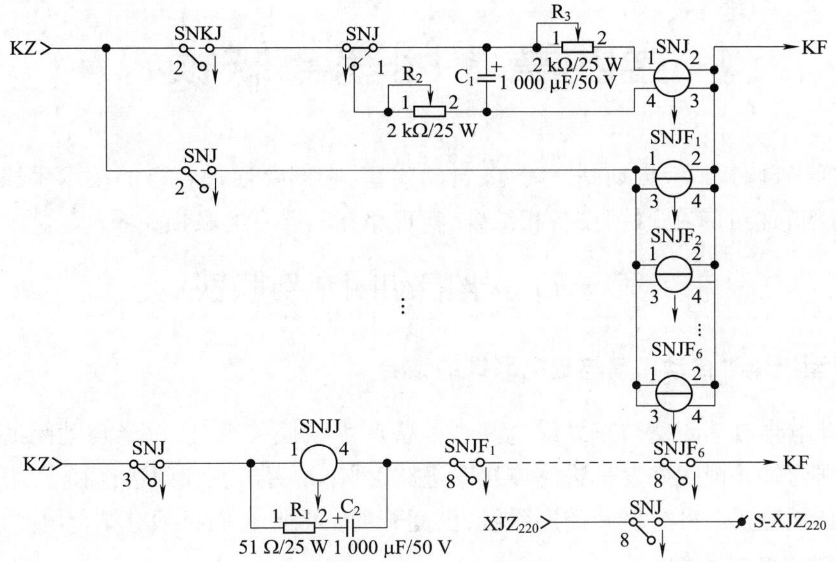

图 3-23　闪光继电器电路

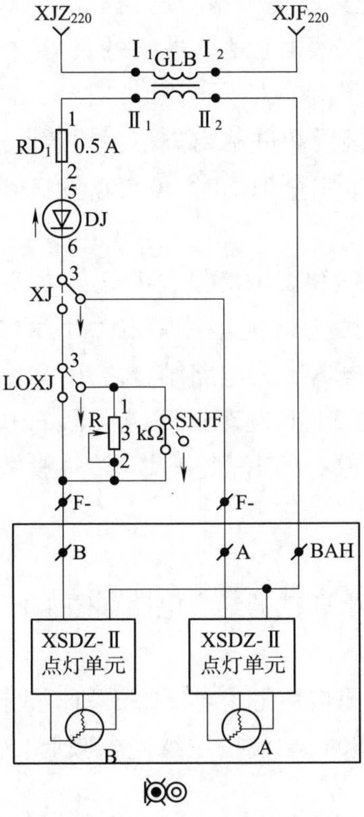

图 3-24　调车信号机点灯电路

第四章　闭塞与联锁

闭塞包括半自动闭塞、自动站间闭塞、自动闭塞，它们要通过各自的技术手段完成闭塞作用，并且要与相邻接的车站联锁设备相结合，实现相互间严密的联锁关系。

第一节　半自动闭塞与联锁

一、64D 型继电半自动闭塞与继电联锁的结合

为了使继电半自动闭塞与车站继电联锁设备产生联锁关系，使得半自动闭塞电路能反映车站是否已排列好并锁闭好发车进路或接车进路，列车是否出发和到达；而车站联锁电路开放出站信号机必须检查已办好区间闭塞手续，区间开通。因此它们必须有结合电路。

1. 结合电路技术条件

(1)出站信号机应检查区间闭塞条件后才能开放。

(2)发车进路锁闭后，不得任意取消闭塞。若需取消闭塞，必须先解锁发车进路。

(3)列车出发压入发车轨道区段时(发车进路的最外方区段)，不经人工办理，闭塞不得解除。

(4)进站列车必须压入接近区段和进站内方第一轨道区段，才能构成列车到达条件。

(5)当接车站设备能确认列车完全到达时，可自动发送到达复原信号。

2. 半自动闭塞组合

64D 型继电半自动闭塞的按钮和表示灯设在电气集中控制台上。为了与继电集中联锁相统一，按钮都采用二位自复式。因为继电集中联锁所用的按钮接点是单组的，故需增设了 BSAJ、FUAJ 和 SGAJ 三个按钮继电器。为电路结合之用，以及提高电路定型率，还增设了接近电铃继电器 DLJ、接车锁闭继电器 JSBJ、发车锁闭继电器 FSBJ 和作为闭塞线路电源的硅整流器 ZG，这些设备连同半自动闭塞原有的 13 个继电器，一般做成定型组合，称为半自动闭塞组合，放在组合柜上。

3. 结合电路

64D 型继电半自动闭塞与继电联锁的结合电路如图 4-1 所示。

(1)按钮继电器电路

用闭塞按钮继电器 BSAJ、复原按钮继电器 FUAJ 和事故按钮继电器 SGAJ 分别反映 BSA、FUA 和 SGA 的状态。按下某按钮时，相应按钮继电器吸起，松开后随即落下。

(2)接车锁闭继电器电路

接车锁闭继电器 JSBJ 平时落下，当进站信号机开放后(列车信号复示继电器 LXJF 吸起)，列车驶入接近区段(接近轨道复示继电器 JGJF 落下)时，JSBJ 吸起并自闭。自闭电路中，

检查了进站信号机内方第一个道岔区段的进路继电器后接点(如图 4-1 中的 1DG/2LJ),列车经由该区段的进路时,进路继电器 2LJ 落下;列车进站驶过该区段后,2LJ 吸起,当列车出清接车进路的第一个道岔区段,待其解锁 1DG 的 2LJ 励磁后才断开 JSBJ 的自闭电路。从而实现对列车的到达进行"两点检查"。这样,任何一段轨道电路故障或错误动作,都不会造列车车的虚假到达。

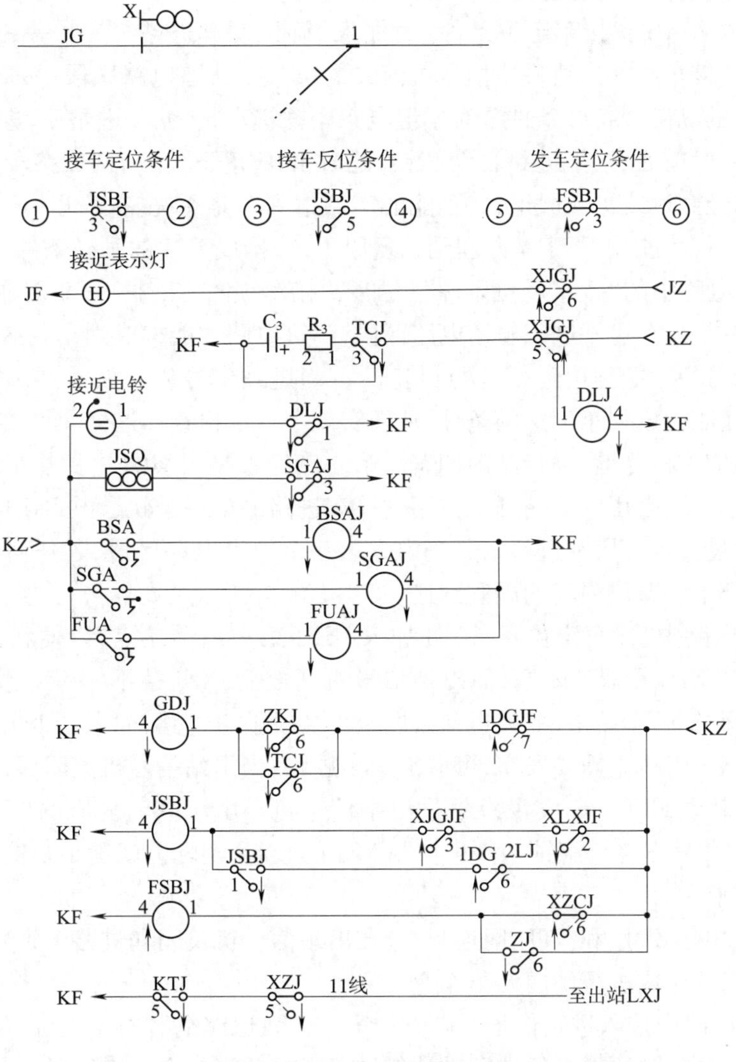

图 4-1　64D 型继电半自动闭塞与继电联锁的结合电路

(3)发车锁闭继电器电路

发车锁闭继电器 FSBJ 平时吸起。电路中的 ZCJ 是发车口部位的照查继电器,排列向 1DG 的列、调车进路时 ZCJ 落下,而在 1DG 道岔区段解锁后,ZCJ 吸起。ZJ 是终端继电器,向 1DG 排列调车进路时吸起,使 FSBJ 不落下,不影响闭塞电路的工作。当办理发车进路时,用 ZCJ 和 ZJ 都落下来说明以该发车口为终端建立并锁闭了发车进路,使 FSBJ 落下,从而断开发车定位条件。直到发车进路解锁,才能再次构成此条件。此联锁条件的作用是控制闭塞机能否取消闭塞,使闭塞机复原。

(4)接近电铃继电器电路

列车由对方站出发后,通知出发继电器 TCJ 吸起,用其第 3 组前接点接通电容器 C_3 电路,向 C_3 充电。当列车驶入接车站的接近区段时,接近轨道继电器 JGJ 落下,接通电铃继电器 DLJ 电路。由 C_3 向 DLJ 放电,使之瞬间吸起。在 DLJ 吸起时间内,接近电铃鸣响。

4. 64D 型继电半自动闭塞电路中的结合设计

(1)在 FDJ 电路中的"接车定位条件"处加入"确认列车进站"条件——JSBJ 的第 3 组后接点,当列车到达接车站并出清进站信号机内方的第一个轨道电路区段后,JSBJ 落下,为办理到达复原时 FDJ 的励磁准备好条件。对于继电集中联锁车站,列车进站后,进站信号机自动关闭,列车完全进入股道后,接车进路自动解锁,此时 JSBJ 落下,自动构成接车定位条件。但这只能说明列车已经到达或进入股道,并不能证实到达列车是否完整,所以,还必须由车站值班员确认列车完整后,才能按下 FUA 办理到达复原手续,构成 FDJ 的励磁条件。

(2)在 HDJ 电路中的"接车反位条件"处加入"接车锁闭"条件——JSBJ 的第 5 组前接点。进站信号机开放后,列车进站进入轨道电路区段,闭塞电路才能构成列车到达状态。在继电集中联锁车站要求对列车的到达进行"两点检查"。当进站信号机开放后列车进入进站信号机的接近区段时,才能构成列车到达的条件,从而实现第一点检查。这样允许接车站在区间闭塞后尚未开放进站信号机之前,进行站内调车。第二点检查是由 HDJ 电路中的轨道继电器 GDJ 第 5 组后接点来完成的,用以证明列车占用过接车进路的第一个轨道电路区段。这样,就检查了列车顺序地驶过接近区段和进站信号机内方第一个轨道电路区段,若任何一段轨道电路故障或错误动作,都不会造成列车的虚假到达。

(3)在 XZJ 电路中"发车定位条件"处加入 FSBJ 第 3 组前接点,以便在未建立发车进路前,XZJ 吸起,允许调车和取消闭塞;而出站信号机开放后,XZJ 落下,就不允许调车和取消闭塞。对电气集中联锁的车站来说,因道岔区段全部装设轨道电路,列车是否出发,电路能检查。开放出站信号机后,因故不需要发车,可取消发车进路;当出站信号机关闭后,只要发车进路解锁(FSBJ 吸起),就说明列车确实没有越过出站信号机。由于取消复原的 FDJ 电路中检查了 XZJ 的吸起,所以用发车进路解锁条件来控制 XZJ 的吸起,实际上就满足了检查列车是否越过出站信号机的要求。

在 XZJ 电路中将 ZDJ_{43} 和 KTJ_{22} 间连起来,在出站信号机关闭和进路解锁后,使 XZJ 再次吸起,以便办理取消复原或进行站内调车作业。

(4)在 GDJ 电路中接入进站信号机内方的第一个轨道继电器的前接点。这里因接车和发车用同一个轨道继电器,所以必须选用进站信号机内方的第一个轨道区段。

5. 在 6502 电气集中电路中的结合设计

在出站信号机的列车信号继电器 LXJ 电路中接入闭塞条件予以控制,即用半自动闭塞的开通继电器 KTJ 前接点来控制出站信号机的开放。在 11 线网路(LXJ 电路)的发车口部位,接入 KTJ 的第 5 组前接点和 XZJ 的第 5 组后接点,用前者证明闭塞机开通允许发车,用后者证明确已排除取消闭塞的可能,为了满足是联锁电路双断控制的要求,用 KTJ 的第 5、6 两组前接点来控制出站信号机的开放。6502 电路只需单断控制,只用 KTJ 的第 5 组前接点,第 6 组前接点可作为备用接点。

二、64D 型继电半自动闭塞与计算机联锁的结合

现以 TYJL-Ⅲ型计算机联锁为例介绍 64D 型继电半自动闭塞与计算机联锁设备的结合。

1. 结合电路

(1)按钮继电器电路

计算机联锁一般采用显示器和鼠标作为控制和显示设备,“闭塞按钮”“事故按钮”“复原按钮”都通过鼠标操作,BSAJ、FUAJ、SGAJ 由计算机联锁驱动。如图 4-2 所示。

计算机联锁的采集驱动电路如图 4-2 所示。

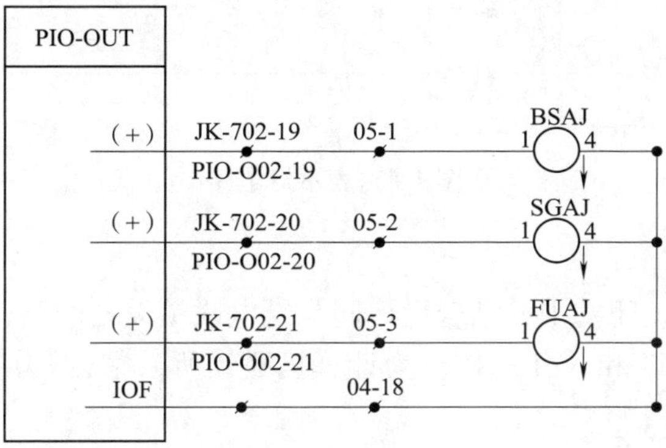

图 4-2　按钮继电器电路

(2)接车锁闭继电器发车锁闭继电器电路

接车锁闭继电器 JSBJ 和发车锁闭继电器 FSBJ 由计算机联锁驱动,计算机联锁回采 JSBJ 前接点和 FSBJ 后接点,如图 4-3 所示。

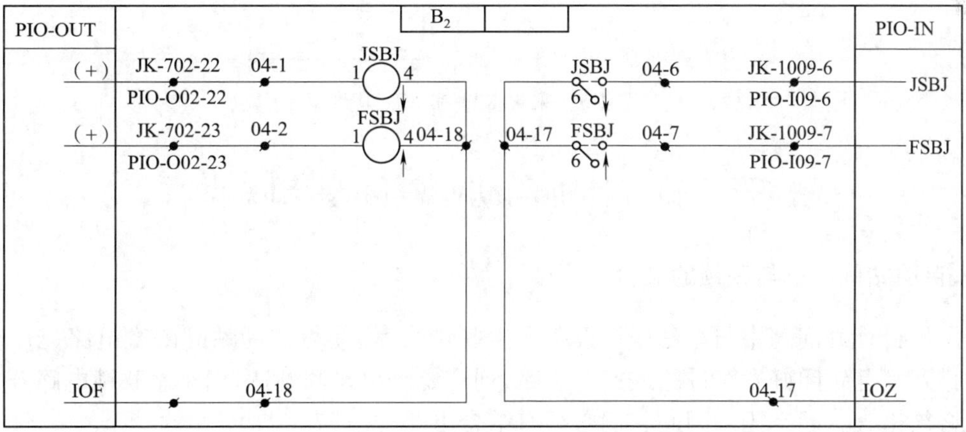

图 4-3　JSBJ 和 FSBJ 电路

(3)表示灯电路

计算机联锁采集 BSJ、KTJ、TJJ、HDJ、TCJ 的前后接点,GDJ 的前接点,FDJ 的后接点,构成 JBH、JBH、JBL、FBL、FBH、FBU 条件,如图 4-4 所示。

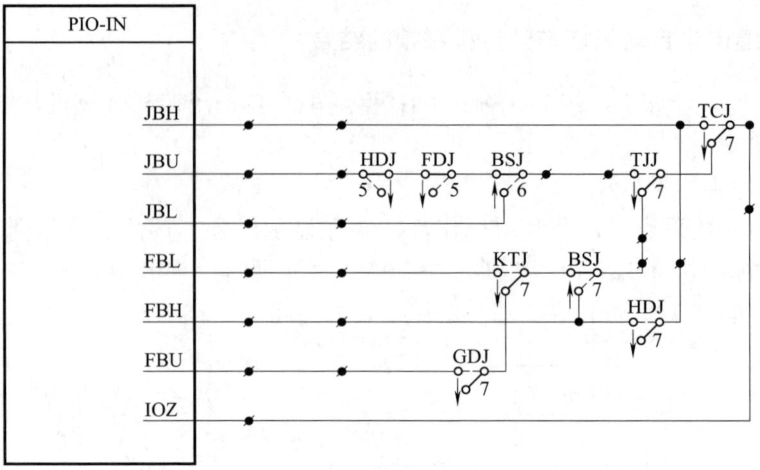

图 4-4　表示灯电路

2. 结合设计

在 64D 型继电半自动闭塞中的结合设计同与继电联锁设备的结合。

对于计算机联锁，KTJ 和 XZJ 前接点为计算机联锁所采集，作为开放出站信号机的条件，如图 4-5 所示。

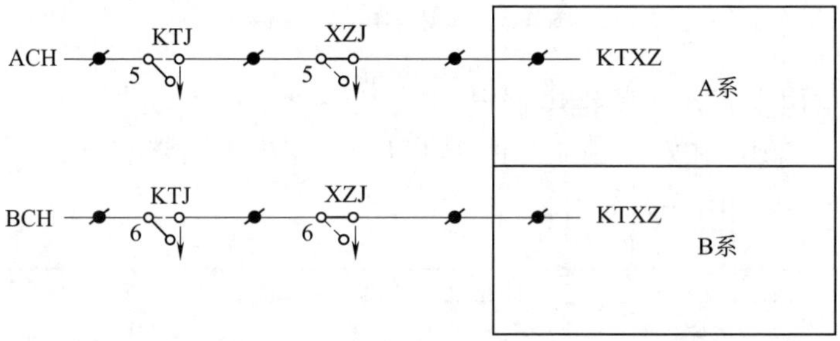

图 4-5　采集 KTJ 和 XZJ 电路

第二节　计轴自动站间闭塞与联锁

一、自动站间闭塞与联锁的结合

为了使自动站间闭塞与车站联锁设备发生联锁关系，使得自动站间闭塞电路能反映车站是否已排列好并锁闭好发车进路或接车进路，列车是否出发和到达；而车站联锁电路开放出站信号机必须检查区间空闲。因此它们必须有结合电路。

结合电路技术条件：

(1)列车进入自动站间闭塞区间的凭证是出站信号机开放。

(2)当发车站办理发车进路后，站间自动构成闭塞状态。

(3)出站信号机开放应连续检查闭塞状态正确及区间空闲。

(4)两站不能同时向同一区间开放出站信号机。

(5)列车进入发车进路后,出站信号机应自动关闭。在闭塞解除前,两站向该区间的出站信号机均不能再开放。

(6)区间闭塞后,发车进路解锁前,不能解除闭塞;取消发车进路,发车进路解锁后,闭塞随之自动解除。

二、自动站间闭塞与继电联锁的结合

1. 自动站间闭塞的组合和按钮、表示灯设置

对每个接发车方向设一套与半自动闭塞联系电路,每套电路由三个组合组成。其中 LDB_1、LDB_2 组合即原 64D 型继电半自动闭塞的 B_1、B_2 组合,LDB_3 为新增组合,安放区间轨道继电器 QGJ、区间轨道辅助继电器 QGFJ、闭塞自动办理继电器 BZBJ、站间闭塞继电器 ZBSJ、人工闭塞按钮继电器 RBSAJ、人工闭塞继电器 RSAJ、路票列车记录继电器 LJLJ、同意接车复示继电器 TJJF。这些组合设在车站组合柜上。

在控制台上设闭塞切换按钮 BSQA、计轴复原按钮 JFLA、站间闭塞表示灯 ZBSD、人工闭塞表示灯 RBSD、计轴复零表示灯 JFLD 和区间状态表示灯。

2. 自动站间闭塞与继电联锁的结合

(1)在闭塞自动办理继电器 BZBJ 电路中的结合

BZBJ 电路如图 4-6 所示。在电路中有发车口的股道检查继电器 GJJ 接点。

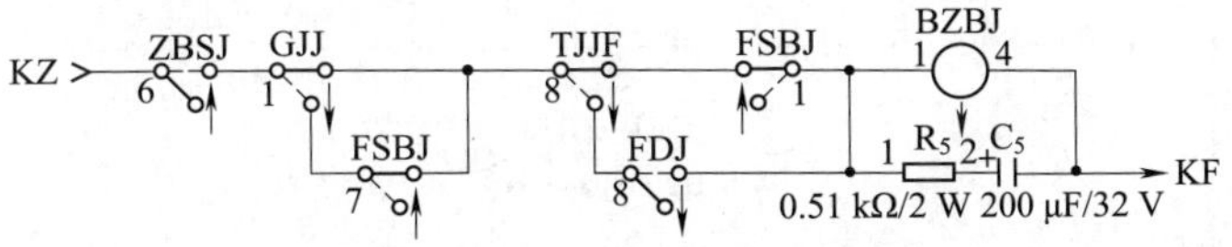

图 4-6 BZBJ 电路

对于发车站,办理发车进路时,由于发车口的 GJJ↑,使 BZBJ↓,在 FSBJ↓后利用 BZBJ 的缓放接通 BSAJ 电路,自动发送请求发车信号。

(2)在接车锁闭继电器 JSBJ 电路中的结合

JSBJ 电路如图 4-7 所示。在 JSBJ 自闭电路中有进站信号机内方第一个区段的进路继电器后接点,进路锁闭后进路继电器落下,使 JSBJ 落下。

(3)在发车锁闭继电器 FSBJ 电路中的结合

FSBJ 电路如图 4-8 所示。

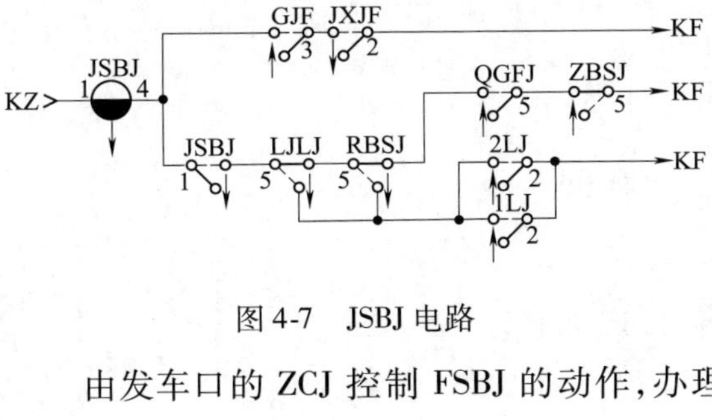

图 4-7 JSBJ 电路

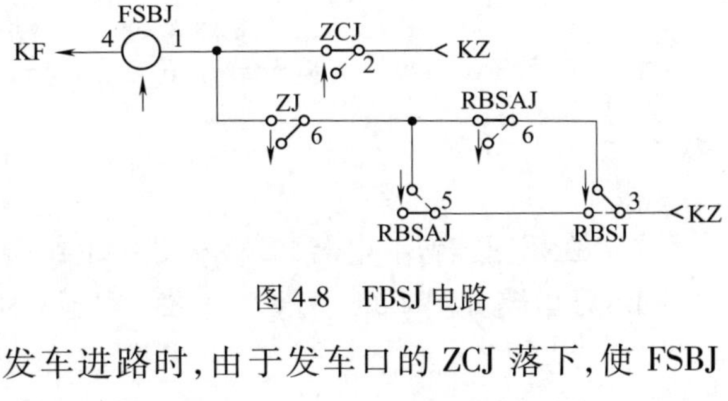

图 4-8 FBSJ 电路

由发车口的 ZCJ 控制 FSBJ 的动作,办理发车进路时,由于发车口的 ZCJ 落下,使 FSBJ 落下。

路票列车按电话闭塞法发车时，必须排列调车进路，开放调车信号，列车按调车信号行车，以确保站内联锁关系正确。在这种情况下，ZJ 吸起，RBSAJ↑→RBSJ↑，FSB↓，当列车压入进站内方轨道电路时，使 LJLJ↑，验证路票列车进入区间。

三、自动站间闭塞与计算机联锁的结合

1. 计算机联锁对于自动站间闭塞的驱动采集电路

计算机联锁驱动闭塞按钮继电器 $BSAJ_1$、事故按钮继电器 $SGAJ_1$、复原按钮继电器 $FUAJ_1$、照查继电器 ZCJ、锁闭继电器 SJ、股道检查继电器 GJJ、计轴复零继电器 JFLAJ、闭塞切换按钮继电器 BSQAJ。

计算机联锁回采事故按钮继电器 $SGAJ_1$、照查继电器 ZCJ、锁闭继电器 SJ 的前、后接点，股道检查继电器 GJJ 前接点。计算机联锁采集 JDHJ、JDUJ、JDLJ、FDHJ、FDUJ、FDLJ 前接点，作为半自动闭塞表示条件。计算机联锁采集 KTJ、XZJ 前、后接点，作为开放出站信号机的条件。计算机联锁采集 BJJ、JFLJ、ZBSJ、RBSAJ、QGFJ 前接点，作为自动站间闭塞条件。

2. 与自动站间闭塞结合电路

(1)接车锁闭继电器 JBSJ 电路

JBSJ 电路如图 4-9 所示。

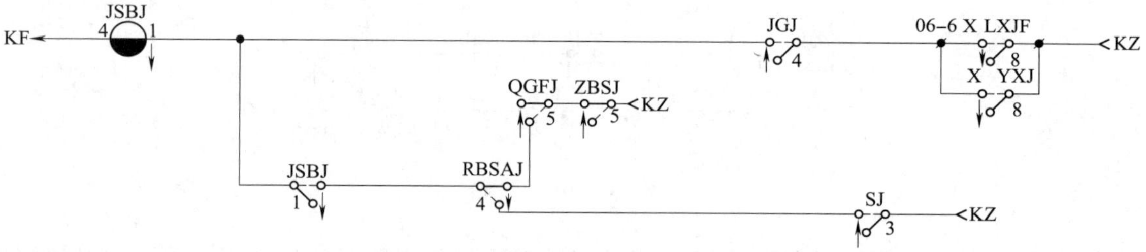

图 4-9　JBSJ 电路

在列车接近，进站信号机开放(包括引导接车)后，JBSJ 吸起。

在站间闭塞状态下，JBSJ 通过 QGFJ 后接点自闭，当列车出清区间 QGFJ↑后就使 JBSJ↓，自动解除区间闭塞。在人工闭塞状态下，JBSJ 通过 SJ 后接点自闭。

(2)发车锁闭继电器 FBSJ 电路

FBSJ 电路如图 4-10 所示。FBSJ 平时吸起。办理进路，ZCJ 落下使 FBSJ 落下。

图 4-10　FBSJ 电路

(3)在闭塞按钮继电器 BSAJ 电路中的结合

BSAJ 电路如图 4-11 所示。电路中用到 GJJ 和 FSBJ 条件。

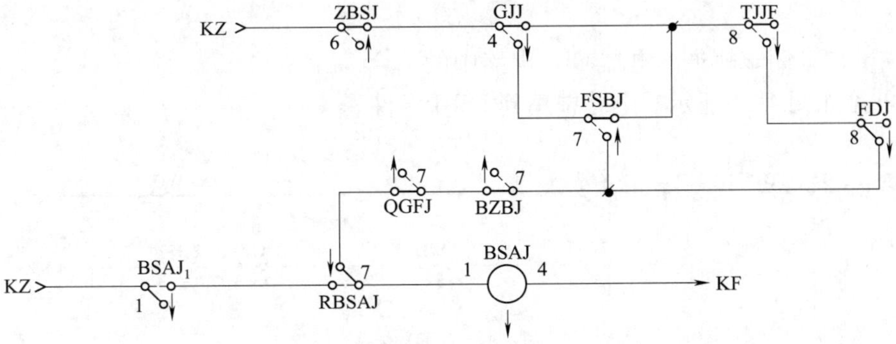

图 4-11 BSAJ 电路

在发车站,排列发车进路后进站口的 GJJ↑,发车进路锁闭后 FSBJ↓,切断了 BZBJ 电路,在 BZBJ 在缓放期内,使得 BSAJ 吸起。BSAJ 吸起,即自动向对方站发请求发车信号。

(4)在复原按钮继电器 FUAJ 电路中的结合

FUAJ 电路如图 4-12 所示。电路中用到 GJJ、FSBJ 和 JSBJ 条件。

在 ZBSJ↑处于站间闭塞状态,自动办理到达复原,待进站列车出清区间时自动完成,即 JSBJ↑(缓放),HDJ↑,QGFJ↑→FUAJ↑。

电路中用 $JSBJ_{81-82}$ 证明接车进路锁闭,用 HDJ_{81-82} 证明列车到达,用 $QGFJ_{82-81}$ 证明区间空闲。电路中的 $FSBJ_{82-81}$、$QGFJ_{82-81}$ 还可防止列车在“出发危险区段”运行时错办事故复原。

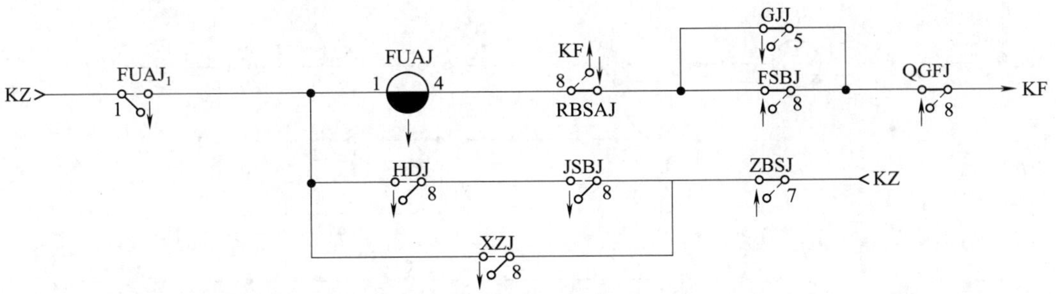

图 4-12 FUAJ 电路

自动取消复原,在取消发车进路的同时自动完成,即 FSBJ↑→XZJ↑→FUAJ↑。电路中 $FSBJ_{82-81}$ 保证在发车进路锁闭的情况下不能取消复原。

(5)在事故按钮继电器 SGAJ 电路中的结合

SGAJ 电路如图 4-13 所示。电路中用到 GJJ 和 FSBJ 条件。

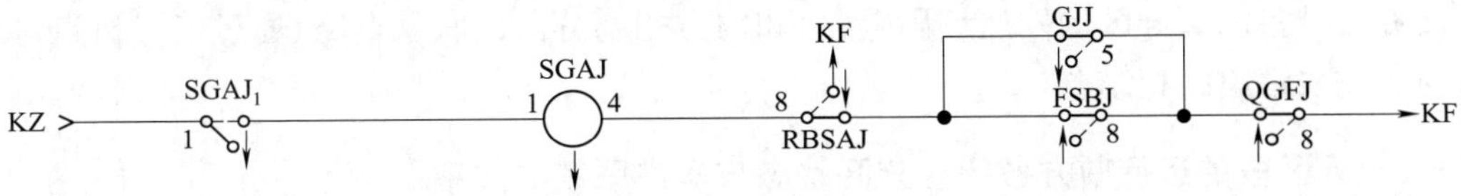

图 4-13 SGAJ 电路

SGAJ 电路中用 $FSBJ_{82-81}$ 保证在发车进路锁闭的情况下不能办理事故复原,用 $QGFJ_{82-81}$ 保证在站间闭塞状态下,区间有车占用时不能办理事故复原,这在很大程度上提高了事故复原的安全性。

(6)在半自动闭塞轨道继电器 GDJ 电路中的结合

GDJ 电路如图 4-14 所示。电路中用到 FSBJ 条件。

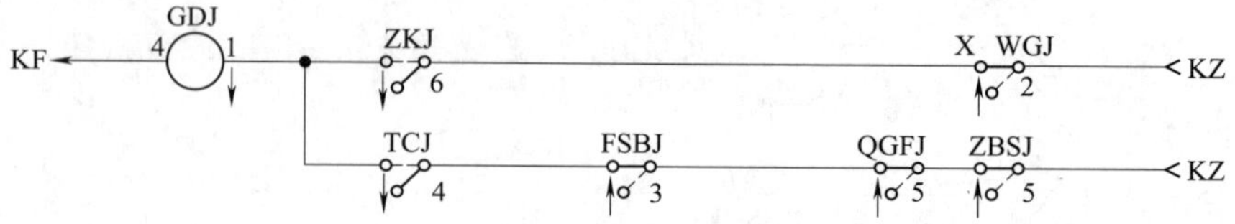

图 4-14 GDJ 电路

(7)在复原继电器 FUJ 电路中的结合

FUJ 电路如图 4-15 所示。电路中要检查 GJJ 和 FSBJ 的条件。

在站间闭塞状态下,待进站列车出清区间时,QGFJ↑→FUAJ↑,使得两站 FUJ↑,自动办理到达复原。

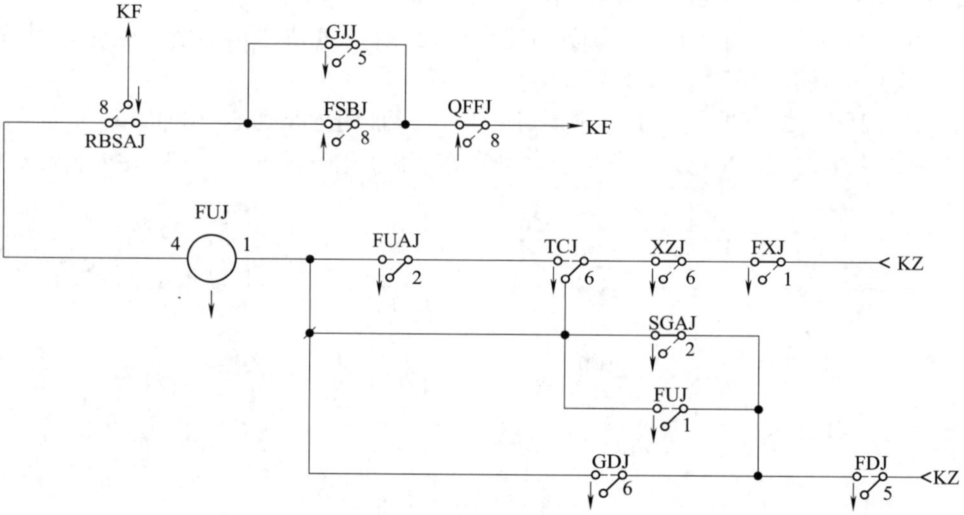

图 4-15 FUJ 电路

第三节 自动闭塞与联锁

接近区段各闭塞分区的发送编码电路、和内方闭塞分区的联系电路、通过信号机点灯电路必须与车站联锁电路相结合。

一、接近区段的运行前方各闭塞分区状态与车站联锁的关系

对于二接近区段和三接近区段,用反映进站信号机状态的继电器来代替 GJ。

1. 三接近信号点的运行前方各闭塞分区

三接近信号点,其运行前方各闭塞分区如图 4-16(a)所示。其中,站内接车进路作为一个闭塞分区,即 1G。1LQ(及站内发车进路,下同)为 2G,2LQ 为 3G,3LQ 为 4G,4LQ 为 5G。用

LXJ2F 代替 1GJ,因为只有接车进路空闲,LXJ 才能吸起。用 LUXJF 代替 2GJ,因为只有 1LQ 空闲,LUXJ 才能吸起。用 TXJF 代替 3GJ,因为只有 2LQ 空闲,TXJ 才能吸起。

2. 二接近信号点的运行前方各闭塞分区

二接近信号点,其运行前方各闭塞分区如图 4-16(b)所示。其中,3JG 作为 1G。站内接车进路作为一个闭塞分区,即 2G。正线发车进路和 1LQ 为 3G。2LQ 为 4G。3LQ 为 5G。用 LXJ3F 代替 2GJ,因为只有接车进路空闲,LXJ 才能吸起。用 LUXJ2F 代替 3GJ,因为只有 1LQ 空闲,LUXJ 才能吸起。

3. 一接近信号点的运行前方各闭塞分区

一接近信号点,其运行前方各闭塞分区如图 4-16(c)所示。其中,2JG 作为 1G。3JG 作为 2G。站内接车进路作为一个闭塞分区,即 3G。正线发车进路和 1LQ 为 4G。2LQ 为 5G。

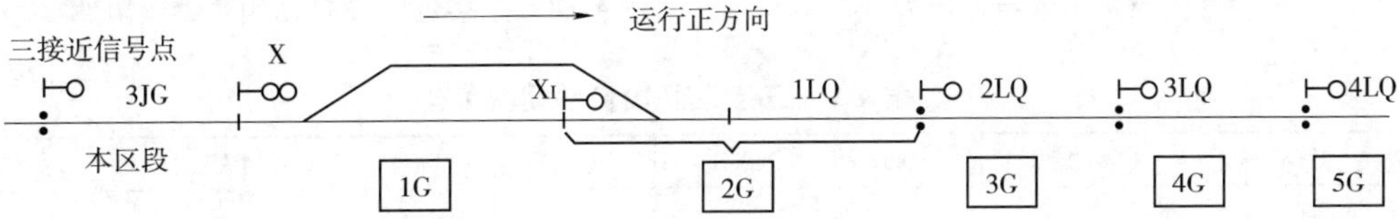

(a)三接近信号点

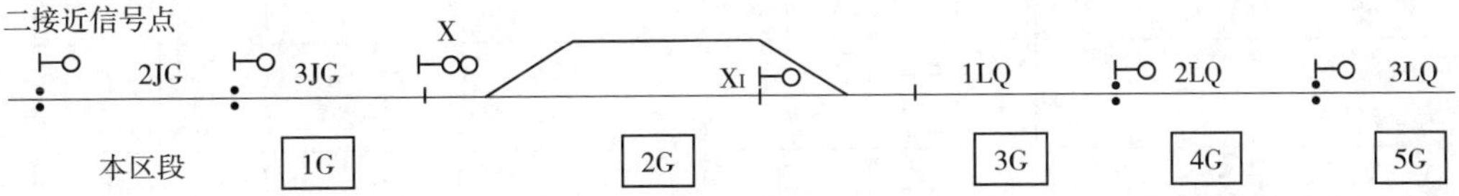

(b)二接近信号点

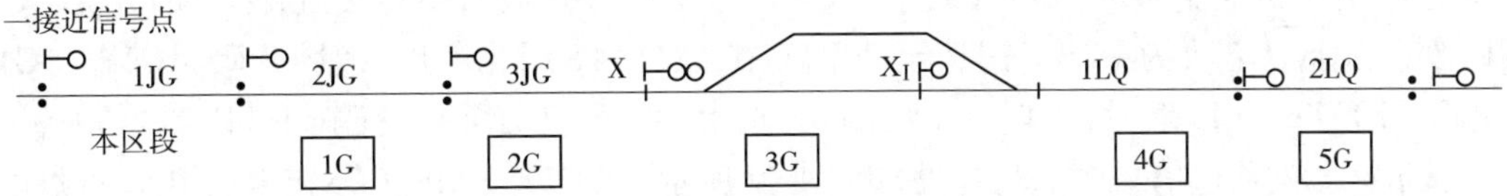

(c)一接近信号点

图 4-16　接近信号点运行前方各闭塞分区

二、接近信号点的闭塞分区电路与车站联锁的结合

接近信号点包括三接近区段、二接近区段、一接近区段,它们的闭塞分区电路有所不同。

1. 三接近区段的闭塞分区电路

防护三接近区段的闭塞分区的通过信号机定位点黄灯,故三接近区段的闭塞分区电路又称 U 信号点。

正方向运行时(区间正方向继电器 QZJ 吸起),三接近区段由进站信号机的列车信号继电器 LXJ、正线继电器 ZXJ、绿黄信号继电器 LUXJ、通过信号继电器 TXJ、引导信号继电器 YXJ 以及同方向的正线出站信号机的列车信号继电器 LXJ 的状态构成编码条件,为此,设它们的复示继电器 LXJ2F、ZXJF、LUXJF、TXJF、YXJF,如图 4-17 所示。由这些复示继电器的接点构成自动闭塞编码电路,如图 4-18 所示。编码情况见表 4-1。

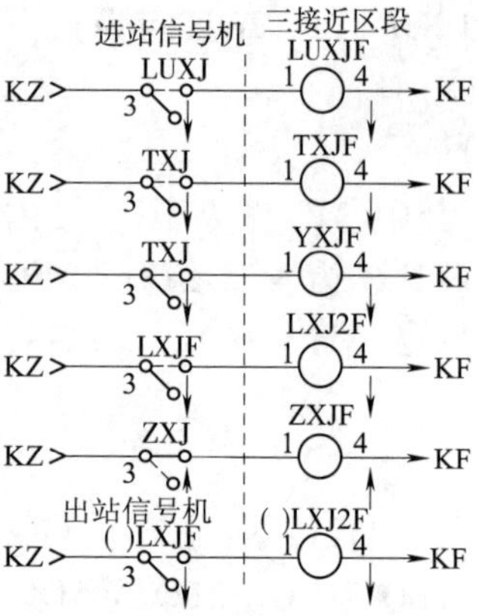

图 4-17　三接近区段复示继电器电路

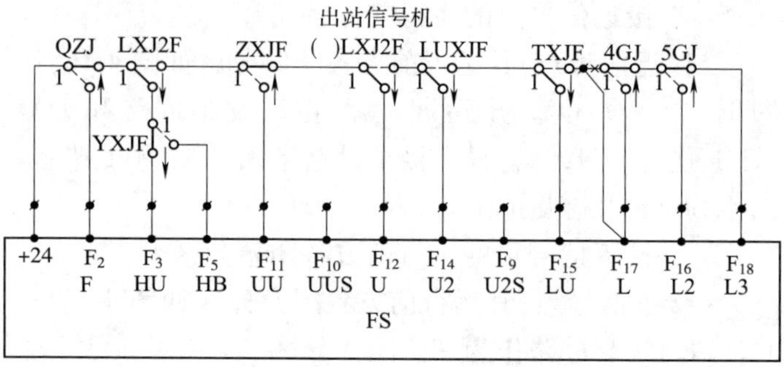

图 4-18　三接近区段自动闭塞编码电路

表 4-1　三接近区段自动闭塞编码

进站信号机显示	进站 LXJ2F	YXJF	ZXJF	LUXJF	TXJF	出站 LXJ2F	发送信息码
红	↓	↓					HU
红白	↓	↑					HB
黄黄	↑		↓				UU
黄	↑		↑			↓	U
黄(侧向发车)	↑		↑	↓		↑	U2
绿黄	↑		↑	↑	↓	↑	LU
绿	↑		↑	↑	↑	↑	L

如进站信号机显示黄闪、黄时,则在 ZXJF↓处接入 XSJ(或 CTXJ)接点,由 XSJ(或 CTXJ)↑将 UU 改为 UUS,U2 改为 U2S。提速至 200 km/h 条件,4GJ↑、5GJ↓,发 L2 码;4GJ↑、5GJ↑,发 L3 码。200 km/h 以上时,需增加 L4、L5,分别由 6GJ↑、7GJ↑来发码(下同)。

三接近区段的通过信号机点灯电路如图 4-19 所示。LXJ2F、ZXJF、LUXJF 接点用于点灯电路,来区分点黄灯、绿黄灯和绿灯。当本区段空闲 GJF↑的情况下,LXJ2F↓时点黄灯,LXJ2F↑、ZXJF↓时也点黄灯;LXJ2F↑、ZXJF↑、LUXJF↓时点绿黄灯;LXJ2F↑、ZXJF↑、LUXJF↑时点绿黄灯。

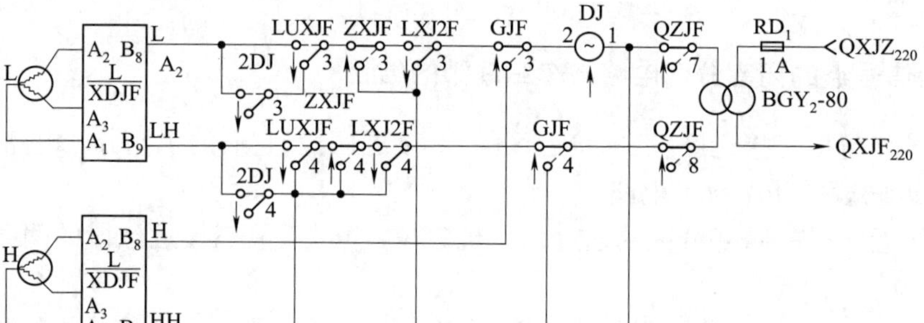

图 4-19　三接近区段的通过信号机点灯电路

如闭塞分区较长，不能满足一次调整的要求，则需加设分割点，即由两段轨道电路组成。每段轨道电路各有其发送器和接收器，它们的载频顺序配置。构成有分隔点的闭塞分区的两段轨道电路的编码条件相同。在两段轨道电路都空闲和仅 BG 占用时，BG 和 AG 都发码。当 AG 占用时，AG 继续发码，而 BG 不发码，以防止后续列车冒进。这通过在 BG 的发送通道中串接 AG 的 GJ 前接点来实现，即在 AG 被占用时，其 GJ 落下，断开 BG 的发送通道。

对于有分隔点的三接近区段，情况有些特殊。AG 的发送通道由进站信号机的 1DJF 前接点和 AG 的 LXJ2F 前接点接通，如图 4-20(a)所示。这是为了实现进站信号机红灯灭灯的灯光转移，进站信号机红灯灭灯时 LXJ2F 及 1DJF↓，断开三接近的发送通道，使得三接近区段的 GJ↓，三接近信号机点红灯。BG 的发送通道由 AG 的 GJ 前接点接通，如图 4-20(b)所示。必须指出，因为这时 AG 和 BG 均采用 U 信号点电路，发送通道中并联了 LXJ2F 第八组前接点，对于 BG 一定要拆除这组接点，因为当列车完全出清 BG 进入 AG 区段时，由于进站信号机开放 LXJ2F 吸起，BG 仍能发码，不能防止后续列车冒进。

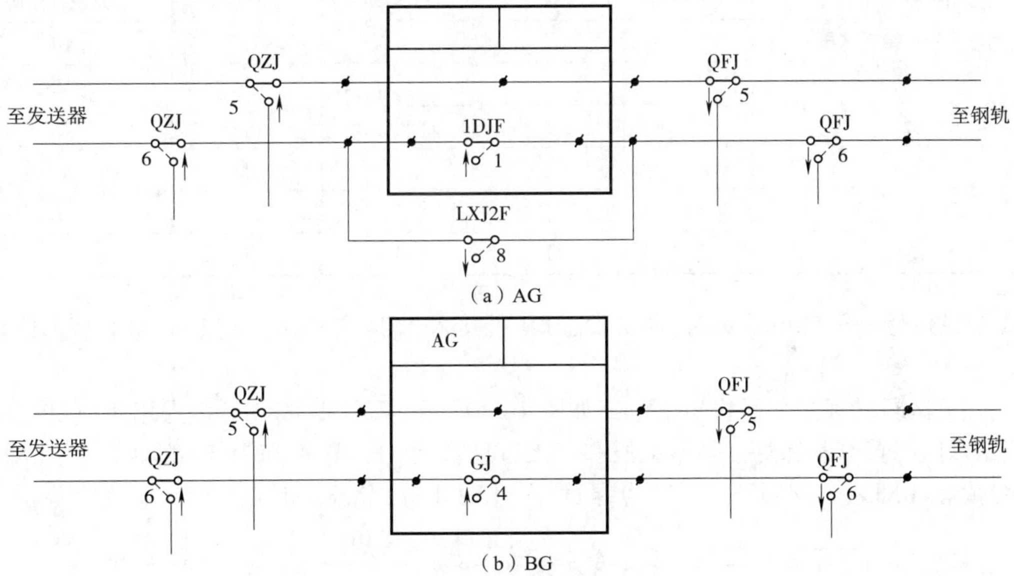

图 4-20 有分隔点的发送通道

AG 和 BG 各设一个 QGJ、GJ，由它们共同构成闭塞分区空闲和占用的条件。只要 AG 和 BG 中的一个被占用，该闭塞分区就显示红灯。

2. 二接近区段的闭塞分区电路

防护二接近区段的闭塞分区的通过信号机定位点绿黄灯，故二接近区段的闭塞分区电路又称 LU 信号点。

二接近区段仍由进站信号机的列车信号继电器 LXJ、正线继电器 ZXJ、绿黄信号继电器 LUXJ、通过信号继电器 TXJ 的状态构成编码条件，为此，设它们的复示继电器 LXJ3F、ZXJ2F、LUXJ2F，如图 4-21 所示。由这些复示继电器的接点构成自动闭塞编码电路，如图 4-22 所示，其中 1GJ 为二接近区段的轨道继电器。编码情况见表 4-2。

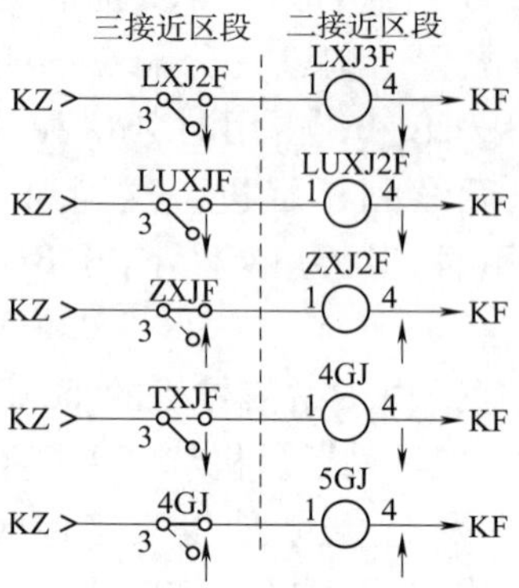

图 4-21 二接近区段复示继电器电路

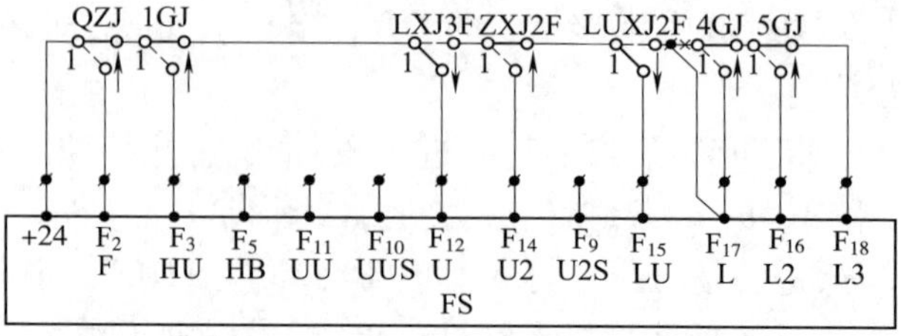

图 4-22 二接近区段自动闭塞编码电路

表 4-2 二接近区段自动闭塞编码

进站信号机显示	LXJ3F	ZXJ2F	LUXJ2F	1GJ	发送信息码
列车占用三接近区段				↓	HU
红	↓			↑	U
黄	↑	↑	↓	↑	LU
黄黄	↑	↓		↑	U2
绿黄	↑	↑	↑	↑	L
绿	↑	↑	↑	↑	L

当进站信号机显示黄闪、黄时，则在 ZXJ2F↓处接入 XSJ(或 CTXJ)接点，由 XSJ(或 CTXJ)↑，将 U2 改为 U2S。

二接近区段的通过信号机点灯电路如图 4-23 所示。LXJ3F、ZXJ2F 接点用于点灯电路，来区分点黄灯、绿黄灯和绿灯。当本区段和三接近区段空闲，GJF↑和 1GJ↑的情况下，LXJ3F↓时点绿黄灯，LXJ3F↑、ZXJ2F↓时也点绿黄灯。LXJ2F↑、ZXJF↑时点绿灯。

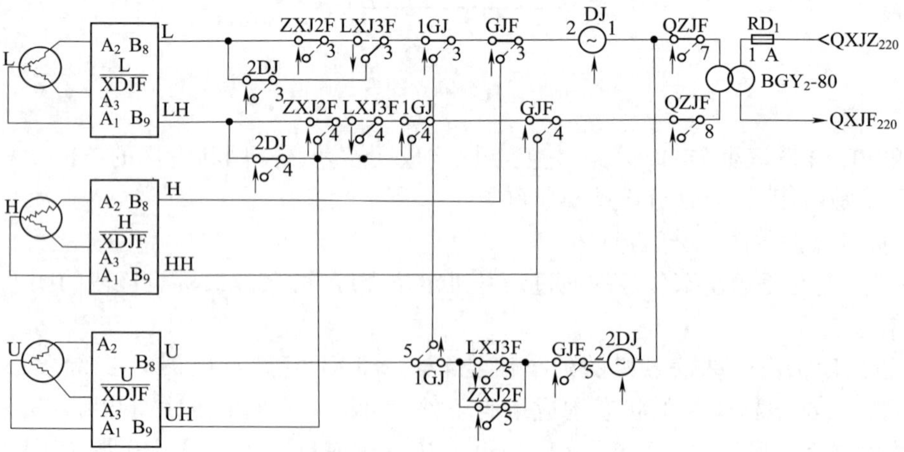

图 4-23 二接近区段的通过信号机点灯电路

3. 一接近区段的闭塞分区电路

防护一接近区段的闭塞分区的通过信号机定位点绿灯，故一接近区段的闭塞分区电路又称 L 信号点。

一接近区段由 1GJ～5GJ 编码，其中 3GJ、4GJ 的状态仍与进站信号机的状态相联系。

3GJ 是 LXJ3F 和 ZXJ2F 的复示继电器，4GJ 是 LUXJ2F 的复示继电器，如图 4-24 所示。由这些复示继电器的接点构成自动闭塞编码电路，如图 4-25 所示。编码情况见表 4-3。

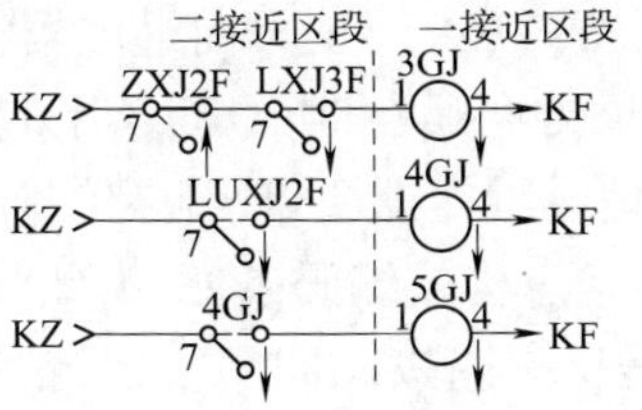

图 4-24　一接近区段复示继电器电路

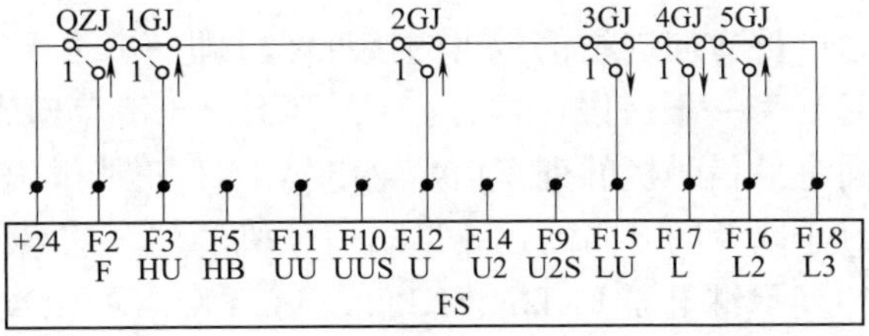

图 4-25　一接近区段自动闭塞编码电路

表 4-3　一接近区段自动闭塞编码

进站信号机显示	3GJ	2GJ	1GJ	发送信息码
列车占用二接近区段			↓	HU
列车占用三接近区段		↓	↑	U
红	↓	↑	↑	LU
黄	↑	↑	↑	L
黄黄	↓	↑	↑	LU
绿黄	↑	↑	↑	L
绿	↑	↑	↑	L

一接近区段的通过信号机点灯电路如图 4-26 所示。由 1GJ、1GJ 来区分点黄灯、绿黄灯和绿灯。当本区段和二、三接近区段空闲，GJF↑和 1GJ↑、2GJ↑的情况下，点绿灯；当本区段和二接近区段空闲，GJF↑和 1GJ↑，三接近区段占用 2GJ↓的情况下，点绿黄灯；仅本区段接近区段空闲，GJF↑，二接近区段占用 2GJ↓的情况下，点黄灯。

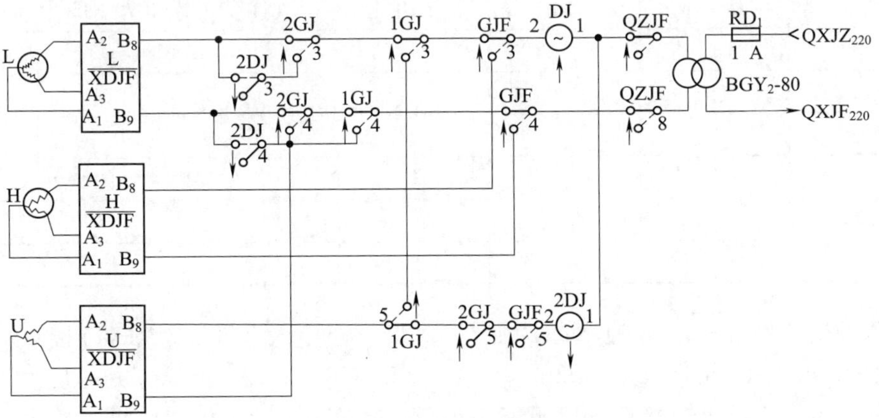

图 4-26　一接近区段的通过信号机点灯电路

一、二、三接近点采用递进励磁的方式来构成编码逻辑，即采用三接近复示进站信号机信号点灯条件，二接近复示三接近的条件，一接近复示二接近的条件。这样做的好处是，区间与站内的结合点仅在三接近一处，避免了各个区间点都直接到站内联锁中取条件，在复示条件的传递环节出现故障时，各信号点码序会依次降级，而不会出现码序跳变的情况；同时也减少了站内与区间的结合部，对于工程改造十分有利。

三、反方向接近区段的闭塞分区电路与车站联锁的结合

反方向进站信号机的接近区段即一离去区段。正方向运行时（区间正方向继电器 QZJ 吸起），和一般区段一样，由 1GJ、2GJ、3GJ 接点构成编码条件。反方向运行时（QZJ 落下）由反方向进站信号机的列车信号继电器 LXJ、正线继电器 ZXJ、通过信号继电器 TXJ、引导信号继电器 YXJ 以及同方向的正线出站信号机的列车信号继电器 LXJ 的状态构成编码条件，为此，设它们的复示继电器 LXJ2F、ZXJF、TXJF、YXJF，如图 4-27 所示（只是反方向按站间闭塞运行，反方向进站信号机不显示绿黄灯，没有 LUXJF）。由这些复示继电器的接点构成自动闭塞编码电路。编码情况见表 4-4。

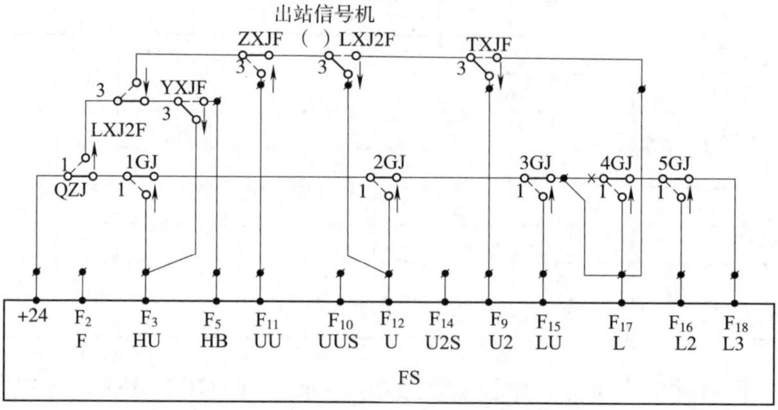

图 4-27 反方向接近区段自动闭塞编码电路

表 4-4 反方向接近区段自动闭塞编码

进站信号机显示	进站 LXJ2F	YXJF	ZXJF	TXJF	出站 LXJ2F	发送信息码
红	↓	↓				HU
红白	↓	↑				HB
黄黄	↑		↓			UU
黄	↑		↑		↓	U
黄（侧向发车）	↑		↑	↓	↑	U2
绿	↑		↑	↑	↑	L

如反向进站信号机显示黄闪、黄时，则在 ZXJF↓处接入 XSJ（或 CTXJ）接点，由 XSJ（或 CTXJ）↑将 UU 改为 UUS，U2 改为 U2S。

一离去区段作为反方向接近区段不能满足反向接车的制动距离时，将二离去区段与一离去区段合并作为反方向的接近区段。这时，二离去区段的反向编码条件与一离去区段相同，只

是反向发送通道内要检查一离去区段 GJ 的前接点。

四、自动闭塞与继电集中联锁的结合电路

结合电路主要包括接近轨道继电器电路、离去继电器电路、电气集中结合电路、自动闭塞结合电路。

1. 接近轨道继电器电路

对每一接车方向设一接近轨道继电器 1JGJ、二接近轨道继电器 2JGJ 和三接近轨道继电器 3JGJ，均由相应闭塞分区的 GJ 控制。该闭塞分区空闲时，接收器收到本闭塞分区的移频信号，GJ 吸起，使接近轨道继电器 JGJ 吸起。该闭塞分区被占用时，接收器收不到本闭塞分区的移频信号，GJ 落下，使接近轨道继电器 JGJ 落下。接近轨道继电器电路如图 4-28 所示。若某闭塞分区的设备设在相邻车站，则要将该闭塞分区的 GJ 条件通过外线引至本站，为保证传输的可靠性，采用接点双断。

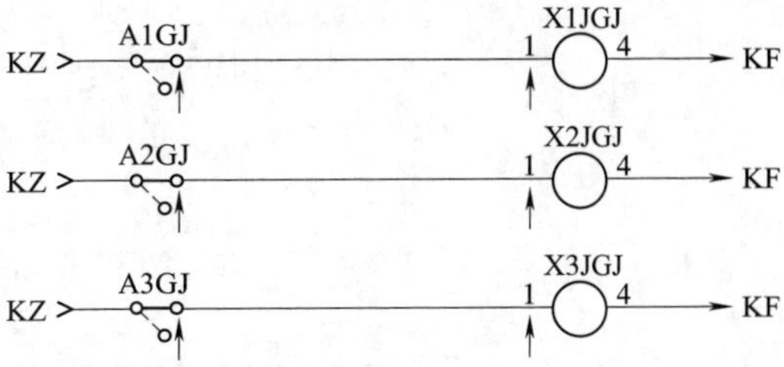

图 4-28　接近轨道继电器电路

控制台上设三个接近表示灯，分别通过 1JGJ、2JGJ 和 3JGJ 后接点点亮，表示列车接近车站的情况。

1JGJ、2JGJ 和 3JGJ 接点还用于接近电铃继电器电路，2JGJ 和 3JGJ 前接点用于进站信号机的 JYJ 电路。

2. 离去继电器电路

离去继电器电路由反映列车运行前方各闭塞分区的继电器条件构成，如图 4-29 所示。图。设四个离去继电器 1LQJ、2LQJ、3LQJ、4LQJ，它们平时吸起。当一离去区段 1LQ 被占用，使 1LQJ 落下，表示列车离去，运行在一离去区段。二离去区段 2LQ 被占用，使 2LQJ 落下，表示列车运行在二离去区段。三离去区段 3LQ 被占用，使 3LQJ 落下，表示列车运行在三离去区段。四离去区段 4LQ 被占用，使 4LQJ 落下，表示列车运行在四离去区段。因离去继电器接点使用较多，设它们的复示继电器 2LQJF 和 2LQJF、3LQJF 和 3LQJF。1LQJ、2LQJ、3LQJ 的后接点分别点亮 1LQD、2LQD、3LQD 表示灯。

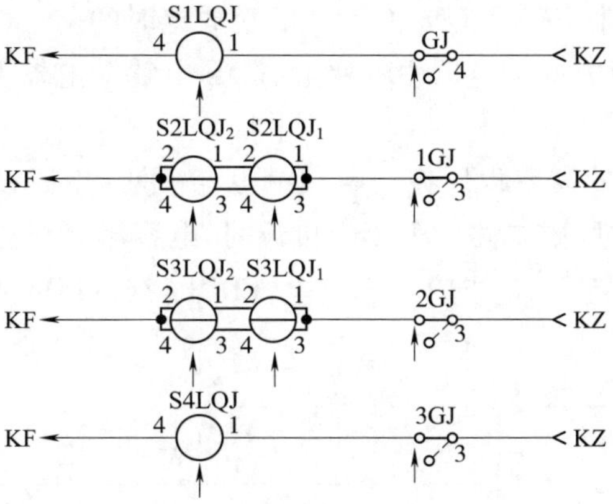

图 4-29　离去轨道继电器电路

1LQJ、2LQJ 接点用于反方向接近电铃继电器电路；1LQJ 前接点用于 LXJ 在 11 线网路端部电路及反方向进站信号机的 JYJ 电路中；2LQJ 前接点用于通过信号机 TXJ 电路中；2LQJ、3LQJ 或其复示继电器 2LQJF、3LQJF 接点用于出站信号机点灯电路中；1LQJ、2LQJF、3LQJF、4LQJ 接点用于站内轨道电路电码化电路中。

反方向运行时 X1LQ 作为 S_FJG，S1LQ 作为 X_FJG。

3. 接近电铃继电器电路

设接近电铃通知车站列车接近。接近电铃继电器电路如图 4-30 所示。

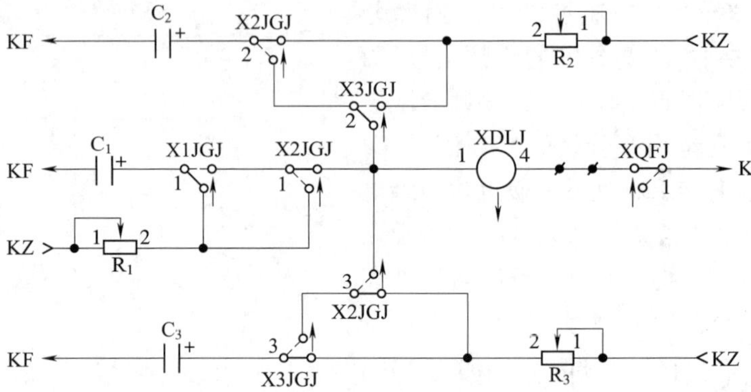

图 4-30 接近电铃继电器电路

正方向运行时，区间反方向继电器 QFJ 落下，平时，1JGJ、2JGJ、3JGJ 都吸起，通过它们的前接点分别接通 C_1、C_2、C_3 的充电电路。列车进入一接近区段，1JGJ 落下，C_1 向电铃继电器 DLJ 放电，使之吸起，接近电铃 JDL 鸣响。列车进入二接近区段，2JGJ 落下，C_2 向 DLJ 放电，使之吸起，JDL 鸣响。列车进入三接近区段，未出清二接近区段，3JGJ 和 2JGJ 均落下，C_3 向 DLJ 放电，使之吸起，JDL 鸣响。但列车出清二接近区段后，DLJ 落下，JDL 停止鸣响。当前行列车运行在二接近区段，后续列车进入一接近区段，已仍能充电，待前行列车出清二接近区段后，已向 DLJ 放电，JDL 仍能鸣响，通知续行列车的接近。

同样，当前行列车运行在三接近区段，后续列车进入二接近区段时，C_2 仍能充电，待前行列车驶离三接近区段后，C_2 向 DLJ 放电，使 JDL 鸣响，通知续行列车的接近。

电位器 R_1、R_2、R_3 分别用来调节 C_1、C_2、C_3 的充放电时间。

反方向发车时，区间反方向继电器 QFJ 吸起，断开电铃继电器 DLJ 电路，即反方向发车时不使接近电铃鸣响。

为了满足反方向接车的需要设反方向电铃继电器 FDLJ 电路，如图 4-31 所示。反方向运行时，QFJ 吸起，接通 FDLJ 励磁电路。列车未接近时，电容器 C_4 充电。当列车占用 1LQ（即反方向的 JG）区段时，1LQJF 落下，C_4 向 FDLJ 放电，FDLJ 吸起，FDL 鸣响，反映反方向运行列车接近车站。

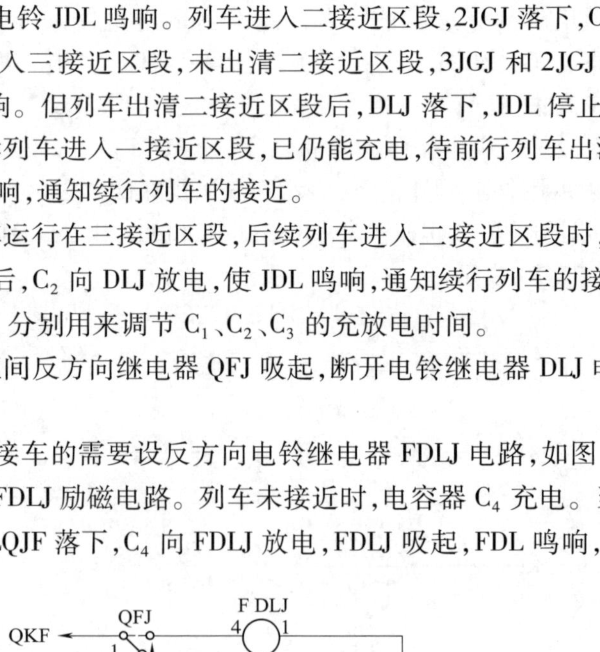

图 4-31 反方向电铃继电器电路

4. 区间轨道继电器电路

区间轨道继电器电路如图 4-32 所示。一个车站分别设 XQGJ 和 SQGJ。它们作为反方向运行时区间空闲的条件,用于反方向出站信号机的信号继电器 LXJ 电路的 11 线端部,这是出于反方向按站间闭塞的要求而设计的。XQGJ 检查上行反方向发车时整个区间的空闲,SQGJ 检查下行反方向发车时整个区间的空闲,它们分别串联整个区间各个闭塞分区的 GJ 前接点,只有所有闭塞分区都空闲,它们才吸起,相关方向的出站信号机才能开放,而且列车出发,出站信号机关闭后不能再开放,只有出清整个区间才能再次开放出站信号机,这就保证了整个区间同时只有一列列车运行。

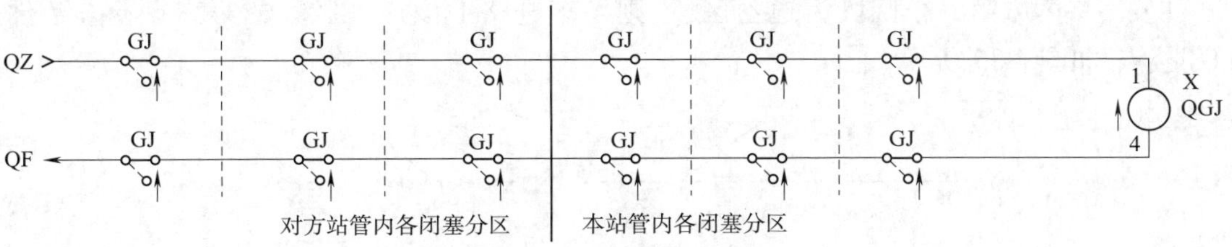

图 4-32　区间轨道继电器电路

5. 与电气集中结合电路

自动闭塞与电气集中结合电路由接近轨道继电器和离去继电器接点构成。

(1)接近预告继电器电路

进站信号机的 JYJ 电路中,用 2JGJ、3JGJ 后接点,作为列车接近的证明条件,如图 4-33 所示。在有通过进路的正线出站信号机的 JYJ 电路中,增加 3JGJ 后接点作为列车接近的证明条件,如图 4-34 所示。

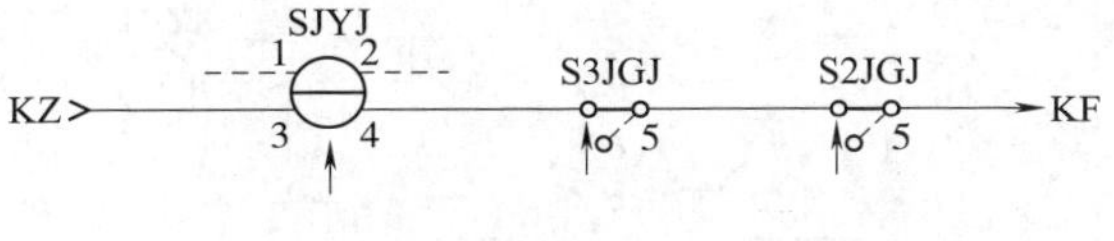

图 4-33　进站信号机的 JYJ 电路

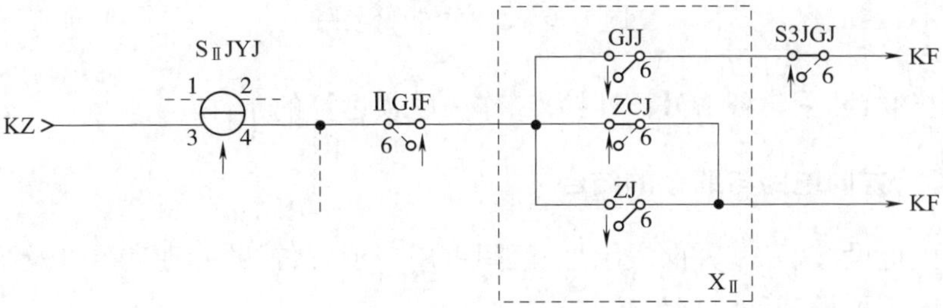

图 4-34　正线出站信号机的 JYJ 电路

(2)出站信号机的 LXJ 电路

在出站信号机的 LXJ 电路中,正方向发车,11 线端部用 1LQJ 前接点证明 1LQ 空闲,作为出站信号机开放的必要条件;反方向发车,11 线端部用 QGJ 前接点证明整个区间空闲,作为出站信号机开放的必要条件,如图 2-15 所示。

(3)进站信号机区分允许信号继电器电路

对于进站信号机,在 TXJ 和 LUXJ 电路中,用同方向的 2LQJ 接点区分 2LQ 空闲与否,以确定 TXJ 是否吸起,来区分绿灯显示和绿黄灯显示,如图 2-16 所示。

(4)进站信号机点灯电路

在进站信号机点灯电路中,用 2LQJ 和 3LQJ 接点来区分黄灯显示、绿黄灯显示和绿灯显示,如图 2-19 所示。

(5)解锁电路

如发车口内方第一个区段为道岔区段,则发车进路上该道岔区段的第三点检查条件是 1LQJ 接点,如图 4-35 所示。

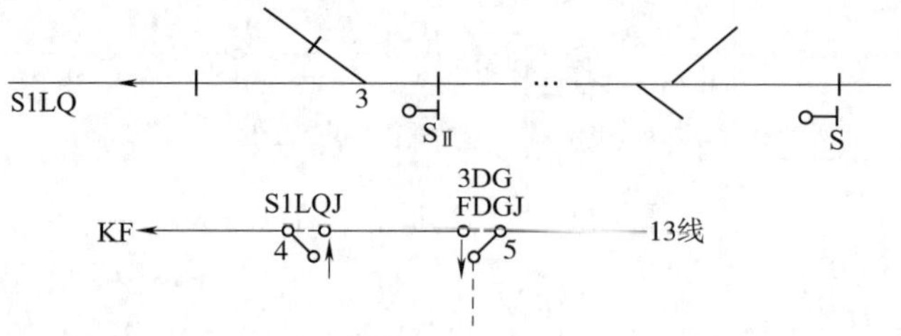

图 4-35 解锁电路

(6)跳信号报警电路

在准备报警继电器电路中,用 3JGJ 前接点证明列车未占用接近区段,作为跳信号报警的准备条件之一,如图 4-36 所示。

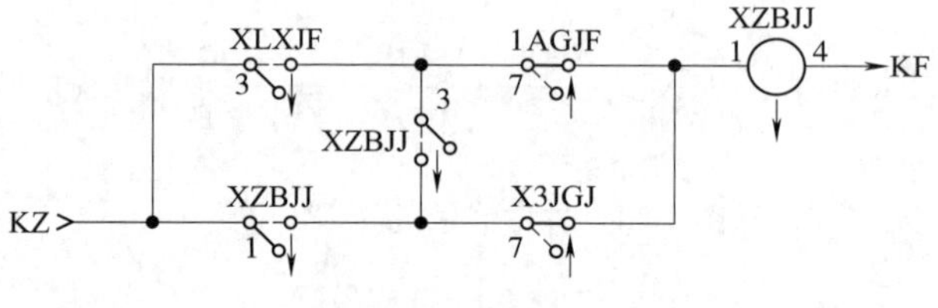

图 4-36 跳信号报警电路

对于计算机联锁,采集各 LQJ、JGJ 接点,作为联锁运算的条件。

五、改变运行方向电路与联锁的结合

在控制台上应设接、发车方向表示灯、区间占用表示灯、辅助办理表示灯及接、发车辅助办理按钮。必要时还可设辅助办理计数器。

1. 改变运行方向电路与继电集中联锁电路的结合

为反映继电集中联锁办理发车进路的情况,改变运行方向电路设发车按钮继电器 FAJ 和发车锁闭继电器 FSJ。为控制出站信号机,改变运行方向电路设控制继电器 KJ。

(1)发车按钮继电器电路

发车按钮继电器 FAJ 用来记录发车进路的建立,其电路如图 4-37 所示。在按下本咽喉的允许改变运行方向按钮 YGFA 的情况下，当办理了发车进路，继电集中联锁的列车发车继电器 LFJ 和发车口处的进路选择继电器 JXJ 吸起后，FAJ 吸起，沟通 GFJ 电路。选路完成后，LFJ 和 JXJ 落下，FAJ 失磁。

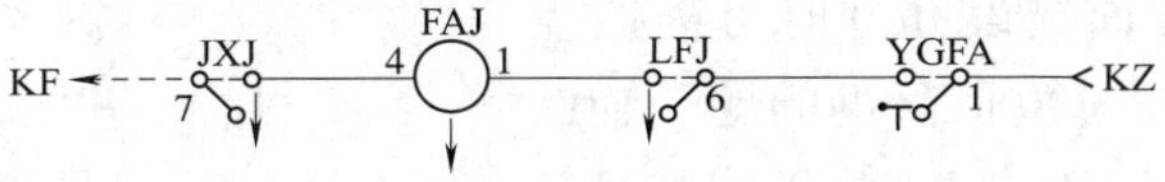

图 4-37　FAJ 电路

(2)发车锁闭继电器电路

发车锁闭继电器 FSJ 用来反映发车进路的锁闭情况，其电路如图 4-38 所示。当进路空闲（用发车进路最末一个轨道区段的 GJ 吸起来证明），建立了发车进路，发车口处的照查继电器 ZCJ 落下，使 FSJ 落下，表示发车进路锁闭。当向发车口建立调车进路时，FSJ 不应落下，于是在 ZCJ 第五组前接点上并联了 ZJ 的第五组前接点。建立调车进路时，虽然 ZCJ 落下，但 ZJ 吸起，使 FSJ 不落下。列车出发，出清发车进路最末一个轨道电路区段时，DGJ 吸起，进路解锁，ZCJ 吸起，使 FSJ 吸起并自闭。

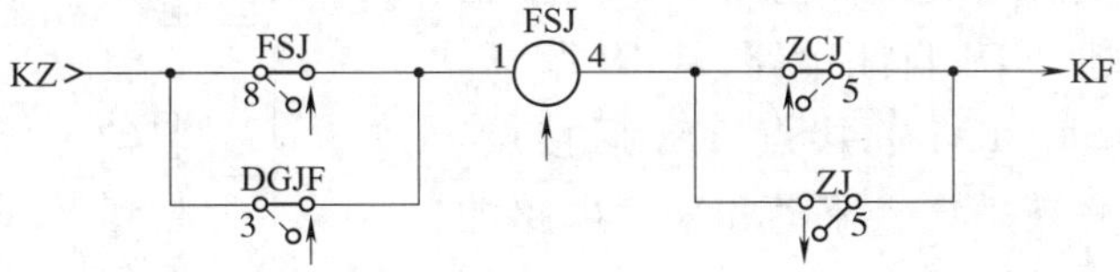

图 4-38　FSJ 电路

FSJ 前接点用在 JQJ 电路和 DJ 电路中，FSJ 吸起时，沟通 JQJ 和 DJ 电路。

(3)控制继电器电路

控制继电器 KJ 在辅助办理改变运行方向时接通出站信号机的列车信号继电器 LXJ 电路，如图 4-39 所示。

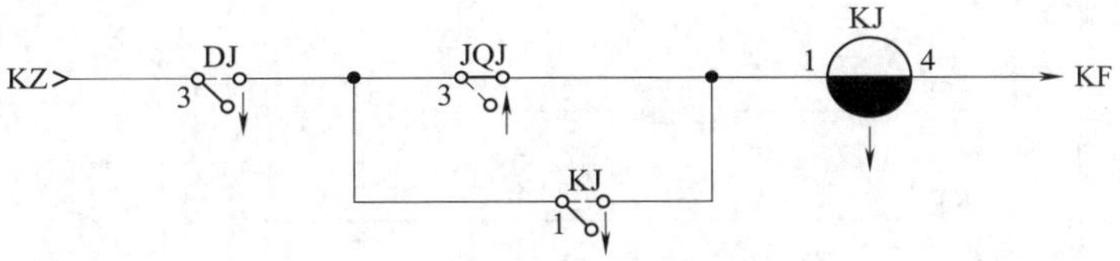

图 4-39　KJ 电路

当区间空闲时，办理辅助办理改变运行方向手续后 DJ 吸起，使 KJ 吸起并自闭。DJ 落下后，KJ 落下。

(4)出站信号机控制电路

出站信号机的列车信号继电器 LXJ 电路中接入开通运行方向的条件予以控制，即在 11 线网路端部接入 FJ_1 和 FJ_2 的反位接点，证明运行方向已改变，本站已改为发车站时，方可接通出站信号机的 LXJ 电路，如图 2-15 所示。

在 LXJ 电路中，用 1LQJ（反方向运行时，三显示区段为 2JGJ，四显示区段为 3JGJ）前接点检查运行前方闭塞分区空闲。正常办理改变运行方向时,用 FFJ 和 DJ 后接点接通 LXJ 电路。接入总辅助按钮继电器 ZFAJ 的后接点,是为了防止因 DJ 断线或单方面错误办理时可能产生的不检查区间空闲而错误开放信号的问题。辅助办理改变运行方向时,用 KJ 和 DJ 前接点接通 LXJ 电路。

2. 改变运行方向电路与计算机联锁的结合

在与计算机联锁的结合时,因为人机界面不同于 6502 电气集中,电路中的 JFA、FFA 按钮接点由 JFZAJ、FFZAJ 接点代替,按钮继电器 JFZAJ、FFZAJ 由计算机联锁驱动。ZFZAJ 也由计算机联锁驱动。发车按钮继电器 FAJ 和发车锁闭继电器 FSJ 由计算机联锁驱动。增加出发继电器 CFJ,以取代 DJ 电路中的 SJ 前接点,当办理发车进路,进路最末一个区段锁闭时,CFJ 落下,断开 DJ 自闭电路,使 DJ 落下。CFJ 由计算机联锁驱动。FAJ 前接点、FSJ 后接点、CFJ 后接点被计算机联锁采集。驱动和采集电路如图 4-40所示。

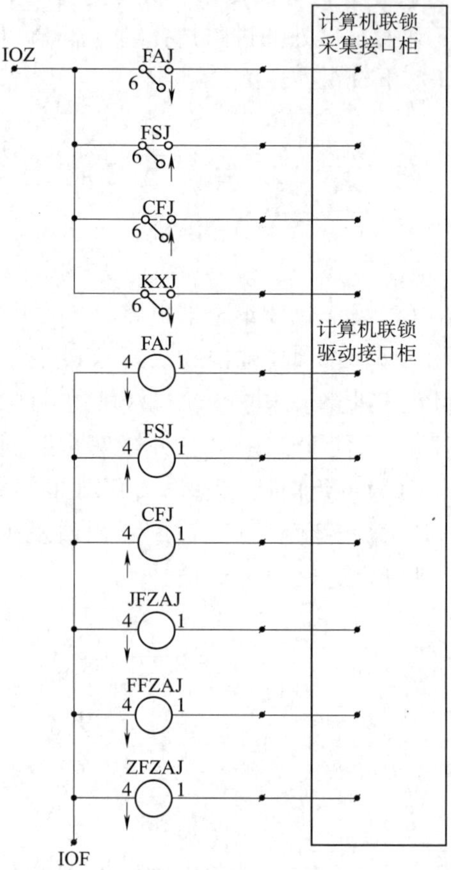

图 4-40 驱动和采集电路

增设空闲继电器 KXJ,其电路如图 4-41 所示。无论是正常办理还是辅助办理改变运行方向时,只要 FJ_1 和 FJ_2 的反位接点接通,证明运行方向已改变,本站已改为发车站,而且 1LQJ 吸起(反方向时为 QGJ),KXJ 即吸起。将它的前接点采集到计算机联锁中去,作为控制出站信号机开放的条件。

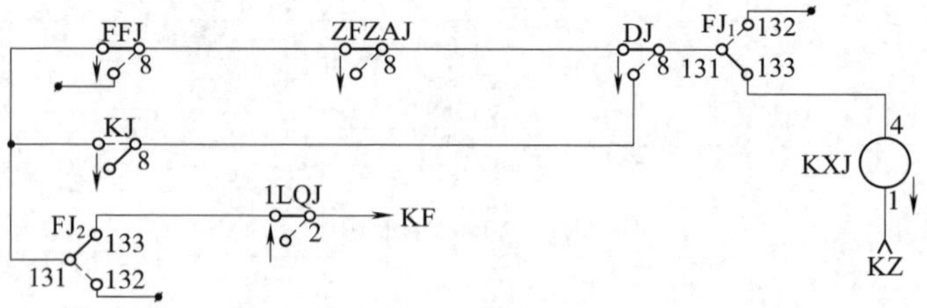

图 4-41 KXJ 电路

计算机联锁的控制台显示不同于 6502 电气集中,采集有关继电器接点,构成表示条件,如图 4-42 所示。采集 FJ_1 接点,构成发车方向表示灯 FD 和接车方向表示灯 JD 条件。采集 DJ 接点,构成辅助办理表示灯 FZD 条件。采集 JQJ、JFJ、FFJ、FSJ 接点,构成监督区间占用表示灯 JQD 亮红灯的 JZ 条件和 JQD 闪红灯的 SJZ 条件,在显示器上显示。

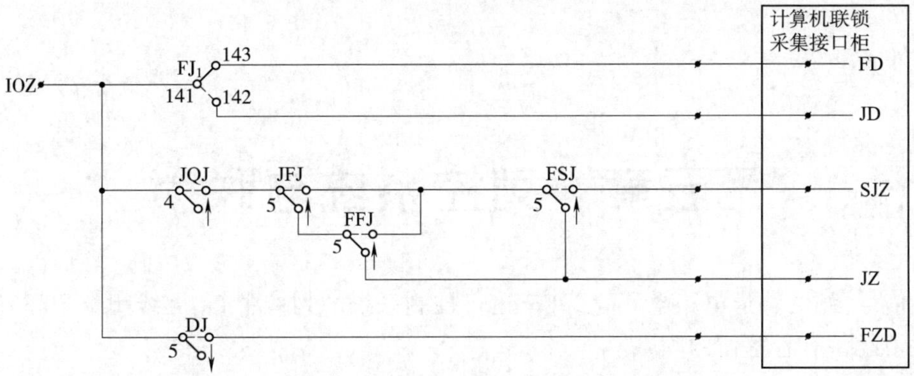

图 4-42　表示灯采集电路

第五章　列控系统与联锁

机车信号，站内轨道电路电码化，列车运行控制系统的列控中心、无线闭塞中心等，它们都与车站联锁设备有着密切的联系。

机车信号显示必须反映包括车站在内的地面运行条件，因此，它与车站联锁系统有着必然的联系。

列控中心、无线闭塞中心需要的进路信息等来源于车站联锁系统，还需要向联锁系统发送相应进站信号机降级显示信息等，所以列控中心、无线闭塞中心和车站联锁必须进行结合。

站内轨道电路电码化是机车信号不可或缺的地面发送设备。电码化与车站联锁设备的关系是：第一，由车站联锁设备的有关继电器决定电码化的发码时机和发码范围；第二，由反映出站信号机显示的有关继电器对接车进路的发码进行编码。电码化与自动闭塞设备的关系是：由各离去区段的状态对发车进路的发码进行编码。

第一节　机车信号与联锁

机车信号设备是在 CTCS-0 级区段用的列控车载设备，它接收地面信息，而这些信息必须与地面信号机的显示含义相符。地面信号机的显示则由车站联锁设备及闭塞设备根据具体情况所决定。即，车载信号与地面设备有着密切的联系。

一、机车信号低频信息定义及分配

为保证机车信号设备在同一制式不同区段统一使用，必须确定一个比较合理的机车信号低频信息分配及对应的机车信号显示标准，以使各部门根据这一标准，进行设计、施工、运用、维护。为此，制定了《机车信号信息定义及分配》（TB/T 3060—2016）。

1.《机车信号信息定义及分配》的基本内容

《机车信号信息定义及分配》以现行《铁路技术管理规程》为依据，机车信号的显示与线路上的地面信号机的显示含义相符，机车信号的显示具有一定的速度含义，但不规定具体的速度值。

《机车信号信息定义及分配》规定了机车信号定义及分配，其机车信号显示适用于半自动闭塞、自动站间闭塞、三显示自动闭塞、四显示自动闭塞区段，适用于运行速度 160 km/h 及以下列车，也适用于 CTCS-2/3 级列控车载设备。

2. 机车信号信息定义

（1）半自动闭塞、四显示自动闭塞区段机与信息定义

《机车信号信息定义及分配》定义了半自动闭塞、四显示自动闭塞区段各种机车信号低频信息含义，见表 5-1。

表 5-1　机车信号信息定义

<table>
<tr><th>低频信息</th><th>半自动闭塞区段</th><th>四显示自动闭塞区段</th></tr>
<tr><td>L 码</td><td colspan="2">准许列车按规定速度运行,机车信号机显示一个绿色灯光</td></tr>
<tr><td>LU 码</td><td colspan="2">准许列车按规定速度注意运行,机车信号机显示一个半绿半黄色灯光</td></tr>
<tr><td>U 码</td><td colspan="2">要求列车注意运行,机车信号机显示一个黄色灯光</td></tr>
<tr><td>UUS 码</td><td colspan="2">要求列车限速运行,表示列车接近的地面信号机开放经 18 号及以上道岔侧向位置进路,且次一架信号机开放经道岔直向或 18 号及以上道岔侧向位置进路;或表示列车接近的地面信号机开放经 18 号及以上道岔侧向位置进路并开往站间无显示联系的区间,机车信号机显示一个双半黄色闪光灯光</td></tr>
<tr><td>UU 码</td><td colspan="2">要求列车限速运行,表示列车接近的地面信号机开放经道岔侧向位置进路,机车信号机显示一个双半黄色灯光</td></tr>
<tr><td>HB 码</td><td colspan="2">准许列车以不亮于 20 km/h 的速度越过接近的地面信号机,表示列车接近的地面信号机开放引导信号或显示允许信号,机车信号机显示一个双半红半黄色闪光灯光</td></tr>
<tr><td>HU 码</td><td colspan="2">要求及时采取停车措施,机车信号机显示一个双半红半黄色灯光,表示列车接近的地面信号显示禁止信号</td></tr>
<tr><td>U2S 码</td><td>要求列车注意运行,预告列车接近的地面信号机所防护区段开通发送“UUS”码的进路,机车信号机显示一个带“2”字的黄色闪光灯光</td><td>要求列车减速到规定的速度越过接近的地面信号机,并预告列车接近的地面信号机所防护的区段开通发送“UUS 码”的进路,机车信号机显示一个带“2”字的黄色闪光灯光</td></tr>
<tr><td>U2 码</td><td>要求列车注意运行,预告列车接近的地面信号机所防护区段开通发送“UU 码”的进路,机车信号机显示一个带“2”字的黄色灯光</td><td>要求列车减速到规定的速度越过接近的地面信号机,并预告接近的地面信号机所防护的区段开通发送“UU 码”的进路,机车信号机显示一个带“2”字的黄色灯光</td></tr>
</table>

自动站间闭塞的信息定义与相关联的半自动闭塞、自动站间闭塞、四显示自动闭塞相同。

(2)调车信号机外方的接近区段机车信号信息定义

HB 码准许列车按规定速度注意运行,表示准许列车越过前方显示允许信号的调车信号机,机车信号机显示一个半黄半红色闪光。HU 码要求及时采取停车措施,表示调车信号机显示禁止信号,机车信号机显示一个半黄半红色灯光。

(3)CTCS-2/3 级区段车载信号信息定义

L5 码,列控车载设备人机界面(DMI)显示一个带“5”的绿色灯光,表示列车运行前方至少有 7 个闭塞分区空闲。

L4 码,DMI 显示一个带“4”字的绿色灯光,表示列车运行前方有 6 个闭塞分区空闲。

L3 码,DMI 显示一个带“3”字的绿色灯光,表示列车运行前方有 5 个闭塞分区空闲。

L2 码,DMI 显示一个带“2”字的绿色灯光,表示列车运行前方有 4 个闭塞分区空闲。

L 码,DMI 显示一个绿色灯光,表示列车运行前方有 3 个闭塞分区空闲。

LU 码,DMI 显示一个半绿半黄灯光,表示列车运行前方有 2 个闭塞分区空闲。

U 码,DMI 显示一个黄色灯光,表示列车运行前方有 1 个闭塞分区空闲。

U2S 码,DMI 显示一个带“2”字的黄色灯光,表示列车接近的地面信号(机)所防护区段开通“UUS 码”的进路。

U2 码,DMI 显示一个带“2”字的黄色灯光,表示列车接近的地面信号(机)所防护区段开通“UU 码”的进路。

UUS 码,准许列车按规定速度越过接近的地面信号机,DMI 显示一个双半黄色闪光。高速铁路及仅运行动车组的区段,表示列车接近的地面信号机开通经 18 号及以上道岔侧向位置进路,且进路允许速度不低于 80 km/h。普速铁路区段,表示列车接近的地面信号机开放经 18 号及以上道岔侧向位置进路,且次一架信号机开通直向进路或开放经 18 号及以上道岔侧向位置进路,或表示列车接近的地面信号机开放经 18 号及以上道岔侧向位置进路,并开往站间无显示联系的区间。

UU 码,准许列车以不高于 45 km/h 的速度越过接近的地面信号机,DMI 显示一个双半黄色灯光,表示列车接近的地面信号机开通经道岔侧向位置的进路。

HB 码,DMI 显示一个半黄半红色灯光,表示列车接近的地面信号机开通引导进路。

HU 码,DMI 显示一个半黄半红色灯光,表示列车接近的地面信号机未开通进路。

H 码,DMI 显示一个红色灯光,表示列车已进入未建立的进路,或表示列车所在区段有灾害发生。

(4)特殊定义

特殊定义指对非 CTCS-2/3 级列控车载设备控车的列车定义。

“L 码”“L2 码”“L3 码”“L4 码”“L5 码”在机车信号显示为一个绿色灯光,表示列车运行前方至少有 3 个闭塞分区空闲。高速铁路及仅运行动车组的区段,“UUS 码”要求列车限速运行,最高不超过 45 km/h。

(5)特殊信息

JC 码仅用于轨道电路占用检查。

SP 码用于机车信号设备的载频锁定或切换。

3. 机车信号低频信息分配

机车信号低频信息分配见表 5-2。表中包括了《机车信号信息定义及分配》规定的半自动闭塞、自动站间闭塞、四显示自动闭塞的信息分配。

表 5-2 机车信号低频信息分配

序号	1	2	3	4	5	6	7	8	9	10	11	12	13	14	15	16	17	18
信号名称	L3	L	L2	LU	U2	预留	U	UU	UUS	U2S	L5	预留	L4	HB	SP	HU	JC	H
频率/Hz	10. 3	11. 4	12. 5	13. 6	14. 7	15. 8	16. 9	18. 0	19. 1	20. 2	21. 3	22. 4	23. 5	24. 6	25. 7	26. 8	27. 9	29. 0
机车信号显示	L 绿	L 绿	L 绿	LU 绿黄	U2 黄 2	—	U 黄	UU 双黄	UUS 双黄闪	U2S 黄 2 闪	L 绿	—	L 绿	HUS 红黄闪	—	HU 红黄	B 或 H 白或红	H 红
DMI 显示	L3 绿	L 绿	L2 绿	LU 绿黄	U2 黄 2	—	U 黄	UU 双黄	UUS 双黄闪	U2S 黄 2 闪	L5 绿	—	L4 绿	HUS 红黄闪	—	HU 红黄	—	H 红

注:当列车从 HB 码进入无机车信号信息码区段时,机车信号机显示一个红色灯光;当列车从其他机车信号信息码进入无机车信号信息码区段时,机车信号机显示一个白色灯光。

在三显示和 160 km/h 及以下四显示自动闭塞区段没有 L2、L3、L4、L5、LU2 码,在半自动闭塞区段没有 L2、L3、LU2、U2、U2S、H 码。

超速防护设备需要的信息量大于机车信号。例如,区间通过信号机显示绿灯,依照运行前方各闭塞分区的空闲情况,分别向前方的轨道区段发 L、L2、L3,机车信号收到这些码后,都显示绿灯,但速度码不同,就把这三种信息区分开了。

二、车载信号显示与地面信号显示的关系

以下介绍车载信号显示与地面信号显示的关系，这些也是机车信号信息的典型使用。

1. 半自动闭塞及自动站间闭塞区段车载信号显示与地面信号显示的关系

半自动闭塞区段机车信号车载信号显示与地面信号显示的关系如图5-1至图5-9所示。

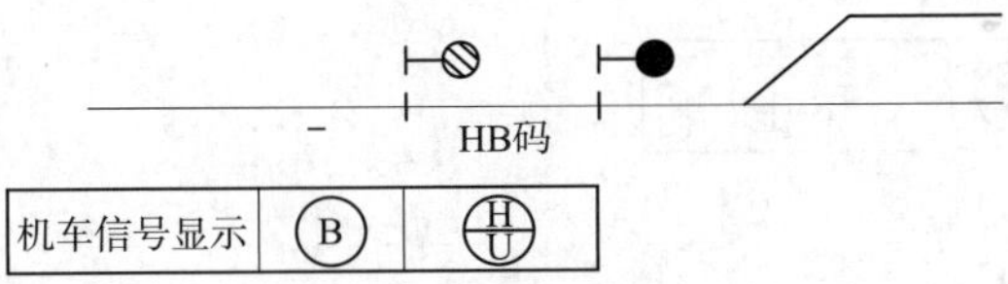

图5-1　机外停车

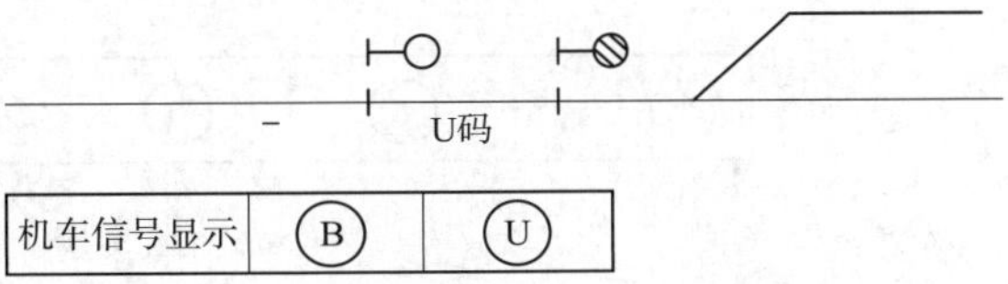

图5-2　正线接车

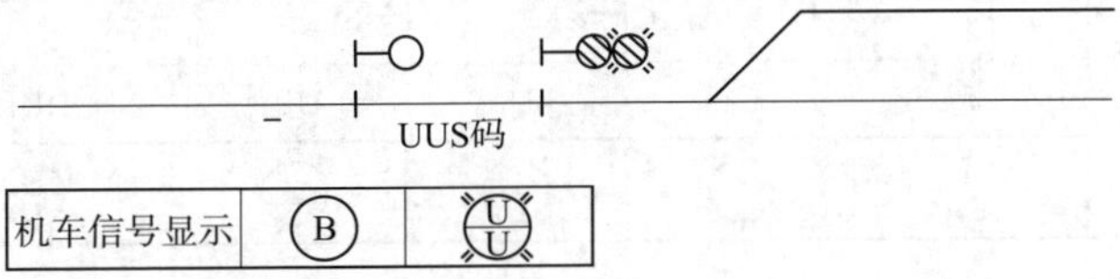

图5-3　侧线接车（18号及以上道岔）

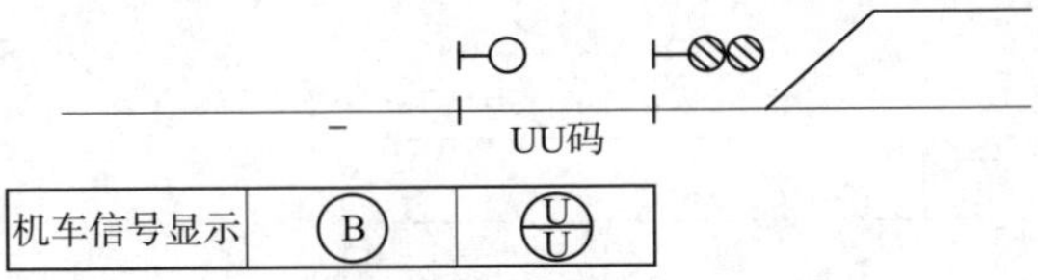

图5-4　侧线接车

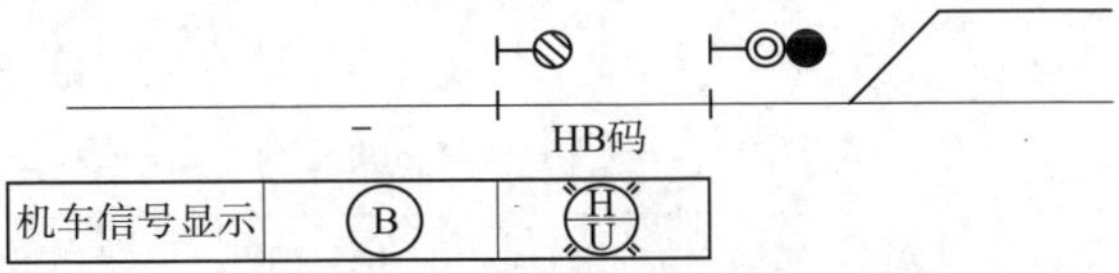

图5-5　引导接车

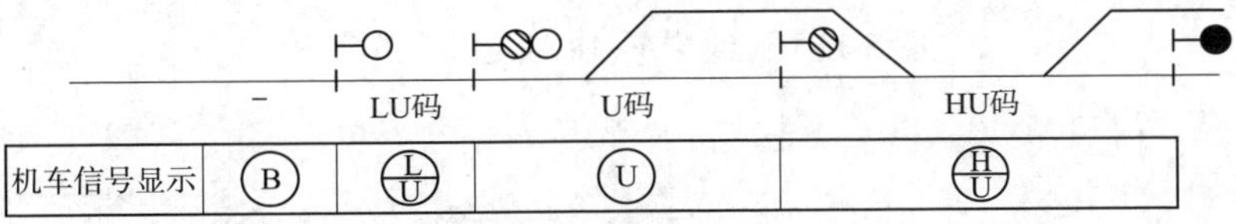

图5-6　进站越场接车

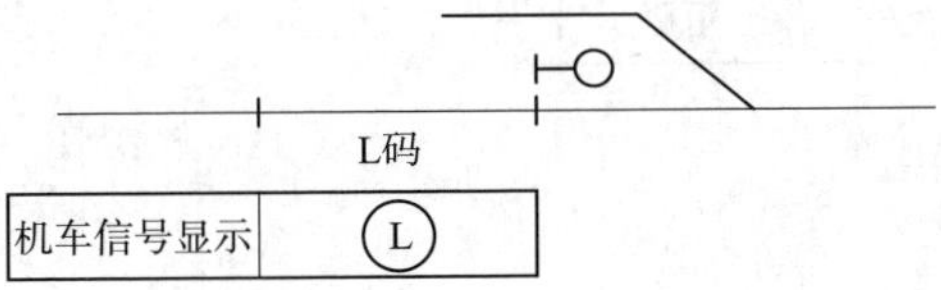

图5-7　正线发车

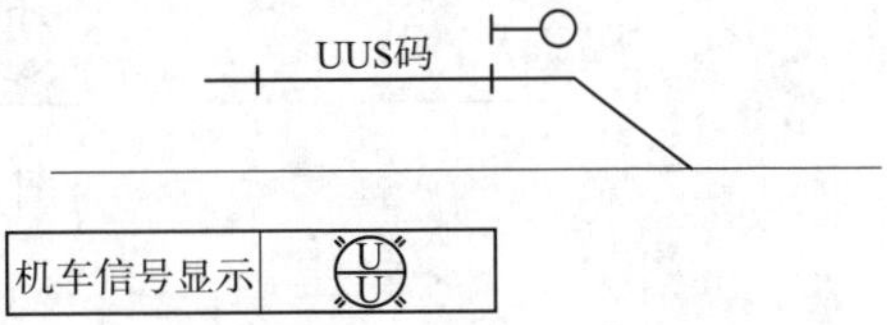

图5-8　侧线发车（18号及以上道岔）

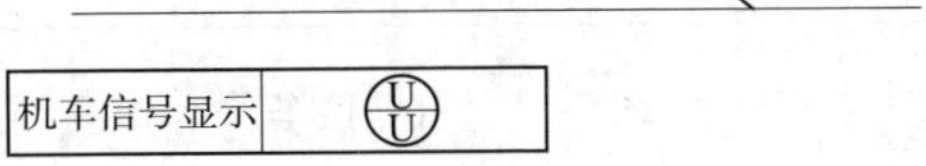

图5-9　侧线发车

2. 四显示自动闭塞区段车载信号显示与地面信号显示的关系

四显示自动闭塞区段车载信号显示与地面信号显示的关系如图 5-10 至图 5-26 所示。区间停车与机外停车相同，只是显示红灯的不是进站信号机，而是通过信号机。

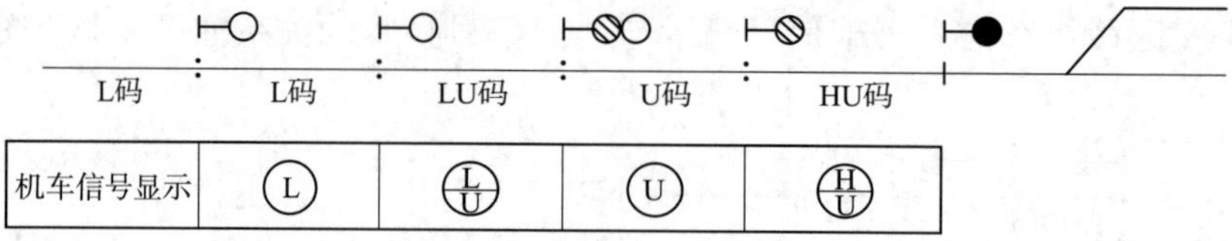

图 5-10　机外停车

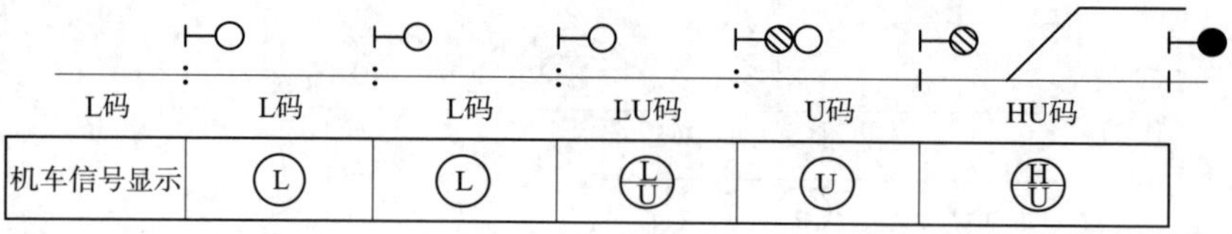

图 5-11　正线接车

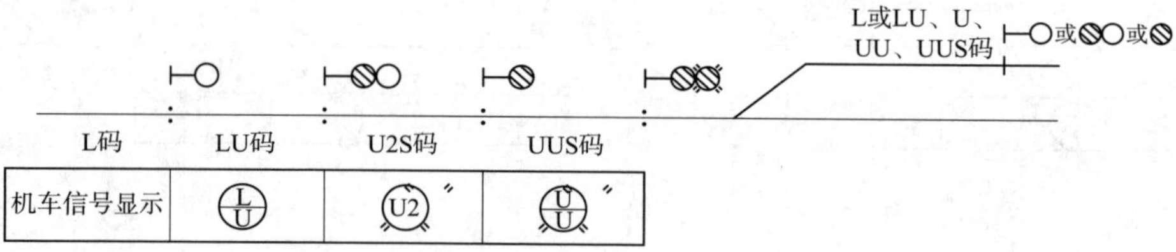

图 5-12　侧线接车(18 号及以上道岔)

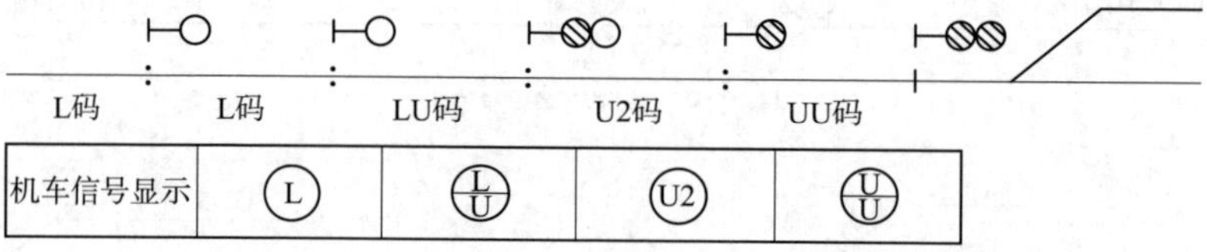

图 5-13　侧线接车

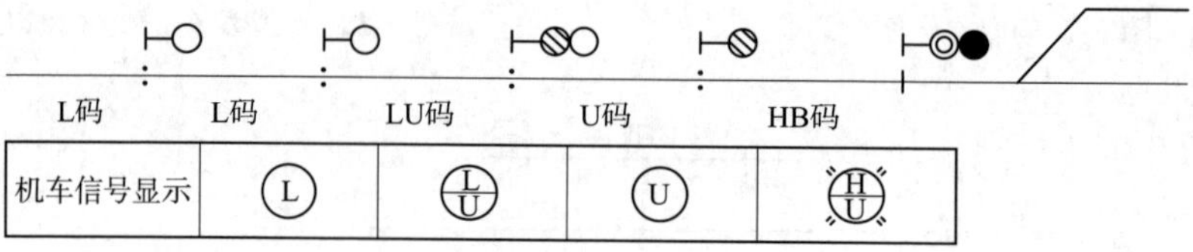

图 5-14　引导接车

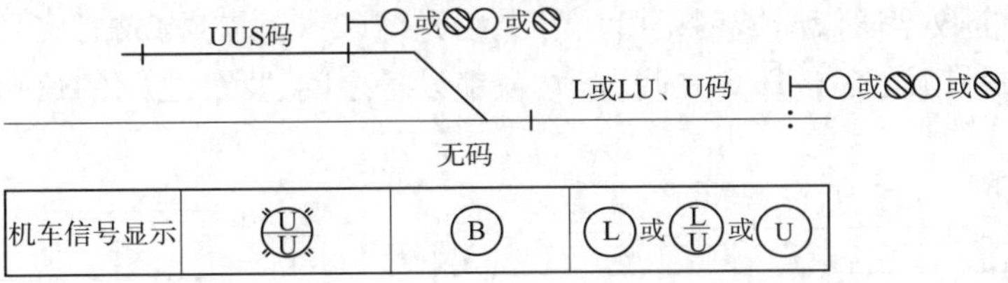

图 5-15 侧线发车(18 号及以上道岔)

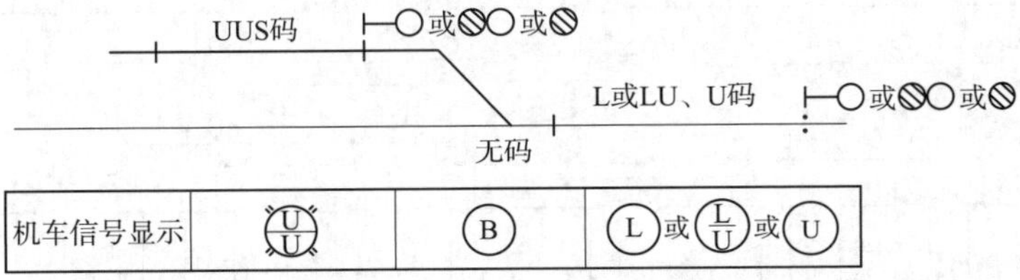

图 5-16 侧线发车

第二节 列控中心、无线闭塞中心与联锁

一、列控中心与计算机联锁

列控中心(TCC)进行逻辑运算所需要的进路信息来源于车站联锁系统,不同的列车进路具有不同的线路特征信息,根据进路开通情况,列控中心选择当前列车运行所需要的线路数据传送给列车。列控中心与计算机联锁之间需要传输的主要内容包括进路相关信息;因临时限速引起的进站信号机降级信息;接近、离去轨道电路占用/空闲信息;区间闭塞和方向条件信息;站内进路区段锁闭信息;进、出站信号机状态信息。列控中心与计算机联锁间交换信息可以完成的功能很多,如区间方向控制功能、接近离去区段编码功能、有临时限速的 UUS 降 UU 显示等。

计算机联锁办理并建立了接、发车进路后,向列控中心发送相应的接发车进路信息。计算机联锁发送给列控中心的信息有车站进路和相关实时信息,包括接车进路、通过进路及信号机开放等;进站信号机灯丝断丝信息。

列控中心发送给计算机联锁的信息有区间方向信息;闭塞分区状态信息;信号降级显示信息;接近、离去区段信号机红灯断丝信息。

在车站办理正线通过、离去区段有临时限速时,根据牵引计算及动车组制动需要,列控中心通过 Q 口,向计算机联锁系统输出进站信号机降级显示黄灯、接近区段轨道电路发黄码的控制条件,由计算机联锁完成控制及驱动。

列控中心与计算机联锁的安全通信接口,采用了 CRC 冗余校验、有效性验证、持续性验证等多种手段,保证数据传输安全。

信息传输的方案有联锁上位机 + 继电器接口、信息交互全部通过联锁上位机、与联锁下位机直接接口。

列控中心与车站联锁、CTC、轨道电路等电子设备均采用网络接口的方式进行信息传输。

TCC/联锁安全数据通信局域网是由信号专用光缆(2×2 芯)构成的信号安全信息传输专网,用于实现车站联锁设备与 TCC 之间、车站联锁设备之间、TCC 之间的信息交换。组网方案如图 5-17 所示。

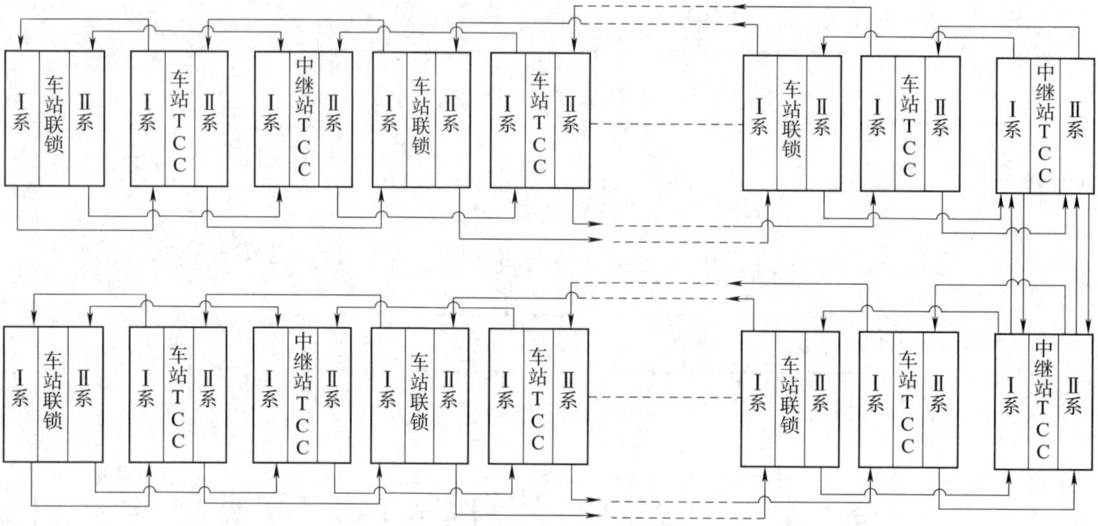

图 5-17　TCC/联锁安全数据通信局域网

二、无线闭塞中心与计算机联锁

无线闭塞中心(RBC)和联锁系统将站间线路划分为若干个信号授权 SA 区段,然后以此为基本单位进行信息交互,它以对象的方式传递信息,对象包括列车状态、信号授权和紧急停车区。

RBC 通过列车状态对象向联锁系统发送列车相关信息,包括列车信息、行车许可状态、列车的位置信息、列车长度信息、列车速度信息。

联锁系统通过信号授权对象向 RBC 发送进路状态相关信息,包括进路类型、进路状态、降级状态、SA 区段的 ID 号、危险点信息、列车溜入检测标志、开口速度。

RBC 与联锁接口示意如图 5-18 所示。

RBC 通过在 RBC 专用机房设置的信号安全数据网交换机,接入信号安全数据网,进而实现与与联锁系统的连接,采用安全通信协议,实现信息安全传输。一个 RBC 可以与多个联锁系统进行信息交换。RBC 接入信号安全数据网,物理接口为 RJ-45。连接电缆应采用标准屏蔽双绞电缆和带金属屏蔽的水晶头,电缆屏蔽层和水晶头屏蔽层相互连接。

RBC 的主、备系通过冗余网络与联锁的主、备系同时建立连接。RBC 的主系通过冗余网络向联锁系统的主系和备系发送列车信息。RBC 的主、备系均从联锁系统的主系接收信号授权信息和紧急停车区域信息。

RBC 如果在规定时间内(3 s)接收消息缺失(未收到或收到无效信息)时,则认为与联锁系统的通信已中断。RBC 的所有输入将被置为安全态,RBC 不向列车发送该联锁控制范围内的移动授权(MA)。RBC 应用层应发出断开连接指令,并在维护终端上显示与联锁终端。通信恢复后联锁重新发起连接。

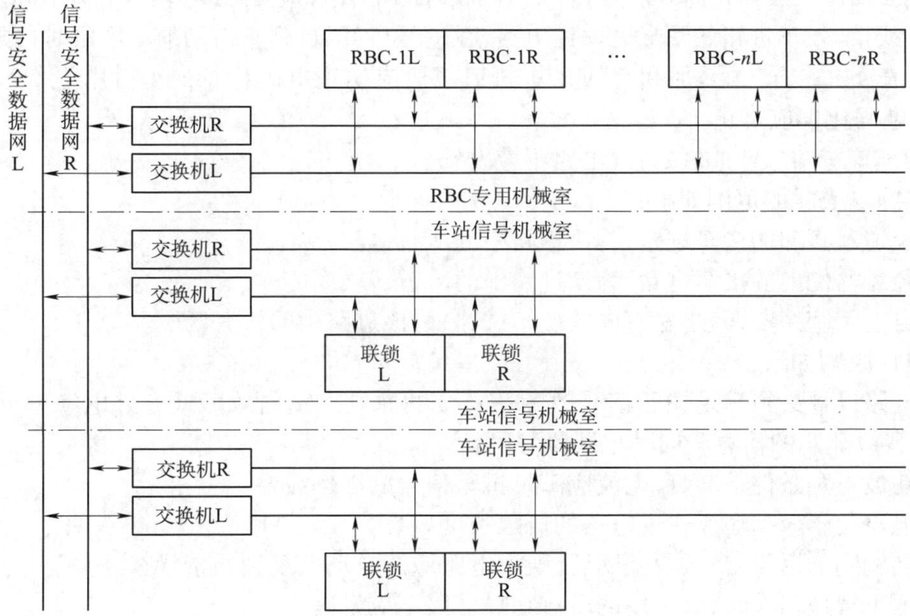

图 5-18　RBC 与联锁接口示意图

第三节　站内轨道电路电码化与联锁

我国铁路站内轨道电路通常采用 25 Hz 相敏轨道电路，它们只有占用检查的功能，即只能检查本区段是否有车占用或空闲，不能向机车信号车载设备传递任何信息。如果站内轨道电路不进行电码化，列车在站内运行时机车信号将中断工作，无法保证行车安全。

为了保证行车安全和提高运输效率，使机车信号或列控车载设备在站内能连续不断地接收到地面信息，需在站内原轨道电路的基础上进行电码化。站内轨道电路电码化是机车信号或列车运行监控装置不可或缺的地面发送设备。

所谓站内轨道电路电码化，指的是非电码的轨道电路在采取一定的技术措施后能根据运行前方信号机的显示发送各种电码。目前，均采用移频制式，电码化就是移频化。

电码化最初采用切换方式，即本轨道电路区段被占用实现移频化时，向轨道发送移频信息，待列车压入下一相邻轨道电路区段后，恢复原轨道电路。在列车提速的情况下，当列车以较高速度通过站内较短的轨道电路区段时，造成"掉码"，使机车信号不能连续工作，不利于行车安全。因此又出现了叠加方式的站内移频化，将移频信息叠加在原轨道电路上，两种类型的轨道信息由隔离器隔离而互不影响。对于正线，可提前一个区段发码，构成预叠加方式，能保证机车信号及时接收移频信息，不会造成"掉码"。

一、技术条件

1. 轨道电路电码化，不得影响轨道电路的正常工作和降低原轨道电路的技术性能。
2. 电码化轨道电路因故瞬间分路后，应能自动恢复。

3. 到发线和半自动闭塞区间车站的接近区段,有车占用即应发码,列车出清后,电码化终止。

4. 正线接、发车进路的咽喉区轨道电路,在信号机开放,列车占用前一区段时(预叠加)和列车压入信号机内方(预叠加和叠加),本轨道区段应实现电码化。列车占用下一区段时,本轨道区段电码化即应终止。

5. 列车冒进信号,咽喉区轨道电路不应发码。

6. 实施电码化的范围如下:

(1)经道岔直向的接车进路,为该进路中的所有区段。

(2)经道岔侧向的接车进路,为该进路中的股道区段。

(3)自动闭塞区段,经道岔直向的发车进路,为该进路中的所有区段。

7. 设计原则如下:

(1)电路设计必须满足铁路信号故障—安全的原则。室内故障或室外电缆一处混线时,不应发送晋级显示的信息和向其他区段发码。

(2)在最不利条件下,入口电流应满足机车信号的工作需要。

(3)电码化不应缩短原轨道电路的极限长度。

(4)已发码的区段,当区段空闲后,轨道电路应能自动恢复到调整状态。

(5)列车冒进信号时,其占用的所有咽喉区段不应发码。

(6)列车摘挂作业不应终止发码。

(7)有效电码中断的最长时间,应不大于机车信号允许中断的最短时间。

(8)每条进路或股道的发码设备专用时设单套;共用时设双套,当主设备故障时,副设备自动投入。

(9)当须解决机车信号邻线干扰时,应加装监测发送电压的报警设备。

(10)电码化不应损坏轨道电路设备。

二、正线预叠加电码化

正线采用的是预叠加电码化方式,为了实现预叠加发码,设有接车进路发码继电器 JMJ、发车进路发码继电器 FMJ 和轨道区段传输继电器 CJ 电路。

在正线接、发车进路的站内移频化电路中,列车占用前一区段时轨道继电器落下使本区段的传输继电器励磁,列车占用本区段时该传输继电器仍励磁,列车占用下一区段时该传输继电器失磁。在传输继电器吸起,以及办理接车进路或发车进路发码继电器吸起时,向本区段发送移频信息。

1. 正线正方向接车进路预叠加电码化电路

(1)接车进路发码继电器 JMJ 电路

对每个接车方向设一个接车进路发码继电器。JMJ 电路如图 5-19 所示。

在 JMJ 电路中,由正线继电器 ZXJ、列车信号复示继电器 LXJF 和股道轨道复示继电器 GJF_1 前接点构成 JMJ 励磁电路,说明建立的是正线接车进路,可对接车进路发码。当建立下行Ⅰ道接车进路信号开放后,$XLXJF_1$ 和 XZXJ 吸起,ⅠG 空闲,ⅠGJF 吸起时,XJMJ 吸起。列车占用ⅠAG 时,$XLXJF_1$ 落下,XJMJ 构成自闭电路。列车依次占用 5DG、3DG、9-15DG、17-23DG,XJMJ 分别经各区段的轨道复示继电器 $DGJF_1$ 后接点构成自闭而一直保持吸起,直到列车进入股道,ⅠGJF 落下,XJMJ 才落下,停止接车进路的发码。就是说,XJMJ 从信号开放到列车占用股道前一直保持吸起,接通发码电路。

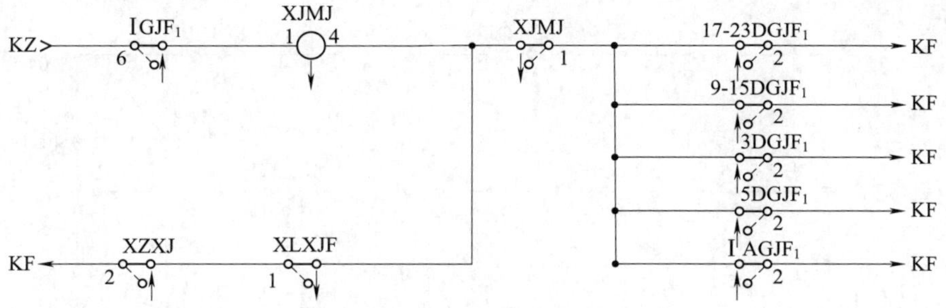

图 5-19　JMJ 电路

(2)轨道区段传输继电器 CJ 电路

CJ 电路如图 5-20 所示。对应于每个轨道电路区段设一个 CJ,当 JMJ 吸起后,其由前一区段的 GJF_1 后接点沟通 3-4 线圈励磁电路,再由本区段的 GJF_1 后接点沟通 1-2 线圈励磁电路,即列车占用前一区段和本区段时 CJ 均吸起,向本区段发送移频信号。当列车占用下一区段时,由前一区段的 GJF_1 后接点断开本区段的 CJ 励磁电路,使 CJ 落下,停止本区段的发码。

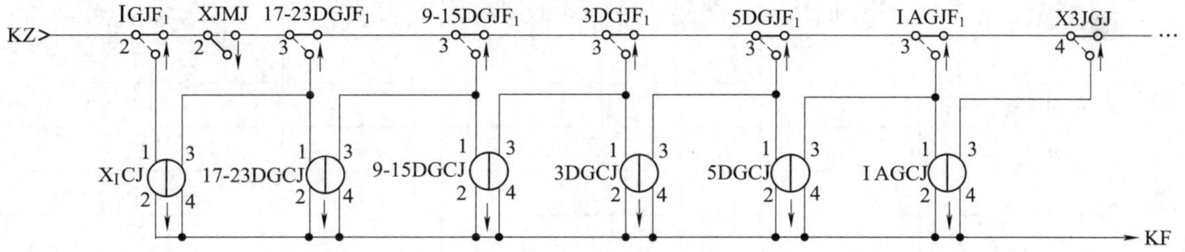

图 5-20　CJ 电路

只有股道的 CJ 电路不同,在列车出清股道时使 CJ 落下,停止发码。

在 XJMJ 吸起,ⅠG 空闲的情况下接通各传输继电器电路。列车占用第三接近区段时,X3JGJ 落下,ⅠAGCJ 的 3-4 线圈电路接通,ⅠAGCJ 吸起。列车占用本区段,ⅠAGJF 落下,断开ⅠAGCJ 的 3-4 线圈电路,但接通了其 1-2 线圈电路,ⅠAGCJ 仍励磁。列车占用 5DG,5DGJF 落下,才使ⅠAGCJ 落下。其他各轨道电路区段,如 5DG、3DG、9-15DG、17-23DG 的传输继电器动作情况同上,都是在列车占用前区段和本区段时吸起,占用下一区段时落下。X_{I} CJ 的情况略有不同,当列车占用前一区段 17-23DG 时,X_{I} CJ 的 3-4 线圈电路接通。随后列车占用ⅠG 时,ⅠGJF 落下,XJMJ 因自闭电路断开也落下,X_{I} CJ 的 1-2 线圈电路直接由ⅠGJF 后接点接通。列车出清ⅠG,X_{I} CJ 落下。

(3)编码电路

编码电路如图 5-21 所示。

当某轨道电路区段传输继电器吸起时,发送器就通过 XJMJ 前接点以及本区段传输继电器 CJ 的前接点,通过隔离器向轨道电路发送由 X_{I} 信号机状态及前方闭塞分区状态编码的移频信息。正方向接车进路是从轨道电路受电端发送的。

正线正方向接车进路和发车进路可合用一个发送设备。

接车进路的编码电路在 FMJ 落下时构成,由出站信号机的 $LXJF_1$、ZXJF 以及 $2LQJF_1$、$3LQJF_1$ 接点构成编码电路,发送与出站信号机 X_{I} 显示相联系的移频信号,见表 5-3。

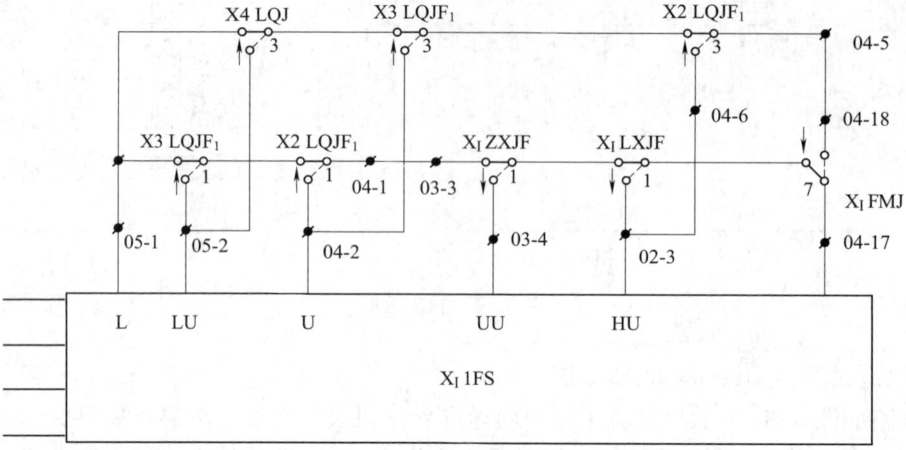

图 5-21　编码电路

表 5-3　正线正方向接车进路编码

出站信号机显示	$LXJF_1$	ZXJF	$2LQJF_1$	$3LQJF_1$	发送信息码
红	↓				HU
绿(侧向发车)	↑	↓			UU
黄	↑	↑	↓		U
绿黄	↑	↑	↑	↓	LU
绿	↑	↑	↑	↑	L

发码电路如图 5-22 所示。其中，ⅠAG、3DG、17-23DG 由一路电路发送，5DG、9-15DG、Ⅰ G(不经 XJMJ 条件，原因见上述)由另一路电路发送。之所以采用两路发送，是为了保证相邻轨道电路同时发送，而不被其内方轨道区段的传输继电器接点断开。

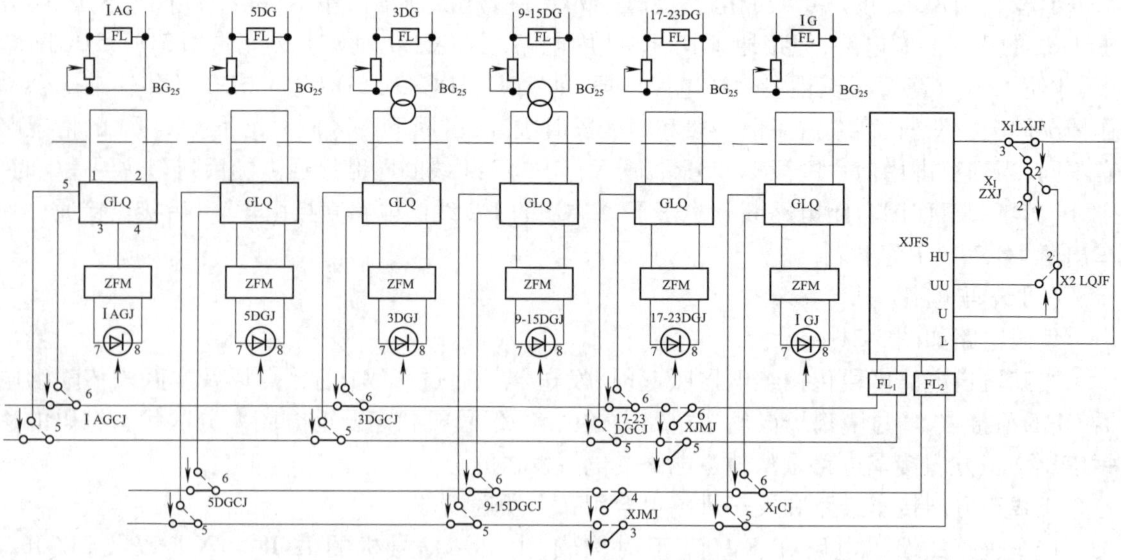

图 5-22　发码电路

2. 正线反方向接车进路电码化电路

正线反方向接车进路电码化电路如图 5-23 所示，其工作原理基本上同正方向接车进路，只是从轨道电路送电端发码。

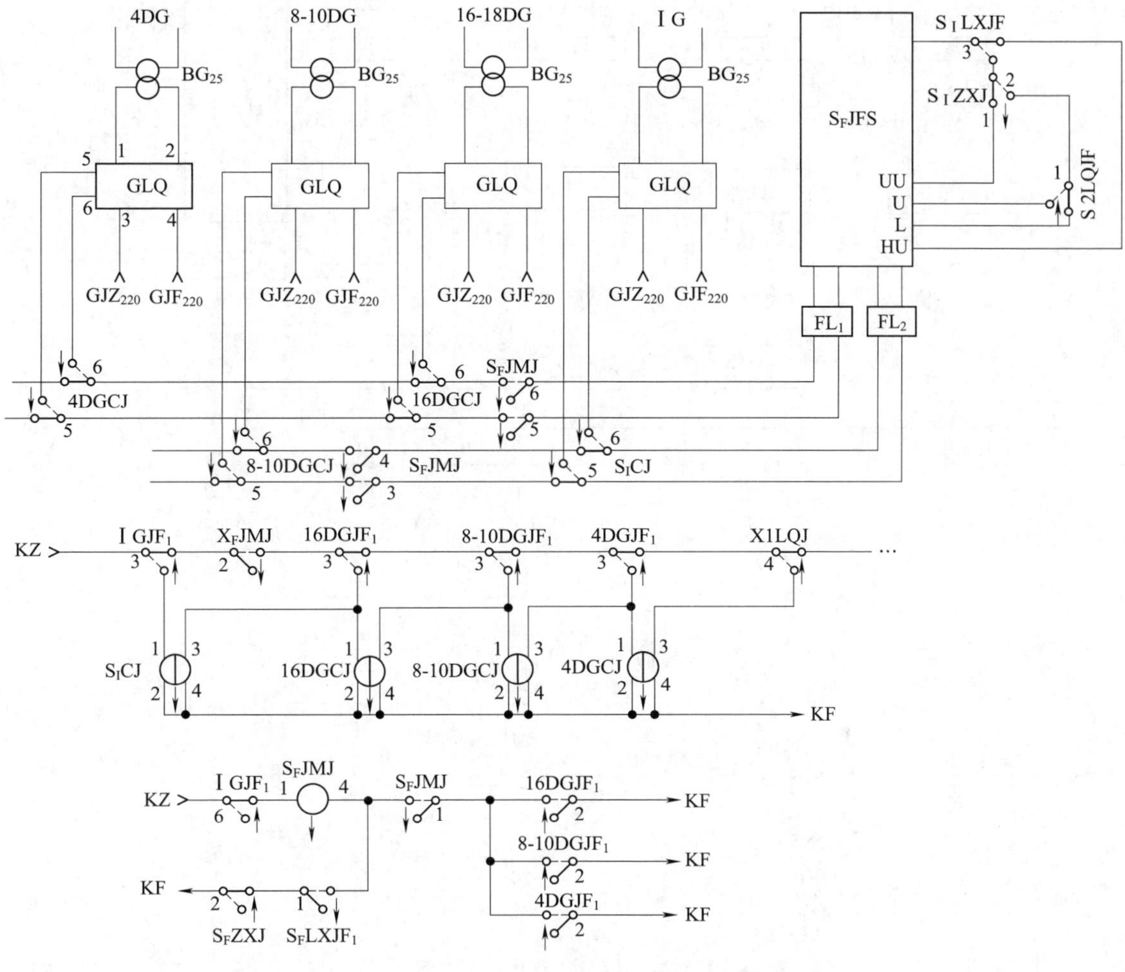

图 5-23　正线反方向接车进路电码化电路

正线反方向接车进路编码电路由出站信号机的 $LXJF_1$、ZXJF 接点，发送与出站信号机 S_1 显示相联系的移频信号，见表 5-4。因反方向按站间自动闭塞运行，出站信号机没有黄灯显示和绿黄灯显示，不发 U 码和 LU 码。正方向发车时，为直进弯出进路，不论出站信号机开放何种显示，均发 UU 码。

表 5-4　正线反方向接车进路编码

出站信号机显示	$LXJF_1$	ZXJF	发送信息码
红	↓		HU
黄、绿、绿黄(侧向发车)	↓	↓	UU
绿(直向发车)	↑	↑	L

3. 发车进路电码化电路

正方向发车,下行ⅠG发车进路电码化电路如图5-24所示。设发车发码继电器(每架办理通过进路的正线出站信号机设一个)及各轨道电路区段的传输继电器。

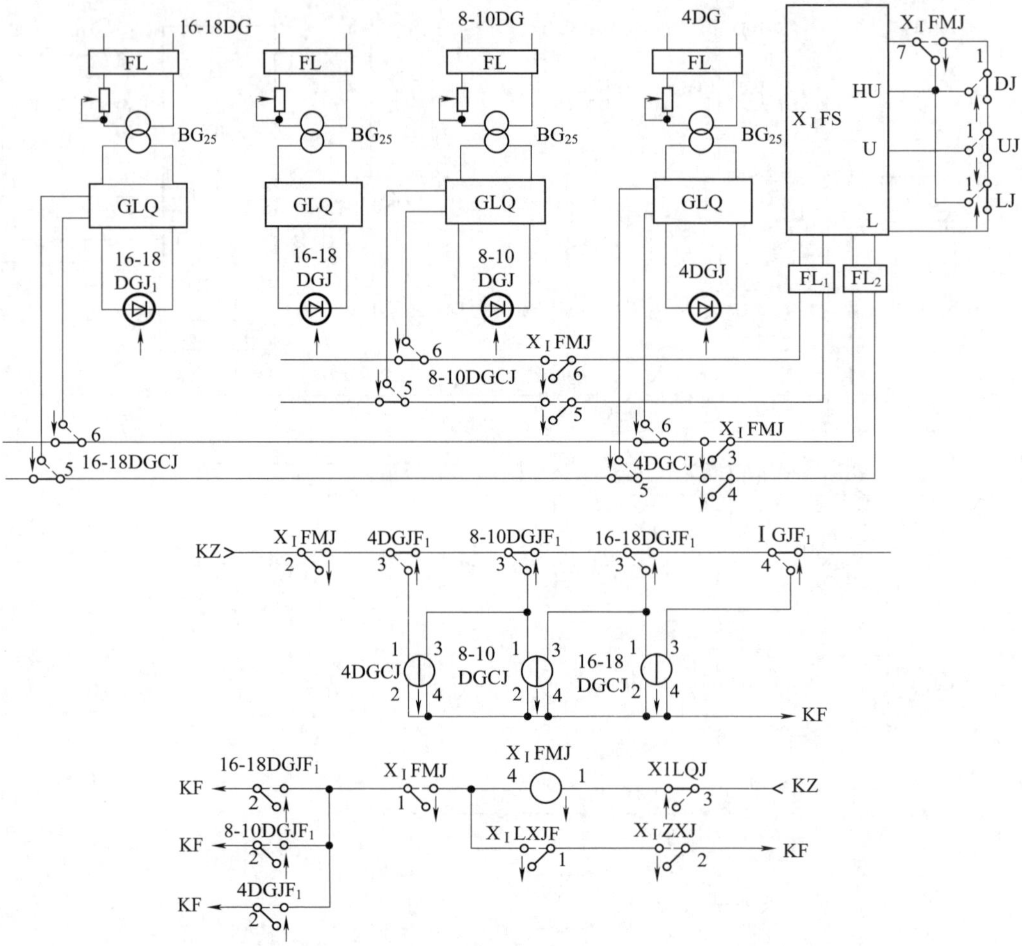

图5-24　发车进路电码化电路

在FMJ电路中,由主方向继电器ZXJ、列车信号复示继电器$LXJF_1$和一离去继电器1LQJ前接点构成FMJ励磁电路,说明建立的是正线发车进路,为“出直”进路,可对发车进路发码。当第一离去区段空闲时,办理下行ⅠG正方向发车,X_{I} $LXJF_1$和X_{I} ZXJ吸起使X_{I} FMJ吸起。列车占用出站信号机内方第一个轨道电路区段时,16-18$DGJF_1$落下,X_{I} $LXJF_1$落下,X_{I} FMJ构成自闭电路。直至列车出站,占用第一离去区段,X_{I} FMJ自闭电路断开,它才落下。FMJ吸起后分别经发车进路的各区段轨道复示继电器$DGJF_1$后接点构成自闭。待列车进入1LQ区段后,1LQJ落下,使FMJ落下,停止发车进路的发码。

X_{I} FMJ吸起后,列车占用股道ⅠG,ⅠGJF_1落下,接通16-18DG区段的传输继电器16-18DGCJ的3-4线圈电路,使其吸起。占用本区段时,16-18$DGJF_1$落下,断开16-18DGCJ的3-4线圈电路,但1-2线圈电路接通。直到占用下一区段,8-10$DGJF_1$落下时,才断开16-18DGCJ励磁电路,使之落下。8-10DGCJ、4DGCJ的动作情况同16-18DGCJ。

16-18DG 为一送二受轨道电路，其分支端虽不发码，但 16-18DGJ 受电端也要安装隔离器，以防止移频信号的影响。

16-18DG、8-10DG 和 4DG 也分两路发送，原因同接车进路。

发车进路的编码电路在 FMJ 吸起时构成，由 $2LQJF_1$、$3LQJF_1$、4LQJ 接点构成编码电路，发送与二离去区段通过信号机显示相联系的移频信号，见表 5-5。

表 5-5　正线正方向发车进路编码

二离去区段通过信号机显示	$2LQJF_1$	$3LQJF_1$	4LQJ	发送信息码
红	↓			HU
黄	↑	↓		U
绿黄	↑	↑	↓	LU
绿	↑	↑	↑	L

正方向发车进路移频信号从轨道电路受电端发送。

当建立经 6/8 号道岔反位的反向发车进路时，为“进直出弯”进路，此时因 $X_Ⅰ$ZXJ 落下，$X_Ⅰ$FMJ 不吸起，$X_Ⅰ$FS 不发码，该发车进路不在电码化范围内。

三、到发线股道电码化电路

到发线股道采用的是叠加电码化方式，即占用发码，设区段传输继电器 CJ 电路。

以 4G 为例，其电码化电路如图 5-25 所示。由 4GJ 后接点接通 4GCJ 励磁电路，4GCJ 励磁。上、下行移频发送器分别通过送、受电端隔离器接向钢轨，究竟由哪个发送器发送移频信息，由运行方向决定。

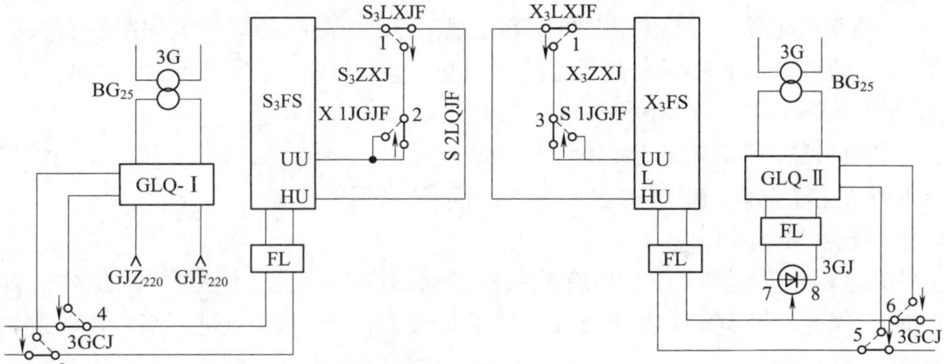

图 5-25　到发线股道电码化电路

到发线股道编码电路由上、下行出站信号机的 $LXJF_1$、接点分别构成。$LXJF_1$ 落下，出站信号机关闭，发送 HU 码。$LXJF_1$ 吸起落下，出站信号机开放，不论何种显示，均发送 UU 码。

第六章　驼峰信号设备与联锁

驼峰信号设备按功能设备可分为驼峰进路自动控制、溜放速度自动控制及推峰机车速度控制三大部分。其中，驼峰进路自动控制、推峰机车速度控制都与联锁有关。

第一节　驼峰进路自动控制与联锁

驼峰进路自动控制包括推送进路、调车进路和溜放进路的控制。

一、推送进路、调车进路的自动控制

1. 推送进路、调车进路自动控制的联锁条件

(1)驼峰信号机和与其敌对的信号机，以及推送进路上的和峰下相关防护进路有关的道岔，均应有联锁，但与分路道岔不直接联锁。

(2)敌对进路必须照查，严禁同时开通。敌对进路包括推送进路与重叠的调车进路；对向重叠的调车进路；向驼峰推送车列占用的股道与另一端向该股道的接车或调车进路。

(3)对于先下峰，后上峰的调车作业，实行退路锁闭，进路通过后不解锁，自动关闭下峰信号机，开放上峰信号机。

(4)对于编组线出岔，并且该编组线设有车辆减速器时，当办理与该编组线有关的半场或全场溜放时，自动将出岔道岔锁定在开通至峰顶位置。当有迂回线进车时，自动解锁该道岔，并封锁该股道。

对于编组线出岔，并且该编组线不设车辆减速器时，自动将出岔道岔和通往该编组线的分路道岔带动到防止溜至该编组线的位置，并且带动道岔不能单操。

2. 联锁逻辑运算

联锁逻辑运算几乎涵盖了下层所有控制器管辖的设备(道岔、轨道区段、信号机等)，使其之间发生联锁，因此联锁逻辑运算主要在上层管理级上进行，下层只进行基本校验逻辑运算和比较执行。

(1)自动选路

根据值班员操作确定进路的始端和终端后，只能自动地选出一条缺省进路，该缺省进路可以根据现场需要事先设定。依次确定进路的始端、变更点和终端后，能选出相应的迂回进路。变更点不仅可选信号机，也可选道岔或无岔区段。对于长调车进路的选路、变通进路的选路与基本进路同理。进路选出后，首先检查进路建立的基本联锁条件，若不满足即自动取消操作，并立刻报出不能建立的原因；条件满足即向下层控制机送道岔转换命令。在规定时间内，若道岔转换到规定位置并且与有关联锁条件，如进路空闲、未建立敌对进路等联锁条件成立时，即可对有关道岔及进路实现进路锁闭。若 30 s 内进路未完成锁闭，则由程序自动取消该进路。

在溜放状态下,上、下峰进路以溜放钩形式储存在作业计划单内。随着溜放作业的进行,执行到上、下峰进路时,关闭驼峰信号机并检查进路建立条件,满足时即转换道岔并在联锁条件具备后锁闭进路,开放相关线束调车信号机和驼峰信号机。

线束调车信号机与机车上下峰进路相联系。在这种情况下信号随着上下峰进路的锁闭而开放,取消而关闭;个别站场线束调车信号机兼一般调车信号机,通过信号机内方第一个道岔区分,若道岔位置开向峰上调车部分时,该信号机与峰上调车信号机是完全一样的,包括信号的开放、关闭时机和其他有关控制。

溜放状态下,将去禁溜线或迂回线的作业以溜放钩形式储存在计划单内。当执行到去禁溜线或迂回线的计划时,先关闭驼峰信号机,而后开放红闪信号指示推峰机车后退,一旦通向禁溜线或迂回线的进路联锁条件满足,即控制相关道岔转换到要求位置,同时锁闭进路,开放白闪信号。当车列要退出禁溜线或迂回线时,在作业员操作确认下,由程序自动将白闪信号切换到红闪信号,指示车列退出禁溜线或迂回线,一旦车列出清了与禁溜线或迂回线相关的道岔区段,即控制道岔转换到指向峰顶的位置,以便继续溜放。

其他,如接近锁闭、信号机开放前联锁检查、信号机开放后连续检查及关闭条件、长调车进路的建立、信号灯丝检查的逻辑运算均与一般车站的计算机联锁相同。

(2)进路解锁

正常解锁、调车中途返回解锁、取消进路、总人工解锁、故障解锁的逻辑运算也与一般车站的计算机联锁基本相同。

不同点:机车上下峰进路的解锁是当车列顺序通过一段基本进路的各个区段后自动一次解锁整个基本进路;车列驶入调车进路后,因折返而使进路的道岔区段均不能正常解锁时,在检查车列出清该进路和其接近区段后,进路一次解锁。

(3)道岔的控制

道岔不仅能由进路选动,还可实现人工单独操纵。道岔受进路锁闭、区段锁闭、人工单独锁闭或其他锁闭时,拒绝向该道岔发控制命令。

(4)推送进路

在值班员溜放开始的操作下,先将溜放进路上相关背向道岔扳到定位并锁闭,而后根据溜放开始命令的参数,选择相应的推送进路,以驼峰信号机为进路终端。检查推送进路建立的联锁条件是否满足,在允许的情况下控制道岔转换到规定位置。在道岔位置正确及其他联锁条件具备时,锁闭推送进路。此时溜放作业正式开始。

推送进路实行两段解锁方式,第一段从始端到最靠近驼峰信号机的反向信号机,第二段为剩余部分。随着溜放作业的进行,解体车列依次占用推送进路的第一段、第二段。溜放结束后,当车列出清第一段时,该进路即自行解锁。第二段进路在车列出清该区段且第一段进路解锁后方可解锁。

3. 驼峰信号机的控制

(1)驼峰信号机防护的进路

在推送过程中,推送进路由两段组成:一段是从驼峰辅助信号机至驼峰信号机外方第一架背向的调车信号机之间的进路(由到达场管辖);另一段是驼峰信号机外方第一架与其背向的调车信号机至驼峰信号机为止之间的进路(由驼峰调车场管辖)。一般说来推送进路由驼峰信号机和驼峰辅助信号机防护,如图 6-1 所示。

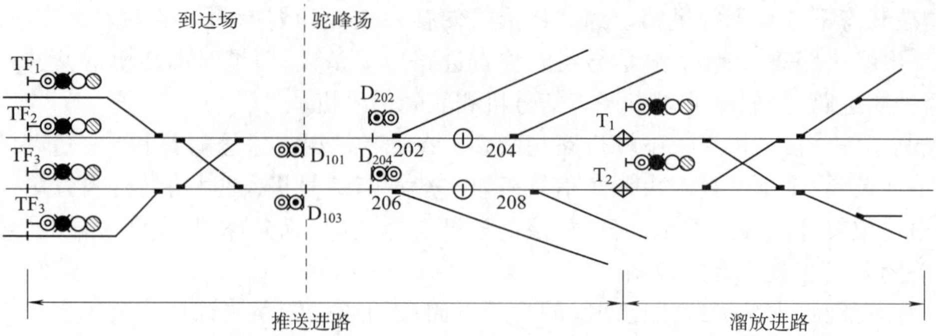

图 6-1 驼峰信号机防护的进路

驼峰信号机防护的进路不同于一般信号机防护的进路。其防护范围自到达场股道经到达场出站咽喉区进入驼峰调车场的推送部分、峰顶平台、溜放部分直至每条编组线。驼峰信号机既要防护信号机内方,又要防护信号机外方。

溜放信号显示(绿灯、绿闪、黄闪)指挥调车机车推送车列,允许摘钩的车辆通过峰顶溜放,但不允许机车越过驼峰信号机。驼峰信号机此时处于推送进路的终端,溜放进路的始端,即溜放信号要防护推送进路和溜放进路。

后退信号(红色闪光灯光)防护的进路终端有时需延伸至到达场股道。

取送车信号(月白色闪光灯光)防护的范围包括推送线、迂回线或禁溜线。

驼峰信号机的防护范围,决定了它的联锁条件与一般车站的信号机的不同。

(2)驼峰信号机的技术条件

①驼峰信号机的推峰信号应在推送进路建立、允许进行推送作业时开放。驼峰信号机未经办理不得开放。当信号设备发生故障时处于开放状态的信号机应转为关闭状态,故障修复后,未经再次办理不得自动重复开放。

②驼峰信号机在开放除白灯以外的其他允许信号时,要和信号机外方的推送进路发生联锁。

③驼峰溜放信号遇有溜放作业异常情况(追钩、摘错钩、错道、有计划去往被封锁股道、发生途停或堵门等)时,应与信号机内方的溜放进路发生联锁,并及时关闭驼峰信号机。

④驼峰信号机开放后,当发生计算机故障、联锁道岔被挤、道岔恢复、道岔无表示、道岔封锁被破坏、灯丝断丝、闪光电源损坏或车辆碰倒限界检查器等情况,应自动关闭,实现故障—安全;必要时,调车人员可随时关闭驼峰信号机。

⑤驼峰信号机显示在绿、绿闪和黄闪之间变换时,由原来显示直接转换到要求的显示;在上述显示与红闪、白闪或白色之间变换,以及后三种显示之间的变换,都必须先关闭原信号,再转换到要求的显示。

⑥驼峰辅助信号机在到达场推送进路建立后,预先推送作业时显示一个黄灯,车列推送到峰顶前预定制动点时,信号自动关闭。主推作业中驼峰辅助信号机完全复示驼峰信号机的显示,当推送车列完全出清到达场区段后信号自动关闭。

⑦驼峰辅助信号机的复示信号机在推送进路建立后开始复示驼峰信号机的显示,推送进路取消,信号机灭灯。驼峰辅助信号机的复示信号机完全复示驼峰辅助信号机的显示。

⑧驼峰信号机开放时,使推送进路上同方向的调车信号机随之带动开放,包括前进和后退

两种情况。

⑨驼峰调车信号机开放后应在调车车列全部进入信号机内方后自动关闭，当该信号机外方不设轨道电路或轨道电路被车占用时，应在调车车列全部出清该信号机内方第一轨道区段后自动关闭。驼峰线束调车信号机开放后，可根据调车作业需要，人工关闭。

⑩驼峰调车线路表示器随相应进路的调车信号机的开放、关闭而开放、关闭。

(3)驼峰信号机的控制电路

自动化驼峰对驼峰信号机的控制仍然保留了部分继电器，包括黄闪继电器USJ、绿闪继电器LSJ、绿灯继电器LJ、白闪继电器BSJ、后退继电器HTJ、白灯继电器BJ、闪光继电器SNJ、电铃继电器DLJ和切断信号按钮继电器QXAJ。其控制电路如图6-2所示。

①溜放信号的联锁条件

定速、加速、减速三种溜放信号有相同的联锁条件，即LJ、LSJ、USJ除由对应的信号按钮控制外，它们检查相同的联锁及其他约束条件，即推送线上的道岔和溜放线上的顺向道岔位置正确；敌对信号在关闭状态；限界检查器在定位；车辆减速器动力正常；信号灯泡灯丝完好；驼峰推送进路锁闭；防止重复开放信号条件具备；现场无意外情况发生(各取消信号按钮QXA在定位)。

②向禁溜线或迂回线信号的联锁条件

向禁溜线或迂回线信号开放要检查：道岔位置正确；敌对信号在关闭状态以及推送进路锁闭、灯丝完好、防止重复开放信号条件具备和现场无意外情况发生。

③后退信号的联锁条件

开放后退信号除检查道岔位置正确、敌对信号在关闭状态、推送进路锁闭、灯丝完好、防止重复开放信号条件具备和现场无意外情况发生外，还要检查与到达场的照查条件。

在图6-1所示站场中，由于在202号和204号道岔轨道电路区段之间是侵限绝缘节，故后退信号经202FBJ↑条件时要检查204号道岔区段空闲；在闪光信号电路中还要检查闪光电路工作正常的条件。后退信号与到达场的照查条件中，还要检查有关的条件。当到达场向驼峰调车场进行推送作业时，当车列尚未出清到达场时，由于推送进路处于锁闭状态，这时是可以后退的。车列出清到达场后，到达场推送进路已一次解锁，只有在到达场未向T_1G区段调车，驼峰调车场也未建立向到达场的调车进路时，才能开放后退信号。

驼峰信号机接口电路如图6-2所示。其中相关信号继电器的动作根据联锁逻辑运算，由计算机驱动。

(4)驼峰信号机点灯电路

驼峰信号机点灯电路如图6-2所示。

为使信号点灯电路安全可靠地工作，采取了以下措施：

①驼峰信号转换显示时，为防止瞬间出现乱显示的现象，将各信号继电器的接点串联，接点灯电路；

②当开放闪光信号时，为防止灯丝断电器DJ随着SNJ脉动，在SNJ接点上并联一个大功率电阻R。当SNJ接点断开时，使点灯变压器只降压不断电，保证了DJ的稳定吸起。

③点灯电路采取双断控制，提高了电路工作的可靠性。点灯变压器的负电源回线上均经过接点条件。驼峰信号机采用双丝灯泡，并有主副灯丝转换装置，主丝断丝时能自动改点副丝。

4. 峰上道岔的控制

自动化驼峰头部除分路道岔以外的其他道岔，应满足与车站联锁相同的技术条件，即：

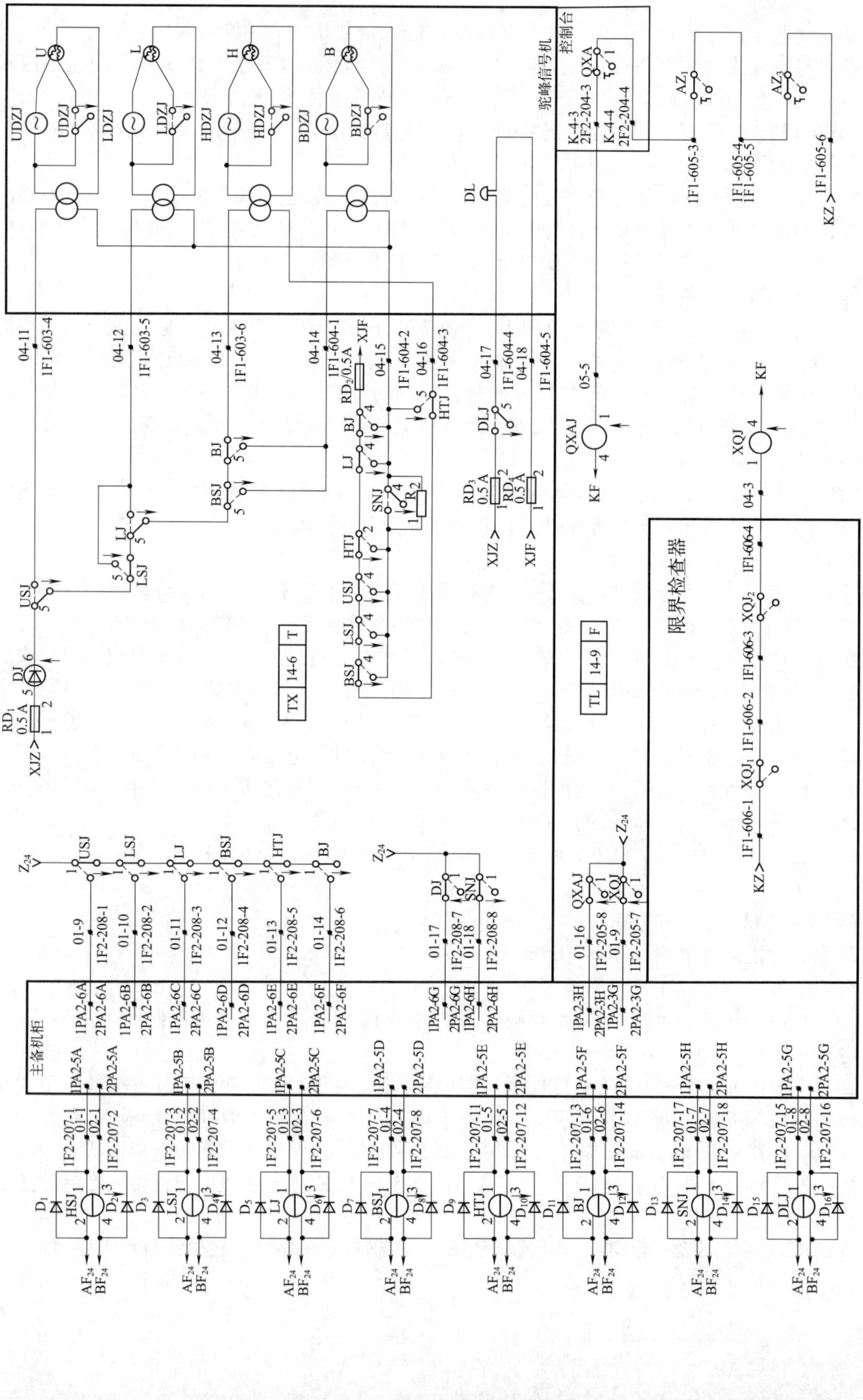

图6-2 驼峰信号机的控制电路

①道岔处于锁闭状态或其所属轨道区段被车占用时，该道岔不能转换。

②转辙机启动后，车辆进入该道岔所属轨道区段时，道岔应能继续转换到底，并使尖轨尖端密贴基本轨。

③道岔转换完毕，应立即切断转辙机的动作电源和启动继电器电路。

④道岔在转换过程中，如车辆未进入该道岔的轨道区段，可以中途改变道岔的转换方向。

⑤道岔的定、反位表示，应符合道岔的实际位置。

峰上道岔控制电路与车站联锁的相同。

二、场间联系的自动控制

驼峰调车场与邻接车场之间有线路连接并规定了分界点，为保证作业安全，必须建立必要的联锁关系，称场间联系。

1. 场间作业联系

对于纵列式编组站，驼峰调车场与邻接到达场之间的联系主要有：场间推送作业联系、到达场与驼峰调车场间的调车作业联系、编发线作业联系。对于横列式编组站，则没有场间推送作业联系，只有到发场与驼峰调车场间的调车作业联系和编发线作业联系。

(1)场间推送作业联系

推送作业有两种方式：允许推送和允许预先推送。允许推送或预先推送作业是指将到达场的待解车列推送至峰顶进行或准备进行解体作业。因此完成允许推送或预先推送作业必须通过驼峰调车场和到达场之间的场间联系来实现。

进行推送解体作业时，驼峰调车机车在到达场车列的尾部挂车后，待推送进路建立，驼峰信号机开放，机车将车列向驼峰调车场推送解体。由于推送进路纵跨两个车场，故建立推送进路前要进行场间联系并由设备确认，到达场得到驼峰调车场的允许后，方可办理推送进路。

在预推到位或预推过程中，通过对允许推送按钮的确认，可从预先推送作业转入允许推送作业，此时必须先进入溜放状态。

(2)到达场与驼峰调车场间的调车作业联系

禁止到达场和编组场同时向两场间的无岔区段调车。这与场内无岔区段不同，场内无岔区段有车时，是允许向区段内排列调车进路的。为了保证调车作业的安全，场间分界处一般以调车信号机防护。防护调车信号机差置时，中间的无岔区段应进行照查。

在该无岔区段有车占用时，不允许再开放通往该无岔区段的调车信号机。若因条件限制不能设置防护调车信号机时，应将连接处的道岔锁闭在防护位置，转换防护道岔需经双方同意。

(3)编发线作业联系

利用编组线兼作发车线时，应使驼峰的溜放作业和发车作业互相照查，以保证发车作业的正常进行和作业人员的安全。

2. 到达场与驼峰调车场间联系电路

(1)推送进路控制的技术要求

①推送进路(横列式站场从牵出线至驼峰信号机或禁溜线、迂回线轨道电路区段；纵列式站场从到达场股道至驼峰信号机或禁溜线、迂回线轨道电路区段)，可手动操纵道岔办理，亦可自动排列进路。

②当驼峰调车场办理允许手续以后，到达场才能排通推送进路。

③到达场在推送进路建立后，应即失去对推送进路的控制权。必要时，可按压切断推送信号按钮关闭信号，但推送进路不得解锁。

④到达场不得向已建立推送进路的股道排列列车或调车进路。若排列了列车或调车进路后，该股道不得再办理推送进路。

⑤推送进路中驼峰调车场部分可采用信号锁闭或进路锁闭，到达场部分应采用进路锁闭。

⑥当车列占用到达场推送进路，在车列已全部出清到达场并且占用了分界处的无岔区段和该无岔区段的下一个道岔区段后一次性自动解锁整条推送进路。

⑦驼峰调车场办理允许推送作业后，在到达场建立推送进路并使之锁闭后，驼峰辅助信号机及其复示信号机才能复示驼峰信号机的显示。办理预先推送作业时，驼峰辅助信号机及其复示信号机显示黄色灯光，并且在车列推送至距驼峰信号机不少于 90 m 处自动改点红灯。

⑧推送进路建立后，进路上的调车信号机应随驼峰辅助信号机显示前进或后退信号自动开放或关闭。

⑨在到达场推送进路建立但未使用前，驼峰调车场可以取消允许推送或允许预先推送，可使驼峰复示信号机关闭，经 30 s 后到达场推送进路解锁。车列占用到达场推送进路，驼峰调车场就不能取消该进路，但可以关闭驼峰信号机。

⑩到达场控制台上应有驼峰信号复示器、允许推送及调车照查表示灯、切断推送信号按钮及表示灯等。

（2）到达场与驼峰调车场场间联系电路工作原理

到达场与驼峰调车场场间联系电路如图 6-3 所示。

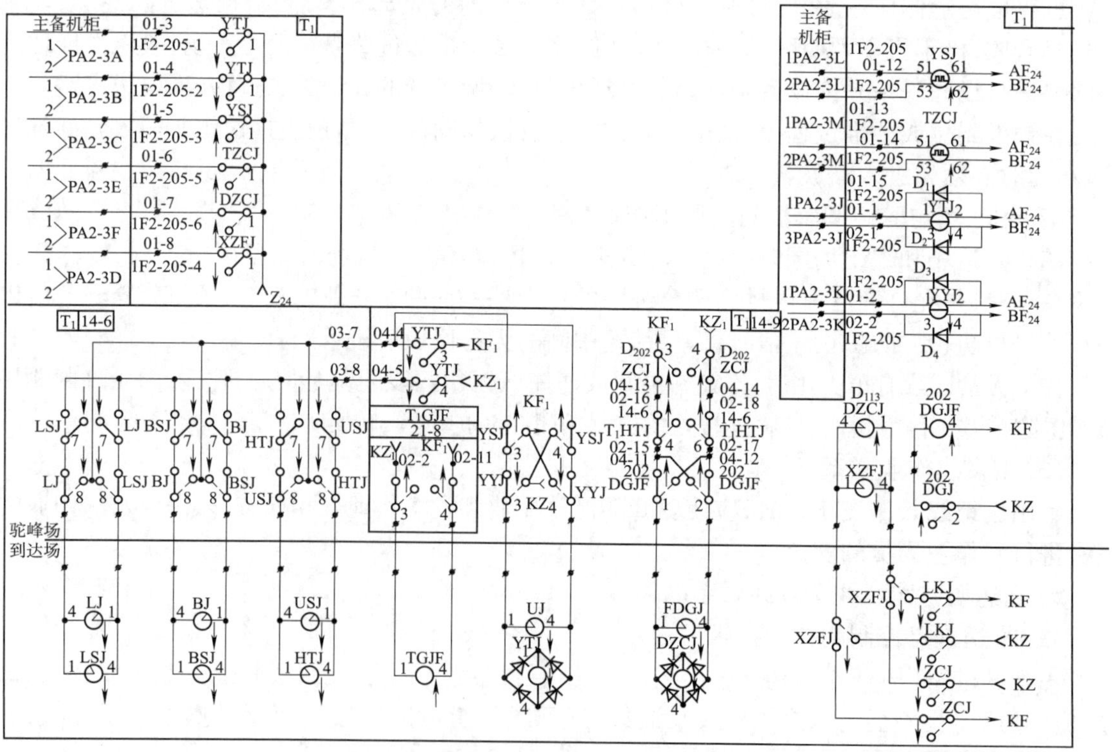

图 6-3　到达场与驼峰调车场场间联系电路

①到达场送给驼峰调车场的条件

到达场送给驼峰调车场的条件有到达场已使用推送进路的条件、到达场向场间无岔区段调车的条件。为接受这些条件,驼峰调车场设有:

a. 信号总辅助继电器 XZFJ

驼峰调车场的每条推送线设一个信号总辅助继电器,用于接受到达场送来的条件。XZFJ 平时落下。办理推送进路后,当车列由到达场的股道推出,压入道岔区段时,到达场的信号总辅助继电器 XZFJ 吸起,表示车列已经占用了推送进路,进而锁闭驼峰调车场推送进路。

推峰机车根据驼峰辅助信号机的显示,将车列推出股道占用推送进路后(压入到达场的道岔区段),到达场的溜控继电器 LKJ 落下(LKJ 在办理推送进路时吸起),则经由到达场的 XZFJ 吸起和 LKJ 落下给驼峰调车场发送占用推送进路的信息,使驼峰调车场 XZFJ 吸起。

驼峰调车场的 XZFJ 吸起后,通知驼峰值班员车列已经占用了推送进路,此时不能人工取消推送进路。

车列出清到达场完全进入驼峰调车场后,到达场的 LKJ 吸起,驼峰调车场的 XZFJ 落下,则通过程序判断使驼峰调车场的 YTJ 落下。

b. 允许推送继电器 YTJ

YTJ 用以锁闭推送进路;同时向到达场发送允许推送作业的条件,使到达场的 YTJ 吸起。

c. 预推锁闭继电器 YSJ

YSJ 用以在预先推送作业中锁闭驼峰推送线上的道岔。

d. 允许预先推送继电器 YYJ

平时该继电器落下,当办理了预先推送作业时,YYJ 励磁,使得 YSJ 落下,从而完成驼峰调车场对预推进路的锁闭。同时向到达场发送允许预推和黄灯复示的条件,使到达场的允许推送继电器 YYJ 吸起,到达场即可建立预推进路,驼峰辅助信号机显示黄灯。预推车列推至峰前预定制动点,因道岔区段轨道继电器 202DGJ(或 204DGJ)落下,则驼峰调车场的 YYJ 落下,但 YSJ 并不落下,则驼峰调车场一侧的预推进路仍然不能解锁,此时只要驼峰调车场值班员改办为允许推送,则推送进路改由其他条件进行锁闭。

e. 调车照查继电器 DZCJ

接受到达场送来的照查条件用来完成场间调车的照查锁闭。到达场向场间无岔区段调车时,DZCJ 落下,不允许驼峰调车场向该区段调车。

②驼峰调车场送给到达场的条件

驼峰调车场送给到达场的条件有驼峰信号机显示条件、允许推送和允许预先推送条件、照查条件。为接受这些条件,到达场设有:

a. 信号总辅助继电器 XZFJ

到达场进路是按列车进路办理的,当 LXJ 吸起后,使得该场的 XZFJ 吸起,直到推送进路解锁后,XZFJ 才失磁落下。XZFJ 吸起后,该场的溜空继电器 LKJ 随之吸起。LKJ 检查推送进路的空闲条件,当推送进路有车占用时 LKJ 落下,使得驼峰调车场的 XZFJ 吸起;当车列出清到达场时,LKJ 再度吸起,使得驼峰调车场的 XZFJ 落下,通过程序判断使得驼峰调车场的 YTJ 落下,自动取消“允许推送”条件。

LKJ 吸起、T_1GJ(或 T_2GJ)落下、202DGJ(或 204DGJ)落下后证明车列完全出清了到达场,这时到达场的推送进路自动解锁。

b. 信号继电器 UJ、LSJ、BJ、BSJ、UJ、USJ、HTJ

它们是驼峰信号继电器的复示继电器,用来控制驼峰辅助信号机点灯。

c. 允许推送继电器 YTJ

YTJ 用以复示驼峰调车场的 YTJ 和 YYJ。当 YTJ 吸起时,说明收到允许推送命令,到达场可以建立推送进路,驼峰辅助信号机可完全复示驼峰信号机的显示。

d. 调车照查继电器 DZCJ

当驼峰调车场向场间无岔区段调车时,DZCJ 失磁落下,不允许到达场向该区段调车。

3. 编发线与驼峰照查电路

驼峰编组线兼作发车线时,当车列已编好,从列检至发车这一段时间内,驼峰调车场应停止向该线进行溜放作业,并将有关道岔锁在通向其他线路的位置,直至出发列车驶离股道后才能解锁该道岔,恢复向该线的驼峰溜放作业。

本电路只能保证出发信号开放后没有溜放车列尾追列车,列检人员的人身安全还要靠其他措施或人为手段来保障。

(1)技术条件

①编发线上的出站信号机,应在溜放进路有关分路道岔被锁在开向其他线路条件下才能开放。出站信号机开放后,应再次锁闭有关分路道岔,使驼峰信号楼不得再操纵。

②出站信号机关闭,列车出清股道(或发车进路第一区段解锁)后,应恢复驼峰信号楼对该分路道岔的控制。

③在驼峰尾部集中楼控制台上,应按编发线分设同意发车表示灯。

(2)电路原理

编发线与驼峰照查电路如图 6-4 所示。

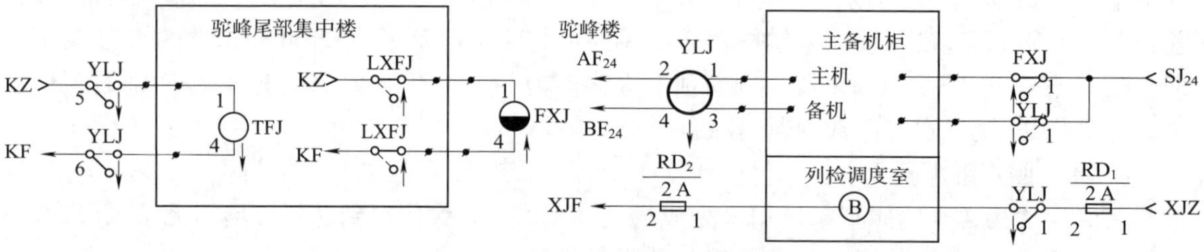

图 6-4 编发线与驼峰照查电路

在驼峰信号楼对编发线上每股道增设发车信号继电器 FXJ,在驼峰尾部集中楼对编发线上每股道增设同意发车继电器 TFJ 及列车信号反复示继电器 LXFJ。

当驼峰进行溜放作业时,驼峰信号楼的该股道允许列车进路继电器 YLJ 落下,驼峰尾部集中楼的 TFJ 也落下,断开编发线的出站信号机的 LXJ 电路。此时,列检调度室的表示灯点亮。当溜放作业完成后,驼峰值班员将通向该股道的道岔锁在通向其他股道位置;该股道的 YLJ 吸起,使驼峰尾部集中楼的 TFJ 也吸起,即构成该股道出站信号机 LXJ 的励磁条件。驼峰尾部集中楼值班员办理发车进路后,LXJ 即可吸起,开放出站信号机。

LXJ 吸起后,LXFJ 即落下,并断开驼峰信号楼的 FXJ 电路,使之落下,对驼峰头部通向该股道的道岔继续施行锁闭。直到出发列车驶离股道后,通过列车出清股道及 LXJ 落下,再度使 LXFJ 吸起后，才能使驼峰楼的 FXJ 吸起，驼峰楼才能对该道岔解除锁闭，重新进行溜放作业。

第二节　推峰机车速度控制与联锁

推峰机车速度控制包括驼峰无线机车信号系统和驼峰推峰机车无线遥控系统。二者必须与地面信号联锁，以提高推峰作业的安全及作业效率。

一、驼峰无线机车信号系统

驼峰信号机开放与到达场具有安全联锁及具有停车信号音响报警功能，使推峰机车控制更趋向安全。

在驼峰值班员开放驼峰推峰信号的同时，机车信号地面设备采集驼峰信号条件，也采集股道条件及安全联锁的必要条件，通过电台将带有地址及安全联锁条件的驼峰信号转变为相应的无线信号发送，经地面无线电台发出。

对于较大的编组站，常有几台机车同时作业，机车如何正确识别所接收的无线信号，是保证无线机车信号安全的重点。当开放驼峰信号机时，系统地面设备将带有地址及安全联锁条件的驼峰信号变为无线信息发送；系统车上设备首先通过机车所在位置校核、站场编码判断等多项信息确认是否给工作以机车信号，一经确认，方能接收该机车信号，在本机车上得到相应的显示，其他机车处在待命状态。

地面发送的无线信息，包含驼峰信号信息及与到达场进路联锁的股道编码作为地址的信息。

到达场每一股道都对应一个推峰股道校核继电器，当办通某一股道的进路，允许进行推送作业时，相应的推峰股道校核继电器吸起，股道号采样输入即利用推峰股道校核继电器接点条件输入地面主机，作为信号的地址采样输入。以上这些到达场条件的采集，在到达场是计算机联锁时，可通过联网或串口实现。当到达场信号允许开放时，相应的信号条件也要进行采样输入。这样，信号的开放与到达场具有安全联锁，使推峰机车控制更趋于安全。

二、驼峰推峰机车无线遥控系统

驼峰推峰机车无线遥控系统与地面信号设备及推峰进路具有联锁关系，即系统与到达场及调车场的信号联锁，保证遥控命令的发送及接收与驼峰信号机及驼峰辅助信号机相符合。

遥控控制命令及安全联锁条件的采集可通过继电器接点或通过自动化系统通信来实现。控制命令及回执信息采用无线传输方式，股道号信息采用地面设置点与车上应答接收方式。遥控命令的发送，也就是遥控信号的开放，必须与到达场推峰进路的构成联锁。

机车遥控系统采集驼峰调车场控制条件、驼峰车轮传感器信息及到达场控制条件。

1. 驼峰调车场控制条件

驼峰调车场采集包括驼峰接口电路信号条件、驼峰调车场轨道电路条件。在系统与驼峰自动化系统配套时，可通过局域网采集有关信息。

2. 驼峰车轮传感器信息

车轮传感器设于驼峰调车场一部位前的加速坡区段,用于判别峰顶车列前后钩车的脱钩位置及计量溜放钩车的辆数,以确定地面设备改变控制命令的时机及计算推峰车列所剩的车辆数,为机车推送提供车辆代码。其输入通道与溜放进路控制系统相同。

3. 到达场控制条件

到达场控制条件采集包括股道号及信号开放条件采集。在采用继电联锁的站场,有关继电器接点条件,通过场间联系电缆送到驼峰调车场,为了减少到达场与驼峰调车场间的电缆,有些条件采用继电编码电路。如果到达场是计算机联锁设备,通过计算机通信方式将到达场的推峰进路联锁条件传送到系统的地面控制机柜。

第七章 联锁管理

信号联锁管理是信号技术管理的重要内容,贯穿于信号大修、中修、维修及基建更新改造工作的全过程之中,要把联锁管理当作信号技术管理的首要任务。各级电务部门应高度重视联锁管理工作,全体人员应严格执行联锁纪律,杜绝违章封连电气接点等破坏联锁关系的行为。

要严格执行《车站联锁设备维护管理办法》,落实联锁管理的各项规定,执行联锁关系修改变更的审批签认程序,规范联锁资料的管理,按照规定进行联锁试验。特别要严把施工、检修和故障处理环节的联锁试验关,施工开通过程中要制定详尽的开通试验方案,依据联锁图表,逐条、逐项进行试验,最终形成准确的联锁试验资料,确保信号联锁的绝对正确,杜绝联锁失效。

第一节 联锁管理概述

一、联锁管理的基本要求

联锁是指通过技术方法,使信号、道岔和进路必须按照一定程序并满足一定条件,才能动作或建立起来的相互关系。必须以技术手段实现这些规则。例如,进路空闲、道岔位置正确、敌对进路未建立是车站信号联锁必须遵循的联锁规则,继电集中联锁是通过继电电路来实现的,计算机联锁是通过采集执行器件状态通过软件判断来实现的。

1. 确保联锁关系正确是信号设备设计、制造、施工、维护应遵循的基本原则:要求车站联锁、区间闭塞、驼峰信号、列车运行控制系统、行车调度指挥系统、道口信号,以及信号组成设备、参与联锁的信号产品,在设计、制造、施工、维护各个环节中必须严格遵循。只有从源头到过程严格卡控,才能确保联锁万无一失。

2. 信号设备机械强度和电气特性是保证联锁关系正确的基本条件:信号联锁与设备机械强度、特性参数有着密切的联系。在设计、制造、施工、维护各个环节中,机械强度、电气特性和其他特性参数均应满足技术标准,反之将导致设备故障和联锁错误,严重的会导致联锁失效。

3. 联锁错误或失效将直接危及行车安全。

4. 信号联锁设备必须符合“故障—安全”原则:必须满足《铁路技术管理规程(普速铁路部分)》《铁路技术管理规程(高速铁路部分)》《铁路信号设计规范》《铁路车站计算机联锁技术条件》等铁路有关标准的要求。对于信号设备维护部门,故障—安全原则重点是防止设备在运用过程中,由于设备机械强度、特性参数发生变化和变更电路结构而出现违背故障—安全原则的情况。信号设备常用的故障—安全原则主要有采用故障安全设备,冗余防护,信号降级措施,电路采用 N 型(重力式)继电器(当采用非安全型继电器时,应采用有效的防护措施),断混线、短路或接地防护,轨道电路瞬间分路不良产生非安全后果等。

5. 凡由于基建、更改、大修工程(含过渡工程)引起的设备联锁电路改变时,必须由具有相应设计资质的设计单位进行设计,保证联锁关系正确。

二、联锁管理的内容

联锁设备维护管理工作主要包括日常联锁管理、工程验交联锁管理、联锁关系(电路)变更以及科研项目试验的联锁管理等。

1. 日常联锁管理

指信号设备在日常维修过程中的联锁管理。

2. 工程验交联锁管理

指各类信号工程(包括大中修、基建、更新改造)施工全过程的联锁管理。

3. 联锁关系(电路)变更联锁管理

指信号维护和施工过程中变更联锁图表、电路图、信号显示方式及器材规格等的联锁管理。

4. 科研项目试验的联锁管理

指新技术、新设备、新器材投入运用前进行上道试验的联锁管理。

将列控中心设备纳入联锁管理。列控中心是CTCS-2级列控系统的重要组成部分,既和联锁设备存在逻辑关系,也和CTC、信号集中监测存在信息关系。要比照信号联锁管理的要求,对列控中心进行严格管理。

三、信号联锁管理人员

要全面加强联锁管理人员的队伍建设,高度重视联锁技术人才的配备、选拔、管理和培养,其中选拔和培养是关键。

1. 联锁人员的配备

铁路局集团公司电务部设专职联锁主任,电务段信号技术科设专职联锁主任、专(兼)职联锁工程师,车间设专职联锁工程师,负责信号设备的联锁管理工作,实行岗位负责制。信号工区确定专人负责联锁试验工作。

要充分发挥各级联锁工程师在联锁日常管理工作中的主导作用,尤其是车间一级的联锁工程师,既是车间联锁电路的技术主管,同时又担负车间管内联锁管理网络的运作和工区联锁管理的教育培训工作。

2. 联锁人员的选拔

联锁主任和联锁工程师应当具备扎实的信号理论基础,有强烈的责任感和事业心,有严谨的工作作风和一定的组织能力。电务段联锁主任应有工程师及以上技术职称;电务段、车间联锁工程师应有助理工程师或技师及以上技术职称,最好具有5年以上的现场工作经验。

3. 联锁人员的培训

加强联锁管理人员的技术业务培训,要定期进行联锁技术培训,信号联锁管理人员和试验人员须经联锁试验资格培训,并取得联锁试验资格证,持证上岗。使全体联锁管理人员熟练掌握联锁电路、联锁技术条件和计算机联锁技术,提高管理水平和技术能力。

联锁主任和联锁工程师须经资格培训,取得资格证后持证上岗。车间联锁工程师及电务段兼职联锁工程师由电务段进行培训发证。电务段联锁主任及专职联锁工程师由各铁路局集团公司进行培训发证。电务部联锁主任由国铁集团培训,各铁路局集团公司发证。

铁路局集团公司应每两年对电务段联锁主任(工程师)进行一次培训。

培训内容应包括《铁路技术管理规程(普速铁路部分)》、《铁路技术管理规程(高速铁路部分)》、《普速铁路行车组织规则》、《高速铁路行车组织细则》、《铁路交通事故调查处理规则》、《普速铁路信号维护规则》、《高速铁路信号维护规则》、《铁路信号设计规范》、《铁路车站计算机联锁技术条件》、《铁路信号施工规范》、《铁路信号工程质量检验评定标准》、《车站联锁设备维护管理办法》、《国铁集团铁路营业线施工管理办法》、信号事故案例及原因分析等。特别应注重信号联锁关系试验方法及内容的培训,主要为:①设备换装前联锁关系试验、方法及注意事项,包括联锁关系审查及准备试验资料,模拟试验目的、方法及意义,连通试验目的、方法及意义,电气特性测试方法及意义等;②换装当天联锁关系试验的内容、方法及注意事项;③零小工程联锁关系试验的内容、方法及注意事项,包括更换转辙机施工,配合工务更换道岔施工,站场改造信号过渡工程施工,更换电缆、箱、盒施工,事故抢险施工,更换器材施工等;④年度联锁关系试验的内容、方法及注意事项;⑤新技术及新设备原理、使用、维护、功能验证方法。

4. 联锁人员的管理

对于按一定标准选拔并经过严格培训上岗的信号联锁技术人员,在使用中应保持一定的稳定性,不要轻易地调换工作岗位。铁路局集团公司电务部应建立联锁人员的管理台账,实行动态分级管理;段、车间联锁人员岗位发生变化时要及时更新台账,并且及时向电务部上报。

应建立联锁技术人员的考核制度,定期对其技术能力、工作态度、工作业绩等进行考核。对于在信号联锁工作中认真负责,能够发现问题及时克服处理、防止事故的要予以表扬和奖励。对考试不合格者免发或取消联锁试验资格证、解聘或转岗。发现违反联锁纪律、不按联锁管理要求执行的要从严处理,铁路局集团公司要收回其联锁试验资格证,取消联锁试验资格。

四、联锁档案

电务段应建立联锁档案,涉及联锁关系变化的档案应及时进行修订,各铁路局集团公司应要求计算机联锁设备供应商(以下简称联锁供应商)建立相应的联锁档案。联锁档案应包括联锁电路图、显示关系图(包括机车信号显示关系)、联锁进路表、联锁试验记录、联锁修改申请及批复等有关技术资料,以及侵限绝缘、防护道岔、带动道岔、新技术设备等在维护过程中的注意事项、特殊要求等资料。联锁档案包括年度联锁试验记录和日常联锁试验记录。

加强联锁台账资料管理,注重关键部位的安全卡控。对各单位管内存在的特殊电路、特殊信号显示、特殊机车信号地面发码区段等,要求电务段、车间、工区必须分别掌握各自管内第一手资料,建立档案,以便在日常维护和施工中能随时注意其特殊之处。

第二节　联锁管理职责

信号联锁管理实行国铁集团、铁路局集团公司、电务段(含维护联锁设备的运输站段,下同)分级管理。各铁路局集团公司电务部应设专职联锁主任,电务段应设专职联锁主任、专(兼)职联锁工程师,车间设专职联锁工程师,负责联锁管理工作,实行岗位负责制。

一、电务部的联锁管理职责

铁路局集团公司电务部负责全局的信号联锁管理。

电务部设联锁主任，其职责是：

(1)贯彻执行国铁集团、铁路局集团公司联锁管理有关规定，指导和检查电务段联锁管理工作；

(2)负责铁路局集团公司联锁管理工作；

(3)负责拟定铁路局集团公司联锁管理实施细则，监督检查贯彻执行情况，及时解决联锁管理中存在的问题；

(4)有重点地参加基建、更新改造、大修工程联锁试验方案审查和联锁关系检查试验；

(5)了解和掌握铁路局集团公司联锁设备运用状态，提出联锁设备更新改造、大修及重点整治建议；

(6)参加涉及联锁关系的事故及故障分析，解决联锁电路中存在的问题；

(7)按规定的程序和权限审核联锁设备软、硬件变更及联锁关系和电路图的变更；

(8)负责科研项目试验有关联锁内容的审查；

(9)统计分析铁路局集团公司年度联锁试验报表，提出年度联锁试验总结报告。

铁路局电务试验室参与解决联锁电路中存在的主要技术问题。

二、电务段的联锁管理职责

1. 电务段

电务段负责全段信号联锁管理。

电务段设联锁主任，其职责是：

(1)贯彻执行国铁集团、铁路局集团公司联锁管理有关规定，指导检查车间联锁管理工作；

(2)负责电务段联锁管理工作；

(3)负责拟定电务段联锁管理细化措施，监督检查执行情况；

(4)按规定的程序和权限审核联锁设备软、硬件修改申请，提出联锁电路变更申请；

(5)按规定权限审核施工联锁关系检查试验方案，负责组织工程施工联锁试验，有重点地参加电务段组织施工的联锁关系检查试验，组织车间联锁工程师进行年度联锁关系检查试验工作，审核车间联锁试验检查表，有重点地参加年度联锁关系检查试验；

(6)了解和掌握管内联锁设备运用状态，处理联锁电路疑难故障，及时反映和解决联锁中存在的问题；

(7)参加涉及联锁关系的事故及故障分析；

(8)负责组织信号设备电路图、配线图核对工作，并及时修订，做到图实相符；

(9)及时向上级报告联锁管理中存在的问题，提出联锁电路修改方案，按批准的方案组织实施；

(10)完成上级下达的联锁电路修改任务；

(11)统计分析全段联锁试验报表，提出联锁试验总结。

2. 现场车间

现场车间负责信号联锁管理，负责管内年度联锁关系检查试验和车间组织的施工联锁关系检查试验。参加车间管内基建、更新改造、大修、中修等工程联锁关系检查试验工作。

现场车间设联锁工程师，在段联锁主任的指导下，负责管内日常联锁管理和年度联锁关系检查试验工作，参加管内工程验交联锁试验。其职责为：

(1)贯彻执行上级联锁管理有关规定；

(2)负责车间联锁管理工作；

(3)负责管内年度联锁关系检查试验工作；

(4)负责车间组织的施工联锁关系检查试验，参加车间管内基建、更新改造、大修、中修工程联锁关系检查试验工作；

(5)了解和掌握管内联锁设备运用状态，参加联锁电路疑难故障处理，及时反映联锁中存在的问题；

(6)对照现场设备，核对电务段提出的联锁电路修改方案，完成上级下达的联锁电路修改任务；

(7)负责管内联锁设备档案和联锁资料修订核对工作，负责管内信号设备电路图、配线图核对工作，并及时修订，做到图实相符。

3. 信号工

对于联锁，信号工长及信号工的职责为：

(1)负责日常维修工作中的联锁试验；

(2)参加年度联锁关系检查试验和各类工程施工联锁试验；

(3)经常访问使用人员，发现问题及时登记并上报。

第三节　联锁维护管理

一、联锁纪律

联锁是信号的根本，必须确保联锁关系准确无误，严肃联锁纪律，严格把关。全体信号工作人员都必须严格执行联锁纪律，杜绝违章封连电气接点、擅自改变设备、电路结构和修改联锁软件等破坏联锁关系的行为。信号设备维护及各类工程改造，必须严格执行联锁管理有关规定，严禁擅自改变电路结构、联锁软件等。

1. 在信号设备上进行试验或采用革新项目，变更联锁图表、电路图、信号显示方式及器材规格时按下列规定办理：

(1)改变主要器材规格、变更信号显示方式，须经国铁集团工电部批准；

(2)变更信号设备联锁关系、修改电路图，由各铁路局集团公司批准；

(3)变更接点组(不改变联锁条件)、配线图由电务段批准。

未经规定程序和权限办理审核、批准手续时，任何单位和个人不准进行信号电路和联锁软件的修改工作。

2. 信号设备联锁关系临时变更或停止使用，须经各铁路局集团公司批准。

信号设备联锁关系的临时变更或停止使用是特殊情况下，特殊情况是指信号临时过渡工程，应按照现行《国铁集团铁路营业线施工管理办法》的有关规定。

3. 信号设备联锁关系临时变更或停止使用，须经各铁路局集团公司批准。

4. 各种监测、报警等采集电路必须与联锁电路安全隔离，不得影响联锁设备的正常使用，通过接口方式单向获取计算机联锁信息的设备发生故障,不得影响联锁设备的正常使用。

5. 未经国铁集团工电部批准,不得随意借用联锁条件,不得擅自添加联锁设备的功能。

6. 发现联锁设备存在问题,电务段应立即向电务部报告,由电务段书面通知设计单位、联锁供应商,重大问题电务部应及时向国铁集团工电部报告。

7. 应加强对轨道电路分路不良区段的安全管理,坚持定期测试、登记制度,向车务部门明示,制定严格的卡控措施,纳入《车站行车工作细则》,规范管理。

8. 严禁进路有关道岔未纳入联锁时开放信号,营业线站场改造工程中,凡新接入或移设道岔,必须按信号过渡工程设计、施工,将道岔表示纳入车站联锁后方可开放相应的信号。

9. 基建、更新改造预铺的线路、道岔和拆铺道岔,以及配合工务部门进行大修更换的道岔引起的电务设备配套改造,在尚未纳入既有联锁前,电务施工人员不得将这些设备与既有道岔控制电路、轨道电路、信号机点灯电路和既有电缆连接,进行借用既有联锁条件的任何试验工作。

10. 各类工程进行信号设备改造(包括施工过渡),或者在既有信号设备上采取技术补强措施,做施工停点前的准备工作时,不得超范围进行,严禁新设备的配线与既有信号联锁设备连接。

11. 营业线站场改造工程中,凡新接入或移设道岔,在未纳入既有联锁的情况下,严禁开放信号进行接发列车。这时,必须根据运营情况及施工需要制定安全的过渡措施。施工过渡具体实施方案由信号施工单位进行编制,建设、行车组织、设备管理、设计和监理等单位和部门审定后,报施工领导小组批准后实施。过渡工程设计由信号设计单位提出指导性的施工过渡方案。若要进行接发列车作业,必须将道岔表示纳入车站联锁后,方可开放相应的进出站信号机。

执行联锁纪律的重点是:变更联锁图表、电路图、信号显示方式时,必须按照规定的程序审批;所有涉及联锁关系的施工、检修和故障处理后,必须按规定进行联锁试验,防止联锁失效;联锁试验必须按照《车站联锁设备维护管理办法》的有关规定进行,必须由有资格的联锁工程师进行试验,并有专人进行监护,所有联锁试验,必须表格化、规范化;施工过程中,施工图纸变更,必须由施工单位、段联锁工程师及技术科长签认;联锁试验,电务段技术科必须集体研究,联锁工程师、技术科长、主管段长签字;各种作业过程中必须杜绝违法使用封连线造成联锁失效,所有简化试验程序及项目的技术违章,均列入电务恶性违章范围,严肃处理。

二、设备管理

1. 联锁管理会议

各铁路局集团公司每年召开一次联锁管理会议,研究具有普遍性的联锁问题,交流联锁管理经验,提出对联锁工作的要求。

电务段每半年召开一次联锁管理分析会,研究解决本段联锁问题,总结联锁工作。

2. 应充分利用CTC/TDCS、DMS、信号集中监测、车载设备和车务、机务等部门的日常行车信息,定期进行测试和数据分析,检查联锁关系的正确性。

3. 计算机联锁的寿命期管理

计算机联锁设备应按寿命期管理寿命期规定见表7-1。

表 7-1　计算机联锁设备管理寿命期规定

项　目	设　备	寿命/年
系统设备	安全冗余结构的计算机联锁	15
	双机热备计算机联锁	10
关键部件	UPS 蓄电池	3
	工控机	8
	各类电源	8
	显示器	5
	视频分配/放大器	8
	光电转换器	8
	交换机	8

4. 备品备件及仪器仪表管理

(1)关键设备的备品备件应按使用数量的 10% 配备；

(2)严禁将故障更换后的器材和备用器材混放；

(3)备品备件及仪器仪表应定期进行养护，保证完好。

5. 调度集中区段的计算机联锁设备应从 CTC 获取时钟信息，并具备自动校时功能，自动校时功能失效时应由人工进行校时；其他区段按照 TDCS 的时钟由人工进行校时。

三、安全管理

1. 发现联锁设备失效危及行车安全时，应立即登记停止使用，并采取相应的安全措施。

2. 更换联锁软、硬件的施工，必须停用全站及相关区间信号设备。

3. 凡涉及上、下行正线双动道岔的施工，必须同时停用与该道岔有关的上、下行信号。

4. 防止联锁失效应重点注意：

(1)防止联锁试验不彻底，造成的联锁失效；

(2)防止尚未纳入联锁的设备与既有联锁设备连接，造成的道岔错误转动、信号错误开放；

(3)防止道岔配线错误，造成道岔错误表示；

(4)防止挤切销非正常折断，造成道岔机械锁闭失效；

(5)防止信号电缆绝缘不良，造成接地、混线；

(6)防止室内外设备状态(位置)表示不一致；

(7)防止电源对地漏电流超标；

(8)防止轨道电路调整不当导致分路残压超标；

(9)防止分路不良管理制度不落实，造成联锁失效；

(10)防止软件(数据)版本不一致或错误使用，造成联锁失效。

5. 运用中的计算机联锁设备(含操作显示机、电务维修机)与其他系统接口应隔离，其光驱、USB 口等应予封闭。

四、图纸管理

1. 既有设备改造时，相关图纸必须及时修改，确保图纸正确，图实相符。

2. 对信号电路图进行修改时，应在修改处加盖图纸修改专用章，专用章应有“修改文号、修改人、修改日期”等内容，并准确填写和签署。

3. 建设单位应组织施工单位在工程开工前向设备管理单位提供不少于2套完整的施工图，在工程开通24 h内，应向电务段提供不少于2套完整的临时竣工图和器材产品说明书，在开通3个月内，向电务段提供不少于6套纸质正式竣工图和完整的器材产品说明书，建设单位应向电务段提供1套电子版设计图纸。

4. 计算机联锁设备在投入使用前供应商应向电务段提供不少于6套完整的设备图册、特殊电路驱动逻辑关系说明、设备运用维护和操作使用说明书。

第四节　计算机联锁管理

为适应我国铁路发展的要求，必须全面提高计算机联锁的软硬件质量，高标准配置系统硬件，优化软件设计，完善自诊断和检测功能，实现高安全、高可靠、无维修的目标，不允许在招投标中恶性竞争，降低质量标准。要加大计算机联锁技术管理力度，整体提高计算机联锁装备的技术水平

一、软、硬件管理

计算机联锁设备的资质管理和软、硬件变更，按照信号产品运用管理的相关规定执行。

1. 软件管理

各铁路局集团公司应要求联锁供应商对联锁软件的安全性终身负责，保证软件联锁关系的正确性并提供完善的售后务及应急响应。

计算机联锁制式应进行软件检测。

电务段、联锁供应商应分别对现场在用联锁软件（含操作显示机软件、电务维修机软件、配置文件软件等）备份保管，并建立软件版本信息台账，实行动态管理，台账和备份软件必须与实际使用的软件一致。

联锁软件变更分为联锁机软件变更、操作显示机软件变更、电务维修机软件变更。联锁机软件变更，联锁供应商应进行全面的仿真联锁试验和测试，设备维护管理单位应在联锁供应商完成仿真试验的基础上开展全面仿真试验，依据联锁供应商提供的影响范围和试验要求进行现场联锁试验；操作显示机、电务维修机软件变更，设备维护管理单位可依据联锁供应商的仿真联锁试验结果，现场更换后核对站场图形和按钮操作试验。

2. 硬件管理

“设备硬件配置表”在维护终端上可查询，由联锁供应商负责在维护终端上建立设备硬件配置表文档，由设备维护管理单位实时更新，联锁供应商也应有相对应的设备配置文件，应与现场保持一致，电务段应保存“设备硬件配置表”纸质档案。

各铁路局集团公司审核联锁供应商提供的设备硬件配置变更申请，批准并通知电务段组织联锁供应商实施硬件变更，电务段不得实施未经批准的联锁硬件变更。

二、接口管理

计算机联锁系统应具备与其他相关系统的接口能力，其中通过联锁机进行连接的属于安全接口，如联锁系统与列控中心、无线闭塞中心、相邻联锁系统，通过操作显示机、电务维修机连接的为非安全接口，如联锁系统与 CTC/TDCS、信号集中监测、编组站综合自动化、STP 等，接口应按相关标准执行，确需增加其他接口，须经国铁集团工电部批准。

接口协议、相关数据码位表应严格进行版本号管理，由接口双方签认，最终版本由联锁供应商、设备维护管理单位存档，联锁设备改造时，若涉及安全接口数据或者协议的变化，施工单位和设备维护管理单位应进行接口的全面仿真试验。

联锁系统应具有与无线闭塞中心接口数据的版本号校验功能。

涉及全程全网设备的接口仿真试验，以全程全网设备供应商测试平台的测试为主体，其测试结果与联锁测试平台的测试应进行比对，设备维护管理单位检查设备供应商测试资料。

联锁设备与其他系统界面划分见表 7-2。

表 7-2　联锁设备与其他系统界面划分

接口名称	接口安全性	接口位置	接口方式	端口数量	联锁设备管理边界	接口数据表编制
CBI-TCC	安全	联锁机	以太网接入信号安全数据网，双向通信	2×2	安全数据网交换机端口	TCC 厂家
CBI-RBC	安全	联锁机	以太网接入信号安全数据网，双向通信	2×2 或 1×2	安全数据网交换机端口	RBC 厂家或 CBI 厂家
CBI-CBI	安全	联锁机	以太网接入信号安全数据网，双向通信	2×2	安全数据网交换机端口	CBI 厂家
CBI-CTC	非安全	操作显示机	RS-422 串口光电隔离，双向通信	2×2	操作显示机串行端口	CBI 厂家
CBI-TDCS	非安全	操作显示机	RS-422 或 RS-232 串口光电隔离，单向通信	1×2	操作显示机串行端口	CBI 厂家
CBI-STP	非安全	操作显示机	RS-422 串口光电隔离，单向通信	1×2	操作显示机串行端口	CBI 厂家
CBI-编组站综合自动化系统	非安全	操作显示机	422 串口光电隔离，双向通信	2×2	操作显示机串行端口	CBI 厂家
CBI-信号集中监测	非安全	电务维修机	422 串口光电隔离，单向信息	1	电务维修机串行端口	CBI 厂家

备注：1. 计算机联锁系统与传统的其他设备或系统通过继电接口方式连接时，按照相关标准和设计图纸进行界面划分。
2. 计算机联锁系统与其他系统通过上述表格之外的通信方式连接时，由各铁路局集团公司根据设备实际连接情况进行界面划分。

三、仿真试验平台

联锁供应商应搭建完整结构的试验平台，其中联锁机和驱采机、TCC、RBC、相邻联锁等外部接口设备为完整的真实设备，TCC、RBC、相邻联锁等除接口外的其他设备可为仿真设备，具备系统功能、联锁关系、故障插入及压力测试等试验测试能力。

联锁供应商的联锁关系仿真试验平台，其数量应满足不同规模的多个车站同时进行联锁关系仿真试验需求。

联锁供应商负责提供仿真试验的平台软件和特殊电路驱动逻辑关系说明，由验收单位确认，联锁供应商安排专人全程配合测试。

仿真试验平台应能通过电务维修机查看测试记录、版本号等，能进行测试回放，并可复制。

四、技术支持

计算机联锁系统应能通过电务维修机提供远程诊断需要的信息，电务段应提供远程诊断所需的电话通道，平时断开，联锁供应商应设置专用计算机，根据需要建立连接。

电务段及联锁供应商应建立远程诊断的管理制度，明确远程诊断的审批和登录权限，制定实施细则、细化措施。

联锁供应商应建立专线、专号，由具备资质的技术人员进行 24 h 值守。

联锁供应商应保证现场运用设备必要的备品备件的储备，设备更新应满足系统兼容性。

由于产品设计缺陷导致的故障，联锁供应商提供免费维修服务，并承担相应责任。

联锁供应商在故障处置时应快速响应、快速出动。

第八章 联锁试验

联锁关系检查试验(以下简称联锁试验)。设备开通前,必须按规定进行彻底试验,试验正确后,方可投入使用。设备使用后,必须按规定进行定期试验,保证信号设备的正确运用。联锁试验是联锁管理工作的重中之重,是保证联锁设备安全性的关键。就是说,把好联锁试验关,就把住了联锁不出事故的关键。联锁试验的正确性重在方案研究,现场应加强联锁试验组织,确保联锁试验顺畅。

第一节 联锁试验有关规定

一、联锁试验分类

1. 联锁试验分为施工联锁试验、年度联锁试验和日常维修试验。

2. 设备功能试验。除保证联锁关系的正确所必需的联锁试验外,一般还需校核联锁软件版本、系统切换试验、电气参数测试等功能性试验,此外还需利用集中监测开展安全性比对试验。

3. 接口试验。包括其他系统(TCC、RBC、CTC/TDCS、STP、CIPS、SAM 等)的接口试验,确保通道连接正常,数据传输和系统功能正确。

二、联锁试验管理办法

联锁试验应按《车站联锁设备维护管理办法》有关规定进行,明确试验负责人,并严格执行专人指挥、专人操作、专人监督的试验制度。各铁路局集团公司应在联锁管理实施细则中明确试验程序、试验方法、试验标准用语及注意事项等,制定联锁试验表格。

三、联锁试验基本要求

联锁试验是一项非常严谨的工作,必须根据方案逐项试验彻底。为确保试验顺利进行,须创造一定条件和遵循有关规定:

1. 运输条件。为防止试验条件不满足,导致试验无法完成或无法彻底试验,同时为防止作业事故,联锁试验必须在天窗内进行,同时影响上、下行正线的联锁试验必须在垂直天窗内进行。室内更换联锁软件的施工及试验,必须在垂直天窗点内进行。需要区间条件的,还应停用有关闭塞设备。需要邻站条件的,应协调好配合或天窗条件。

2. 试验时长条件。应根据工程实际改造范围、实际试验设备数量,测算按照试验程序需要的试验时间,并经过科学合理的分组优化,计算出试验必备的时间长度,纳入运输方案。为避免由于天窗时间不足,导致软件多次倒换施工或重复拆改配线,联锁安全风险大,试验效率低下,试验时间时长应认真研究,做到既要试验彻底,又要减小对运输的影响。

3. 人员条件。联锁试验是采用核对的方式来确认联锁关系正确的过程,也是一个试错纠错的过程。常见的有"我问你答""你说我确认"。因此,联锁试验指挥人是试验过程中的核心,须对联锁电路非常熟悉,对试验项目、试验条件非常了解,对试验结果的判断非常精准,思路清晰,头脑清醒,口齿伶俐,表达准确,同时又有魄力,能大胆调兵遣将。这样的人才能担当起本组试验重担,成为联锁试验负责人的角色。同时实行单一指挥,联锁试验不彻底,严禁交付使用,任何单位和个人不得在联锁试验时间内干扰和影响联锁试验。

在复杂的开通施工中,因试验项目多、试验条件复杂,室内联锁试验指挥应合理分组,并严格执行一人指挥、一人操作、一人监护的试验制度。

同时还应设置本次施工的联锁试验总负责人,对本次施工的试验结果负责,简单一组的施工,指挥人就是联锁试验总负责人。对于复杂的施工,联锁主任或施工负责人应履行联锁试验总负责人职责,加强工作协调,确保试验顺利进行,并组织试验结果。

4. 规范化。规范化的目的是把试验项目、试验思路清晰列出来,防止试验漏项,因此要求所有联锁试验,必须表格化、规范化,不许简化试验程序及项目。试验过程中,试验一项记录一项,应即时填写试验记录表。试验结束后,试验指挥人应清理试验表格,检查试验项目是否全部完成,确认后有关人员应在试验记录上签字。如果存在疑问,或者发现试验还有漏项,应及时组织补充试验。

5. 问题处理。试验过程中发现问题、解决问题是正常的,也是试验的目的。但是解决问题后,须再次试验和确认。涉及配线修改的问题,必须对配线进行核对,防止擅自任何人修改配线,又未开展相关试验,这是非常危险的。有些问题可能涉及软件或者一时无法确定方案时,须专题研究。因此对这些无权处理的问题应及时上报,危及安全的应及时采取措施(如停用相关设备或相关进路)。

四、施工联锁试验有关规定

1. 施工联锁试验包括仿真试验、模拟试验、开通联锁试验,仿真试验在仿真试验平台上完成,模拟试验、开通联锁试验在现场联锁设备进行。

2. 施工单位应按照相关要求开展图纸审核,按配线图布放线,配线前应进行组合内部、外部配线校核,核对配线实物、标识、图纸一致。配线后,按图型号安装设备,并实物核对,确认达到配线、设备与图纸相符,再进行上电测试,确认电源参数达标后,对联锁电路进行导通试验和联锁关系检查试验,确认联锁关系无误方可交电务段复查试验。

3. 电务段在施工单位完成联锁试验的基础上,应进行全面的模拟试验,与设备连接后应进行完整的联锁核对试验。模拟试验室内设备时,先进行驱动、采集信息的核对,再试验单项设备电路的功能。每条进路应进行选路、信号开放、模拟列车占用与出清、进路解锁等试验,主要是试验电路动作与软件的匹配,同时也检查了电路的时间特性。模拟试验除了完成以分线柜为界的室内设备的试验,还应包括连接室外实物设备进行试验。有的采用室外设备模拟装置调试后,仍有必要连接实际设备试验,以确保室内电路和室外设备电气特性、时间特性匹配。

4. 开通联锁试验由电务段完成,试验项目应根据具体施工范围编制方案确定,主要以设备对位试验和模拟试验无法完成的试验项目为主。严禁以施工单位的联锁试验代替电务段的联锁试验。

5. 仿真试验应具备的条件如下：

(1)具有审批后并加盖设计单位专用章的施工图和完整的设计变更资料。

(2)施工单位已完成施工图纸审核,发现问题经设计单位同意并修改完成。

(3)设计单位已提供特殊联锁电路说明,联锁供应商已提供特殊电路驱动逻辑关系说明。

(4)联锁供应商已提供与站场相关的软件编制技术说明。

(5)仿真试验所涉及的试验平台搭建完毕,联锁供应商已完成软件发布。

6. 模拟试验应具备的条件如下：

(1)室内配线工作量(以分线柜为分界)全部完成,施工单位应对联锁电路导通试验,达到设备与图纸相符。

(2)室内设备安装全部到位,器材安装齐全。

(3)各类电源正常,电源不串电、混电、接地,断路器容量和逐级防护符合要求。

(4)模拟盘安装完成,条件正确,各联系电路全部达到试验要求。

(5)模拟试验软件版本须采用仿真试验合格的软件版本。

(6)联锁设备与其他系统接口具备测试条件。

7. 施工开通联锁试验应具备的条件如下：

(1)软件仿真试验、现场模拟(含挂联试验)联锁试验全部完成,有关问题得到解决,临时竣工图已修订。

(2)开通施工方案编制审核,联锁试验组织、试验项目、试验条件已确定,联锁试验应重点完成与室外设备连接(含站间、场间、道口等)后的对位试验、参数调整核对及必要的接口试验。

(3)已完成现场调查,现场与方案一致,施工条件符合联锁试验条件。

(4)开通前应确认根据联锁试验方案对联锁试验项目进行完整试验,联锁关系正确,参数达标。联锁试验不彻底不得开通使用,施工单位与设备接管单位可同步进行室内外设备的对位试验。

五、年度联锁试验

1. 电务段应对所有联锁车站每年进行一次室外设备单项试验。对继电联锁车站,每5年进行一次联锁进路试验、检查核对,主要是防止继电电路、电缆、单项设备器材不良导致联锁安全隐患未能及时发现。年度联锁试验资料一式二份,由电务段、车间统一保管。

2. 日常运用中的信号设备联锁关系检查,除允许结合列车运行观察记录的项目外(具体项目由各铁路局集团公司明确),其他项目必须按联锁试验的相关规定在天窗内进行。

3. 车间应按联锁试验方案和项目进行试验,试验结果应及时汇总上报。

六、日常维修联锁试验

故障处理、设备损坏修复、设备冗余补强、新技术设备器材上道使用、单项设备整治、更换配线后,涉及联锁电路和联锁关系的应进行联锁试验。

七、联锁试验方案

原则上所有的作业均应该编制方案,涉及影响联锁关系、联锁功能的应编制联锁试验方案。软件仿真、现场模拟、设备插入挂联、开通施工、年度联锁试验、维修作业均应编制方案,设备应急(故障处理)也应提前编制预案。现场维修作业,联锁试验应在维修作业单中体现。

1. 方案依据。施工方案、施工计划包括了联锁试验内容,联锁试验方案必须以施工批准的条件下进行。这是相辅相成的。因此要提前思考联锁试验工作,以便创造科学合理的条件。目前国铁集团规定,施工和设备维护管理单位在提报施工方案计划时应研究制定有针对性的、详细的联锁试验内容,确定必需的联锁试验时间。维修作业方案也应根据维修天窗计划进行。

2. 联锁试验组织。对运输影响较大、联锁关系较为复杂的施工,联锁试验由电务段负责组织,新开通运用后的首次年度联锁试验由电务段负责组织,其他施工、日常维修和年度联锁试验,由车间组织,重点的联锁试验电务段参加。不管施工技术复杂与简单、场面大与小,联锁试验都需要设置一套与工作相适应的指挥体系,明确每个人的工作内容、联络确认方式等。联锁试验是否顺利、顺畅,关键在于试验组织,因此安排的人员必须能胜任。采用什么联络方式,非常重要,同时还关系到联锁安全信息的准确性和时效性。试验工作量大或联锁关系复杂的施工,在人员组织上应严格执行一人指挥、一人操作、一人记录的方式;但在维修作业中,相关联锁试验应根据现场实际作业、人员力量科学合理设置。

3. 联锁试验项目及试验方法。联锁试验项目应该根据具体的施工内容(影响的联锁范围)来确定,凡是作业内容影响的联锁设备均应进行联锁试验,如区间轨道电路变化引起编码变化,并在码序传递关系中影响到站内轨道电路电码化,则站内轨道电路电码化与信号显示就应该进行相应的核对试验。有些试验项目可以在模拟试验中完成了的,开通试验无须再进行试验;但有些项目是需要重复试验,如开通试验中对信号显示、道岔位置核对、轨道电路核对及灯码一致性核对是必要的。每个试验项目的试验方法应进行描述,同样的试验项目在不同的试验阶段可能其试验方法不同,如模拟试验中信号显示核对与开通试验中的信号显示核对方法是不同的,需要在方案中进行明确。联锁试验应进行详细记录,认真填写信号联锁关系试验检查表。

4. 方案编制、审核与实施。电务段负责的联锁试验,试验方案由电务段联锁工程师制定,电务段联锁主任审核,经主管副段长审批后实施。车间负责的联锁试验,试验方案由车间联锁工程师制定,经电务段联锁主任(工程师)审核、批准后实施。联锁试验方案编制时应同步编制联锁试验表格。施工方案及联锁试验方案编制后,在实施前应进行认真讨论、审核。复杂的联锁试验方案,施工负责人应组织技术、安全、联锁等负责人组成的审核小组,应采取会议集中讨论的方式,对工程具体范围、作业内容、施工计划、人员安排及联锁试验项目、试验方法、试验人员组织进行逐项研究。讨论完善后的方案签字审批后,应严格执行。在实施过程中,不能擅自变更作业内容和人员,否则应征得施工负责人同意。现场实施过程中,也可能出现领导提出要求的情况,但均应先完成方案中的联锁试验内容。

第二节 联锁试验项目

联锁试验包括室内模拟试验项目、室外设备校核及试验、室内外设备连接试验。

一、室内模拟试验

根据设计文件,按照联锁表所列进路顺序逐条进行试验。

1. 联锁试验前应进行校核的项目

(1)确认模拟盘准确无误,并检查控制台各种表示正确。

(2)确认各种继电器状态与设计图纸的要求一致。

(3)检查各种电源(包括条件电源)正确,无混电、短路和接地现象。

(4)选排进路时,检查有关设备工作应正常,控制台上的表示正确。

2. 按压进路的始、终端按钮后,应能自动排通该进路的基本进路。依次按压进路的始端,起变更作用的变更按钮和终端按钮后应能选排有关的迂回进路。

3. 进路锁闭试验

进路锁闭后,逐个检查进路中的道岔(包括防护道岔)不应被扳动。逐条办理与该进路有关的交叉进路,已开通的进路应不受干扰,所排交叉进路不应排通。

在排列进路时,有关防护道岔及带动道岔应动作到规定位置,并被锁闭。无关的道岔不得动作。单独操纵道岔时,仅能动作被操纵的道岔,其他道岔不得动作。

4. 信号机开放后的试验

(1)逐条办理与该进路敌对的进路,有关信号机均不得开放。

(2)在室内断开进路内道岔表示用的断路器,则道岔应失去表示,有关信号机立即关闭,但进路不能解锁。

(3)短路列车进路内的任一轨道区段,列车信号机应立即关闭。短路调车进路内的道岔轨道区段时(有保留电路的进路内方第一轨道区段除外),调车信号机亦应立即关闭。

(4)当信号机接近区段无车占用时,按压总人工解锁按钮及该进路内的任一轨道区段的事故按钮(计算机联锁为办理区段故障解锁)时,防护该进路的信号机立即关闭。再次办理时该轨道区段应解锁。若接近区段有车占用时则不能解锁。

(5)进站、进路、出站及调车信号机,在列车、车列未进入其所防护的进路前,关闭信号后,再按压进路始端按钮,信号机应再次开放信号。

(6)开放通过信号必须具备经道岔直向的接车进路和发车进路的条件。在未开放正线上的出站信号机前,进站或接车进路信号机不能开放通过信号。主体信号机未开放时,预告或复示信号机不能开放。当主体信号机开放后,预告或复示信号机应自动开放。

(7)当办理取消进路时,不应干扰已排列的其他进路或已开放的其他信号机。

5. 当有关道岔的位置与进路要求不符时,该进路不应锁闭,防护该进路的信号机亦不应开放。

6. 解锁试验

(1)模拟列车顺序进入并出清所排进路,进路解锁应符合设备要求。

(2)接近区段无车占用时,办理取消进路手续后,信号机应立即关闭,进路随即解锁。接近区段有车占用时,办理取消进路手续后,信号机立即关闭,而进路不得解锁。而后,办理人工解锁,经规定时间后,进路自动解锁。

限时解锁时间应符合设计规定。当进路在解锁过程中,不能办理重复开放信号。

(3)当进路内任一轨道区段有车占用时,列车运行前方进路不得解锁。

(4)当不能保证规定的解锁时间时,则不能同时办理两条或两条以上进路的人工解锁。

7. 股道上迎面进路的试验

(1)分别办理同一股道列车与列车的迎面进路,后办的进路不能构成。

(2)分别办理同一股道列车与调车的迎面进路,后办的进路不能构成。

(3)分别办理同一股道迎面的调车进路,进路应能锁闭并开放调车信号机。当设计有特殊要求时,应按设计文件进行试验。

8. 当列车未出清咽喉区无岔轨道区段时,当向该区段排列调车进路,则调车信号机不能开放。无岔区段空闲时,同时向该区段办理迎面的调车进路,应不能构成。

9. 具有中途返回作业的调车信号机,应进行调车中途返回解锁试验。当调车进路中途返回时,应能使处于锁闭状态的原排进路自动解锁。

10. 引导信号试验

(1)进站或接车进路信号机的红灯断丝时,引导信号不得开放。

(2)排列进路或单独操纵道岔建立进路开放引导信号时,进路中的道岔应被锁闭。短路信号机内方第一个轨道区段,引导信号应关闭(当引导信号为保留方式时)。列车通过后,按压总人工解锁按钮及规定的按钮,进路应能自动解锁。

(3)按压引导按钮和引导总锁闭按钮,开放引导信号,检查道岔锁闭范围应符合设计规定。拉出引导总锁闭按钮后,被锁闭的道岔应立即解锁。

11. 通过及自动通过试验

(1)办理通过进路,应根据设计要求,顺序按压有关按钮,则通过进路自动排通。核对进路上道岔位置应符合设计要求。出站信号机在开放状态,进站或进路信号机应显示绿灯。

(2)通过进路建立后,才能办理自动通过进路。当建立自动通过进路后,有关道岔仍被锁闭。列车出清有关轨道区段,通过进路上的进站及出站信号机应能自动开放。

12. 非进路调车试验

(1)办理非进路调车的条件是:进路中的各轨道区段在空闲状态;未办理其他敌对进路;有关道岔未被锁闭。

(2)办理非进路调车后,该进路的道岔(包括防护道岔)自动转到规定位置并锁闭,敌对进路不能排通。

(3)有关道岔锁闭后,进路内的调车信号机均开放。

(4)当取消非进路调车时,拉出非进路调车按钮,进路内调车信号机立即关闭。经 30 s 后进路解锁。

当进路中某一架调车信号机防护两个及其以上道岔轨道区段时,需检查道岔轨道区段空闲,进路才能解锁。

(5)控制台的非进路调车表示灯在开通非进路调车时点亮,取消后熄灭。

13. 到发线中间出岔试验

到发线中间出岔应根据设计要求进行试验。一般原则要求为:

(1)到发线中间道岔应在规定位置,否则进路不得锁闭,有关信号机不得开放。

(2)办理向股道接车时,列车全部进入股道,但未进入中间道岔轨道区段时,需经 3 min 限时解锁。列车占用又出清中间道岔轨道区段后,进路应自动解锁。

(3)由股道发车时,列车压入出站信号机内方轨道区段,并出清全部到发线时,该中间道岔自动解锁。当无岔区段留有车辆时,列车出清出站信号机内方轨道区段后,中间道岔才能解锁。当中间道岔轨道区段留有车辆时,中间道岔仅保留区段锁闭。

(4)取消发车进路时,股道中间道岔区段与发车进路同时解锁。取消接车进路时,待咽喉区的接车进路解锁后，中间道岔自动解锁。

（5）中间道岔的锁闭与接、发车进路上的道岔同时实施。

14. 进站信号机外制动距离内，进站方向为超过6‰下坡道时的延续进路试验（仅运行动车组的线路除外）

（1）办理接车进路时，按压进路的始端、终端及延续进路的终端按钮。在接车进路及延续进路上的道岔位置正确并被锁闭、轨道空闲、敌对信号未开放，进站信号机才能开放。

（2）当延续进路通向车站发车口时，办理接车进路后，应试验只按压延续进路始端列车按钮（即出站信号机处的列车按钮），即可开放出站信号机。应能随时关闭出站信号机。解锁按设计要求进行试验。

（3）延续进路应与接车进路同时实现进路锁闭和接近锁闭。列车头部驶入股道经3 min后延续进路自动解锁；亦可按压特设按钮（坡道解锁按钮）实现进路不延时解锁。

（4）办理取消进路时，应先取消接车进路后，再取消延续进路。

（5）当下坡道方向进站信号机办理引导信号时，不检查延续进路条件。

15. 机务段同意试验

（1）向机务段排列调车进路时，须得到机务段的同意。当按压机务段同意按钮后，才能开放有关的调车信号机。

（2）办理同意后，除机车驶入车站与机务段分界处的轨道区段进路自行取消同意外，只能由车站值班员办理取消。

（3）控制台和机务段的按钮盘表示应符合设计要求。

16. 场间联系试验

（1）场间联络线的轨道区段有车占用时，不能向联络线排列进路。

（2）两端信号楼不能同时向联络线排列进路。

（3）相邻两架同方向列车信号机，当其显示有联系时，应试验显示方式及列车信号机的接近区段应符合设计要求。

（4）控制台上有关场间联络线的表示显示应符合设计要求。

（5）场间联系应按设计要求进行试验。

17. 其他试验

（1）闭塞结合、站内轨道电路电码化、站内道口信号、调度集中、调车区集中联锁、驼峰联系等均应根据设计要求进行试验。

（2）根据站场修建情况，若有部分道岔或信号机为预留时，如有设计文件，应一并进行试验，再按设计要求处理，处理后应再进行试验。

（3）当车站由于运输需要，站场部分投入使用时，应按相关要求进行试验。

（4）当改建站场时，应对改建及其有关部分的信号设备进行试验。

二、室外设备校核及试验

1. 信号机

（1）信号机的显示应与实际进路要求一致。在开放两个黄灯、两个绿灯或绿黄显示，当其中任一灯熄灭时，该信号机应转为红灯显示。

（2）信号机构内除规定的信号显示外，其他灯泡不得亮灯。在变换灯光时，其他灯泡不应闪光。

(3)信号机应点亮的灯泡断丝时,控制台有关信号复示器应有表示。当信号机设有主副灯丝转换设备时,主灯丝断丝后应有报警。

(4)进站、接车进路和正线出站信号机当红灯断丝时不得开放。自动闭塞区段的进站信号机红灯断丝时,红灯显示应能转移到前一架通过信号机。

(5)复示及预告信号机点灯电路试验

①进站复示信号机在进站信号机开放时,自动开放信号。当复示信号机任一灯泡断丝时,该复示信号机即处于灭灯状态。

②出站或调车复示信号机,当出站或调车信号机在开放时,自动开放信号。

③预告信号机在进站信号机开放时,自动显示绿色灯光。

(6)按高速铁路设计的信号机应进行点灯、关灯试验。

2. 转辙机的动作状态与表示试验

(1)道岔二启动继电器、道岔表示继电器的状态应与控制台表示灯的显示一致。

(2)联锁道岔的定、反位状态必须与设计图纸、控制台显示一致。

(3)当有多动道岔(多牵引点)时,其中当一道岔(一个牵引点)的位置与要求不一取时,则该道岔应无表示。

(4)按设计图纸逐个切断电动转辙机的自动开闭器或断开移位接触器时,控制台上道岔显示为无表示。

(5)室内断开道岔表示电路的断路器,表示继电器应释放。断开启动电路的断路器,道岔则不应被扳动。

(6)当道岔与基本轨不密贴大于4 mm时,道岔不能给出表示。

(7)道岔被阻不能转换到底时,应保证正常的摩擦转动,经操纵后道岔应能转换到原位。

3. 轨道电路试验

(1)校核钢轨绝缘的位置现场与设计图应一致。重点注意侵入限界的钢轨绝缘,应符合设计要求。

(2)信号机处的两钢轨绝缘,应与信号机并列。当不能并列时,应符合有关规定。

(3)轨道电路死区段的距离、两相邻死区段的间隔或与死区段相邻的轨道电路的间隔应符合有关规定。

(4)相邻轨道电路应按设计要求进行防护。

(5)采用标准分路电阻分路轨面时,轨道电路应显示为占用状态,分路残压符合标准。一送多受区段应分别试验,还应进行断开分支受端试验。

(6)设有电码化的轨道电路,应试验发码方向、发码时机,入口电流符合标准,邻线干扰值在容许范围内。

三、室内外设备连接试验

1. 各种信号机灯光及其显示,与室内继电器状态和控制台上的表示应一致。

2. 室外道岔的位置与室内继电器状态和控制台上的表示应一致。

3. 轨道继电器状态和控制台上的表示应一致。

在一送多受或被分割的轨道区段,分别短路一个分支轨道区段时,相应的分支轨道继电器和主轨道继电器均应失磁。

4. 自动闭塞区段出站信号机的黄灯或绿灯显示时机，应与设计要求相符。

5. 当要求区分发车方向时，信号机的显示意义应符合规定。

6. 室外所有的进路（包括列车、调车进路及其变更进路）的开通状况，应与控制台的有关表示灯显示一致。

7. 当有特殊信号显示时，对其显示方式应根据设计文件进行试验。

8. 自动闭塞方向电路试验

(1)区间有车占用时，不能改变列车运行方向。

(2)当本站为接车站时，区间无车占用，办理发车进路后，该站应改为发车站，相应的出站信号机应开放。

(3)对方站办理发车进路后，本站应改为接车站。

(4)区间轨道电路失效时，应与对方站共同确认无车占用，双方同时进行辅助操作，能改变运行方向。

(5)控制台有关表示灯的显示应符合设计要求。

9. 进路表示器试验

(1)根据设计要求，核对灯位代表的方向。

(2)当主体信号机开放后，检查该进路表示器的灯光与现场开通的进路方向应一致；主体信号机关闭后，进路表示器的灯光即熄灭。

第三节　联锁试验基本方法

一、基本联锁关系试验

信号联锁关系试验的基本依据是信号联锁图表，试验过程中应根据联锁图表逐项进行试验，核对其正确性。

1. 进路试验

(1)进路号码

按联锁图表给定的进路号码，核对联锁进路号与所排进路的一致性。

在试验组合进路时，特别要注意黄闪黄显示或18号及以上大号码道岔进路，检查是否存在与该进路平行或变通的条件而信号显示不符合黄闪黄显示要求的进路，如存在上述进路，则组合进路编号应与大号码道岔组合进路相区别，信号显示和发码条件也应按普通道岔进路处理。

(2)变通进路

办理变通进路时需要按压进路始终端之间相应的变通或调车信号按钮。

(3)防护道岔

办理某条进路时，按联锁图表规定的所有防护道岔应被带到规定位置，并被锁闭在该位置，信号开放后将连续检查防护道岔的位置。防护道岔因故不能被带到规定位置时（试验时可将该道岔单锁于不符要求的位置），该进路应不能锁闭；信号机开放后，如防护道岔失去表示，该信号机应自动关闭。

(4)带动道岔

办理某条进路时,按联锁图表规定所有带动的道岔应被带到规定位置;若带动道岔未带动到规定位置或被带动的道岔失去表示时,不影响进路排列和信号开放,已开放的信号不应关闭。试验时可将带动道岔置于需要带动的相反位置,进行排路试验,确认带动到规定位置;信号开放后,断开带动道岔表示,确认信号不关闭;单独操纵带动道岔,若该带动道岔与进路中其他道岔不在同一区段时,应可以操纵。将带动道岔置于需要带动的相反位置并进行单独锁闭,进行排路试验,确认道岔不能带动,信号可以正常开放;信号开放后,去除带动道岔的单锁条件,确认道岔仍在原位置。

(5)敌对进路

试验时,先办理某条进路后,再办理所有与其有关的敌对进路,敌对信号均应不能开放。尤其是,向某一股道办理列车进路时,必须检查该股道另一端未办理列车及调车进路的条件;向某一股道办理调车进路时,必须检查该股道另一端未办理列车进路的条件。如另一端已办理有关进路,则所办进路不应锁闭。

(6)侵限绝缘

①侵限绝缘

当某一道岔区段与相邻轨道区段的绝缘节到该道岔警冲标距离小于 3.5 m 时,此绝缘节为侵限绝缘。在图 8-1 中,经 35 号道岔反位办理进路时,必须检查 37DG 区段空闲。

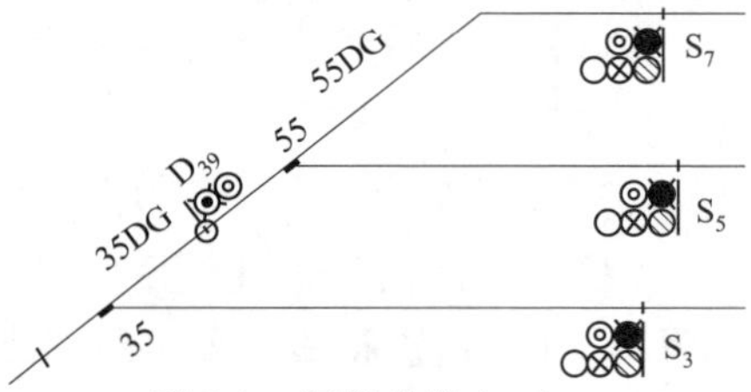

图 8-1 侵限绝缘(一)

试验时,在办理经某一区段的进路前,将该区段侵限绝缘处相邻区段人为短路,此时办理该条进路应不能锁闭;或办理进路并开放信号后,将侵限绝缘处相邻轨道区段人为短路,此时防护该进路的信号应及时关闭。

②条件侵限绝缘

某一道岔区段与相邻道岔区段的绝缘节到该道岔警冲标距离小于 3.5 m,当相邻区段的道岔开通本道岔区段或相邻道岔失去位置表示时,该绝缘节为侵限绝缘;当道岔不开通本区段时,该绝缘节就不是侵限绝缘。侵限与否是根据相邻道岔位置来决定的,即为有条件的侵限绝缘。在图 8-2 中,经过 6/8 号道岔反位进路在 2/4 号道岔在定位时需检查 2DG 的空闲条件,在 2/4 号道岔在反位时就不需要检查 2DG 的空闲。

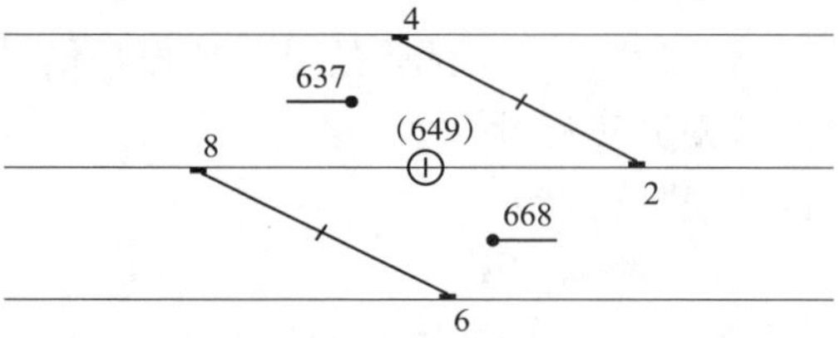

图 8-2 侵限绝缘(二)

③交叉渡线中间的侵限绝缘

交叉渡线中间两道岔定位的岔心位置设置的绝缘一般为侵限绝缘(图 8-3)。当该侵限绝缘处设有单置调车信号机(图中 D_5)时,经道岔定位排列向该调车信号机为终端的调车进路时与经交叉渡线(图中 5/7 号)反位的进路按敌对进路处理,此时不单独检查侵限绝缘条件;而经另一渡线道岔(图中 1/3 号)反位的进路对绝缘节相邻区段按侵入限界进行检查。

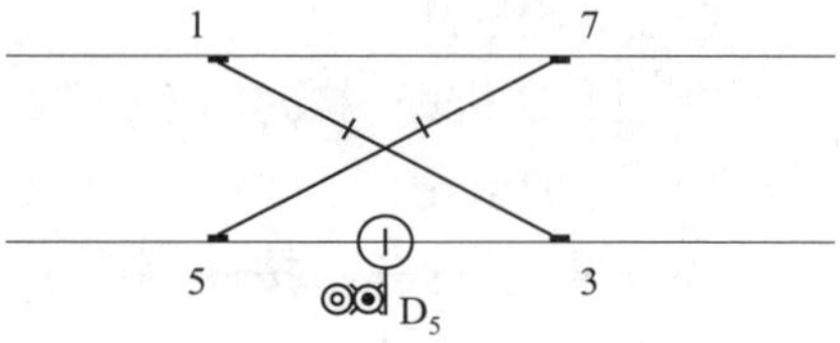

图 8-3 侵限绝缘(三)

④"假侵限"

当道岔区段的相邻区段虽处于条件侵限状态,但该区段是道岔区段,且该道岔是按防护道岔处理的,该侵限绝缘在进路中不需要检查。在图 8-4 中,排列经 2/4 号道岔反位的进路时,6 号道岔防护在反位,不需要检查 6DG 的空闲。

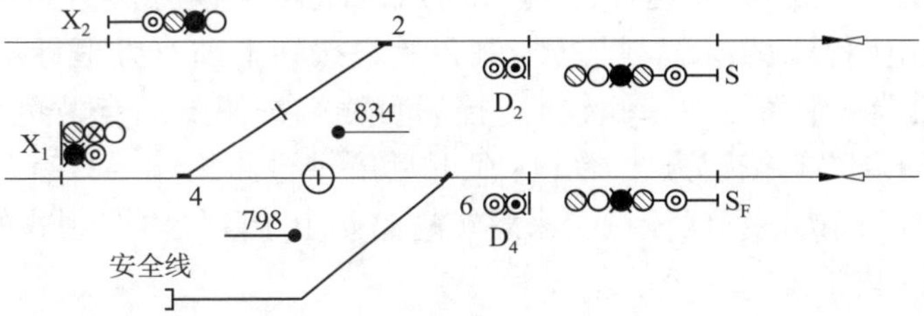

图 8-4　侵限绝缘(四)

2. 开放信号试验

(1)道岔位置不对信号不能开放

将所办进路上的所有道岔逐组置于不符合要求的位置并单锁,试排该条进路,其信号应不能开放。

(2)道岔无表示信号关闭

办理进路并开放信号后,将与进路有关的所有道岔表示逐组断开(可断开室内道岔表示电路的断路器),每次应能关闭信号。

(3)区段占用不能开放信号

试验时,必须按下述两种方法对进路内各区段逐个进行试验。先模拟区段占用后办理进路,此时进路应不能锁闭(引导信号和调车进路的无岔区段除外)。然后短路列车进路内的任一轨道区段,列车信号机应立即关闭;短路调车进路内的道岔轨道区段时(有保留电路的进路内方第一轨道区段除外),调车信号机应立即关闭。

(4)调车信号白灯保留

调车信号开放后,车列由接近区段压入信号机内方时,调车信号机的白灯必须保留在开放状态(机走线和机务段出口处以及机待线上的调车信号机除外),直到车列出清接近区段(接近区段留有车辆时,检查车列出清进路内方第一个轨道区段)或退出进路内方所有区段时白灯方可关闭。

(5)信号开放后锁闭道岔

办理某条进路开放信号后,逐组单独操纵与该进路有关的道岔(包括进路上的所有道岔、不在进路上但与该进路上某组道岔同一个区段的其他道岔、防护道岔等),均应处于锁闭状态。

(6)随时关闭信号

在任何情况下,已开放的信号应能人工关闭。试验方法:一是同时按压总取消按钮及进路始端按钮,信号应能及时关闭;二是按压总人工解锁按钮及进路始端按钮,信号应能及时关闭;三是同时按压总人工解锁按钮和进路上任一区段故障解锁按钮,信号应能紧急关闭(实际使用中如已用前两种方法关闭信号,严禁再同时按压总人工解锁按钮和故障解锁按钮,否则将使该区段立即解锁)。

紧急关闭信号后的进路解锁方法:在6502电气集中电路中采用紧急关闭信号的方法关闭信号后,应确认接近区段无车、或有车但已与司机联系确认车已停妥,且进路空闲后,进行进路的解锁,未接近锁闭时可按总取消解锁进路,接近锁闭时可按人工解锁方法解锁进路。当出现进路内方异常造成的非正常关闭信号需要解锁进路,可先解锁进路始端再按区段故障解锁方法进行操作。在某些计算机联锁电路中对关闭后的进路解锁方法有特殊的要求,如TYJL-ADX型计算机联锁电路在始端未解锁时(控制台始端按钮上加有方框标记)必须以人工延时方式解锁始端,在始端解锁而终端未解锁时(控制台终端按钮上加有黄色方框标记),必须按压人工解锁按钮和进路终端按钮方式经30 s延时后解锁进路终端。只有进路始、终端均不存在时,才能按压事故解锁按钮和区段按钮来解锁进路。由于联锁电路制式的不同,相关解锁方式以联锁厂家提供的技术说明书为准。

(7)重复开放信号

信号开放,在列车或车列未进入其防护的进路前,信号因故关闭后,再次按压进路始端按钮,信号机应能重复开放。信号开放,列车、调车车列通过后整条进路未解锁时应不得自动重复开放(办理自动通过除外)。

(8)进路表示器

有多个方向的出站信号机,如每个方向均设有进路表示器,主体信号开放可不检查表示器灯丝继电器的前接点;对于双线自动闭塞区段,如仅在开通反方向设有表示器时,反方向发车时出站信号机必须检查该方向表示器灯丝继电器的前接点。试验时进路表示器与主体信号的联锁关系按设计要求进行试验。

3. 进路解锁试验

(1)接近锁闭

办理进路开放信号后,一旦构成接近锁闭,此时如关闭信号,进路必须按不同的延时解锁要求才可解锁。办理某条进路后,按上述要求在其接近区段任一处进行人工模拟占用该区段构成接近锁闭,此时采用取消进路的方式,进路应不能解锁;未设接近区段的调车进路,在信号开放后采用取消进路的方式,进路也应不能解锁。

(2)进路正常解锁

模拟列车或车列条件进行三点检查,进路自始端起,各区段在出清后延时3 s,依次向终端解锁。年度联锁关系检查试验结合列车或车列走行观察进行。

(3)取消进路

办理进路并锁闭,但信号未开放,或信号已开放但未构成接近锁闭时,办理取消进路手续(计算机联锁办理取消进路的方式以各有关厂家提供的操作说明为准),进路应能立即解锁。

(4)人工解锁

开放信号并人工模拟占用接近区段,办理人工解锁手续,此时信号应立即关闭并按规定延时后解锁。试验时,按开放信号、人工短路接近区段、办理人工解锁手续,记录自按压进路始端和总人工解锁按钮起至进路上第一个区段解锁止,所用的时间应符合各种有关进路解锁的延时要求。

在接近区段瞬间闪红光带时,6502电气集中电路在红光带消失后可按取消进路方式解锁进路;对于计算机联锁来说,当列车进路的接近区段出现瞬间闪红光带时,考虑接近区段分路不良的影响,对接近锁闭的解锁方式采取了防护处理,即接近区段闪过红光带后,即使红光带消失也应按人工解锁方式解锁进路(部分制式的计算机联锁设备在确认为轨道电路瞬间故障造成的闪红光带时,可先按取消进路方式取消进路始端,此时进路仍不能解锁;补开信号后再办理第二次取消可将进路解锁,这种方法是为提高作业效率设置的保留措施)。

(5)区段故障解锁

在6502电气集中电路中,列车或调车车列经过进路、办理取消或人工解锁手续后,如整条进路或部分区段未能解锁时,在区段空闲条件下,应能办理故障解锁(当进站信号机内方设有无岔区段并在开放进站信号后,如该无岔区段故障使信号关闭后,将不能采取任何人工方式解锁进路,必须办理一次引导接车进路,待列车接入后才能进行区段故障解锁)。试验时,应分别试验区段空闲和占用两种情况,按压总人工解锁按钮和该区段的故障解锁按钮,空闲时应能解锁,占用时应不能解锁。计算机联锁的区段人工解锁按联锁设备制式不同也有所区别,试验时应以设备使用说明书为准。

(6)调车中途返回解锁

试验时,模拟调车车列运行,按每个可作为折返信号的信号点,分整条牵出进路未解锁和部分牵出进路未解锁两种情况进行。

①整条牵出进路未解锁

整条牵出进路未解锁时有以下四种情况:

a. 按调车中途返回方式,应能进行解锁;

b. 牵出进路存有车辆,调车车列退出接近区段时,牵出进路不应解锁(人工模拟调车车列占用接近区段和牵出进路后,去掉接近区段的占用条件);

c. 调车车列出清牵出进路,仍占用接近区段,牵出进路不应解锁(人工模拟调车占用接近区段和牵出进路后,去掉牵出进路占用条件);

d. 调车车列全部进入牵出进路出清其接近区段时,即使牵出进路出现瞬间分路不良,即牵出进路上第一个区段红光带出现后又消失,此时整条牵出进路不应解锁(人工模拟调车占用接近区段和牵出进路内方的第一区段且其余区段未占用时,先去掉接近区段占用条件,后去掉牵出进路占用条件,牵出进路应保留白光带)。

②部分牵出进路未解锁

a. 按中途返回方式,应能进行解锁。

b. 牵出进路部分未解锁的区段存有车辆,调车车列退出该区段时不应解锁(人工模拟调车占用折返信号机外方的区段,并办理折返进路,模拟调车车列进入折返进路,保留原牵出进路区段的占用条件,再去掉折返进路的占用条件)。

c. 未占用折返进路,即使原牵出进路区段失去分路,该区段应不能解锁(人工模拟调车占用至牵出进路的区段后,未办理折返进路或办理折返进路但未占用时,去掉牵出进路的区段占用条件)。

对于长进路中有多个折返点时每个折返信号均应按牵出进路全部占用和部分占用两种形式进行试验。

(7)防止迎面解锁

试验时模拟列车或车列按正常方式运行,从压入信号机内方第一个区段起,对前方未占用区段进行故障解锁,这些区段应不能解锁。

(8)全站轨道停电恢复

试验时,将能排列的所有调车或列车进路办好,断开轨道电源并恢复,此时进路不应解锁。

4. 引导信号试验

(1)引导进路锁闭试验

人工模拟接车进路中某轨道区段故障,按引导进路锁闭方式,应能开放引导信号。再人工模拟需要显示的灯泡断丝,按引导进路锁闭方式,应能开放引导信号。人工模拟列车压上进站(接车进路)内方第一轨道区段时,引导信号应自动关闭。办理引导进路解锁手续后,引导进路应能解锁。

接车进路上的道岔(包括中岔)无表示或位置不符,按引导进路锁闭式引导信号应不能开放。进站(接车进路)信号机红灯灭灯时,引导信号应不能开放。

(2)引导总锁闭试验

人工模拟进路中道岔无表示,按引导总锁闭方式,应能开放引导信号。进站(接车进路)信号机红灯灭灯时,引导信号应不能开放。人工模拟列车压上进站(接车进路)内方第一轨道区段时,引导信号应自动关闭。拉出(或点击按下的)引导总锁闭按钮,应能解锁全咽喉的道岔。

5. 非进路调车试验

(1)开放信号

试验时,可在按压非进路调车按钮后,检查有关正向及反向信号机是否全部开放。

(2)带动道岔

试验时,预先将道岔置于与规定位置相反的位置,按压非进路调车按钮,确认道岔均已被自动带到规定位置。

(3)锁闭道岔

试验时,可在开放非进路调车信号后,单独操纵与该推送线有关的道岔,应不能转换。

(4)道岔位置不正确不能开放信号

试验时,可将与该推送线有关的道岔逐组单锁在与规定不符的位置,办理非进路调车,信号应均不能开放。

(5)道岔区段占用不能开放信号

试验时,人工分路与推送线有关的每个道岔区段,检查所有信号应均不能开放。

(6)敌对进路

试验时,先开放非进路调车的敌对信号后,非进路调车应不能办理,或先办理非进路调车后,有关敌对进路应不能办理。

(7)正常调车不关闭信号

试验时,在办理了非进路调车后的推送线上人工模拟调车,检查有关调车信号应不关闭。

(8)取消进路经 30 s 延时解锁

试验时,在办理取消进路的延时解锁时间内,操纵道岔不应转换。

(9)区段占用不能解锁

试验时,人工分路有关区段,办理取消非进路调车,非进路调车进路应不能解锁。

(10)区段故障解锁

办理非进路调车后,当发生该推送线上有关区段故障时,拉出非进路调车按钮,然后按压非进路调车故障复原按钮后,应能使非进路调车复原。

(11)侵限界绝缘检查

非进路调车的侵限界绝缘检查与前述检查试验方法相同。

6. 到发线出岔试验

(1)正常开放信号

包括到发线出岔(简称中岔)所在股道办理所有接、发车进路时,在具备开放条件时信号应能正常开放。

(2)带动中岔

试验时,将中岔先置于不符合要求的位置,再办理接、发列车进路,中岔应被带到规定位置。

(3)锁闭中岔

办理中岔所在的股道接、发列车进路时(包括引导进路锁闭),中岔应被锁闭在规定位置,方可开放信号。信号开放后,单操中岔,应不能动作。

(4)中岔位置不正确不能开放信号

试验时,将中岔单锁在不符合要求的位置或人工断去中岔表示,有关信号应不能开放。

(5)敌对信号

当防护中岔的调车信号机开放时,通向该到发线的接车进路不得建立,但发车进路可以建立。

(6)取消和人工解锁

对于接车进路,试验时,可人为分路接车进路咽喉区任一区段,办理取消进路操作手续后,单操中岔应不能动作。

对于发车进路,取消时,中岔与发车进路同时解锁。

(7)股道不留车发车正常解锁

分别试验岔前、中岔及岔后区段被列车占用,办理发车进路时,需在咽喉区第一个道岔区段占用并全部出清股道后,才准许中岔解锁。

(8)股道留车发车正常解锁

发车时如股道留有车辆,需在咽喉区第一个道岔区段解锁后,才准许中岔解锁(如中岔区段留车则转为对中岔进行区段锁闭)。试验时模拟发车,分别在岔前、中岔及岔后区段留车及第一个区段解锁前、后检查中岔是否解锁。

(9)接车未占用中岔解锁

接车时,如列车未占用中岔区段,在咽喉区最后一个道岔区段正常解锁后,经延时 3 min 后中岔自动解锁。

(10)接车压留中岔解锁

接车时如列车停留在中岔区段,咽喉区道岔区段正常解锁后,中岔区段不应解锁。试验时,采用人工模拟列车运行并停留在中岔区段,单操道岔应不能动作。

(11)接车出清中岔解锁

列车占用并按顺序出清中岔区段后,该区段应能按三点检查方法正常解锁;列车停留在中岔区段,在间隔一段时间后再出清,如停留车列沿原接车方向发车或调车,出清中岔区段后应自动解锁;如停留车列向原接车相反方向发车或调车,在出清中岔区段后,应办理故障解锁手续使中岔区段解锁。计算机联锁车站的中岔,经 3 min 延时并在区段出清后自动解锁。

(12)停电恢复故障解锁

当发生停电恢复时,6502 电气集中车站应先解锁中岔股道两端的道岔区段后,方可采用故障解锁方式解锁中岔。试验时,按压中岔所在咽喉的总人工解锁按钮和中岔区段故障按钮,这时除该区段白光带应消失外,还需试操纵中岔应能转换。

其他设在含有通过进路的正线股道的中岔电路或多中岔电路,需要根据具体运营条件和设计说明提出相应的试验项目进行针对性试验。

7. 6‰下坡道延续进路试验

(1)正常排列延续进路

顺序按压接车进路始、终端按钮和延续进路终端按钮,应能正常排列延续进路。

(2)延续进路未建立进站信号机不能开放

延续进路道岔位置正确、进路空闲、没有建立敌对进路、道岔和延续进路已经锁好,方可开放进站信号(引导信号除外)。试验时,应对上述条件逐项缺失试验,进站信号机应不能开放。

(3)信号开放后延续进路上道岔锁闭

有延续进路的进站信号开放后(不含引导信号),延续进路上的道岔应处于锁闭状态。试验时,可单操有关道岔进行检查。

(4)道岔位置不对延续进路不能排列

试验时,可人为将道岔置于不符合要求的位置并单锁或断开道岔表示,延续进路应不能锁闭。

(5)延续进路区段占用进路不能排列

可人为分路延续进路上的有关区段,延续进路应不能建立。

(6)延续进路的敌对信号

试验时,在开放敌对信号后,延续进路应不能建立;在办理延续进路并锁闭后,敌对信号应不能开放。

(7)接车进路未锁闭延续进路不锁闭

试验排列接车进路后进路不锁闭时,延续进路应不锁闭。

(8)正常接车延续进路3 min解锁

在正常接车情况下,须在列车占用股道3 min后,才准许延续进路自动解锁;当列车占用延续进路后,延续进路不得解锁。

(9)取消解锁及人工解锁

在接车进路与股道相邻的道岔区段未解锁时,办理延续进路取消、人工解锁及故障解锁手续,延续进路应不能解锁。

(10)延续进路不限时解锁

根据需要,在列车头部进入股道后,因故障导致延续进路不能正常解锁时,可采用按压坡道解锁按钮的方法进行不限时解锁。

(11)办理延续进路的出站信号

延续进路转为发车进路后,出站信号机应能开放。可能有两种情况:一是接车进路未解锁;二是接车进路已解锁,但延续进路还未解锁。在此两种情况下,先办理闭塞条件,然后只要按压延续进路的始端列车按钮,延续进路将转为正常发车进路,出站信号机应能开放。

8. 道口自动通知及道口自动信号试验

(1)车站通知条件试验

该试验主要检查与站内联锁相关联的条件,具体情况应按设计提供的技术说明进行。

(2)道口通知报警距离核对

试验时,核对设计距离及现场实际测量距离均符合按线路允许最高速度和道口有关技术条件的计算结果。

(3)道口声光报警设备试验

无列车接近时,设于道口公路方向的信号机显示月白灯,音响器不发声。

当列车接近道口、到达接近报警点时,自动向道路方向显示禁止车辆通行的信号,即道口信号机两个红灯交替闪光,红色闪光信号的闪光频率为 50 ~ 70 次/min,亮灭比为 1:1。

当列车到达接近报警点时,设于道口两侧公路方向的音响器自动报警,音响频率为 1.5 ~ 2.0 Hz,间歇比为 1:1。

列车出清到达点后,道口信号机红色闪光灯光自动熄灭,转为点亮月白色灯光,音响器停止报警。

(4)人工短路装置试验

为确保列车运行安全,在自动闭塞区段有些道口设有人工短路轨面的短路装置,当道口因故无法关闭或停留在道口上的车辆故障时,可通过人工操作短路装置来短路轨道电路,使列车在信号机前停车,避免发生事故。人工短路轨面时,防护该闭塞分区的通过信号机应显示禁止灯光。

(5)遮断信号显示试验

有些道口在铁路方向设有遮断信号机,当该信号机显示禁止信号时,允许公路方面车辆通行;当遮断信号机显示进行信号时,禁止公路方面车辆通行。

二、站内信号单项设备试验

1. 内锁闭道岔试验

内锁闭道岔一般采用 ZD6 系列电动转辙机,试验内容如下。

(1)核对道岔位置

核对室外道岔实际开通位置与室内定、反位表示继电器及控制台光带开通位置、道岔表示灯显示位置相一致。多动道岔要确认各点位置相一致。

试验时,由室外核对人员报出某组道岔实际开通的位置,室内联锁试验人员根据室外报告的实际开通位置与室内道岔表示和光带表示等对照。需注意:道岔位置核对试验必须操纵一组试验一组,严禁先全部核对一个位置,然后全部操纵到另一个位置后再核对所有道岔的另一个位置。

(2)断表示接点

依次逐组断开转辙机自动开闭器的定、反位表示接点时,相应的定、反位表示继电器应可靠落下,控制台道岔定、反位表示灯应灭灯,同时挤岔声光报警应符合要求。

(3)断移位接触器接点

道岔分别在定位或反位位置时,断开表示电路所检查的对应移位接触器接点,道岔的定或反位表示继电器应可靠落下,控制台道岔表示灯应灭灯。

(4)道岔被阻后转换试验

试验时,人为在尖轨与基本轨间夹入试验铁,使道岔不能转换到位,再往回操纵,道岔应能回转。

(5)断遮断器

断开遮断器后操纵道岔,转辙机应不能动作。

(6)断启动断路器

试验时,先拉断启动断路器,再操纵道岔,应不能转换。

(7)2DQJ、D(F)BJ 及道岔表示一致

试验每组道岔,道岔置于定位时,2DQJ 定位接点应闭合,DBJ 应吸起,FBJ 应落下,控制台道岔表示灯应显示绿灯;道岔置于反位时,2DQJ 反位接点应闭合,FBJ 应吸起,DBJ 应落下,控制台道岔表示灯应显示黄灯。试验时应同时核对复示继电器的位置正确。

(8)断密贴检查器的表示接点

电动道岔设有密贴检查器时,分别在定、反位位置断开有关表示接点,对应的表示继电器应落下。

(9)道岔密贴检查试验

在规定位置用 4 mm、6 mm 和 10 mm 标准检查铁片进行密贴检查试验,应符合规定要求。

(10)道岔锁闭试验

①单独锁闭试验

道岔在某一位置时,按下单锁按钮后,办理经该道岔另一位置的进路,道岔应不能转换。

②区段锁闭试验

将某道岔区段人工分路(双动道岔分别分路两个区段),单独操纵该区段内所有道岔均应不能转换。

③进路锁闭试验

办理一条进路并锁闭后(双动道岔应分别办理),单独操纵该进路上所有道岔均应不能转换。

④引导总锁闭试验

按下某一咽喉的引导总锁闭按钮,单独操纵该咽喉的所有道岔(包括中岔)应不能转换。

(11)道岔封锁和解除封锁试验

在计算机联锁中,设有道岔封锁按钮和道岔解封按钮。试验时,顺序按压道岔封锁按钮和任一道岔按钮后,单操该道岔应能转换,经该道岔的进路应不能办理;解封该道岔时,顺序按压道岔解封按钮和该道岔按钮后,单操该道岔应能转换,经该道岔的进路应能办理。

2. 分动外锁闭道岔联锁试验

分动外锁闭道岔采用 S700K、ZYJ7、ZDJ9 型等交流转辙机,联锁试验内容如下。

分动外锁闭道岔的核对位置、断表示试验、2DQJ 与 D(F)BJ 及控制台道岔表示一致、断遮断器、道岔锁闭、道岔被阻后转换试验等,与内锁闭道岔试验方法相同。

(1)断相保护

应对每个牵引点的每一相电源分别进行断相保护试验。试验时,逐个断开各牵引点的每一相电源(可拉断断路器),操纵道岔时转辙机应不能动作。

(2)多机牵引总保护

试验时,对应每个牵引点,将道岔动作电路断开,操纵该组道岔,所有牵引点的转辙机均不应转换;在道岔正常转换过程中,断开某个牵引点的动作电路,其他牵引点的转辙机在规定时间内应正常动作(设有尖轨、心轨故障按钮的道岔,按设计说明进行试验)。

(3)多机牵引总表示

对于多机牵引的分动外锁闭道岔,应核对室外各牵引点位置与室内对应各分组合、分组合与总组合表示继电器位置以及对应的2DQJ与2DQJF位置一致,每个牵引点的表示与道岔总表示一致。试验时,依次断开每个牵引点的表示(可拉断断路器),总表示继电器均应可靠落下,控制台道岔表示灯均应灭灯。

(4)道岔密贴检查试验

在规定位置用4 mm、5 mm、6 mm和10 mm标准检查铁片进行密贴检查试验,应符合规定要求。

(5)设故障按钮的道岔,还应对道岔故障按钮功能进行试验。

3. 信号机联锁试验

(1)灯位及显示核对

一是核对信号机灯位排列应符合规定,颜色应符合要求;二是核对信号显示应与实际进路要求一致;三是核对信号机显示的实际灯光与控制台信号复示器的显示含义相符。

(2)主副灯丝转换、断丝表示

装有灯丝转换装置的信号机,断开点灯状态的主丝,应能自动点亮副丝;信号机禁止灯光灭灯时控制台对应的信号复示器应闪光。设有断丝报警装置的信号机,点灯状态的主丝断开,控制台应给出声光报警;双黄、绿黄或双绿灯的二黄或二绿不能点亮时,对应的一黄或一绿灯应不能点亮;双黄、绿黄或双绿灯信号开放后,任意一个灯位灭灯时,对应的另一个灯位应立即灭灯。可根据各种不同项目,拔掉室外信号机各灯位灯泡或拉断断路器,分别检查应符合要求。

(3)灯光转移

灯光转移分本架灯光转移和信号机间灯光转移。

在普速铁路和常态点灯的高速铁路,进站或进路信号机开放绿、绿黄或黄闪黄灯光后,运行前方次一架信号机的允许灯光灭灯时应转点红灯,此时进站或进路信号机应转点黄灯或双黄灯;进站允许灯光灭灯应转点红灯,此时前一架通过(或预告)信号机转点黄灯;自动闭塞区段进站红灯变为灭灯时,应使前一架通过信号机转点红灯;调车信号机开放后,白灯灭灯应转点禁止灯光。

在常态灭灯的高速铁路,进站或进路信号机开放绿、绿黄或黄闪黄灯光后,运行前方的出站信号机的绿灯光灭灯时应转点红灯,此时进站或进路信号机应转点黄灯或双黄灯。

可拔掉室外各信号机灯泡或拉断断路器进行试验。

(4)红灯断丝(指红灯主副丝均断)不能开放信号

进站和有通过列车的正线出站或进路信号机,开放信号前,应检查红灯灯丝处于完好状态。试验时可拔掉室外信号机红灯灯泡或拉断断路器后办理进路,有关信号应不能开放。

(5)进路表示器显示核对

主体信号机开放后,核对表示器各灯位显示;主体信号机关闭后,进路表示器灯光应熄灭。

(6)发车表示器核对

出站信号机开放后,车站值班员柱应点亮白色灯光;车站值班员按压值班员柱按钮后,应点亮车长柱上白色灯光;车长按压车长柱按钮后,即点亮发车表示器灯光,同时车站值班员柱白色灯光熄灭,车长柱白色灯光也熄灭;出站信号机关闭后,有关发车表示器灯光熄灭。

4. 轨道电路联锁试验

(1)区段核对

闭路式轨道电路采用分路轨面的方法,核对相应的轨道继电器应可靠落下,继电器残压不超标;开路式轨道电路短路轨面时,相应的轨道继电器应可靠吸起。区段被占用时,控制台对应的区段应显示红光带。一送多受区段核对时,开路式轨道电路的每个分支点都要进行短路;闭路式轨道电路必须采用逐个断开室外每个受电端的方法进行,同时还必须核对每个分支受电端与室内继电器相对应,分支轨道继电器落下时总轨道继电器应可靠落下。

此外,为防止相邻区段电缆配线交叉,对工程或更换电缆的施工,开通前还应进行轨道电路开路试验,可分别卸开送、受电端端子上的电缆线头,核对该区段是否出现红光带(对轨道绝缘两侧均为受电端的轨道区段应作为重点)。开、短路试验时,应同时测量相邻轨道区段继电器电压是否变化。

(2)极性交叉测试

试验方法有短路法和电压法两种。

采取短路法时,可短路一侧绝缘,检查另一侧绝缘节上的电压应增大,说明该绝缘节是极性交叉的;若短路一侧绝缘,另一侧电压减小说明极性不交叉;若短路一侧绝缘而另一侧绝缘处电压无变化说明被短路侧的绝缘本身已处于短路状态或绝缘节两侧区段的轨道电路过轨电缆配线存在短路等异常情况,需要进行处理。

在电气化区段,由于扼流变压器的存在,当绝缘节单边短路时会引起轨道电路红光带,不宜采用短路绝缘节的方法。此时可采用电压法,即采用交叉电压测量法进行极性交叉的测试检查。如图 8-5 所示,分别测量 $U_1 \sim U_6$,若 U_1、U_4之和约等于 U_2、U_3之和或 U_1、U_4均大于 U_5、U_6时,说明实现了极性交叉。也可采用专用的轨道电路极性交叉检查仪直接测量邻接区段是否交叉。

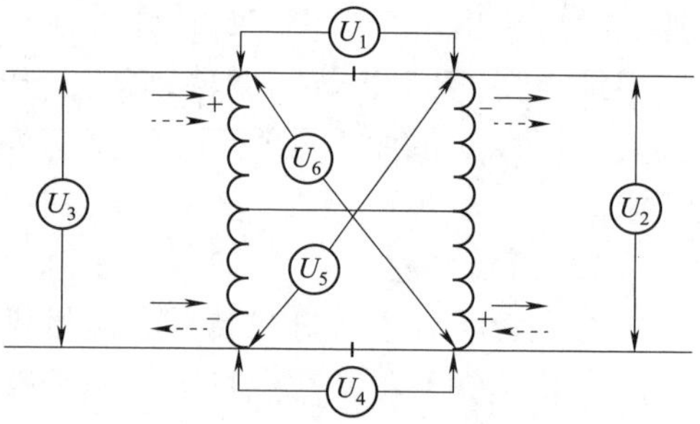

图 8-5　极性交叉的测试检查

(3)分路残压

在每个轨道区段最不利的轨面处所用标准分路电阻线分路轨面,受端继电器交流端电压应符合轨道电路传输特性要求,继电器应可靠落下。测试时采用 24.5 kN 的定压测试仪测试,残压应符合《普速铁路信号维护规则》的规定。

三、各种联系电路联锁试验

1. 场间联系电路试验

(1)进路正常解锁及取消进路后联系电路自动复原

当开通场间联络线的列车或调车进路正常解锁及取消进路后,场间联系电路应能自动复原。

(2)联络线占用不能排列进路

试验时可人为分路联络线区段,应不能向联络线排列列车进路,两个车场均不能向联络线排列调车进路(特殊情况确需办理调车进路时,须经有关部门批准)。

(3)联络线列车和调车敌对照查

试验时,对方先办理向联络线的进路,本车场通向联络线的进路应不能办理;本车场先办理通向联络线的进路,对方车场的进路也应不能办理,并核对相应的敌对照查指示灯与进路性质相一致。

(4)相邻两信号机重复显示

列车运行速度不大于120 km/h时,当同方向相邻两架信号机间的距离小于400 m时,本架信号机必须完全复示运行方向前一架信号机的显示(其他速度等级按设计要求试验)。试验时,在前一架信号机显示各种灯光时,检查本架信号机的各种显示应一致。

(5)相邻两信号机禁止灯光重复显示

列车运行速度不大于120 km/h时,当同方向相邻两架信号机间的距离为400 m及以上且小于800 m时,本架信号机必须复示运行方向前一架信号机的禁止灯光显示(其他速度等级按设计要求试验)。试验时,在前一架信号机显示禁止灯光时,检查本架信号机应不能开放。

(6)联络线相关表示灯显示

各场控制台应设有相应表示灯。联络线有车占用时,接近灯亮红灯;对方信号楼向联络线排列了列车进路时,列车照查灯亮绿灯;对方信号楼向联络线排列了调车进路时,调车照查灯亮白灯;对方信号楼为由本场开出的列车开放了接车信号时,信号开放表示灯亮绿灯。根据上述技术条件,确认指示灯显示与实际进路性质相一致。

2. 站间联系电路试验

(1)列车未完全到达邻站不能重复开放出站信号机

可模拟列车运行,在区间未出清的情况下,出站信号机应不能开放。

(2)相邻两信号机重复显示

列车运行速度不大于120 km/h时,试验方法与场间联系电路相同。

(3)相邻两信号机禁止灯光重复显示

列车运行速度不大于120 km/h时,试验方法与场间联系电路相同。

(4)接近区段延长至邻站出站信号机核查

当区间长度小于制动距离时,进站信号机一旦开放,接近区段即延长至邻站的出站信号机。试验时,可在开放进站信号机后,人工分路邻站出站信号机内方各区段,接车进路应转为接近锁闭状态(特殊情况应根据设计文件要求进行试验)。

(5)单线区间有车不能改变运行方向

列车正在区间运行或区间轨道电路故障时,应不得改变运行方向。试验时,可模拟列车运行或人为逐区段短路区间轨道电路,应不能改变运行方向。

(6)单线区间自动改变运行方向

为防止两站同时向区间办理发车进路,改变运行方向时,必须使原发车站先改为接车站后,原接车站才准许改为发车站。改变运行方向时,必须区间空闲、原发车站的发车进路在解锁状态、原接车站的发车进路已办理。试验方法:在满足改变运行方向的条件下,由原接车站办理发车进路,运行方向应能自动改变;人工将原接车站方向继电器状态改为发车站,检查应不能改变运行方向;人为占用区间轨道,应不能改变运行方向;将原发车站的发车进路锁闭后进行改变运行方向操作,运行方向应不能改变。

(7)邻站信号开放表示

邻站进站信号开放时,本站控制台上的邻站进站开放表示灯与邻站进站信号机显示含义相符。

(8)接近区段占用表示及音响

列车压上进站接近区段时,接近表示灯应显示红灯,音响设备鸣响。人工模拟列车运行,确认声光报警正常。

(9)单线运行方向表示

接车方向表示灯、发车方向表示灯、本站的邻站出站信号开放表示灯显示应符合设计要求。

3. 机务段同意试验

机车由集中联锁区进入机务段时,必须得到机务段的同意才能开放有关调车信号。一旦机务段按压同意按钮(JTA)后,除机车进入自动取消同意外,机务段无权人工取消同意,此时信号楼控制台的机务段同意表示灯应点亮白灯。

试验方法:机务段未按压同意按钮,进入机务段的有关调车信号应不能开放;开通机务段的调车信号开放且机车未进入时,机务段应不能取消同意;“机务段同意”一次有效。

四、闭塞设备联锁试验

1. 半自动闭塞的联锁试验

试验内容包括半自动闭塞设备电路和与车站联锁结合电路的所有技术条件。以64D型单线半自动闭塞为例。

(1)接、发车站正常办理及各种表示灯显示

按技术要求进行试验。在试验过程中,应同时注意电铃或语音音响提示。

某些计算机联锁以方向箭头代替接、发车表示灯,箭头向站内时表示接车,箭头向站外时表示发车,箭头的颜色含义与表示灯的颜色含义是一致的。

(2)未办理半自动闭塞,办理发车进路时,出站信号机应不能开放。

(3)发车站半自动闭塞区段轨道电路故障,闭塞不能办理。

(4)发车信号开放后,发车站轨道电路故障,出站信号机应立即关闭,接车站接车表示灯和发车站发车表示灯亮红灯;故障恢复时,闭塞应不能自动复原,需由发车站经人工办理事故复原。

(5)列车从发车站出发后,接车站半自动闭塞轨道电路故障,闭塞应不能自动复原,需由接车站办理事故复原。

(6)引导接车时,需由接车站采用事故复原方法办理复原。

(7)发车站办理取消时应先取消发车进路再办理取消闭塞手续。

(8)列车出发后,接车站在列车未到达时应不能办理闭塞复原。

(9)办理闭塞后,如未办理发车进路,发车站可利用发车轨道电路进行调车。

2. 自动站间闭塞的联锁试验

自动站闭塞的联锁试验以计轴方式为例。

(1)自动站间闭塞首次办理

两站确认区间空闲,同时(先后时差可在13 s内)按下计轴复零按钮,此时车站控制台上计轴复原按钮表示灯亮白灯,区间表示灯亮红灯。两站间按半自动闭塞方式发第一趟车后,区间占用表示灯灭灯,区间空闲表示灯点亮,两站分别拉出闭塞切换按钮(计轴设备在正常使用过程中,闭塞切换按钮应在加铅封状态),进入站间闭塞方式,此时车站控制台上人工闭塞“U”灯灭,自动站间闭塞“L”灯亮,区间按自动站间闭塞方式行车。

(2)自动站间闭塞正常办理

按发车站办理发车、接车站同意接车、列车出发、列车在区间运行、列车到达接车站的步骤正常办理,闭塞应能自动进行,包括自动同意接车、自动实现闭塞、自动到达复原。

(3)自动站间闭塞取消复原

发车站出站信号机开放后,列车未发车前,若需取消闭塞,发车站办理取消发车进路,待发车进路解锁后,站间闭塞随之自动复原。

(4)由自动站间闭塞转为半自动闭塞

两站共同确认未办理闭塞,未排列发车进路,两站同时破封按下闭塞切换按钮,此时两站人工闭塞表示灯亮黄灯,由自动站间闭塞转为半自动闭塞,可按半自动闭塞进行试验。

(5)故障复原

①出站信号机开放后停电恢复

发车站发车表示灯亮红灯,出站信号机自动关闭,发车站办理取消发车进路,接车站在听到电铃短时鸣响后按压事故按钮,待发车站闭塞电铃鸣响后两站闭塞复原。

②区间空闲,一站或两站同时停电恢复

发车表示灯亮红灯,经确认区间空闲,未排列发车进路,由接车站破铅封按压事故按钮,两站闭塞复原。

③区间计轴设备故障后修复,需由半自动闭塞制恢复为站间闭塞制运行

计轴设备修复后,区间正常通过一列车后,区间轨道继电器吸起,此时,两站对应区间占用灯灭,区间空闲灯点亮,轴数显示器显示“0000”,两站同时拉出闭塞切换按钮,控制台上站间闭塞灯亮绿灯、人工闭塞灯黄灯灭灯,恢复站间闭塞行车。

(6)区间计轴设备故障转为半自动闭塞

电铃短时鸣响,确认区间空闲后,双方破铅封按下计轴复零按钮(时差可在13 s)使计轴设备复零。再由两站同时破铅封按压闭塞切换按钮,此时自动闭塞表示灯灭灯,由任意站按电话闭塞法使用路票开行一趟列车。发车站必须开放调车信号机,列车出发后进路自动解锁,列车完全到达接车站后,由接车站按压复原按钮,人工闭塞表示灯亮黄灯,闭塞复原;发车站闭塞电铃鸣响后,人工闭塞表示灯亮黄灯,此时两站闭塞复原,区间按半自动闭塞运行。

(7)计轴区间占用,接车、发车站均不能办理闭塞开放信号

区间占用表示灯亮红灯时,接车、发车站均不能办理闭塞,出站信号机不能开放。

(8)发车站开放出站信号机,接车站不能向同一区间开放出站信号机

当发车站办理了发车进路且出站信号机开放后,接车站再排列发车进路,出站信号机应不能开放。

(9)未办妥闭塞,办理发车进路时,发车进路能锁闭但信号不能开放

发车站排列发车进路后未收到接车站的同意发车信号时,发车进路能锁闭但出站信号机不能开放。

(10)发车站闭塞区段轨道电路故障,闭塞不能办理

当闭塞区段轨道电路故障时,闭塞应不能办理。

(11)列车从发车站出发后,接车站闭塞轨道电路故障,闭塞不能自动复原

列车从发车站出发后,接车站闭塞轨道电路故障时,列车完全到达接车站,站间闭塞应不能自动复原,需由接车站办理事故复原才能复原。

(12)接车站引导接车时,需由接车站采用事故复原办法办理复原

接车站引导接车时,在列车完全到达接车站,站间闭塞应不能自动复原,须由接车站采用事故复原方式才能复原。

3. 继电编码的 ZPW-2000 系列移频自动闭塞的联锁试验

区间含有分割点时,每个短区段单独进行试验。

(1)区段核对

采用分路轨面的方法,核对相应的轨道继电器应可靠落下,控制台对应的区段应显示红光带。

(2)正向运行

①发送

测试发送端的各类电气指标满足《普速铁路信号维护规则》的规定。

逐区段测试发送器功出载频信号频率应与设定的载频频率相符,核对测试频率与设计文件相符。

逐区段测试发送器功出低频频率(衰耗盒上的测试孔)应与发送的低频频率相符,核对测试频率与设计文件相符。

根据区段长度按调整表要求核对电平并测试电压。

②接收

测试接收端的各类电气指标满足《普速铁路信号维护规则》的规定。

逐区段测试接收载频频率,应与发送端相一致。

逐区段测试接收器轨入低频频率(衰耗盒上的测试孔)应与发送的低频频率相符。

用选频表测试接收端的轨道输入电压、主轨电压(轨出 1)和小轨电压(轨出 2),与调整表进行核对应符合标准。

测试核对轨道继电器电压应符合标准。

测试核对小轨道电压应符合标准。

测试本区段衰耗盒 XGJ 测试孔电压应符合标准;关闭本区段发送器及 $n+1$ 发送器,测试 XGJ 测试孔电压应为零;关闭本区段主、并接收器,本区段接收端相邻区段应同时红光带(衰耗盒轨道表示灯点亮红灯);XGJ 条件由邻站区段通过站联条件提供时,应同时核对有关站联继电器状态并测试继电器线圈电压符合标准;试验时断开本站站联小轨条件,本站轨道区段不出红光带,邻站分界处轨道区段应出现红光带。

(3)反向运行

①发送

测试试验反向发送端的各类电气指标满足《普速铁路信号维护规则》的规定。

逐区段测试发送器功出载频信号频率应与设定的载频频率相符,核对测试频率与设计文件相符。

自动闭塞区间反向按自动站间闭塞设计,根据运营速度不同,反向进站信号机的接近区段长度也不相同,接近区段的低频频率与反向进站信号机相对应,其他闭塞分区在反向运行时低频频率为 27.9 Hz 的检测码。逐区段测试发送器功出低频频率(衰耗盒上的测试孔)应与发送的低频频率相符,核对测试频率与设计文件相符。

根据区段长度按调整表要求核对电平并测试电压。

②接收

测试反向接收端的各类电气指标满足《普速铁路信号维护规则》的规定。

逐区段测试接收载频频率与发送端相一致。

逐区段测试接收器轨入低频频率（衰耗盒上的测试孔）应与发送的低频频率相符。

用选频表测试接收端的轨道输入电压、主轨电压（轨出1）和小轨电压（轨出2），与调整表进行核对应符合标准。

测试核对轨道继电器电压应符合标准。

测试核对小轨道电压应符合标准。

测试本区段衰耗盒XGJ测试孔电压应符合标准；关闭本区段发送器及$n+1$发送器，测试XGJ测试孔电压应为0；关闭本区段主、并接收器，本区段接收端相邻区段应同时红光带（衰耗盒轨道表示灯点亮红灯）；XGJ条件由邻站区段通过站联条件提供时，应同时核对有关站联继电器状态并测试继电器线圈电压符合标准；试验时断开本站站联小轨条件，本站轨道区段不出现红光带，邻站分界处轨道区段应出现红光带。

（4）正、反向区段核对

①主轨道分路核对

在主轨道轨面分路，确认分路区段出现红光带，人工确认分路区段与室内衰耗盒表示灯、控制台表示一致。

②小轨道分路核对

在调谐区内空芯线圈与接收端调谐单元之间适当地点轨面进行分路，核对本区段的小轨被分路，本区段不出现红光带，相邻区段出现红光带，人工确认分路区段与室内衰耗盒表示灯、控制台表示一致。

③反向运行时的区段核对

改变运行方向后进行逐区段分路试验，测试接收器电压与分路区段相对应。根据设计电路方式的不同，有些反向轨道区段后方发送通道中检查前方轨道区段空闲条件，因此分路时本区段及其后方的所有区段都会出现红光带，此时的核对方法是室外的分路点应与出现的最远端红光带区段名称相对应。

④有分割点的闭塞分区核对

a. 进站信号机外方3JG存在两个及以上区段的核对

对存在两个及以上区段的3JG进行核对时，应先开放进站信号机，再逐个核对每个区段。以两个区段为例，正常情况应为：分路运行方向第一个区段BG时，3JG出现红光带，测试BG接收端的轨入电压基本为零，AG接收端的轨入电压正常，防护3JG的通过信号机显示红灯；分路第二区段AG时，3JG红光带保留，测试BG、AG接收端的轨入电压均基本为零，防护3JG的通过信号机仍显示红灯；列车全部进入站内，3JG红光带消失，测试BG、AG接收端的轨入电压恢复正常。即具有分割点的3JG区段核对时必须满足“逐个占用、同时恢复，防护该闭塞分区的信号机始终显示禁止信号”的要求。

注意：在进行具有分割点的3JG核对时，必须先开放进站信号机；分路室外第二或第三个区段时，不能只看3JG是否有红光带，必须同时测试列车已出清的第一或第二个区段的轨入电压基本为零（其目的主要是为了防止当列车出清第一个区段时，如该区段恢复正常工作，虽然3JG仍显示红光带，防护3JG的通过信号机也显示禁止信号，但如列车冒进3JG区段将收到允许信号码，这是十分危险的）。

b. 反向进站信号机外方接近区段(即正向的1LQ)存在两个及以上区段的核对

对存在两个及以上区段的反向接近区段进行区段核对时,应先开放反向进站信号机,再逐个核对每个区段。在开通前模拟试验时,应模拟列车反向运行,逐个占用每个区段,直到列车全部进入站内并出清最后一个区段后,该闭塞分区红光带才允许消失。

c. 具有分割点的一般闭塞分区核对

对一般闭塞分区进行核对时,主要是检查各区段是否满足"逐个占用、同时恢复,防护该闭塞分区的信号机始终显示禁止信号"的要求。试验时,应对各区段在正向和反向运行时的两种情况分别进行试验。

d. 含有分割点区段的闭塞分区作为站联条件送对方站时的核对

当分割点区段作为站联条件时,给对方站送站联条件的轨道继电器接点条件要能完全反映该闭塞分区的占用和空闲状态,即任一个区段占用或空闲,送站联条件的轨道继电器应同步反映占用或空闲状态。

(5)正、反向倒机试验

①发送 $n+1$ 转换

对每台发送器依次切换到 +1 发送器工作,对所有的载频、低频、频率选型、工作电平应与主发送器相一致,切换电路工作应正常,轨道电路工作特性应与主发送器工作时相同。

②接收主、并机

顺序将接收器主、并机拔下,分别试验并、主机工作正常,本区段及相邻区段轨道电路不应出现红光带。

(6)残压测试

用0.15 Ω 标准分路电阻线以标准压力分路主轨道轨面时,测试轨出 1 残压不得大于153 mV,轨道继电器应可靠落下。

(7)发送报警

进行发送器 +1 切换,试验时核对报警正常。

(8)接收报警

分别对主、并接收器断开试验,核对报警正常。

(9)送、受电端设置正确

短路钢轨后,测试轨道电路发送端调谐单元应有移频信息,接收端基本无本区段移频信息,确认发送端、接收端与列车运行方向相符。

(10)信号显示与低频信息核对

现场人工确认信号显示与该信号机防护区段接收的低频频率、控制台显示、点灯控制继电器、编码继电器应相对应。

(11)信号机灭灯与前一区段低频频率及前一信号机显示核对,试验灯光转移

当通过信号机红灯灭灯时,该信号机外方闭塞分区的发送通道被切断,接收器接收不到移频信息,前架信号机应显示红灯。当通过信号机显示允许灯光时,如信号机灭灯,其后续闭塞分区的编码和信号显示不进行灯光转移显示。但当通过信号机显示绿黄灯时,如绿灯灭灯,此时该信号机的1DJ 落下,2DJ 正常工作,本架信号机显示黄灯;如黄灯灭灯,本架信号机灭灯。

(12)主副灯丝转换

试验区间通过信号机主灯丝断丝时应能自动转换到副灯丝。

(13)灯丝断丝报警

检查区间通过信号机主灯丝断丝时报警电路的工作情况。

(14)反向运行时信号机点灯试验

在双线双向自动闭塞区段,改变运行方向后,区间通过信号机应灭灯;在单线双向自动闭塞区段,反向运行时,与运行方向一致的信号机点亮,另一个方向信号机灭灯。

(15)区间通过信号机灯泡灯丝双断时灯丝继电器落下

当区间距离较长或调整不当时,区间信号电缆上会产生很强的感应电势,造成区间通过信号机灯丝双断时监督区间的灯丝继电器不落下,使灯光不能实现转移。为防止上述情况发生,必须将通过灯丝继电器的电流调整在合适的范围内,室内调整信号点灯远程变压器输出端电压,测量点灯电流满足《普速铁路信号维护规则》要求。试验时,将室外信号机灯泡拔下,在室内测量点灯漏流不大于规定值,灯丝继电器应可靠落下。调整中应注意灯端电压既要满足点黄灯或绿灯时的要求,又要满足点绿黄灯时的要求。

(16)接近、离去结合电路

①正(反)向接近区段

四显示自动闭塞正向进站信号机外方设一、二、三接近区段。反向按站间闭塞运行处理,反向进站信号机只设一个接近区段,根据制动距离计算,当一离去闭塞分区的长度不能满足制动距离需要时,延长至二离去区段作为接近区段。

测试三接近区段的低频频率与进站信号机(反向时为二、三接近区段与反向进站信号机)的显示相符。

进站信号机显示红灯时,低频频率为 26.8 Hz 的 HU 码;显示引导信号时,低频频率为 24.6 Hz的 HB 码;显示双黄灯时,低频频率为 18 Hz 的 UU 码;显示一个黄闪灯和一个黄灯时,对应的低频频率为 19.1 Hz 的 UUS 码;显示黄灯时,要根据站场的具体情况来确定低频频率,当次一架列车信号机关闭时低频频率为 16.9 Hz 的 U 码,当次一架列车信号机开放经道岔侧向进路时低频频率为 14.7 Hz 的 U2 码或 20.2 Hz 的 U2S 码;显示一个绿色灯光和一个黄色灯光 LU 时,低频频率应为 13.6 Hz 的 LU 码;显示一个绿灯时,表示进站信号机前方有 3 个闭塞分区空闲,低频频率应为 11.4 Hz 的 L 码。

②红灯灭灯转移

当进站信号机红灯灭灯时,断开了三接近区段的发送通道,此时轨道电路受端继电器落下,使防护三接近的信号机显示红灯。试验时,拔出红灯灯泡或断开点灯回路的断路器,检查防护三接近的信号机应点红灯。

③接近表示

四显示自动闭塞区段车站分别设有一、二、三接近表示灯,当列车占用接近区段时,相应的接近表示灯显示红灯。试验时,核对闭塞分区轨道继电器、各接近轨道继电器与接近表示灯显示应相符。

④正(反)向离去区段

四显示自动闭塞区段车站分别设有一、二、三离去表示灯,当列车占用离去区段时,相应的离去表示灯显示红灯。试验时,核对闭塞分区轨道继电器、离去继电器与离去表示灯显示应相符。

一离去(反向为区间)占用出站信号机不能开放,试验时,人工短路一离去区段出站信号机应不能开放。

四显示自动闭塞区段一离去区段空闲时出站信号机显示黄灯,一、二离去区段空闲时显示绿黄灯,一、二、三离去区段空闲时显示绿灯。有特殊运营要求或两站场间距离较近时,离去条件由邻站的站联条件提供。

当两站间仅有一个闭塞分区未设通过信号机时,该闭塞分区作为一离去条件,邻站的进站信号机开放正线接车信号作为二离去空闲条件,邻站的下一列车(进路或出站)信号机开放正线信号作为三离去空闲条件。

当两站间设有两个闭塞分区即区间含有一架通过信号机时,该通过信号机外方闭塞分区作为一离去条件,通过信号机防护内方闭塞分区作为二离去条件,邻站进站信号开放正线接车信号作为三离去空闲条件。

试验时按相关设计文件进行。

4. 四线制方向电路试验

(1)正常改变运行方向

①未按允许改方按钮反向发车不能改变运行方向

试验时不按压“允许改方”按钮,直接排列发车进路,方向电路不应变化,发车进路锁闭但反向出站信号机不能开放。

②办理反向发车进路自动改变运行方向

试验时,按规定要求办理反向发车进路,检查能否正常改变方向,表示灯显示是否正常。

③改变运行方向后办理正向发车恢复正方向

当需将反方向电路改为正向运行时,在对方站未排列发车进路时,直接办理发车进路即可改回正方向。

④对方站有发车进路不能改变运行方向

当对方站发车进路建立后,不允许本站再向同一区间发车。试验时,分别对两站在对方站发车进路建立后,排列发车进路,检查改变运行方向电路工作情况。

⑤办理非列车进路不能改变运行方向

试排反向调车进路,应不能改变运行方向。

(2)辅助改变运行方向

①闭塞分区占用不能正常改变运行方向

当区间轨道电路故障时,不能按正常办理方法改变运行方向,应采用辅助办理方法改变运行方向。两站必须共同确认区间空闲,按辅助方式办理,应能改变运行方向。

②发车锁闭继电器落下不能进行辅助改变运行方向

发车锁闭继电器落下后不允许辅助办理,是要求对方站发车进路建立后防止以任何方式出现向同一区间同时办理发车的可能性。试验时,可由对方站先排发车进路使发车锁闭继电器落下,再进行辅助改方,确认方向不能改变。

③双接时依靠辅助方式改变运行方向

当两站出现双向接车时,不能按正常方式改变运行方向,需要按辅助方式改变运行方向。试验时,可人为将两站的方向继电器均改为接车状态,然后分别进行正常改变运行方向操作和辅助改变运行方向操作,检查方向电路动作情况。

④监督电路故障时办理辅助改方

区间监督继电器电路故障(区间监督表示灯亮红灯)时,只能用辅助方式改变运行方向。试验时,将 F3 或 F4 线断开,分别进行正常改变运行方向和辅助办理改变运行方向,检查电路工作情况。

⑤辅助改变运行方向后开放出站信号机试验

监督电路故障不能开放出站信号机:辅助改变运行方向后若监督区间灯点红灯,说明区间故障仍然存在,禁止开放出站信号机。

监督电路良好能开放出站信号机:辅助改变运行方向监督区间红灯灭,此时可办理发车进路开放出站信号机。

⑥列车发车后发车站辅助灯灭灯

以辅助办理方式改变运行方向后,发车站的“辅助”表示灯一直显示白灯,表示短路继电器 DJ 吸起,列车出发越过出站信号机后,DJ 落下,“辅助”表示灯白灯灭灯。模拟列车运行后检查表示灯和继电器状态。

⑦列车运行方向表示

平时接车站接车表示灯亮黄灯、发车表示灯灭灯,发车站接车表示灯灭灯、发车表示灯亮绿灯。

⑧区间占用表示

两站均在每条运行线上设监督区间的指示灯,当区间有车占用或任一站办理了发车进路后“监督区间”灯点红灯。当区间空闲,所有区间轨道继电器均吸起且两站均未向区间办理发车进路,“监督区间灯”灭灯。

⑨方向电路回路电阻 R_F

R_F用于改善 F1、F2 回路的传输特性,消耗方向电源在外线上产生的感应电势,测试电阻值应符合设计要求。

⑩监督回路电阻 R_J

R_J用于改善 F3、F4 回路的传输特性,消耗方向电源在外线上产生的感应电势,测试电阻值应符合设计要求。

⑪本站方向继电器端电压

改变运行方向时本站的方向继电器工作电源由对方站供出,根据两站之间的距离不同,传输外线的阻抗不同,线路消耗的压降也不相同,因此需要根据每条外线的情况进行测试调整,一般该电压应在 12 ~ 18 V 之间,确保办理改变运行方向操作时方向继电器能够可靠转极。

⑫方向电路供电电压

方向电路的供电电压是为对方站的方向继电器转极提供工作电源用的,调整本站的供电电压能保证对方站方向继电器端电压满足工作需要。方向电路的线路电压不宜过高,避免外线上产生的感应电势过大,造成改变运行方向时方向继电器工作不正常。

⑬本站监督区间继电器端电压

在区间空闲且两站均未办理发车进路时,区间监督继电器应可靠吸起,监督区间空闲。此时测试区间监督继电器线圈端电压,应为 21 ~ 24 V。若上述任一条件不满足,区间监督继电器均落下,继电器两端无电。

⑭监督电路供电电压

区间监督继电器由发车站供电，调试发车站的区间监督供电电压，使接车站区间监督继电器线圈两端电压不少于13 V，保证接车站区间监督继电器能可靠吸起；改变运行方向后，互换供电方向，调试另一方的供电电压。

注：不论正常改变运行方向还是辅助改变运行方向，前一次办理改变运行方向后必须等待13 s后方准再次办理改变运行方向。

5. 通信编码的ZPW-2000系列移频自动闭塞联锁试验

区间含有分割点时，每个轨道电路区段单独进行试验。

(1)区段核对

采用分路轨面的方法，核对相应的轨道继电器应可靠落下，控制台对应的区段应显示红光带。

(2)正向运行

①发送

测试发送端的各类电气指标满足《高速铁路信号维护规则》的规定。

逐区段测试发送器功出载频信号频率应与设定的载频频率相符，核对测试频率与设计文件相符。

列控中心与ZPW-2000系列轨道电路通道全部中断（如关闭轨道电路通信接口板）时，各区段发检测码(27.9 Hz)；通信正常时，低频信息编码由列控中心完成。逐区段测试发送器功出低频频率（衰耗盒上的测试孔）应与发送的低频频率相符，核对测试频率与设计文件相符。有分割点的闭塞分区，运行前方区段占用时，后方区段发检测码(27.9 Hz)，正反向均相同。

根据区段长度，按调整表要求核对电平并测试电压。

②接收

测试试验接收端的各类电气指标满足《高速铁路信号维护规则》的规定。

逐区段测试接收载频频率与发送载频相同。

逐区段测试接收器轨入低频频率（衰耗盒上的测试孔）应与发送的低频频率相符。

用选频表测试接收端的轨道输入电压、主轨电压（轨出1）和小轨电压（轨出2），与调整表进行核对应符合标准。

按调整表要求核对接收电平。

测试轨道继电器电压应符合标准。

测试小轨道电压应符合标准。

(3)反向运行

①发送

测试反向发送端的各类电气指标满足《高速铁路信号维护规则》的规定。

逐区段测试发送器功出载频信号频率应与设定的载频频率相符，核对测试频率与设计文件相符。

自动闭塞区间反向按自动站间闭塞设计，在反向三接近区段不足1 100 m时，反向二、三接近区段低频频率与反向进站信号相对应；在反向三接近区大于或等于1 100 m时，反向三接近低频频率与反向进站信号显示含义相对应；其他各区间点反向运行时按追踪码序贯通发码，应符合机车信号分配定义要求。逐区段测试发送器功出低频频率（衰耗盒上的测试孔）应与发送的低频频率相符,核对测试频率与设计文件相符。

根据区段长度,按调整表要求核对电平并测试电压。

②接收

测试试验反向接收端的各类电气指标满足《高速铁路信号维护规则》的规定。

逐区段测试接收载频频率与发送端相一致。

逐区段测试接收器轨入低频频率(衰耗盒上的测试孔)应与发送的低频频率相符。

用选频表测试接收端的轨道输入电压、主轨电压(轨出1)和小轨电压(轨出2),与调整表进行核对应符合标准。

按调整表要求核对接收电平。

测试轨道继电器电压应符合标准。

测试小轨道电压应符合标准。

(4)正、反向区段核对

①主轨道分路核对

在主轨道轨面分路,确认分路区段出现红光带,人工确认分路区段与室内衰耗盒表示灯、控制台表示一致。

②小轨道分路核对

在调谐区内空芯线圈与接收端调谐单元之间适当地点轨面进行分路,核对本区段的小轨被分路,对应区段出现红光带。

③方向切换继电器状态

方向电路正向时,该区间所有闭塞分区的方向切换继电器均落下;方向电路反向时,该区间所有闭塞分区的方向切换继电器均吸起。

④有分割点的闭塞分区区段核对

对有分割点的闭塞分区进行区段核对,应检查测试各区段逐个占用时,本闭塞分区始终显示占用状态,防护该闭塞分区的信号机始终显示禁止信号。试验时,应对各区段在正向和反向运行时的两种情况分别进行试验。

(5)正、反向倒机试验

①发送器转换

发送器采用1+1热备模式,试验时,对所有区段正反向的载频、各种低频、频率选型、工作电平应与主发送器相一致,轨道电路工作特性应与主发送器工作时相同。

②接收主、并机

顺序将接收器主、并机拔下,分别试验并、主机工作正常,本区段及相邻区段轨道电路不应出现红光带。

(6)残压测试

根据道床条件不同,用不同的标准分路电阻线进行测试。道床电阻不小于3.0 Ω·km时用0.25 Ω标准分路电阻线以标准压力分路轨面,道床电阻小于3.0 Ω·km时用0.15 Ω标准分路电阻线以标准压力分路轨面,测试轨出1电压(在衰耗盒测试孔测试),不得大于153 mV,轨道继电器应可靠落下。若残压超标时需对轨道区段重新进行调整。

(7)发送报警

逐个区段进行主、备发送器关机试验时,均应有移频报警提示。

(8)接收报警

分别对主、并接收器断开试验,核对报警正常。

(9)送、受电端设置正确

根据运行方向,发送端设在运行方向的前方,可通过先校核电缆,然后通过断开送端电缆,轨面无移频信息,断开受端电缆,轨面有移频信息来判断送、受电端设置正确;也可以将钢轨短路后,测试轨道电路发送端调谐单元应有移频信息,接收端基本无本区段移频信息,确认发送端、接收端与列车运行方向相符。

(10)信号显示与低频信息核对

在设有通过信号机的情况下,现场人工确认信号显示与该信号机防护区段接收的低频频率、控制台显示、点灯控制继电器相对应。在点绿灯时对应低频,分别核对运行前方闭塞分区空闲的个数应正确。

(11)信号显示灯位与继电器状态、控制台显示核对

在设有通过信号机的情况下,当信号机显示红灯、黄灯、绿黄灯和绿灯时,分别核对 CTC 和列控维护终端显示与现场实际显示应一致,车站列控中心驱动的 HJ、UJ、LJ 及信号机的 1DJ、2DJ 状态与信号显示应一致。

(12)信号机灭灯与前一区段低频频率及前一信号机显示核对

在设有通过信号机的情况下,试验灯光转移时,同时在 CTC 和列控维护终端确认应显示正确。

①本架信号机红灯灭灯,灯光转移,后架信号机显示红灯,防护区段发 B 码(H 码)。

②当通过信号机显示允许灯光时,如信号机灭灯,其外面方闭塞分区的编码和信号显示不进行显示不变。但当通过信号机显示绿黄灯时,如绿灯灭灯,本架信号机显示黄灯;如黄灯灭灯,本架信号机灭灯。不论该通过信号机显示降级还是灭灯,其低频码的码序维持不变。

(13)主、副灯丝转换

在设有通过信号机的情况下,试验区间信号机主灯丝断丝时应能自动转换到副灯丝。

(14)灯丝断丝报警

在设有通过信号机的情况下,检查信号机主灯丝断丝时报警电路的工作情况。

(15)反向运行时信号机点灯试验

在设有通过信号机的情况下,改变运行方向后,区间信号机应灭灯。

(16)区间通过信号机灯泡灯丝双断时灯丝继电器落下

在设有通过信号机的情况下,在通过信号机点灯电路中,红、绿灯点灯电路中检查 DJ,黄灯点灯电路中检查 2DJ。当红灯或绿灯灭灯,DJ 应落下,当黄灯灭灯,2DJ 应落下,灯丝继电器线圈电流要求应符合《高速铁路信号维护规则》要求。试验时,将室外信号机灯泡拔下,在室内测量点灯漏流不大于规定值,灯丝继电器应可靠落下。调整中应注意灯端电压既要满足点黄灯或绿灯时的要求,又要满足点绿黄灯显示时的要求。

(17)结合电路联锁试验

①正(反)向接近区段

在设有通过信号机的情况下,正向进站信号机外方设有一、二、三、四、五接近区段,反向进站的接近区段一般为五个,但也有部分线路设计为四个。反向运行时按站间闭塞处理,接近区段的低频频率应符合设计要求,并检查控制台的反向接近区段表示正确。

测试五接近的低频频率与进站信号机(反向时为四、五或三、四接近与反向进站信号机)显示的一致性,低频信息定义依照TB/T 3060—2016《机车信号信息定义及分配》的有关规定。

进站信号机显示红灯时灭灯,低频频率为27.9 Hz。

进站信号机显示绿灯,前方4个闭塞分区空闲时,低频频率为12.5 Hz的L2码(将接车进路和股道、发车进路和一离去均视为一个闭塞分区,下同);显示绿灯,前方5个闭塞分区空闲时,低频频率为10.3 Hz的L3码;显示绿灯,前方6个闭塞分区空闲时,低频频率为23.5 Hz的L4码;显示绿灯,前方7个及以上闭塞分区空闲时,低频频率为21.3 Hz的L5码。

②红灯灭灯转移

在设有通过信号机的情况下,当进站信号机红灯灭灯时,防护进站信号机外方第一闭塞分区的通过信号机显示红灯,前方信号机依次转移,但进站信号机外方第一闭塞分区若无车占用时不应出现红光带。

③接近表示

在联锁终端界面上分别设有各接近区段表示灯,当列车占用接近区段时,相应的接近表示灯显示红灯。试验时,核对闭塞分区轨道继电器、各接近轨道继电器与接近表示灯显示应相符。计算机联锁并给出语音提示。

④(反)向离去区段

在联锁终端界面上分别设有各离去区段表示灯,当列车占用离去区段时,相应的离去表示灯应显示红灯。

一离去(反向为区间)占用出站不能开放。试验时,人工短路一离去区段出站信号机应不能开放。

五、站内叠加电码化试验

(1)发送器名称核对

按设计文件名称填写。应注意有些接、发车进路共用发送器的情况。

(2)站内发码

①载频频率

逐个测试发送器功出载频频率应与设定的载频频率相符,核对测试频率与设计文件相符。

②低频频率

逐个测试发送器功出低频频率(检测盒上的测试孔)应与设计文件相符。试验时,可排列进路后通过分路对应轨道区段改变运行前方信号机的显示来测试发送器各种低频频率,频率测试要涵盖该信号机所有显示及进路,同时要仔细核对进站、出站信号机在点绿灯时,低频与运行前方闭塞分区空闲的个数应正确对应。

③预叠加发码

当列车占用某个区段,除应向本区段发码外,还应向下一区段发送移频信号,即预先叠加发码。试验时,可在开放信号后人工模拟列车运行,在轨面、分线盘端子测试占用区段和下一区段应同时有移频信号。

④码顺序核对

在接车或发车进路上,应按列车运行方向,依次向各个区段逐段发送移频信息。试验时,可人工模拟列车运行,在分线柜端子上测量移频发送信息应依次送出,并注意发码所在的轨道区段送、受电端,应迎着列车运行方向发送。

⑤切码时机检查

按运行方向依次分路各轨道区段,占用某区段时,在分线柜测试该区段应有移频信号,运行后方的区段应无移频信号。

⑥载频转换(转频)码

在股道和发车进路末端轨道区段设有转频码的车站,一般情况下,侧向接车时列车占用股道后发送2 s的载频转换码,而发车进路末端轨道区段的载频切换码,在列车侧向发车占用该区段开始,到列车占用区间一离去区段才切断。试验时对各发送器对应的载频转换码发送地点、发送时机及持续时间进行确认。

(3)地面信号显示与低频核对

发送器的低频频率应与运行前方信号机的显示含义相符。试验时,应在分线柜发送端子测试低频频率,并与现场的地面信号显示进行核对。

(4)功能试验

①发送“$n+1$”转换

对每台发送器依次切换到+1发送器工作,对所有的载频、低频、频率选型、工作电平应与主发送器相一致,切换电路工作应正常,并在切换时给出故障报警。

②一送多受发送点核对

一送多受区段应在室外变压器上测试移频电码化发送地点与运行方向要求相一致。测试时,断开发码端变压器通向钢轨侧的配线,测试变压器上应有移频信号,轨面上应无移频信号。

六、站内一体化轨道电路试验

站内轨道电路采用与区间同制式的ZPW-2000系列轨道电路,集轨道电路信息和列车车载信息于一体,向钢轨同时传输轨道电路信息和列车车载信息。

(1)发送器名称核对

对于全进路发码车站,对应每个区段均设有一主一备两个发送器,对所有经过该区段的进路发码都由该发送器发送,且对所有进路都发码(含检测码)。

(2)载频频率

逐区段测试发送器功出载频频率应与设定的载频频率相符,核对测试频率与设计文件相符。

(3)站内正线转频区段及股道的载频

一般配置为-2型载频,股道G_1、G_2和上、下行股道按频率交叉配置,实现股道双端发码。

(4)低频频率

列控中心与ZPW-2000系列轨道电路通道全部中断(如关闭轨道电路通信接口板)时,各区段发检测码(27.9 Hz);通信正常时,低频信息编码由列控中心完成。逐区段测试发送器功出低频频率(衰耗器上的测试孔)应与发送的低频频率相符,核对测试频率与设计文件相符。

试验时,可排列进路后模拟列车顺序占用各闭塞分区改变运行前方信号机的显示来测试发送器各种低频频率(接车进路和股道、发车进路和一离去均按一个闭塞分区对待),频率测试要涵盖该信号机所有显示及进路。在点绿灯时对应低频分别核对运行前方闭塞分区空闲的个数应正确。

(5)车站站内发码

①经 18 号及以上道岔侧向正、反向接车进路

接车进路及进站信号机(含反向,下同)外方闭塞分区无限速时,接近区段发 UUS 码;进站口应答器发送进路报文,限速值为 80 km/h。

侧线有 45 km/h 限速时,车站列控中心向联锁输出降级命令,进站信号机降为双黄灯,接近区段发 UU 码;进站口应答器发送进路报文,限速 45 km/h。

进站信号机外方闭塞分区有低于 80 km/h 限速时,车站列控中心向联锁输出降级命令,进站信号机降为双黄灯,接近区段发 UU 码;进站口应答器发送进路报文,限速 80 km/h。

接车进路经过的正线区域有低于 80 km/h 的限速时,车站列控中心向联锁输出降级命令,进站信号机降为双黄灯,接近区段发 UU 码;进站口应答器发送进路报文,限速值为实际限速值。

接车进路经过的正线区域有不低于 80 km/h 的限速时,同无限速时。

②经 18 号及以上道岔正、反向侧向通过进路

进路无限速时,接近区段发 UUS,股道发 UUS。进站口应答器发送进路报文,限速值为 80 km/h,逆向出站信号机处应答器发送进路预告报文,顺向出站信号机处应答器发送发车方向管辖范围内无限速的进路报文。

侧线有 45 km/h 限速时,车站列控中心向联锁输出降级命令,接近区段及股道发 UU 码,进站口应答器发送进路报文,限速 45 km/h,逆向出站信号机处应答器发送进路预告报文,顺向出站信号机处应答器发送发车进路报文,限速 45 km/h。

发车进路经过的正线区域有低于 80 km/h 限速时:室外为点灯模式时,车站列控中心向联锁发送降级命令,接近区段发 UU 码;室外为灭灯模式时,车站列控中心不向联锁发送降级命令,接近区段发 UUS 码。进站口应答器发送进路报文,限速 80 km/h,逆向出站信号机处应答器发送进路预告报文,顺向出站信号机处应答器发送发车进路报文,限速值为实际限速值。

离去区段有低于 80 km/h 限速时,接近区段发 UUS,股道发 UU,进站口应答器发送进路报文,限速 80 km/h,逆向出站信号机处应答器发送进路预告报文,顺向出站信号机处应答器发送发车进路报文,限速值为实际限速值。

离去区段有不低于 80 km/h 限速时,接近区段发 UUS,股道发 UUS,进站口应答器发送进路报文,限速 80 km/h,逆向出站信号机处应答器发送进路预告报文,顺向出站信号机处应答器发送发车进路报文,限速值为实际限速值。

离去区段外方有限速时,接近区段发 UUS,股道发 UUS,进站口应答器发送进路报文,限速 80 km/h,逆向出站信号机处应答器发送进路预告报文,顺向出站信号机处应答器发送发车进路无限速的进路报文。

注:离去区段为速度从 80 km/h 到 0 km/h 的最大常用制动距离,实施中定义:当 1LQG 大于 700 m,离去区段为 1LQG 末端;当 1LQG 小于 700 m,离去区段为 2LQG 末端。

③经 18 号及以上道岔直进弯出正、反向通过进路

进路无限速时,接近区段发 U2S 码,股道发 UUS 码,进站口应答器发送接车进路无限速报文,限速值为线路最大允许速度。

与接车进路为同一线路的发车进路区段有低于 80 km/h 限速时,接近区段发 U2 码,股道发 UU 码,进站口应答器发送接车进路,限速值为实际限速值。

与接车进路为同一线路的发车进路区段有不低于80 km/h限速时，接近区段发U2S码，股道发UUS码，进站口应答器发送接车进路，限速值为实际限速值。

与接车进路为不同一线路的发车进路区段及离去区段有低于80 km/h限速时，接近区段发U2码，股道发UU码，进站口应答器发送接车进路，限速值为线路最大允许速度。

与接车进路为不同一线路的发车进路区段及离去区段有不低于80 km/h限速时，接近区段发U2S码，股道发UUS码，进站口应答器发送接车进路，限速值为线路最大允许速度。

④经18号及以上道岔弯进直出正、反向通过进路

进路无限速时，接近区段发UUS码，进站口应答器发送无限速接车进路报文。

进路及离去区段有低于80 km/h限速时，接近区段发UU码，进站口应答器发送接车进路报文，限速值为实际限速值。

进路及离去区段有不低于80 km/h限速时，接近区段发UUS码，进站口应答器发送接车进路报文，限速值为实际限速值。

注：离去区段为列车加速至出站口时的速度，制动到45 km/h的长度。

⑤经18号以上道岔的列车进路

无限速及离去区段无占用时，车站列控中心控制大号码接近区段发UUS码，大号码应答器发送大号码道岔包。

进路上有低于大号码允许速度的限速时，若先设置限速，车站列控中心控制大号码应答器不发送大号码道岔包，具备接近区段发送UUS码条件时，接近区段发送UUS码，否则发送UU码；若已经发送了大号码道岔包，进路上设置较低临时限速或前方信号关闭，车站列控中心取消发送大号码道岔包，并向联锁发送降级命令，接近区段发送UU码。

经过大号码道岔的反向进路时，车站列控中心不发送大号码道岔包。

(6)无配线车站站内发码

无配线车站设置进、出站信号机，信号机构和点灯方式应与有配线车站一致，信号联锁逻辑关系参照区域联锁的模式。无配线车站应具备办理接车进路、发车进路、通过进路、引导进路的功能，由相邻的有配线车站的计算机联锁设备完成，信号机点灯驱动控制和输入采集、轨道电路由相邻的车站、中继站或线路所车站列控中心完成。

①无进路且股道空闲

进、出站信号机点红灯，接近区段发HU码，股道发HU码，离去区段根据区间状态发码。

②接车进路

联锁办理无配线站接车进路，进站信号机点黄灯，出站信号机点红灯，接近区段发送U码，股道发送HU码。

③发车进路

联锁办理无配线站发车进路，进站信号机点红灯，出站信号机显示与设计相符，接近区段发HU码，股道根据出站信号机状态及区间状态发码，离去区段根据区间轨道状态发码。

④通过进路

联锁办理无配线站通过进路，进、出站机显示与设计相符，接近区段、股道、离去区段按照区间处理。

⑤引导接车进路

联锁办理无配线站引导接车进路，进站信号机点红白灯，出站信号机点亮红灯，接近区段

发 HB 码，股道发送 HU 码，离去区段发检查码。

⑥引导发车进路

联锁办理无配线站引导发车进路，进站信号机点红灯，出站信号机点红白灯，接近区段发 HU 码，股道发 HB 码，离去区段根据区间状态发码。

⑦引导通过进路

联锁办理无配线站引导通过进路，进、出站信号机点红白灯，接近区段发 HB 码，股道发 HB 码、离去区段根据区间状态发码。

⑧无配线车站的列车正常进入站内后，如站内股道由两段轨道电路组成，当车占用运行前方轨道区段后，其后方轨道区段发送检测码；如果站内股道由一段轨道电路组成，则发送 HU 码。

⑨轨道方向继电器状态核对

核对各轨道区段方向切换继电器状态与进路方向是否一致。试验时，应分别对两个不同进路方向时的继电器状态进行核对。

⑩区段核对

在轨道电路发送端和接收端（含无受电分支末端）分别进行分路，确认分路区段出现红光带，与继电器状态、控制台表示一致。

⑪直向出站显示与低频核对

按码序表，核对股道发送器的低频频率应与出站信号机各种显示含义相符。

⑫侧向出站显示与低频核对

开放侧线出站信号机，核对出站信号机显示允许灯光时股道发送器发送 UUS 码或 UU 码，显示禁止灯光时发送 HU 码。

⑬正、反向倒机试验

发送器采用 1 + 1 热备模式，试验时，对所有区段正、反向的载频、各种低频、频率选型、工作电平应与主发送器相一致，轨道电路工作特性应与主发送器工作时相同。

接收采用主、并机工作模式，试验时，顺序将接收器主、并机拔下，分别试验并、主机工作正常。

⑭残压测试

根据道床条件不同，用不同的标准分路线进行测试。道床电阻不小于 3.0 Ω · km 时，用 0.25 Ω 标准分路线分路轨面，或道床电阻小于 3.0 Ω · km 时，用 0.15 Ω 标准分路线分路轨面，测试轨出 1 电压（在衰耗器测试孔测试）不得大于 153 mV，轨道继电器应可靠落下。

⑮发送报警

逐个区段进行主、备发送器关机试验时，均应有移频报警提示。

⑯接收报警

分别对主、并接收器断开试验，核对报警应正常。

⑰送、受电端设置正确

根据运行方向，发送端设在运行方向的前方，先校核电缆配线正确，然后通过断开送端电缆，轨面无移频信息，断开受端电缆，轨面有移频信息的方法来判断送、受电端设置正确；也可以将钢轨短路后，测试轨道电路发送端调谐单元应有移频信息，接收端被短路后无移频信息，确认发送端、接收端与列车运行方向相符，并核对匹配变压器的变比应符合要求。

七、调度集中系统试验

1. 普速铁路CTC系统试验

(1)在分散自律控制模式下,对车站车务终端进行全面试验

该试验主要包括正常开放信号、重复开放信号、随时关闭信号、取消进路解锁、人工延时解锁、区段事故解锁、引导进路办理和取消、引导总锁闭办理和取消、延续进路办理、延续进路人工解锁、单独操纵及锁闭道岔、改变运行方向方操作、上电解锁、道岔封锁及道岔解除封锁等试验,并与调度中心、车站联锁显示含义一致性核对。试验方法与车站联锁试验方法相同。

(2)在分散自律控制模式下,对调度中心进行全面试验

该试验主要内容与车站车务终端相同。试验时,应确认所有操作和显示与车务终端及车站联锁界面三者显示含义一致。试验方法与车站联锁试验方法相同。

(3)在分散自律控制模式下,车站联锁控制台除非常站控按钮外,其他操作不起作用;在非常站控模式下,调度中心和车务终端操作不起作用。

试验时,在分散自律模式下在联锁控制台上试排一条进路应不起作用;在非常站控模式下,在调度中心或车务终端试排一条进路应不起作用。

(4)其他各种特殊项目试验

该试验包括信号始终端及通过按钮钮封及钮解、股道封锁、区间封锁、分路不良、电力标志设置等。试验时,每处逐项进行。

(5)《车站行车工作细则》内容试验

对纳入CTC控制的《车站行车工作细则》条件进行相关内容的试验。

(6)在模式转换时,不应影响已办理的列车进路和调车进路,且不应形成预排进路。

(7)分散自律控制模式转向非常站控模式时,应不检查任何条件;非常站控模式下,有正在执行的按钮操作时,应不能转回分散自律控制模式。

(8)在分散自律控制模式下,停站列车根据运行图计划整列进入股道,在不具备列车停稳信息条件时,应能延时后自动开放出站信号机。

(9)在分散自律控制模式下,进站信号机内方第一轨道区段故障,由调度中心办理引导接车,试验方法同车站联锁试验。

(10)在分散自律控制模式下,车务终端的操作应不得解锁调度中心办理的进路或关闭信号,调度中心的操作应不得解锁车务终端办理的调车进路或关闭调车信号(具有车站控制功能的车务终端,调度中心的操作应不得解锁车务终端办理的进路或关闭信号)。

(11)对于双线自动闭塞车站,在分散自律控制模式下,通信中断且未转为非常站控模式,此时应可继续执行剩余列车运行调整计划。

(12)具有平面调车区集中联锁溜放作业功能的车站,联锁控制台平面溜放的所有功能按钮必须纳入调度集中的车务终端;溜放按钮采用一层密码方式设置。

车务终端使用溜放按钮时,应输入预计溜放作业时间,并检查相关到发线在该时间段内未被列车运行调整计划使用,以及没有正在办理的调车进路后,该按钮方可生效。

车务终端按压溜放按钮后,一旦溜放作业开始执行,溜放区域内所有线路应自动设置禁用标记,禁止非溜放进路使用,溜放按钮经车站人工复原后,方可恢复正常使用状态。

(13)CTC 系统车站运行试验

①按图排路功能试验

核对列车进路序列内容是否正确、进路序列动态变化是否正确。

核对列车进路触发时机,包括动车组、车次为 Z 或 T 的列车、其他客运列车、货物列车。

②车站车务终端应用功能

接收行调台发来的调度命令格式的日班计划,以调度命令方式浏览、查询、签收。

接收行调台发来的运行调整计划,以运行图方式或时刻表方式浏览、查询,可以浏览相邻各个站的计划。

接收、打印行调台、值班主任台编写的调度命令,按特定模板方式显示,提供人工签收、转发机车的功能。转发机车时,有机车自动回执和司机签收回执。

按时间和命令号查询、浏览接收到的调度命令,是否转发机车有标志。

在操作显示界面上可以随时人工请求查看自律机中最新的列车进路指令表,能够标识出进路的状态(未执行、已锁闭、已执行等)。

列车与调车作业检查:办理调车进路,必须由车站自律机依据列车运行调整计划在时间与空间上(进路预计占用时间、避让车次、相关联锁条件等)对调车进路检查运算,无冲突后方可办理。

根据实际报点信息自动生成行车日志(运统二/三),按运输要求格式,可以提供人工报点、打印、查询等功能。

接收调度中心助调台编制的通知单并可查询显示、打印,不能修改,可转发到机车。对于带站场平面图的调车作业单还应核对平面图的正确性。

编制本站调车作业单:按现场实际调车作业单内容输入调车作业计划,每钩计划至少应包含序号、作业股道、作业方法、辆数、备注等内容。调车作业单可以先编好缓存起来,需要时再调出下达。

可以方便地查询已下达或缓存的调车作业单。

生成调车作业单所需进路:编好的调车作业单可预下达到车站自律机中,对应的进路可以由自律机根据现场实际自动生成,并返回到对应的调车作业单界面上,同时返回根据钩作业时分生成的每条进路的预计执行时间;也可由人工在编制调车作业单时提前输入,一起下达到自律机中执行。

自动生成的调车进路的人工调整、确认:对于较复杂的车站,自律机自动生成的进路可能会与编制人的意图不符,系统应能提供出对应某条进路的可能变更选项,供人工选择;点中调车作业单中的进路时,在对应的站场图上有对应的光带,方便编制人确认。进路经确认后下达到自律机,作为将要执行的调车计划进路。

方便地输入、修改、列表查询站存车信息,并可发送给相关调度台和车站。

按 T/D 结合统一格式显示 TDMS 的列车编组信息(运统一),接收、显示行调台转发的运统一信息,可输入、修改在本站变化的编组信息,发送到相关调度台。

方便地输入、修改列表查询列车小编组信息,并可发送给相关调度台和车站。

车站设备状态实时监视:按设备连接图方式,分层显示,反映本站设备的网络连接情况,包括输入输出板的各位状态。

2. 高速铁路 CTC 系统试验

(1)调度中心、车务终端与车站联锁接口核对

分别在调度中心、车务终端上按照联锁表对进路进行试验,主要包括正常开放信号、重复开放信号、随时关闭信号、取消进路、人工解锁、引导信号开放及取消、长调车进路办理及取消、延续进路办理及解锁等。检查调度中心、车务终端和联锁显示屏信号显示、光带显示、各类指示灯等含义应一致。

(2)调度中心、车务终端各种按钮功能和表示信息检查

①道岔操作及表示信息核对

定操、反操、单锁、单解、单封、封解操作试验;道岔名称、所处位置、开通方向、定反位表示、单锁表示、单封表示、挤岔表示核对。

②站内信号机操作及表示信息核对

钮封、钮解操作试验;信号机名称、所处位置、显示方向、信号复示器及按钮显示核对(断丝显示)、按钮按下显示(出站信号机包括列车和调车按钮)、钮封、钮解显示等核对。

③站内轨道电路操作及表示信息核对

轨道区段故障解锁操作试验;轨道电路名称、所处位置、绝缘节(侵限绝缘)位置、空闲表示、占用、锁闭、正常解锁表示状态等核对。

④区间信号机和轨道电路表示信息核对表

信号机名称、设立位置、显示方向、显示核对及断丝表示;轨道电路名称、设立位置、空闲及占用表示核对。

⑤其他表示信息核对表

主副电源表示灯、方向电路表示灯、各种报警指示灯、模式转换表示灯核对。

⑥其他各种功能按钮试验

信号始终端及通过按钮钮封及钮解、股道封锁、区间封锁、分路不良、电力标志设置等。

(3)控制模式试验

①分散自律向非常站控转换。

转换正常、提示报警、状态表示正确、不影响已办理的列车和调车进路,不形成预排进路。

②非常站控模式,车务终端(调度中心)控制不起作用。

试验时,在非常站控模式下,在调度中心或车务终端试排一条进路应不起作用。

③非常站控向分散自律转换。

转换正常、提示报警、状态表示正确,不影响已办理的列车和调车进路,不形成预排进路。

④分散自律模式,车站联锁控制台除非常站控按钮其他所有操作不起作用。

试验时,自律模式下,在联锁控制台上试排一条进路应不起作用。

⑤分散自律模式下,车务终端不得取消或解锁调度中心办理的列车、调车进路或关闭信号;调度中心不得取消车站办理的列车、调车进路或关闭信号。

试验时,分别在车务终端和调度中心办理进路后,在调度中心和车务终端应不能取消进路或关闭信号。

⑥分散自律模式转向非常站控模式不检查任何条件。

试验时,可在自律模式下办理任一项操作,应能转向非常站控模式。

⑦非常站控模式转向分散自律模式检查条件

分散自律系统不正常不能转换、有正在执行的按钮操作不能转换。试验时，可分别在联锁界面上按下任一信号按钮和允许转回分散自律控制模式指示灯（黄灯）灭灯时，办理转自律操作应不起作用。

（4）在分散自律控制模式下，停站列车根据运行图计划整列进入股道，在不具备列车停稳信息条件时，应能延时后自动开放出站信号。

（5）在分散自律控制模式下，通信中断且未转为非常站控模式，此时应可继续执行剩余列车运行调整计划。

（6）站细内容试验

对纳入 CTC 控制的站细条件进行相关内容的试验。

（7）临时限速试验

分别以调度命令形式下达试验和直接限速形式下达试验。

①一个闭塞分区范围内限速

该内容包括起止公里标、限速区段、各种不同限速等级，限速下达正确，限速取消正确，对于无临时限速服务器的区段，CTC 系统应可正确归档限速范围。

②跨越两个及以上闭塞分区的限速

该内容包括限速区段范围、各种不同限速等级，限速下达正确，限速取消正确（从两个闭塞分区至本站管内一条线），对于无临时限速服务器的区段，CTC 系统应可正确归档限速范围。

③站内侧线

内容包括侧线限速区、限速等级，限速下达正确，限速取消正确，与其他侧线限速区覆盖情况。

④临时限速特殊情况

一条限速下达后，另一线别的限速应能同时下达。试验时，在同一公里标范围内进行试验。

在规定区域内，同线别的限速应不能同时下达。

"初始化"正常：当车站列控中心与 CTC 建立连接之后，CTC 需向车站列控中心发送初始化命令。试验时，使车站列控中心重启并初始化，在 CTC 界面上检查车站列控中心状态显示正常，应能正常发送限速命令。

（8）CTC 系统车站运行试验

①按图排路功能试验

核对列车进路序列内容是否正确、进路序列动态变化是否正确。

核对列车进路触发时机。

②车站车务终端应用功能

接收行调台发来的调度命令格式的日班计划，以调度命令方式浏览、查询、签收。

接收行调台发来的运行调整计划，以运行图方式或时刻表方式浏览、查询，可以浏览相邻各两个站的计划。

③调度命令接收、打印

接收行调台、值班主任台编写的调度命令，按特定模板方式显示，提供人工签收、转发列车的功能，转发列车时，有列车自动回执和司机签收回执。

④调度命令查询

可以按时间和命令号查询、浏览接收到的调度命令，是否转发列车有标志。

⑤进路指令表

在操作显示界面上可以随时人工请求查看自律机中最新的列车进路指令表，能够标识出进路的状态(未执行、已锁闭、已执行等)。

⑥列车与调车作业检查

办理调车进路，必须由车站自律机依据列车运行调整计划在时间与空间上(进路预计占用时间、避让车次、相关联锁条件等)对调车进路检查运算，无冲突后方可办理。

⑦行车日志自动生成

根据实际报点信息自动生成行车日志(运统二/三)，按运输要求格式，可以提供人工报点、打印、查询等功能。

⑧调车作业单的接收、转发、查询

可以接收调度中心助调台编制的通知单并可查询显示、打印，不能修改，可转发到列车。对于带站场平面图的调车作业单还应核对平面图的正确性。

⑨本站调车作业单的编制

按现场实际调车作业单内容输入调车作业计划，每钩计划至少应包含序号、作业股道、作业方法、辆数、备注等内容，调车作业单可以先编好缓存起来，需要时再调出下达。

⑩调车作业单的查询

已下达或缓存的调车作业单可以方便地进行查询。

⑪调车作业单所需进路的生成

编好的调车作业单可预下达到车站自律机中，对应的进路可以由自律机根据现场实际自动生成，并返回到对应的调车作业单界面上，同时返回根据钩作业时分生成的每条进路的预计执行时间；也可由人工在编制调车作业单时提前输入，一起下达到自律机中执行。

⑫自动生成的调车进路的人工调整、确认

对于较复杂的车站，自律机自动生成的进路可能会与编制人的意图不符，系统应能提供出对应某条进路的可能变更选项，供人工选择；点中调车作业单中的进路时，在对应的站场图上有对应的光带，方便编制人确认。进路经确认后下达到自律机，作为将要执行的调车计划进路。

⑬车站设备状态实时监视

按设备连接图方式，分层显示，反映本站设备的网络连接情况，包括输入输出板的各位状态。

八、驼峰信号设备试验

1. 驼峰信号基础设备单项试验

(1)驼峰信号机及驼峰辅助信号机试验

①驼峰信号机的灯位和显示核对

驼峰信号机的显示核对要求与一般信号机的试验要求相同，其不同点在于信号显示与速度控制相关联。

一是核对信号机灯位排列是否符合规定，颜色是否符合要求；二是核对信号机显示的实际灯光与控制台(显示器)信号复示器的显示是否对应;三是核对驼峰信号机的红灯显示,并通过办理溜放作业将驼峰信号开放各种显示,核对作业方式与显示的一致性。

②驼峰信号机红灯断丝不能开放信号

驼峰信号机开放时应检查红灯灯丝的完好,主、副灯丝均断时信号不能开放。试验时,可拔掉室外信号机灯泡后办理进路,有关信号应不能开放。

③驼峰辅助信号机显示核对

驼峰辅助信号机在未办理驼峰推送作业时应处于关闭状态,只有办理驼峰推送作业后才允许开放,其显示内容与驼峰信号机同步且相同(不同的仅仅是,进行预推作业时驼峰辅助信号机显示黄灯,而驼峰信号机无黄灯显示)。该项工作应与室外人员联络同时试验。

(2)驼峰分路道岔试验

驼峰分路道岔除了试验普通道岔要求的项目外,在以下方面有所区别。

①道岔锁闭试验

驼峰分路道岔只有单独锁闭、区段锁闭、进路锁闭三种模式。在道岔单独锁闭情况下,道岔均应不能转换;在调车模式下,建立进路并锁闭后,单独操纵该进路上所有道岔均应不能转换;在溜放模式下,人工手动操纵道岔具有优先权,在溜放钩车没有进入该道岔区段时可以人工干预抢扳道岔,在控制台(显示器)上给出相应的手动操纵表示信息;若溜放车辆已进入某道岔区段时,人工干预也不能操纵该道岔。试验时,在正常进路锁闭、模拟车列溜放区段占用和未占用等各种情况试扳道岔,确认联锁关系符合上述要求。

②道岔转换时间

驼峰分路道岔采用快动转辙机牵引,为保证溜放车辆的安全,电空转辙机转换时间不大于0.6 s、电动转辙机转换时间不大于0.8 s。测试道岔转换时间,应符合要求。

③道岔自动回转试验

驼峰快动道岔若因故在规定时间内(电空转辙机1.0~1.2 s,电动转辙机1.2~1.4 s)不能转换到所需位置时,在车辆尚未进入该道岔的轨道区段前,应能自动回转到原来位置。

④道岔因故未转时,车辆占用试验

室外分路道岔因故未转换,车辆占用该道岔区段后,应及时切断室外动作电源。试验时,断开转辙机遮断器(即安全接点),操纵该道岔,道岔应不动作,遮断器端子上有电压,人工模拟区段占用后,测试遮断器端子上应无电压。

⑤风压锁闭试验

对于电空转辙机,试验风压大于或等于0.32 MPa时,活塞杆应处于解锁状态;风压小于或等于0.25 MPa时,活塞杆应处于锁闭状态。

试验方法:调节风压至0.32 MPa时,电磁锁闭阀阀杆应缩回锁闭阀体内;调节风压至0.25 MPa时,电磁锁闭阀阀杆应伸出。

⑥7 mm间隙不锁闭试验

对有表示杆道岔,应试验牵引点处有7 mm及以上间隙时,道岔不能锁闭。

⑦应急蓄电池组试验

如在道岔转换过程中电源断电,应急蓄电池组应能及时供电,保证道岔能转换到规定位置。试验时,可在道岔转换过程中断开动作电源,确认道岔应转换到位。

(3)驼峰峰下轨道电路试验

①轨道继电器串并联核对

为提高双区段轨道电路的分路灵敏度,要求将 DG_1 继电器线圈并联连接,DG 继电器线圈串联连接。试验时,测试各 DG_1、DG 区段的工作电流,保证线圈连接正确。

②双区段轨道电路特殊试验

DG_1 区段占用时,DGJ 落下;DG 区段占用时,DGJ_1 不落下。

③分路残流(压)

用标准分路电阻线在轨面上分路时,测量轨道电路的残流(压)应符合《普速铁路信号维护规则》的要求。

④溜放进路岔前轨道电路长度检查

溜放进路岔前轨道电路应有足够长的保护区段,保护区段长度应满足《普速铁路信号维护规则》的有关规定,以确保车辆压入轨道电路后,道岔能够转换完毕,并且尖轨已经密贴,使车辆安全通过该道岔。试验时,应测试核对保护区段长度符合要求。

驼峰轨道电路的其他试验项目与普通轨道电路的试验要求相同。

2. 驼峰信号联锁电路试验

(1)驼峰信号机联锁电路试验

①信号开放后有关道岔锁闭

开放驼峰信号机后,推送进路上或调车进路上的道岔应锁闭。试验时,开放驼峰信号机后,单操相关道岔应不能转换。

②溜放信号开放后峰上有关调车信号开放

驼峰信号机开放溜放信号后,将带动开放推送进路上的调车信号机。试验时,分别办理机车上下峰、溜放、后退等作业,检查进路上调车信号机应开放。

③闪光信号源故障时信号关闭

对于驼峰信号显示闪光信号而闪光信号源故障时,若转为显示稳定灯光,则信号显示的含义出现错误,因此要求信号机改点红灯,禁止进行作业。试验时,应对每架驼峰信号机各种闪光信号逐一开放,模拟闪光源故障条件,试验驼峰信号应及时关闭。

④使用峰顶按钮柱关闭信号

在峰顶推送进路的摘钩点上设有关闭信号按钮柱,由室外调车员在紧急情况下,按压该按钮,将驼峰信号关闭。

⑤使用信号切断按钮关闭信号

在控制台(显示器)上设有信号切断按钮,按压该按钮,驼峰信号应关闭。

⑥限界检查器

推送线区段设有限界检查器,当特种超限车辆通过该检查器时,驼峰信号应关闭。

(2)线束调车信号机联锁试验

①正常开放信号

按压某股道调车始端和咽喉调车终端钮后,对应的线束调车信号机应能开放信号,同时在检查道岔开通位置正确后,相应股道的线路表示器点亮白灯(平常处于灭灯状态)。试验时,应同时核对线束调车信号机和线路表示器室内、外显示完全一致。

②线束调车信号未开放时,线路表示器不能开放

线路调车表示器开放时,要检查股道外方第一架调车信号机开放条件,如第一架调车信号机因故不能开放时,线路表示器应不能开放;线路表示器开放后,股道外方第一架调车信号机因故关闭,则线路表示器应立即关闭。试验时,应对两种情况分别进行试验。

③敌对信号不能开放

办理某条调车进路,如与其敌对的信号已开放,则该调车进路不能建立;开放调车信号后,与其敌对的进路应不能建立。试验时,应分别对两种情况进行试验。

④道岔位置不对不能开放信号

办理调车进路后,如该进路上的道岔位置与需要的位置不符,则调车信号机不能开放。试验时,将进路每组道岔分别置于与进路需要不符的位置并单独锁闭,再办理进路,调车信号机应不能开放。

⑤信号开放后锁闭道岔

建立调车进路后,该进路上的道岔应全部处于锁闭状态。试验时,可在建立调车进路后,单独操纵进路上的每组道岔,应不能转换。

⑥道岔无表示关闭信号

调车信号开放后,如进路上某组道岔因故失去表示,则开放的信号立即关闭。试验时,应对进路上每组道岔分别进行断表示试验,开放的调车信号和线路表示器应立即关闭。

⑦随时关闭信号

当调车信号机开放后,采用取消或总人工解锁方式能随时将信号机关闭,也可以采用区段故障按钮关闭信号。

⑧进路正常解锁

正常进行调车作业后,进路按两点检查方式进行正常解锁。

⑨总取消或总人工解锁

建立调车进路后,应可采取总取消或总人工解锁方式解锁进路。

3. 驼峰联系电路试验

(1)驼峰场与到达场联系电路试验

①同意预推

驼峰信号楼同意预推,按下预先推送按钮后,到达场信号楼才能排列推送进路。试验时,先在驼峰信号楼未按允许预推按钮情况下,确认推送进路应不能建立,再按上述要求逐条股道办理并确认预推进路。

②预推信号自动关闭

在办理推送进路开放预推信号后,驼峰信号机未开放时,车列预推至预定停车点,预先推送作业自动结束,预推信号即驼峰辅助信号机由黄灯改点红灯,驼峰复示信号机灭灯,推送进路保持锁闭状态,驼峰由预推状态改为预锁状态。试验时,在办理推送进路后,模拟车列预推至预定停车点,确认上述信号机应关闭。

③人工办理提前进行预先锁闭

当推送线已办理预先推送作业时,操作允许预先推送按钮可以人工取消预先推送作业,将峰上有关道岔转到预先推送锁闭状态,到达场驼峰辅助信号机由黄灯变为红灯。

④预推取消

在驼峰信号楼已同意预推，但到达场信号楼尚未排列推送进路时，驼峰信号楼办理预推取消手续，即可取消预推；在推送进路锁闭、驼峰辅助信号机开放时，驼峰信号楼办理预推取消操作后可关闭预推信号，如车列未占用推送进路，推送进路经延时 30 s 后解锁，如车列已占用推送进路，则推送进路不得解锁。

⑤允许推送

在驼峰信号楼按下允许推送按钮后，驼峰信号机根据驼峰信号楼的控制条件，决定开放何种信号；到达场的驼峰辅助信号机在推送进路已排列的前提下，复示驼峰信号机的显示。试验时注意驼峰信号机、驼峰辅助信号机及其复示信号机、驼峰复示信号机、室内信号复示器的显示相一致。

⑥人工办理提前进行允许推送作业

当推送线已办理预先推送作业时，操作允许推送按钮可以直接取消预先推送作业转入允许推送作业，到达场驼峰辅助信号机自动复示驼峰信号机的显示。

⑦允许推送作业结束

当推送车列占用到达场与驼峰场连接的无岔区段后且出清到达场时，驼峰辅助信号机自动关闭，不再复示驼峰信号机的显示。试验时，模拟车列推送，人工确认驼峰辅助信号关闭时机是否正确。

⑧推送取消

在推送进路锁闭、驼峰辅助信号开放时，驼峰信号楼值班员办理允许推送取消可关闭推送信号，驼峰信号机显示红灯，如车列未占用推送进路，推送进路经延时 30 s 后解锁，如车列已占用推送进路，则推送进路不得解锁。

⑨推送进路办理后，相关信号机的显示

在预推条件下，推送进路排列，驼峰辅助信号机开放黄灯；在允许推送条件下，驼峰信号机开放后，驼峰辅助信号机复示驼峰信号机的显示。试验时，采用模拟车列在推送线上推进或后退，确认有关信号是否按要求自动开放。

⑩推送线平行作业

核对双峰同时办理预推、推送或调车作业时信号显示、进路锁闭和解锁正确。

⑪切断驼峰复示信号

到达场信号楼在驼峰辅助信号机开放（即推送作业开始）后，即失去了对驼峰辅助信号机及其所防护的推送进路的控制权；必要时可破封按压切断推送信号按钮，使驼峰辅助信号机关闭，但推送进路不得解锁。

⑫推送进路排列，不能取消或人工解锁进路

到达场信号楼在排列了推送进路后，不能采取取消或人工解锁方法使进路解锁。试验时，可在排列了推送进路后按压取消或人工解锁按钮和始端按钮，确认推送进路应不能解锁。

⑬驼峰取消推送进路，到达场推送进路 30 s 解锁

在驼峰辅助信号开放、车列未占用推送进路时，驼峰信号楼办理了取消推送手续后，到达场推送进路需经延时 30 s 后方可解锁。试验时，可按要求办理手续，检查推送进路应按规定进行延时解锁。

⑭推送进路出清一次性解锁

在检查车列全部出清到达场、压入分界处的无岔区段和该无岔区段的下一个区段条件后，

到达场的整条推送进路一次性自动解锁。可模拟车列推送，在符合区段占用条件后，确认是否一次性自动解锁。

⑮驼峰信号楼及到达场信号楼推送进路表示

在到达场信号楼控制台，试验时，确认现场信号显示与驼峰信号复示器显示含义应相符；确认允许推送或预先推送时，允许推送表示灯点亮绿灯；确认当驼峰信号楼向推送线无岔区段排列调车进路时，调车照查表示灯应显示白灯；可在按下切断推送信号按钮后检查信号应能关闭，切断推送信号按钮表示灯应按要求闪光。

到达场为计算机联锁时，其显示屏上完全复示驼峰信号机显示；驼峰场办理预推时，到达场信号楼显示屏上推送表示灯显示黄灯；当办理允许推送时，推送表示灯显示绿灯。

在驼峰信号楼控制台，试验时，确认当到达场某股道的推送进路排通并锁闭后推送进路表示灯显示白灯；确认当车列进入推送进路后推送进路接近表示灯显示红灯；确认当到达场信号楼向推送线的无岔区段排列调车进路时调车照查表示灯显示白灯。

在驼峰信号楼控制台对应每条推送线设一个允许推送按钮、一个允许预先推送按钮和一个允许推送表示灯、一个允许预先推送表示灯，当同意允许推送或允许预先推送时按下相应按钮，则相应的表示灯应显示白灯。试验时，分别操作不同按钮，检查对应的表示灯应按要求显示。

采用显示屏作为操作、显示界面的驼峰信号楼，上述操作和显示按操作说明书要求进行。

⑯正常排列调车进路

在未办理推送进路手续时，到达场、驼峰场均可向交界处的无岔区段排列调车进路，但双方不得同时办理。试验时，按上述要求分别进行试验检查。

⑰推送线无岔区段占用，不能排列车和调车进路

试验时，可人工分路无岔区段，检查驼峰场和到达场通向该无岔区段的调车信号均应不能开放。

⑱开放后退信号检查到达场照查条件

到达场未向驼峰建立相敌对的推送进路或调车进路时，驼峰信号机可开放后退信号；到达场向驼峰排列推送进路且占用推送进路时，相关对应驼峰信号机也可开放后退信号。试验时，分别在到达场推送进路未建立、推送进路已建立且占用推送进路的情况下，试验后退信号应能开放；在到达场推送进路建立且车辆未占用推送进路的情况下，试验后退信号应不能开放。

(2)编发线与驼峰照查电路试验

①锁闭道岔的号码及开通位置

编发线相应股道准备发车时，驼峰对该股道进行封锁，将相关道岔锁闭在规定位置不能操纵，防止驼峰溜放车辆进入该股道，封锁的股道应有相应表示。试验时，由驼峰信号楼根据编发线的要求将向股道的道岔操纵到禁止开通位置，并按压封锁按钮，检查锁闭道岔的号码和开通位置正确后向出发场(或编尾)送允许开放信号条件，编发线信号才能开放。对驼峰与出发场(或编尾)联系的道岔逐组进行锁闭，核对封锁的道岔位置与信号开放的股道应相对应。

②道岔锁闭正确

在股道封锁状态下试操相关股道的道岔应被锁闭在规定位置不能操纵。

③锁闭人工解锁

对编发线股道封锁后，在出发场(或编尾)开放信号前，可以采用人工解锁方式解除编发线股道封锁，被锁闭的道岔应恢复可以操纵；在出发场(或编尾)开放信号后，应不能采用正常

人工解锁方式解锁,操纵道岔应不能转换。如因特殊需要,可以采用“强制解锁”操作来解除编发线股道封锁。

④人工解除股道封锁

编发线开放出站信号前,可以通过正常方式解除股道封锁,将相关道岔解锁,取消向出发场(或编尾)送允许开放信号条件;编发线开放出站信号后,只能通过强制方式解除股道封锁,将相关道岔解锁,取消向出发场(或编尾)送允许开放信号条件。

⑤场内调车试验

在编发线与驼峰衔接处设“同意溜放”条件,当出发场未办理同意溜放手续时,可以允许在出发场内调车,但出发场向驼峰调车需经驼峰场同意且需检查驼峰场没有向编发线排列溜放进路或调车进路,方可开放向驼峰的调车信号。信号开放后如果检查到出发场的“同意溜放”条件或驼峰向编发线的调车信号开放条件,编发线向驼峰的调车信号应立即关闭。试验时,按上述条件分别办理,应符合要求。

⑥场内接发列车试验

只有发车功能的编发线,在发车时不允许溜放;允许办理接、发列车作业的编发线,在接、发车时不允许溜放。

检查可以办理接车作业的编发线空闲,且该编发线另一端未办理溜放或调车进路时,可以排列向该编发线的接车进路,接车信号开放后,试按向该编发线的“同意溜放”按钮应不起作用,驼峰向该编发线的溜放信号不得开放。

排列发车进路时对应编发线进行锁闭,但必须经驼峰场按下相应的封锁按钮,将驼峰与编发线联系的相关道岔锁闭,出发场发车信号才能开放。发车信号一旦开放后,试排向该编发线的溜放信号不得开放。道岔封锁按钮也不能取消,待出发场取消发车进路后,驼峰场才能收回同意发车控制权。试验时,按上述条件分别办理,应符合要求。

⑦列车出发后的解锁

编发线的列车在发车并出清股道(或发车进路第一区段解锁)后,应恢复驼峰场对有关分路道岔的控制。试验时,模拟列车出发,操纵有关分路道岔应能转换(不具备自动解锁功能的驼峰场应先人工解锁有关分路道岔)。

⑧出发场(或编尾)出站信号开放表示核对

出发场(或编尾)编发线股道开放出站信号机时,在驼峰信号楼控制台给出相应的表示。逐个股道开放出站信号核对表示正确。

⑨同意发车显示核对

驼峰场办理股道封锁后,出发场(或编尾)控制台相应股道“同意发车”表示灯点亮。

⑩不同意发车列车信号不能开放

在驼峰场未办理相应股道封锁的情况下,出发场(或编尾)试排出站信号应不能开放

⑪往驼峰调车需经驼峰场同意

相关编发线往驼峰调车时需经驼峰场同意,即由驼峰场按压“同意调车”按钮时,调车信号方可开放。向驼峰的调车信号开放后,驼峰场则不能取消同意调车,需待出发场或编尾关闭调车信号后方可收回同意调车权。试验时,按上述条件分别办理,应符合要求。

⑫同意溜放试验

一般在出发场的编发线设“同意溜放”按钮,控制权在出发场。在编发线未办理接、发进

路和调车进路时，出发场可按下对应编发线的“同意溜放”按钮，检查通向该编发线的道岔位置符合要求并被锁闭后，此时“同意溜放”表示灯显示红色灯光，表示同意驼峰场可向此编发线进行溜放作业。

控制权一旦交给驼峰场，收回必须经驼峰场同意。也就是先由驼峰场取消溜放信号，然后出发场取消“同意溜放”。“同意溜放”表示灯灭灯，道岔解锁，方可收回控制权。当出发场同意溜放权收回后，驼峰场不能再办理向编发线的溜放进路。试验时，按上述条件分别办理，应符合要求。

编尾的场间联络还有些技术条件需要根据具体站场的运营作业要求进行个别设计，试验时要注意加以区分。

4. 迂回线(禁溜线)联锁试验

(1)自动办理

去迂回线(禁溜线)的命令储存在调车作业计划中，命令为第一钩时，办理列车推送进路后，相关道岔自动转换到迂回线(禁溜线)，驼峰信号机开放白闪信号；当去迂回线(禁溜线)的计划不是第一钩时，前面车辆溜放完毕，先关闭驼峰信号，然后开放红闪信号指示推峰机车后退，一旦通向迂回线(禁溜线)的进路联锁条件满足，即控制相关道岔转换到要求位置，同时锁闭进路，开放白闪信号。车列完全进入迂回线(禁溜线)时，由程序自动将白闪信号切换到红闪信号，如果车列没有完全进入需要中途折返退出迂回线(禁溜线)，相关道岔区段仍显示红光带，须作业员人工操作驼峰信号停止，再开放后退信号。去迂回线(禁溜线)按储存计划办理时，其局部推送进路的解锁—选路—再锁闭须在驼峰信号关闭后延时15~30 s。

(2)手动办理

按办理列车进路的操作方法办理去迂回线(禁溜线)进路，驼峰信号机开放白闪信号。

(3)驼峰信号机显示

在推送进路锁闭的情况下，如果推送进路是去往迂回线(禁溜线)时，驼峰信号机可开放白闪或红闪信号。

(4)调车信号机显示

在推送进路锁闭的情况下，推送进路上的调车信号机，应随驼峰信号机开放或关闭而自动开放或关闭。

5. 驼峰机车信号及机车遥控联锁试验

(1)驼峰机车信号地面发码试验

采用驼峰移频机车信号的编组站，驼峰场完成本场推峰进路上的低频编码，单轨条传输到轨面；到达场按推峰股道进路、驼峰辅助信号显示进行编码，传输通道用道岔位置进行区分，采用单轨条进行传输发送。

采用驼峰无线机车信号的编组站，根据各峰的驼峰信号显示、到达场推送股道进行编码和发送，室内设编码、发送主机，室外驼峰推送进路、迂回线(禁溜线)、到达场推送进路、股道等相关部位设无线应答器，机车上设有接收编译器(机车信号)。

试验驼峰场机车信号时，分别开放各驼峰推峰信号，模拟机车占用，测试发码电路和传输通道应正确。试验到达场机车信号时，分别办理各股道对驼峰进路，根据驼峰信号辅助显示，模拟列车占用股道、道岔区段，测试发码电路和传输通道应正确。

(2)驼峰机车信号显示核对

①单台机车作业站场的驼峰机车信号显示核对

对于单台机车作业的站场,驼峰机车信号车载设备不具备股道识别功能。驼峰机车信号的有效区段为到达场推送股道到峰顶;或由编组线回牵经由峰顶进入已开通的推送进路。

机车信号显示应时刻保持与驼峰信号机、驼峰辅助信号机及其复示信号机、驼峰复示信号机显示一致。当驼峰信号机与驼峰辅助信号机及其复示信号机、驼峰复示信号机显示不一致时(预先推送信号除外),以驼峰信号显示内容为准。

当驼峰辅助信号机显示预先推送信号时,机车信号显示应与驼峰辅助信号机及其复示信号机、驼峰复示信号机显示一致。

当未开放驼峰信号或预先推送信号时,机车信号显示红灯。

②多台机车作业站场的驼峰机车信号显示核对

当驼峰辅助信号显示允许预先推送信号时,机车由到达场入口进入推送股道后,机车信号显示内容与驼峰辅助信号机及其复示信号机、驼峰复示信号机的显示一致。

在办理推送进路后,驼峰辅助信号机开放,驼峰信号机未开放时,车列推送至预定停车点,机车信号显示与驼峰辅助信号机的显示一致。

在推送进路锁闭、驼峰辅助信号机开放时,驼峰信号楼办理取消预先推送操作后,机车信号显示红灯。

在驼峰信号机开放后,机车信号显示应保持与驼峰信号机、驼峰辅助信号机及其复示信号机、驼峰复示信号机的显示含义相符。

当允许推送作业结束,推送机车出清峰顶最后一个轨道区段后,机车信号显示红灯。

(3)推峰机车遥控

驼峰推峰机车遥控应不影响司机的正常工作,处于遥控工作方式时,由值班员或驼峰自动控制设备直接对推峰机车的推峰方式及速度进行控制,司机对机车工作进行监督;司机对机车的操纵具有优先权。

①机车遥控预推

预先推送:机车进行预推作业时,值班员按下预先推送按钮后,机车遥控系统将按到达场的联锁要求向机车发出预推指令,当司机采用机车遥控系统控车时,预推速度将保持10 km/h(可根据车站要求设置调整),并在控制台(显示器)上显示作业股道与机车速度。

预先推送减速:当车列占用到达场推送进路第一个轨道区段后,机车遥控系统自动生成预先推送停车命令,自动完成预推减速过程,在车列推进到占用到达场推送进路最后一个轨道区段前,将推送速度减到5 km/h以下。

预先推送停车:当车列推进到占用到达场推送进路最后一个轨道区段后,机车遥控系统自动生成预先推送减速命令,自动完成预推停车过程,控制车列停车,车列速度为“0”后,车列最前端距峰顶的距离为30~45 m(不同场要求距离不同)处停车。

允许预先推送作业结束:在办理推送进路后,驼峰辅助信号机开放,驼峰信号机未开放时,车列推送至预定停车点,机车遥控系统显示屏显示与驼峰辅助信号机显示一致。

取消预先推送:在推送进路锁闭、驼峰辅助信号机开放时,驼峰信号楼办理取消预先推送操作后,机车遥控系统显示屏显示红灯,机车遥控系统控制车列停车。

②机车遥控推送

在驼峰信号开放后，机车遥控显示屏显示应保持与驼峰信号机的显示含义相符。

值班员按下允许推送按钮后，列车进入主推作业，主推作业时，机车按照值班员给出的速度值，恒速推送列车作业。

机车遥控系统处于“遥控”状态，自动完成允许推送启动和推送过程。

③遥控推送作业结束

当推送列车的机车出清峰顶最后一个轨道区段后，机车遥控系统显示屏显示信号为红灯，机车遥控控制车列停车。

6. 驼峰控制系统试验

计算机控制系统采用分布式结构时，在主系统故障情况下，信号应关闭，道岔应锁闭；分布式子系统应保证溜放中的钩车通过减速器不会失控。

(1)驼峰自动控制系统启动

按驼峰自动控制系统规定的启动步骤及注意事项，顺序操作，系统应正常启动。

(2)系统倒机

对于故障时影响全场的系统硬件，应采用双机热备。实现A、B机人为倒机，正常情况下倒机的条件是A、B机都处于工作状态并且同步；在主备机同步状态下，没有溜放计划，进行双机切换系统应能可靠切换；正在溜放过程中进行双机切换作业，交换控制权后，应正常可靠工作。

注意：当两台机器工作不同步时，不能在作业过程中进行人工倒机，否则会产生控制错误。

(3)计算机控制主、备系统倒机转换试验：在主、备机同步状态下，没有溜放计划进行双机切换系统应能可靠切换；正在溜放过程中进行双机切换作业，交换控制权后，应正常可靠工作。

(4)自动控制系统停机

按驼峰自动控制系统规定的停机步骤及注意事项，顺序操作，系统应正常停机。

注意：直接关闭计算机电源将可能造成系统文件丢失，硬盘损坏等故障，导致计算机系统崩溃而不能启动。正常情况下必须通过操作系统提供的“关机”程序退出后再关闭电源。

如果仅仅是重新启动上层管理机或工作站的应用程序，不需要通过关闭计算机电源“硬”启动，可实现“软”启动。

(5)双机不同步的处理

双机出现输入状态不同步时，可通过比较两个上层管理机的图形界面，分析输入状态不同的地方并排除。

双机出现输出控制不同步时，正常情况系统可自动恢复同步(在没有溜放作业和调车作业时)；如果不能自动恢复同步，可在停轮时办理“清除残留”操作。

(6)系统停电后的防护

在作业过程中，系统突然停电后，信号应关闭；道岔应保持原位并锁闭，正在转换的道岔保证转换到位。

7. 车辆减速器联锁试验

(1)车辆减速器制动和缓解操纵

操纵车辆减速器制动时，检查车辆减速器应处于制动状态，核对室内外位置和状态一致。

操纵车辆减速器缓解时，检查车辆减速器应处于缓解状态，核对室内外位置和状态一致。

(2)控制条件核对

①手动控制

通过应急盘或控制台(显示器)进行手动制动或缓解操纵。

②半自动控制

对于自动化驼峰,运用半自动控制对人工定速后的自动控制条件进行核对。

③自动控制

在自动化驼峰中,运用调速系统自动根据溜放车组的速度进行控制调速。

(3)制动表示继电器 ZBJ、缓解表示继电器 HBJ 与减速器表示一致

ZBJ 吸起表示车辆减速器处于制动状态,HBJ 吸起表示车辆减速器处于缓解状态,核对继电器状态与车辆减速器位置相一致。

(4)检修状态

在应急盘或控制台(显示器)将检修按钮按下后,车辆减速器不受室内控制,防护室外检修人员的安全。

(5)机车上、下峰时车辆减速器应处于缓解位置

当办理机车上、下峰的调车信号后,向进路上的车辆减速器自动发出缓解指令,检查进路上的减速器处于缓解状态,防止夹停机车。

由于车辆减速器的表示不可靠,而且大多数非重力式减速器无表示,因此有些系统对于机车上、下峰是否检查车辆减速器处于缓解位置(缓解表示)作为一个可选项,但需要将车辆减速器锁闭在缓解状态(即切断减速器的制动输出)。

8. 停车器联锁试验

(1)停车器手动转换试验

①制动操作

由鼠标操作(或手动盘操作)某股道停车器制动命令时,尾部停车器在 10 s 内制动转换结束,制动表示灯点亮,检查停车器应处于制动状态,核对室内外位置和状态一致。

②缓解操作

由鼠标操作(或手动盘操作)某股道停车器缓解命令时,尾部停车器在 15 s 时间内缓解转换结束,缓解表示灯点亮,检查停车器应处于缓解状态,核对室内外位置和状态一致。

(2)停车器自动转换试验

①在编组线股道没有调机作业时,驼峰尾部停车器均应处于制动状态。

②当股道车列编组完毕,头部股道封锁,车列自驼峰尾部从编发线牵出时,自动控制该股道停车器由制动状态向缓解状态转换。

③当车列出清股道时,该股道停车器自动由缓解状态向制动状态转换,转换结束后处于制动状态。系统对停车器设备进行制动或缓解控制后应核对室内外位置和状态一致。

不同制式的停车器,其试验内容和方法也可能有所区别,具体应根据技术条件和操作说明进行试验。

9. 测量设备联锁试验

(1)车轮传感器试验

车轮传感器俗称“踏板”,试验时采用人工金属物顺线路方向在踏板顶面划过,模拟溜放车轴压入,一般试验划过四次,在室内机柜测试端口同步进行测试,不能多轴也不能少轴,用计

轴数量反映某一车轮传感器的位置和通道是否正确。

(2)测速雷达试验

测速雷达采用人工发射源进行，在室外进行人工定速，可分自检信号 30.7 km/h、3.7 km/h、7.4 km/h、14.7 km/h、29.6 km/h 等多挡进行试验（视设备类型决定试验挡位）。在室内机柜测试端口同步进行测试，反映某一雷达的位置和通道是否正确。

(3)测长试验

区段在调试时进行粗核对，待实际溜放后进行精调试。在试验时，要模拟车辆压在 0 m（满线）、50 m、100 m、200 m、300 m、400 m、500 m、600 m、700 m 等，检查核对人工实际测量值与系统测量值的误差应符合规定要求。

10. 调车作业单传输及修改试验

调车作业单传输及修改试验主要包含能按调车作业单内容进行输入和修改，并按修改后的计划执行。

(1)计算机控制系统调车作业单试验

主要试验控制系统应能执行调车作业单的自动接收和储存、人工输入、人工修改（含已启动的调车作业单、增钩、删钩、变更、股道替换、并钩、移动钩、重排钩序等）、删除调车作业单、调车作业单的启动（溜放开始）、溜放暂停、溜放终止等命令或操作。

(2)调车单传输试验

在自动化驼峰，溜放解体调车计划由站调楼进行编制，由网络传输到驼峰控制系统调车长台，通过相关协议转换成驼峰控制系统识别的各批次调车作业单。调车作业单的钩序、场别、股道、方式、辆数、状态、注释等必须和站调计划相符合。试验时，应逐项核对调车长台收到的调车作业单与站调楼编制的溜放解体调车计划完全相符。

11. 空压机室动力系统试验

(1)风压控制系统满足手动优先自动控制原则试验

①风压控制系统在自动控制空压机打压时，人为点击相对应的空压机停止命令，空压机停机。

②风压控制系统在自动控制空压机打压时，人为点击水泵停机，空压机在无冷却水的情况下，控制系统输出空压机停机命令，空压机停止打压。

(2)压力及报警试验

风压控制系统压力利用电接点压力表控制时，一般设置控制、低压报警、高压报警控制压力表。

①打压试验

当储气罐压力降到设定的主机起机压力时（0.70 MPa），由电接点压力表将开关量信号或压力变送器将模拟量信号送至计算机系统，计算机发出控制命令，先启动水泵，打开进水阀，10 s后空压机启动打压。

②停机试验

当储气罐压力达到设定停机压力时，控制系统自动控制相应的空压机停机。

③报警试验

当储气罐压力 $P \geqslant 0.78$ MPa 系统报警并输出停机命令，当储气罐压力 $P \leqslant 0.5$ MPa 时，系统应报警。

(3)多机同时打压试验

①多机启动时机

风压自动控制系统控制主机(空压机)打压时,打开储气罐排污阀卸压,储气罐压力继续下降至设定的第一辅机启动压力时(0.68 MPa),启动第一辅机,构成双机运行,此时若储气罐压力继续下降至设定的第二辅机启动压力时(0.66 MPa),启动第二辅机,构成三机运行。

②多机停机时机

关闭储气罐排污阀,当储气罐压力升至设定第二辅机停机压力(0.74 MPa)时,系统给出第二辅机"停机"命令,延时30 s停机;当储气罐压力升至设定第一辅机停机压力(0.78 MPa)时,系统给出第一辅机"停机"命令,延时30 s停机;当储气罐压力升至设定主机停机压力(0.80 MPa)时,系统给出主机"停机"命令,延时30 s停机。当空压机在执行停机命令过程中发生"运行未断"故障时,需要人工干预停机。

(4)水压及水温报警

当0.1 MPa $\geqslant P_{水压} \geqslant$ 0.4 MPa或 $T_{水温} \geqslant 40$ ℃时,系统自动报警。

不同的系统其试验内容和方法也可能不同,具体应根据技术条件和设计说明进行试验。

12. 驼峰控制台(显示器)试验

(1)进路储存操作方式试验

驼峰自动控制系统调车作业计划的储存有自动储存和人工储存两种方式。

自动储存方式由编组站现车管理系统或调车单传输系统将解体计划直接储存到控制系统中,并将车次号显示在调车作业单窗的车次列表区。

人工储存方式在调车作业单窗首先办理"新建计划"建立新计划,在该窗的车次列表区人工输入解体车次号,然后自动进入储存状态(光标进入计划窗),等待输入。每钩计划内容包括钩序、场别、股道、方式、辆数、状态、注释等栏目。在输入过程中,将按照"填表"方式引导操作人员按规定的格式输入作业计划,钩序自动生成。

试验时,按规定步骤进行操作,检查其准确性。

(2)图形窗界面操作显示

图形窗通过主窗体打开,只有调车长工作站对该窗口的进路具有操作权,只有调速工作站对该窗口的减速器具有操作权,其他工作站只有监督权。

试验时,观察图形窗的显示。

13. 设备异常处理及特殊作业试验

(1)"钓鱼"处理

溜放钩车因故没有摘开钩,钩车由峰下向峰上反方向牵回,当出清道岔区段时报警,将命令反传;反向牵回出清一分路时该钩车计划保留在溜放窗,可以继续原钩车计划溜放。

(2)追钩处理

在溜放过程中发生追钩后,必须防止后续车辆的错误溜放。

在道岔区段发生追钩时,系统报警并取消后钩命令与跟踪。

在车辆减速器上发生追钩时,系统报警并将后台车辆减速器强迫缓解。试验时,在使用双轨道电路的车辆减速器区段,模拟前钩车占用车辆减速器第二轨道电路区段,后钩车占用第一轨道电路区段,检查后台车辆减速器应处于缓解位置。对于只设置一台车辆减速器轨道电路区段的自动化驼峰,试验时,模拟车辆已占用后台车辆减速器,此时通过车辆减速器前踏板模拟追钩车辆信号，则后台车辆减速器缓解。

(3)人工抢扳道岔后处理

在设有应急盘的站场上，对溜放进路中出现异常时，采用人工干预的方式使分路道岔不按溜放计划进行转换，手动操作具有优先权。试验时，在钩计划没有到达××道岔时，人工操纵道岔，该道岔不再接收原钩计划指令，保持原位。待手动溜放完成后，必须将手柄放回中间位置恢复接收钩计划并进行自动操纵。

(4)道岔自动回转后处理

在溜放过程中，分路道岔接收到改变方向的传递命令而启动后，如果转换过程中受阻不能到位，道岔在延时一定时间(电动道岔：1.2～1.4 s、电空道岔：1.0～1.2 s)后仍不到位，自动接通道岔回转电路。返回原位后将该道岔锁闭，防止再次进行转换，同时关闭驼峰信号。只有在操作人员确认该道岔没有后续钩车命令时对该道岔办理"道岔恢复"手续才能解锁。第一分路道岔发生道岔回转，应先办理"溜放暂停"，后办理"道岔恢复"才能解锁。

(5)途停处理(侧冲防护)

在溜放过程中，钩车在分路道岔(不含第一分路道岔)区段、警冲标区段或分路道岔间的区段上发生意外停车，或溜放速度低于设定速度时，系统报警并自动关闭驼峰信号，同时为了防止侧冲，将刚出清的道岔锁闭在顺钩的位置(第一分路道岔不锁闭)，操作人员应及时对已经摘开钩、通往该方向的钩车进一步采取"进路防护(在较上级的道岔人工紧急扳动强迫改道)"和"速度防护(利用Ⅰ、Ⅱ部位减速器大幅度手动减速)"等人工干预措施来保证安全。

(6)摘错钩处理

利用实车溜放进行试验。试验时，在当前溜放车辆出清第一分路道岔后，当车轮传感器计轴的实际摘钩辆数与计划数不符时自动报警，控制系统按实际辆数进行控制。

(7)满线处理

在溜放过程中，钩车在Ⅲ部位车辆减速器上停车，或在Ⅲ部位车辆减速器前停车(已经离开警冲标区段)，系统报警并自动封锁该股道，使后续可能进入该股道的钩车强迫改道。办理解锁股道可以解除对该股道的封锁，允许办理下峰整理。试验时可以模拟溜放钩车在Ⅲ部位车辆减速器上停车，核对系统自动封锁股道及报警信息正确。

(8)堵门处理

溜放过程中，钩车在警冲标区段停车或由于钩车倒溜或尾部调车侵入警冲标区段，系统将发出"堵门"报警并自动关闭驼峰信号，同时为了防止侧冲，将对应的末级分路道岔锁闭在顺钩的位置，直至该股道警冲标区段出清。试验时，可以在溜放过程中，模拟在警冲标区段停车，检查应关闭信号和进行前一级道岔防护。

(9)道岔四开(无表示)防护

系统在溜放钩车命令到达道岔，道岔因故不能转换到底，无表示时间超过规定值时，视为挤岔。此时将上一级分路道岔锁向异向，防止后续钩车正面相撞，同时发出挤岔报警；第一分路道岔发生挤岔后，将驼峰信号锁定在关闭状态。

(10)轻车跳动防护

实车溜放试验时，系统利用峰顶计轴或作业计划中的辆数信息推测钩车长度，并结合站场区段距离参数表中的区段长度及钩车通过轨道区段的最高限制速度，计算钩车从占用到出清该道岔区段的最小时限，当钩车实际占用时间少于该时限时，将判定为"轻车跳动"。一旦系统判定发生了轻车跳动,将及时报警,并拒绝为后续钩车发出道岔控制指令。

(11)错道钩车的处理

由于某种原因,溜放钩车不能按计划进入指定股道时系统及时进行正确报警和跟踪,将钩车特征参数送达实际通过的各个车辆减速器,正常调速使溜放车组安全进入股道。

(12)雷达故障处理

雷达故障时无自检信号,钩车进入车辆减速器时能进行粗略控制并报警。试验时去除雷达控制信号,检查报警信息正确。

(13)车辆减速器区段踏板故障时的钩车处理

实车溜放试验中,钩车进入踏板故障的减速器时,系统报警并停止放头拦尾只对车辆进行正常控制。

(14)测长故障处理

按实车溜放模式进行试验将股道测长区段故障,系统报警,并对进入车辆减速器的钩车按系统设定的安全速度控制。

(15)打靶距离不够

当测长值小于即将溜入钩车的长度时,系统应有报警并采取减少或停止放头拦尾的措施。

(16)测重故障处理

在测重故障时,系统能在钩车通过时报警,并自动将钩车的重量测量参数转用计划重量替代。

(17)系统故障后弱化处理

系统故障时,溜放中的钩车通过车辆减速器时不会失控,正常转换的道岔应保证转换到位。

(18)长大车组处理

在实车溜放试验中,长大钩车通过车辆减速器时,系统应自动进行放头拦尾处理。对于换长大于或等于 16 辆的车组,溜放进路应改为手动控制,即使用手动单钩溜放功能。手动单溜钩时,应先关闭驼峰信号,检查进路上有关区段轨道出清且无溜放钩车时,发出道岔转换命令,在道岔转换到规定位置并实施锁闭后,人工开放驼峰信号;判断钩车分钩后由人工关闭信号,确认进路解锁后方可重新开放信号并继续溜放,在此过程中应保证不提开下一钩。

(19)禁溜车处理

某些特种车辆禁止采用溜放,在作业过程先存放在禁溜线,待溜放计划结束后采用机车推送经迂回线送至相应股道。作业可以与溜放钩一样,事先按钩储存在调车作业单中,可对钩计划执行插入、变更、删除,当执行到去迂回线(禁溜线)时,排列相关进路和信号(有的系统会自动将推送进路转移到指定的线路,并自动开放驼峰信号白闪和红闪显示)。

14. 横列式区段站中、小能力驼峰联锁试验

驼峰场的推送线上和某些股道处一般都设有进行联系作业的联锁道岔,用于集中区、驼峰区进行交还权的场间联系作业。

该道岔一般设计为三种方式:

(1)集中区、驼峰区之间设有起隔开作用的无岔轨道区段,该区段平时不允许停放车列,区段两边各自设置进入本区的信号机。

集中区、驼峰区如要向该无岔区段排列进路,一要检查该区段无车占用;二要检查对方区没有向该无岔区段排列进路的照查条件。

(2)集中区、驼峰区之间没有设置起隔开作用的无岔轨道区段,只用相邻两区的轨道区段间的绝缘节作为两区的隔开点,在该点各自设置进入本区的信号机。为保证作业安全,一般采用先远后近的排列进路的原则,只有在本区检查先由被进入区排列进路即信号开放条件后,本区才能排列进路并开放信号。该方式作业需要相互检查对方区的轨道条件作为本区信号机的接近区段条件外,还应该相互检查对方区的信号开放条件作为进入对方区的信号开放条件。

(3)划定由某区进行管理的道岔作为集中区、驼峰区之间的隔开设备,该道岔一般为双控道岔,平时处于开通管理区使用的定位位置,归管理区使用。当另外区需要使用时,只有在使用区送出允许动岔条件后,管理区才能控制道岔至使用区需要的反位位置,该道岔的使用权归使用区所有。使用区送出使用完成条件,管理区只要将道岔操作至定位,即可回归管理区使用。由于该方式作业在一般情况下管理区除管理道岔外,还管理该道岔处设置的信号机,因此,除需要相互检查对方区的同意动岔条件外,管理区和使用区还应该相互检查这些信号开放条件,用于在使用区使用并且开放信号时管理区点亮该信号机,在管理区点亮该信号机后使用区能够确认该信号机正常开放。

试验时,按上述不同作业方式分别对应检查条件进行试验检查。当所需条件不满足时,其所排进路无效,信号机不能开放。

第四节　施工联锁试验

一、施工联锁试验有关规定

1. 施工联锁试验及其作用

施工(包括新建、改建及大修工程)联锁试验要区分拆除既有联锁设备重新安装新设备的试验和既有联锁设备进行局部改造的联锁试验。包括模拟联锁试验(计算机联锁仿真试验)和开通联锁试验,由电务段联锁主任(工程师)负责。

模拟联锁试验必须经过对设备配线的检查验收,确认达到图实相符,一旦模拟联锁试验完毕,工程施工单位不得擅自修改配线。

开通联锁试验是指与外部设备连接后,完整的联锁关系检查核对试验,是设备开通前的关键环节。只有进行完整的开通联锁试验,确认设备联锁关系正确无误后,设备才能开通使用。

既有联锁局部改造联锁试验不同于新设备联锁试验,缺少模拟联锁试验的过程(但计算机联锁可进行仿真试验),仅有开通联锁试验这一关键环节。开通联锁试验必须事先对变更设备及配线检查验收,确认达到图实相符。在停点进行与既有设备连接施工时,必须随工进行配线检查核对,具备开通条件后,才能进行开通试验。既有联锁局部改造开通联锁试验应根据工程级别、规模和重要性,确定由哪一级负责。负责人对改造所涉及的所有进路,逐一按规定的内容进行彻底试验,并填写信号联锁关系试验检查表,有关人员签认后归入联锁档案。

2. 施工联锁试验有关规定

(1)设备开通使用前,施工单位应对联锁电路进行导通试验,达到设备与图纸相符,确认联锁关系无误后,方可交电务段复查试验。

(2)电务段在施工单位完成联锁试验的基础上,应首先对配线进行全面核对,做到图实相符,并进行全面的模拟联锁试验;与设备连接后,应进行完整的联锁核对试验。驼峰联锁试验还应包括模拟溜放和实车溜放试验。

(3)严禁以施工单位的联锁试验代替电务段的联锁试验。

这是施工联锁试验的一条作业纪律,电务段必须严格执行。不论是模拟联锁试验,还是开通联锁试验,针对不同联锁规定的项目,均须逐一进行彻底试验。开通联锁试验还应认真填写"信号联锁关系试验检查表"。经联锁试验工程师、联锁主任(工程师)、段长签认后归入联锁档案。其中驼峰、驼峰尾部联锁、自动闭塞联锁试验内容及表格,根据联锁类型参照《铁路信号工程施工质量验收标准》试验表格内容和联锁生产厂商的技术说明,由各铁路局集团公司制定。

(4)施工验交联锁试验由电务段联锁主任(工程师)负责,按规定的项目逐一进行彻底的试验,并认真填写"信号联锁关系试验检查表"。

3. 施工联锁试验的基本原则

(1)设计单位应具有相应的资质。对施工中出现的过渡工程,也应委托有相应资质的设计单位进行设计,并在施工前将设计方案报铁路局集团公司电务部备案。

(2)施工单位和电务段必须进行图纸审核,特别对施工图纸及信号过渡设计需认真审核,发现设计图纸问题,应由设计作出变更,施工单位严格按照施工图纸进行施工。

(3)施工中发现的联锁关系问题在工程开通前必须处理完毕。在基建、更改、大修工程开通的联锁关系、联锁电路的检查、试验与核对工作中,发现涉及设计、施工和器材问题,要及时在开通前解决,不能给运用中的信号设备留有联锁隐患。

(4)联锁试验完毕的设备未经允许严禁变动。在联锁关系、联锁电路试验及核对过程中发现问题应及时予以解决,在未解决前不应再继续试验,更不得开通使用。电务段联锁主任或联锁工程师应及时掌握开通施工的进展情况,对已完成的单项设备作业,要及时组织施工和配合人员进行联锁试验;对于已确认良好的设备,原则上不准再进行变动。如果施工单位确需进行变动,电务段应有人员配合并重新进行试验检查确认。

4. 施工联锁试验前后的准备和接管工作

(1)电务段进行联锁试验前,施工单位要按规定提前提交验交资料,其中包括联锁试验资料、完整准确的图纸、验收用竣工资料和有关技术资料等。设计单位应全程参加联锁试验,凡在模拟联锁试验、过渡、开通中发现的设计问题,设计单位应认真研究,及时解决。

(2)电务段组织进行信号设备平面图、双线轨道电路图、控制台盘面图与实际站场的核对。

(3)在信号设备平面图核对正确的基础上,对联锁表全面核对:一是进路与站场相符;二是进路中检查的道岔、轨道区段、敌对进路等条件正确。

(4)在模拟试验前应进行设备的检查验收,核对图纸与实物,包括配线、继电器类型、变压器类型、断路器等;核对断路器的容量;进行输入、输出端电压等电气特性测试,测试电源对地绝缘、电源互混,保证联锁模拟试验的有效性。

(5)模拟试验正确后,电务段必须对室内模拟试验正确的设备进行接管,施工单位需要改动设备时必须经电务段同意,并办理签认手续。

5. 施工联锁试验的步骤

施工单位的施工联锁试验一般可分为三个阶段:模拟试验—室内外设备的连通试验—开通试验。

电务段在施工单位完成联锁试验的基础上进行联锁试验,也分为这三个阶段。

(1)模拟试验

先进行单项设备核对试验,包括道岔、信号机、轨道区段、接近离去区段、采集驱动信息;再按联锁表进行彻底试验,对发现问题认真记录并了解问题处理情况。

(2)室内外设备的连通试验

在完成模拟试验的基础上,进行设备的室内外联通试验。联通试验负责人必须要全程参与,完成现场道岔、信号机等设备的室内外核对试验,为设备开通试验打下良好的基础;试验负责人应掌握整个试验过程中发现问题的原因和解决情况,对在联通试验中未完成的项目,应列入开通试验中重点进行。

(3)开通试验

联锁主任必须清楚工程单位设备开通点内的工作内容和安排,清楚本单位施工点内的分工和安排。在此基础上制定开通联锁试验内容和表格,组织有关试验人员进行分工和讨论,细化点内试验的重点项目和卡控措施,将试验的流程、内容及分工解释清楚。设备开通后,联锁主任不能急于离开,要认真想一想还有没有试验不彻底的地方,试验有疑问的项目,应及时进行核对。

二、模拟联锁试验

模拟联锁试验按导通室内配线、制作模拟电路、调试电源屏、送电试验、单项检查试验、室内电路联锁试验、室外设备单独试验共七个步骤进行。

1. 导通室内配线

在室内配线结束后,在插继电器之前,要对室内所有配线进行认真的导通。导通前,在分线柜处,将室外电缆芯线从端子上全部拆下;将电源屏接向控制台、组合柜、分线柜的电源线全部拆下;将分线柜、组合柜以及组合侧面的所有断路器都扳断,避免因电源屏或室外设备内部接线影响导通的真实性。

室内配线导通主要有导通组合侧面端子至其他组合侧面端子、组合柜零层端子之间配线;导通分线柜端子至组合侧面端子之间配线;导通与电源屏间的条件线;导通电源屏至组合柜、分线柜之间的电源线及其环线;导通组合柜零层的方向电源、条件电源的电源环线。

2. 制作模拟电路

导通结束后,在进行模拟联锁试验时,要断开室内、外设备的联系分别进行试验。此时,在分线柜处已将室外电缆芯线全部拆除,要用室内模拟电路替代室外的信号设备,以模拟室外设备对控制命令的接收和表示信息的发送。

室内模拟电路包括室外信号机点灯电路、道岔控制电路、轨道电路的模拟电路。

(1)信号机点灯模拟电路

在分线柜上,将每一架信号机点灯电路的去线和回线用0.5 A熔丝封接起来。对于进站信号机,将U、L、2U和LUH封接,H和HH封接,YB和YBH封接,如图8-6所示。对各种情况的出站信号机也作相关封接,U、L和LUH封接,H、B和HBH封接。调车信号机,则将A、B和ABH一起封接。

将电源屏的XJZ、XJF电源线接到BG_1-50型变压器Ⅰ次侧端子上,调整该变压器,使其输出为交流11.8 V,即将XJZ_{220}、XJF_{220}电源临时换接为XJZ_{12}、XJF_{12}。

将LXZ、YX、ZLXF、DX和BXG组合中临时安装0.5 A熔丝。

甩开两咽喉主灯丝断丝报警电缆线,不做连接。

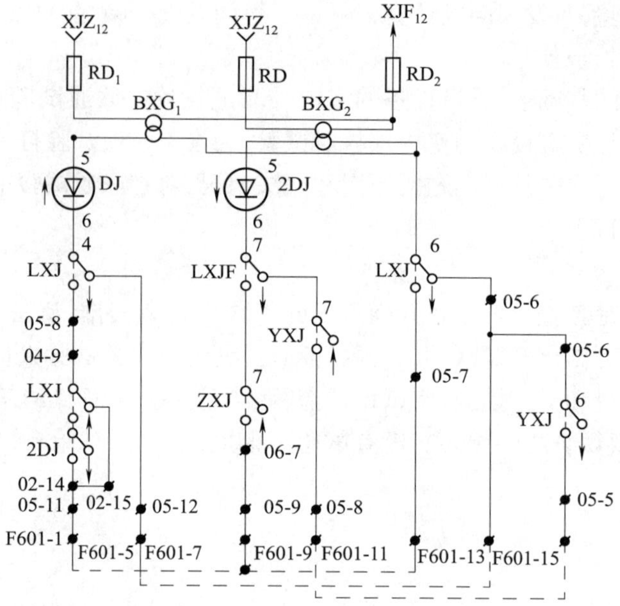

图 8-6 进站信号机点灯模拟电路

(2)电动转辙机模拟电路

①ZD6 型电路转辙机模拟电路

对道岔控制电路作一些变动,使 DBJ、FBJ 随 2DQJ 的转极而动作,如图 8-7 所示。在电源屏处,将 DZ、DF 电源线从端子上用黑胶布包扎严实,仅供出 DJZ、DJF 电源线,改装为 5A 的临时保险。在分线柜处,试验 DBJ 时,将所有道岔的 X1 端子并联接向大功率二极管的负极,将所有道岔的 X3 端子并联后接向二极管的正极。试验 FBJ 时,将所有道岔的 X3 端子用电缆芯线并联接向大功率二极管的负极,将所有道岔的 X2 端子并联后接向二极管的正极。将 SDZ 和 DD 组合中的断路器都扳断,逐个道岔挂接 RD_4临时保险。

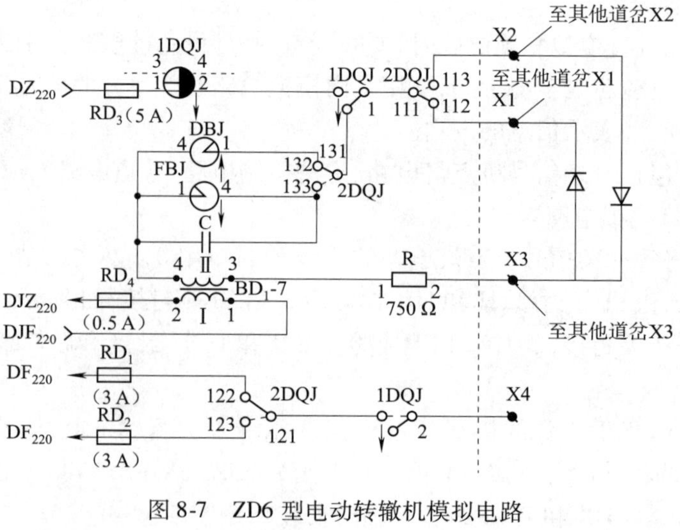

图 8-7 ZD6 型电动转辙机模拟电路

②S700K 型电动转辙机模拟电路

S700K 型电动转辙机模拟电路如图 8-8 所示。

在电源屏处，从端子上拆下的 A、B、C 三相电源线线端用黑胶布包扎严实。在分线盘处，将所有转辙机的 X5 和 X1 端子并联接向一大功率二极管正极，将所有 X3 端子并联后接向二极管的负极。对 X4、X1 端子和 X2 端子做类似处理，只是二极管的方向变了。将 SDZ 和 DD 组合中的断路器都扳断，仅在 RD_4处挂接临时保险。

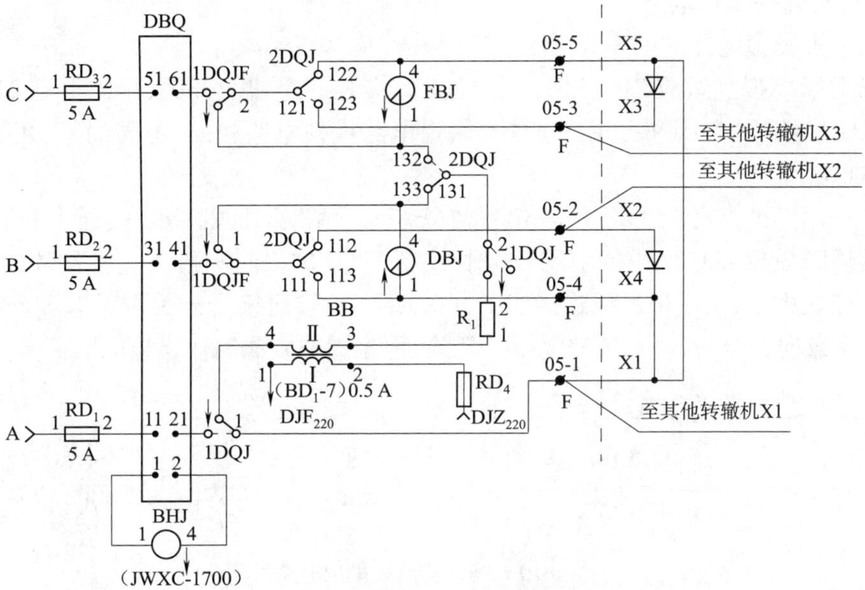

图 8-8　S700K 型电动转辙机模拟电路

(3)轨道电路模拟电路

用钮子开关的通断，表示区段的空闲和占用，使轨道继电器吸起和落下，如图 8-9 所示。

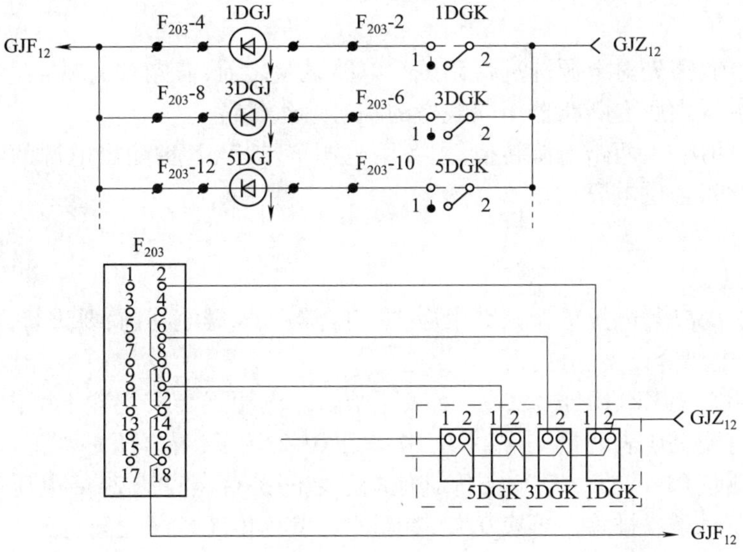

图 8-9　轨道电路模拟电路

用五合板制作站场平面模拟盘，在相应每个轨道区段的位置，安装一个两位式钮子开关。

将所有钮子开关的“2”端并接在一起，连向临时电源 GJZ_{12}。将所有钮子开关的“1”端用一根室内电缆接到分线盘的相应区段轨道继电器 RGJ 的去线端子上。而将 RGJ 回线的端子环连，接向临时电源 GJF_{12}。临时电源可用 BG_1-50 变压器提供，Ⅰ次侧接交流 220 V，Ⅱ次侧输出交流 11.8 V。

局部线圈仍接局部电源。

(4)接近及离去模拟电路

接近及离去模拟电路如图 8-10 所示。

在站场平面模拟盘对应 2JG、3JG 区段位置各安装一个钮子开关，用来控制 2JGJ 和 3JGJ 动作，模拟 2JG、3JG 的空闲和占用。制作与轨道电路模拟电路相同，不同的是，此处需接直流电源 QKZ、QKF。

在站场平面模拟盘对应 1LQ 区段位置也安装一个钮子开关，用来接通 1LQJ 励磁电路。钮子开关的通断模拟 1LQ 区段的空闲、占用，控制 1LQJ 的吸起和落下。将移频架 1LQJ 零层端子上外部连线拆下，用一根软线连接钮子开关端子“1”，而钮子开关端子“2”上须接通电源 QXF。对于反方向的 QGJ，也安装一个钮子开关，用相同的方法制作模拟电路。

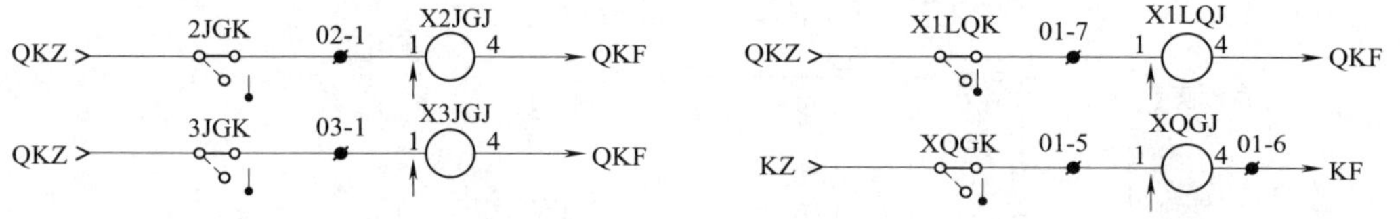

图 8-10　接近及离去模拟电路

此外，在进行室内电路试验时，需将站间闭塞、场间联系等电路中控制本站联锁电路中的控制条件，用二位(或三位，当被控继电器是有极或偏极继电器时使用)的钮子开关的通断进行模拟，并将钮子开关装在站场平面模拟盘的相应位置，以利于试验时操纵。

3. 调试电源屏

电路试验之前，需先对电源屏进行调试。电路试验之前，需先对电源屏进行调试。电源屏调试前，需将电源屏中所有断路器用同规格的临时熔丝代替。

对两路电源的接入、两路电源转换、主备用电源屏转换、各种输出电源的电压和容量等逐项进行调试，使之符合供电要求。

4. 试验送电

(1)空载送电

模拟电路制作完毕，电源屏调试结束后，在组合柜未插继电器前，要进行空载试验送电。

空载试验送电要分设备、分电源、分柜送。

例如，先送组合柜 KZ、KF 电源，从 11 架开始。在电源屏零层先连上引向 11 架的 KZ、KF 电源线，然后用直流电压表测量 11 架零层 01-1 和 01-2 端子，看电压是否正常，若正常说明连接良好。随后，测量 01-1 与 01-3、01-4 等其他端子之间是否有直流 24 V 电压存在，若有电压，说明有混电，应及时予以排除。再换 01-2，查看它与其他电源端子之间有无电压。

接着，在 11 架零层 04 断路器板上挂 KZ、KF 的 1A 临时熔丝，若熔丝一挂就熔断，说明 11 架 KZ、KF 电源环线有短路，应立即查找并排除。熔丝挂上后，还要测 01-1、01-2 与其他电源端子间是否有直流电压。如果正常,接着就可以测量 12 架 01-1、01-2 两电源端子,并挂 12 架零层 KZ、KF 临时熔丝。直至挂完所有组合架零层 KZ、KF 临时熔丝。最后,在电源屏零层连上引往最后一个组合架的 KZ、KF 电源线。

KZ、KF 电源送完后,再往组合柜依次送 JZ、JF、SJZ,DJZ_{220}、DJF_{220}电源。

由于采用模拟电路,DZ_{220}、DF_{220}、XJZ_{220}、XJF_{220}电源线不要与电源屏连接,其端头要用黑胶布包好,以免触碰端子造成短路故障。临时电源 XJZ_{12}、XJF 需要分柜输送。

在送电的同时,还应用电压表检查电源端子与"地"(组合柜、分线柜角钢或地脚螺栓等处)之间是否有电压存在。若有电压,说明有接地故障,应查找并排除。

(2)静态负载送电

静态负载送电就是将继电器插上后,进行的试验送电。

插继电器前,将空载送电时的临时熔丝全部拆下。送电与空载送电类似,要一柜一柜送,一种一种电源送。插完一柜继电器,送一柜电源,挂一柜的临时熔丝。先闭合直流电源开关,送直流电,挂该柜的 KZ、KF 临时熔丝。再闭合交流电源开关,送交流电源 JZ、JF、SJZ,挂 JZ 临时熔丝。边送电边测量电源端子,查看混电、短路和接地故障,发现问题立即查找并排除。临时信号点灯电源 XJZ_{12}、XJF_{12}也要一柜一柜,组合内挂接0. 5 A临时熔丝。

5. 单项检查试验

(1)检查轨道继电器电路

如果送电后,有轨道区段光带不亮白光带,却亮红光带,说明该区段的轨道继电器可能未励磁。这时,应去组合柜查看轨道继电器状态。

(2)检查故障解锁电路

当全站的轨道继电器都正常吸起后,所有轨道区段光带均应亮白光带,此时应用故障解锁方法,使道岔区段解锁,各轨道区段光带白灯熄灭。解锁时,要注意核对 SGA 与光带的轨道区段名称的一致性。

(3)检查接通光带表示电路

当各道岔区段锁后,应分咽喉按压接通光带按钮,相应咽喉的道岔区段光带均应依道岔开通方向点亮白光带。

(4)检查道岔表示灯电路

分咽喉按压接通道岔表示按钮,控制台上道岔表示灯将根据道岔位置点亮定位灯或反位灯。认真核对每组道岔 DBJ、FBJ 的状态与道岔表示灯的一致性。

(5)检查道岔控制模拟电路

用单独操纵道岔方式,使该道岔的(J)DD、(J)SDZ 或 TDF 组合的 2DQJ 变换位置,进而使 DBJ 或 FBJ 励磁。应认真核对每组道岔的 2DQJ 的极性接点位置,DBJ 和 FBJ 状态以及定(反)位表示灯三者一致性。

(6)试验信号表示灯模拟电路

控制台(显示器)信号复示器除进站复示器亮红灯外,其他信号复示器均应灭灯。若有信号复示器闪白灯,或进站信号复示器闪红灯,均表明该信号点灯模拟电路有故障,使得该信号机的灯丝继电器 DJ(进站信号还可能是 1DJF)未能正常励磁。一般的故障原因可能是 DJ 本身故障,或 DJ 未插好,或是组合内临时熔丝松动,或是分线柜处临时封线接触不良,或是配线有假焊、虚接等。

另外,还要试验其他模拟电路,比如二接近、三接近、一离去电路等。

6. 室内电路联锁试验

(1)办理进路试验

办理进路应按联锁表逐条进行。顺序是先办调车进路,再办接、发车进路,最后办通过进路。办理进路时,应注意观察控制台(显示器)的表示情况,如有异常,及时分析判断故障范围,并予以排除。

①按压进路的始、终端按钮,应自动排出基本进路,相关继电器工作正常,控制台(显示器)表示正确。

②顺序按压始端按钮、变通按钮(或起变通作用的调车按钮)、终端按钮,应排出相应变通进路。

③设有通过按钮的车站,按压进站口的通过按钮和相同方向的出站口列车终端按钮,应排出正线通过进路。

④将进路中的道岔、防护道岔和带动道岔单独操纵到非规定位置,排列进路时,应能自动选排到规定位置,而与进路无关的道岔不得动作。

⑤若将进路中的道岔或防护道岔单独操纵到非规定位置,且予以单独锁闭,再排列进路,进路不应排通,始端按钮表示灯保持稳定灯光。当解除对道岔的单独锁闭后,进路应随之排通。

⑥若将进路的带动道岔单独操纵到非规定位置,并予以单独锁闭,再排列进路,应不影响进路排通。

⑦使进路中的道岔区段被车占用(扳断轨道模拟盘上开关,该道岔区段亮红光带,模拟道岔区段有车占用。下同),办理进路后,进路不应排通。始、终端两按钮好保持闪光,进路排列表示灯不灭灯。接通开关后,红光带熄灭,进路应随之排通。

⑧进路涉及侵限绝缘时,使相关道岔处于防护位置,让侵限区段有车占用,应不影响进路排列;若使相关道岔处于"侧冲"位置,该道岔区段仍有车占用,此时排列进路,进路可以排通,但不能锁闭,始端按钮表示灯保持稳定灯光。然后,使区段空闲,红光带灭灯后,所排进路随之锁闭,始端按钮表示灯熄灭。

(2)进路锁闭试验

①进路锁闭后,逐个检查进路中的道岔、防护道岔、带动道岔均不应被扳动,无关道岔应能扳动。

②与已锁闭进路平行的进路应能正常排出。

③排列与已锁闭进路交叉或重叠的进路,应不能排出。

④办理了向股道的接车进路,进路锁闭后,排列迎面的同一股道的列车进路和调车进路,应不能排出。

⑤办理了向股道的调车进路,进路锁闭后,排列迎面的同一股道的调车进路,应可以排出,但列车进路不能排出。

⑥同时向无岔区段对向办理调车进路,应不能排出。

⑦无岔区段有车占用,办理越过该无岔区段的长调车进路。应不能排出。

(3)信号开放和关闭试验

①信号开放后,进路中的道岔、防护道岔中的任何一组失去表示(在组合柜上拆除道岔组

合中 RD_4)时,信号应立即关闭,但进路不能解锁。

②信号开放后,列车进路中任何轨道区段或相关道岔处于"侧冲"状态的侵限区段有车占用时,信号应自动关闭。与进路无关的轨道区段有车占用时,信号不应关闭。

③调车进路的接近区段无车占用时,进路中任一道岔区段或相关道岔处于"侧冲"状态的侵限区段有车占用时,信号应自动关闭。与进路无关或允许停留车辆的轨道区段有车占用时,信号不应关闭。

④调车进路的接近区段有车占用时,除进路内方第一区段外,进路中其他道岔区段以及相关道岔处于"侧冲"状态的侵限区段有车占用,都应使信号自动关闭。与进路无关或允许停留车辆的区段有车占用,信号不应关闭。

⑤办理接车或正线发车进路前,若进站信号或正线出站信号的红灯灯丝断丝(在分线柜处,拆 H-HH 封线),办理进路后,进路应能锁闭,但信号不能开放。当红灯灯丝修复后,信号随之开放。

⑥办理侧线发车或调车进路前,若红灯或蓝灯灯丝断丝(在分线盘处,拆 H-HH 封线或 A-BAH封线),办理进路后,进路能锁闭,并开放信号。

⑦信号开放后,若允许灯丝断丝(在分线柜处,拆 L、U-LUH 或 B-BAH 封线),信号应自动关闭。

⑧当信号机接近区段无车占用时,按压总人工解锁按钮和该进路中任一道岔区段的事故按钮,防护该进路的信号应予以关闭,该道岔区段应解锁。当接近区段有车占用时,进行同样操作,信号能关闭,但该道岔区段不能解锁。

⑨无论列车还是调车进路,上述导致信号自动关闭的原因恢复正常后,应能人工重复开放信号。

(4)正常解锁试验

办理进路,信号开放后,用轨道模拟盘上开关的通断模拟列车、调车车列顺序进入和出清所排进路。应分别试验超长列车和单机运行两种情况。

①对于列车进路,当列车进入信号机内方时,信号即关闭。对于调车进路,当调车车列进入信号机内方尚未出清接近区段时,信号保留;待调车车列全部进入信号机内方后,信号关闭。当接近区段留有车辆,须等调车车列出清信号机内方第一区段,信号才关闭。

②列车或调车车列运行时,占用本区段和下一区段,当出清本区段后,本区段解锁。

③列车或调车车列通过后,某一道岔区段的轨道继电器未能励磁(用轨道模拟盘开关断开控制),则从本区段开始及以后区段均不能解锁,当出清进路后,需使用故障解锁方式使未解锁区段解锁。

(5)调车中途返回解锁试验

用轨道模拟盘开关模拟调车中途返回。

①调车车列牵出进入折返信号机外方,此时牵出调车进路的一部分区段已正常解锁,调车车列按折返信号运行,未出清折返信号机接近区段,折返信号机至原牵出调车进路终端间区段均不能解锁;当调车车列出清折返信号机接近区段,这些未解锁区段按中途返回方式由远及近顺序自动解锁。

②调车车列牵出至折返信号机外方,牵出调车进路内各区段均未解锁时,调车车列按折返信号折返运行,调车车列未出清原牵出调车信号机接近区段时,原牵出调车进路内各区段均不

能解锁；当调车车列出清原牵出调车进路接近区段后，原牵出调车进路各区段按中途返回方式由远及近顺序自动解锁。

(6)取消进路试验

信号开放后，接近区段空闲，此时按压本咽喉总取消按钮和进路始端按钮，信号关闭后，进路中各区段由远及近顺序自动解锁。按压总取消按钮，总取消表示灯亮；松开总取消按钮，2～3 s后，总取消表示灯灭灯。

(7)人工解锁进路试验

信号开放后，接近区段有车占用，此时按压本咽喉的总取消按钮和进路始端按钮，只能关闭信号，进路不能解锁；按压本咽喉总人工解锁按钮和进路始端按钮，信号关闭后，进路中各区段经规定延时后，由远及近顺序自动解锁。

接车和正线发车进路须延时 3 min(高速铁路 4 min)，侧线发车和调车进路须延时 30 s(高速铁路 1 s)。

同一个咽喉，可同时取消多条进路，但不能同时办理两条及以上进路的人工解锁。

(8)引导信号试验

①引导进路锁闭试验

先按下故障区段道岔的单独锁闭按钮，对其实行单独锁闭；再将进路中其他道岔以及防护道岔单独操纵到规定位置，然后按压进站口的引导按钮。引导按钮表示灯亮灯，接车进路锁闭亮白光带(故障区段亮红光带)，进站信号复示器亮红灯同时亮白灯。

当列车进入进站信号机内方第一个轨道电路区段，引导信号自动关闭。列车出清进路，进路不解锁，仍亮白光带(除故障区段外)。

确认列车完全进入股道后，同时按压本咽喉总人工解锁按钮和进站信号机的列车按钮，除故障区段外，进路中的其他区段由终端向始端顺序自动解锁，白光带灭灯，引导按钮表示灯也熄灭。最后按下故障区段的道岔单独解锁按钮，解除单独锁闭。

办理引导进路锁闭方式接车后，进路中道岔以及防护道岔失去表示时，引导信号应予关闭；道岔恢复表示后，引导信号不能自动开放。重新按压引导按钮，引导信号能重复开放。

②引导总锁闭试验

办理引导总锁闭时，对进路中道岔应单独操纵至规定位置，人工确认接车进路开通，然后按下本咽喉引导总锁闭按钮，将本咽喉所有道岔予以锁闭。再按压进站口的引导按钮，此时，进站信号复示器亮红灯同时亮白灯，进路不亮白光带；点亮引导总锁闭按钮表示灯。

当列车进入进站信号机内方第一区段，总锁闭方式引导信号自动关闭。列车出清接车进路，被锁闭道岔不解锁。

确认列车全部进入股道，拉出(对计算机联锁点击按下的)引导总锁闭按钮，全咽喉道岔解锁，引导总锁闭表示灯灭灯。

③若进站信号机内方第一个轨道电路区段故障，无论是引导进路锁闭方式还是引导总锁闭方式，办理时，需一直按压引导按钮，直至确认列车进入进站信号机内方时松开。

④当进站信号机的红灯灯丝断丝时，不得办理任何方式的引导接车。

⑤正常办理接车进路信号开放后，不得办理任何方式的引导接车。

⑥向接车口办理了其他进路，不能再办理引导接车。

⑦引导信号开放后，除进路内方第一个轨道电路区段外，进路中其他区段故障，均不关闭

引导信号。

7. 室外设备单独试验

在利用模拟电路进行室内电路联锁试验的同时,应对室外信号机、转辙机、轨道电路分别单独进行试验。以复核室外电缆配线、设备配线,发现室外设备设计、施工中存在的问题,及时予以解决,为竣工开通创造条件。

(1)信号机的单独试验

①引接交流 220 V 电源到分线盘处,并使其串接装有 0.5 A 熔丝的熔断器。

②室内的试验人员听候现场试验人员的电话通知,依据电缆配线图认真核对信号机名称、机构灯位和分线柜端子号,将电源送到从分线柜上临时拆下的电缆芯线上,点亮室外的信号机灯光。认真核对灯位、信号玻璃颜色与图纸的一致性。

③试验主、副丝转换

用一薄竹片或塑料片隔断灯座下部的主灯丝簧片,灯丝转换继电器失磁,其后接点接通副灯丝点灯电路,副灯丝点亮。

④试验主灯丝断丝报警

室内试验人员用万用表电阻挡测量从分线柜临时拆下的熔丝报警电缆芯线:主灯丝点亮时,报警电路应断开,电阻为∞;主灯丝断开时,报警电路被接通,电阻为 0 Ω。

⑤试验列车信号时,须注意是否有列车接近。一旦有列车接近,应立即暂停试验,以免影响列车运行。另外,要及时加装无效标。

(2)电动转辙机的单独试验

①制作转辙机试验电路

ZD6 型电动转辙机试验电路如图 8-11 所示。

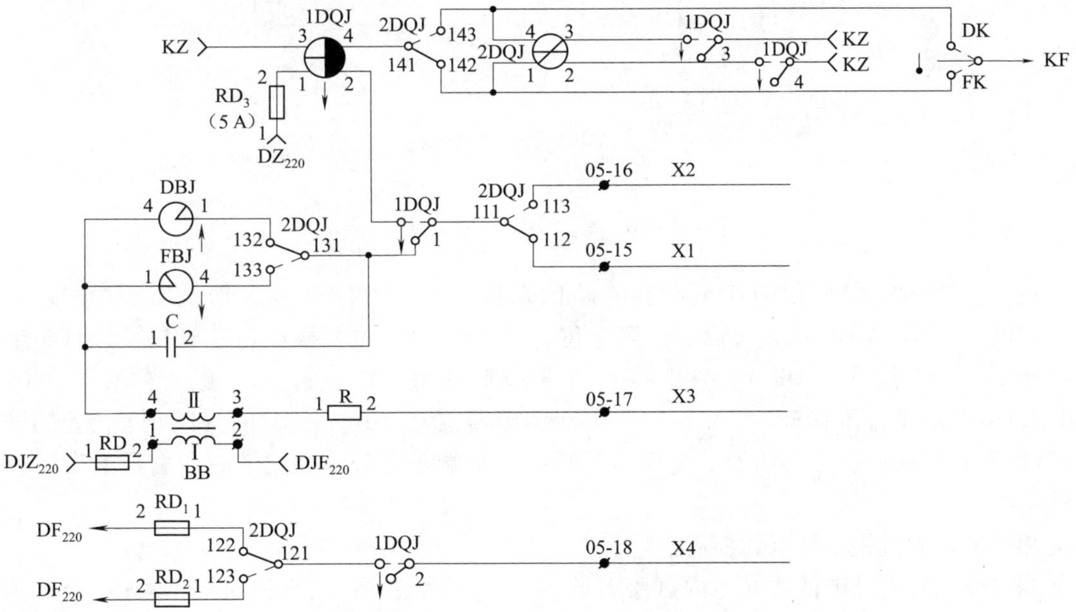

图 8-11　ZD6 型电动转辙机试验电路

在一个道岔组合的第 10 个继电器位置上安装一个单刀双掷或双刀双掷开关。开关置于中间位置不操纵道岔，置于上方操纵道岔到定位，置于下方操纵道岔到反位。用开关的上、下两个位置向 1DQJ 线圈 4 送 KF 电源。1DQJ 线圈 3 直接接 KZ 电源。组合中接入 DJZ_{220}、DJF_{220}、DZ_{220}和 DF_{220}电源。只需插入 1DQJ、2DQJ、DBJ 和 FBJ 四个继电器。在 05-11～05-14 四个端子上分别引出 3 m 左右长、端部带有鳄鱼夹的连接线。

S700K 型电动转辙机试验电路如图 8-12 所示。

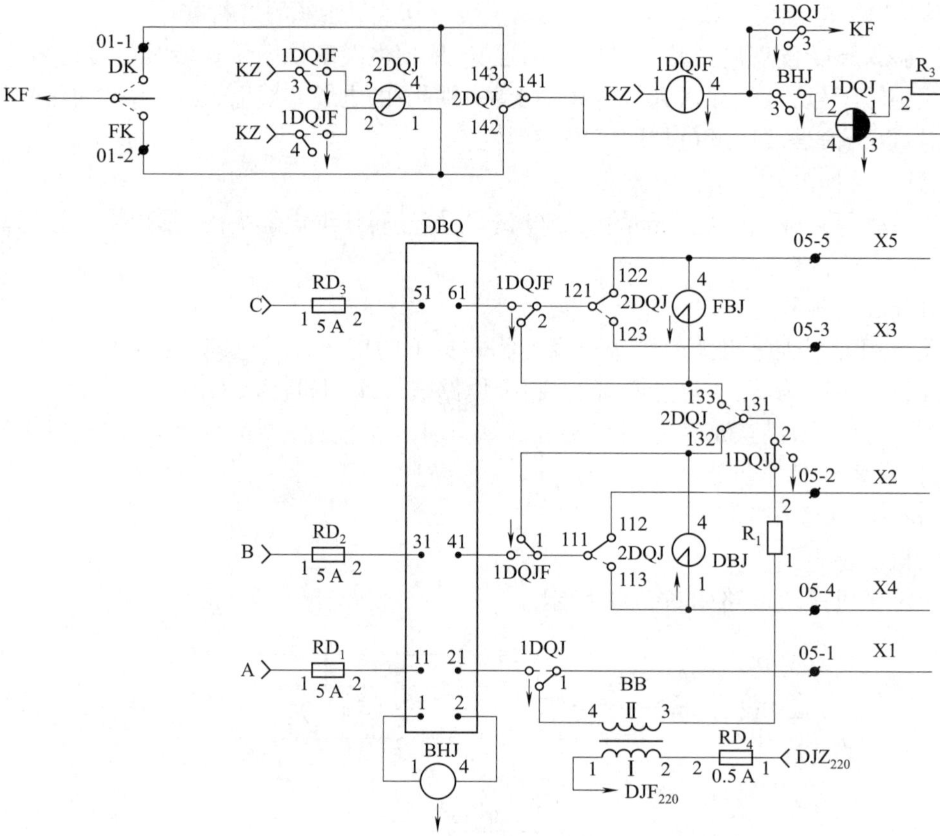

图 8-12　S700K 型电动转辙机试验电路

在一个 TDF 组合的第 10 个继电器位置上安装一个单刀双掷开关。开关置于中间位置不操纵道岔，置于上方 DK 位置操纵道岔到定位，置于下方 FK 位置操纵道岔到反位。TDF 组合 01-3 接 KZ，01-1 接开关 DK 侧，01-2 接开关 FK 侧，开关中接点接 KF。组合中接入 380-A、380-B、380-C、DJZ_{220}和 DJF_{220}电源。除第 10 个继电器位置的 BB_2不接外，其他九个位置的继电器、变压器和断相保护器均插上。在 05-1～05-5 五个端子上分别引出 3 m 左右长的带鳄鱼夹的连接线。

②抽出转辙机表示杆，做好标记。

③室外试验人员电话通知室内试验人员，依据电缆配线图，认真核对道岔号码、分线柜的端子号，将试验电路的 05-15～05-18 的 4 根连接线或 05-1～05-5 的 5 根连接线，分别与从分线柜端子上拆下的 X_1～X_4或 X_1～X_5电缆芯线连接。注意，不可接错。

④室内试验人员按照室外试验人员的电话通知，扳动开关，操纵道岔向定位或反位转动。

室内人员不可擅自扳动开关，以免误伤室外试验人员。

⑤室内、外试验人员应按规定，认真复核转辙机动作杆伸出、拉入位置与道岔定、反位位置的对应关系。

⑥认真核对开关位置、2DQJ 状态、DBJ 和 FBJ 状态与转辙机动作杆位置四者之间的一致性。

⑦任何一台转辙机位置不符合设计要求，室内均不应有正确表示。

(3)轨道电路的单独试验

①送电端试验

引接交流 220 V 电源串接装有 1 A 熔丝的熔断器，构成一组轨道电路送电电源。

室内、外试验人员密切配合，依次对轨道电路送电的送电端进行试验。室内试验人员按照室外试验人员的电话通知，按设计的轨道送电分束要求，将送电电源接到从分线柜上临时拆下的一束室外轨道电路送电网络的电缆芯线上。室外试验人员用万用表分别测试该束轨道电路送电网络的每个轨道变压器Ⅰ次侧，应有不少于 180 V 的交流电压，Ⅱ次侧的低压输出值应符合变比要求。

②受电端试验

准备一个 BX_1-34 型变压器，供出 12 ~ 16 V 交流电压。

室内试验人员按照室外试验人员的电话通知，依照电缆配线图，认真核对轨道区段名称、分线柜端子号，将交流电源接到从分线柜拆下的受电端的电缆芯线上。室外试验人员测试受电变压器Ⅱ次侧，应能有 12 ~ 16 V 电压。

对于 25 Hz 相敏轨道电路，还应试验相位是否满足要求。

三、室内外设备的连通试验

室外设备与室内连接应分阶段进行，以便试验室内对室外设备的控制和监督功能。连接宜按信号机、转辙机、轨道电路的顺序进行。

1. 信号机与室内的连通试验

(1)拆除全站信号机模拟电路的分线柜上临时封线，将信号机点灯及主灯丝断丝报警电缆线全部连到分线柜端子上。

(2)断开信号组合中的临时保险。

(3)确认模拟电路的临时封线都拆完后，从电源屏送出 XJZ_{220}、XJF_{220} 电源，并提供主灯丝断丝报警电源。

(4)依次挂接信号组合中 XJZ_{220}、XJF_{220} 电源保险。确认 DJ 吸起，控制台(显示器)表示正确。

(5)全站列车信号机都点亮红灯，且主灯丝完好。

(6)排列不同进路，试验信号机的显示符合设计要求。信号机构内，除规定灯光外，其他灯泡不应点亮，灯光转换时，其他灯泡不应闪光。

(7)列车信号机无论是禁止灯光还是允许灯光，无论是一个灯位还是两个灯位，任一点亮的灯泡主灯丝断丝时，除自动转换点亮副灯丝外，还要构成主灯丝断丝报警。试验时，用绝缘片将灯座下主灯丝簧片隔断，观察副灯丝点亮和室内主灯丝断丝报警情况。

(8)列车信号机显示两个灯光的允许信号时，其中任一灯位灭灯，则信号机立即转为红灯显示。试验时，用绝缘片将灯座下两簧片隔断，观察灯光转换情况。

(9)进站和正线出站信号机红灯灭灯时,不能开放允许信号(进站还包括引导信号)。

(10)自动闭塞区段进站信号机红灯灭灯时,红灯应能转移到前一架通过信号机。

(11)预告信号机只能当进站信号机开放时,才能显示绿色灯光。

2. 转辙机的连通试验

(1)拆除道岔模拟电路的所有临时连线,恢复原配线,并反复确认无误。

(2)将道岔用电缆线重新连接到分线柜端子上。

(3)从电源屏送出 DZ_{220}、DF_{220}、380-A、380-B、380-C 电源到组合柜,测量电源电压正确、不混电、不接地。

(4)依次合上 TSD、TDD、TDF 组合中断路器,确认无短路、混电和接地现象。

(5)送电后,经 13 s,挤岔电铃应鸣响,挤岔表示灯点亮,这是道岔表示电路中室内外设备的位置不一致造成的。此时,按下挤岔按钮,使铃声停止,挤岔表示灯仍点亮。

(6)单独操纵每组道岔往返两次变换位置,认真复核道岔开通位置与 2DQJ 的状态、DBJ 和 FBJ 位置及操纵目的的一致性。

(7)在每组室外道岔转换过程中,控制台上电流表应有正确电流值显示。

(8)复核电动转辙机配线

①道岔在定位时,若自动开闭器 1、3 两排接点闭合,室内试验人员通知室外试验人员用绝缘片分别插入 11-12、13-14、31-32、33-34 接点间,使其断开,每插入断开一次,室内道岔定位表示灯应灭灯一次。

②将绝缘片插入 11-12 接点间,室内单独操纵道岔到反位,转辙机不应转动,电流表不应有读数。

③室内办理单独操纵道岔回定位手续,通知室外人员拿出 11-12 接点间绝缘片,并打开 01-02 移位接触器。此时不应影响道岔定位表示。

④室内再次单独操纵道岔到反位,道岔应予转换,转换过程中电流表应有指示。转换结束后自动开闭器 2、4 两排接点闭合。道岔反位应无表示,FBJ 不励磁。通知室外人员将 01-02 移位接触器恢复,FBJ 才吸起,道岔反位表示灯点亮。

⑤此时,道岔在反位,自动开闭器 2、4 两排接点闭合。在操纵道岔向定位转换过程中,按照以上的步骤反方向进行一次试验,复核道岔由反位向定位转换时的电动转辙机配线。

(9)断路器试验

①扳断启动总断路器 RD_3,道岔不应被转换位置。

②恢复 RD_3,断反位启动断路器 RD_2,道岔不应转换到反位。

③恢复 RD_2,断定位启动断路器 RD_1,道岔可以转换到反位,但不能转换回定位。

④恢复 RD_1,道岔可以转换至定位。至此,道岔转换恢复正常。

⑤断道岔表示断路器 RD_4,道岔失去相应表示,恢复 RD_4,道岔表示正常。

(10)道岔区段有车占用,道岔不能转换位置。

(11)对双动及多动道岔,应分别对每台转辙机进行一次试验。

(12)全站转辙机试验完毕,道岔均表示正确,挤岔表示灯应予灭灯,挤岔电铃再次鸣响,拉出挤岔按钮,停止鸣响,报警电路恢复正常。

3. 轨道电路的连通试验

(1)拆除轨道电路模拟盘和临时轨道电源,将分线柜处轨道电路的临时封线拆除干净,恢复轨道电路受电端电缆线与分线盘端子的连接。

(2)从电源屏送出 GJZ_{220}、GJF_{220}电源,依次挂接分线柜向两咽喉轨道电路送电的断路器,测量电源正确,确认无混电、接地现象。

四、开通联锁试验

开通联锁试验在新旧设备倒装过程中,新设备即将交付使用时进行,是检查联锁关系是否符合设计要求的最后一关,必须认真严格地进行,特别是前面联锁试验未曾进行的项目和内容。由于倒装设备往往是要点进行的,时间紧迫,因此联锁试验要集中技术力量,利用一切可利用的时间进行,而且必须强化调度指挥功能,做到合理、有序、有效。

开通联锁试验前,室内模拟电路及其他临时连线都应全部拆除,恢复原配线。临时熔丝一律更换为正式断路器。

施工指挥负责人在登记封锁要点和调度发出封锁施工命令后,立即组织室外人员开始新旧设备倒装、试验。

1. 转辙机

(1)将表示杆对号送回到每台转辙机内,用密贴调整杆、表示连接杆将转辙机与道岔尖轨相连,认真进行密贴和表示杆缺口的调整。

(2)检测转辙机机械特性符合要求后,确认道岔的操纵意图与道岔开通位置、室内继电器状态及控制台表示四者的一致。

(3)调整道岔摩擦电流符合设计要求。

2. 轨道电路

(1)检验轨道电路的调整和分路状态符合要求,确认每个区段室外状态与室内继电器及控制台表示的一致。

(2)一送多受或被分割的轨道区段,用标准分路线分别分路每一个分支轨道区段,相应分支轨道继电器和主继电器均应可靠失磁。

(3)复核全站的轨道区段的极性交叉。

3. 信号机

(1)将未就位的信号机构就位,进行灯光调整,及时加装无效标,直至正式开通。

(2)复核信号机显示与室内操作意图一致。

(3)当转辙机、轨道电路调整试好后,及时试验道岔、轨道区段与信号之间的联锁关系。

(4)当有自动闭塞和非自动闭塞两个方向发车口时,应核对不同发车方向以及同一发车方向、不同闭塞条件下的出站信号机的显示是否符合设计要求。

(5)条件允许时,用站内调车机车运行,试验主要调车进路的正常解锁和中途返回解锁。

4. 结合电路

(1)自动闭塞

①核对接近、离去区段控制台表示与室外列车运行状态一致。

②进站口向区间发送的信息与进站信号机的显示状态一致。

③离去继电器的动作状态与在出站口由区间接收的信息一致。

(2)继电半自动闭塞

①闭塞的办理、取消和故障复原均能正常实现。

②列车进入区间后,不能再次办理闭塞和取消闭塞,只有列车到达后,方可办理正常复原。

③设备动作正常,控制台表示正确。

施工负责人确认倒装试验成功后,便将设备交电务段进行试验。为行车方便,可由试验人员按车站值班员要求办理进路,由车站值班员确认,仍用手信号指挥行车。与此同时,施工负责人应及时取消施工封锁登记,并取得车站值班员的确认。

电务段经试验确认全部联锁关系正确后,即可向行车调度请求新设备开通使用。

第五节　运营中设备的联锁试验

一、运营中设备的联锁试验分类

运营中设备的联锁试验分为年度联锁试验和日常维修联锁试验。

1. 年度联锁试验

年度联锁试验是信号工作的重要组成部分,也是年度工作的重点,其目的是每年对联锁设备做系统的检查试验,从中发现存在的安全隐患和故障,及时进行解决,确保信号设备联锁关系不发生大问题。

年度联锁试验和中修站联锁试验由现场车间负责,要制定年度联锁试验计划和方案。信号年度联锁试验项目按照《车站联锁设备维护管理办法》中“信号联锁关系试验检查表”规定的内容逐项进行。试验内容综合施工联锁试验的内容,结合现场实际操作进行了优化,其目的是重点卡控信号联锁关键。

年度联锁试验有关规定:

①车间应按制定的联锁方案和《车站联锁设备维护管理办法》所列项目进行试验,试验结果应填入“信号联锁关系试验检查表”,并汇总上报。

②考虑到有重复性,中修站(区间)联锁试验应结合年度联锁试验一并进行,由所属车间负责,中修车间配合。

受时间限制,目前年度联锁试验若想全面实行困难较大,可采用分步进行的方式。即先集中人员进行室外单项设备试验,全部试验完毕后,再组织人员进行室内项目的试验。这种,试验方法特别适合于大型站场,行车比较密集的区段,尤其是室内外工区分开的站场。可以充分利用天窗时间,提高作业效率,减少作业人员劳动强度,降低对行车的干扰。

对双机热备、二乘二取二结构的计算机联锁系统,可在双套设备同步的情况下,对其中的一套(隔年交替)联锁关系进行全面联锁试验,并且对两套的输入、输出进行对位检查核对。

在年度联锁试验之前,应当组织参加联锁试验人员认真学习联锁试验检查表内容,精心组织,才能保证不流于形式。进行年度联锁试验时,应制定切实可行的联锁试验安全技术组织措施。全部试验完后,应将汇总的联锁试验资料上报电务段联锁主任或联锁工程师,联锁主任或联锁工程师应认真审核并签名。联锁试验记录分别由电务段、车间妥善保管,保存时间为5年。

2. 日常维修联锁试验

日常联锁试验是指设备日常维修、故障处理、设备损坏修复、设备冗余补强、新技术设备器材上道使用、单项设备整治更换后,所涉及联锁电路的应进行联锁试验,试验应有详细记录。

这里的设备损坏修复、新技术设备器材上道使用是指不涉及联锁之根本,配线变化较少,规模很小的单项设备损坏修复和对联锁影响较小的新设备器材上道使用的联锁试验，如损坏单个变压器箱、电缆盒，更换智能点灯单元、室内器材等。

日常联锁试验是检修工作的内容之一，由信号工区负责进行试验。如更换道岔转辙机后的位置核对试验，更换继电器后的排列进路试验，整治信号机配线后的点灯试验，计算机联锁更换输入、输出接口板块等。

运营中设备的联锁试验还包括中修及局部站场改造、单项设备整治的联锁试验，在这些情况下，应根据所变更的有关部分进行联锁试验。

二、《车站联锁设备维护管理办法》规定的联锁试验的内容

日常运用中的信号设备联锁关系检查，除允许结合列车运行观察记录的项目外（由各铁路局集团公司明确），其他项目必须按照的内容应联锁试验的相关规定在天窗内进行。《车站联锁设备维护管理办法》中的规定的联锁试验的内容见“信号联锁关系试验检查表”。

1. 信号联锁关系试验检查表（一）

信号联锁关系试验检查表（一）是对具体每条进路中应检查的联锁功能汇总表，包含电路的各种联锁功能。分为普速铁路进路和高速铁路进路两种。

普速铁路进路需进行试验的项目有：进路始端、进路变通、进路终端、正常开放信号、道岔无表示不能开放信号、道岔位置不对不能开放信号、道岔无表示关闭信号、区段占用不能开放信号、区段有车关闭信号、超限绝缘条件、带动道岔、防护道岔、信号开放后锁闭道岔、敌对信号、敌对照查、随时关闭信号、取消进路解锁、接近锁闭及区段核对、区段人工解锁、防止自动重复开放信号、进路正常解锁、改变运行方向、进路表示器、排列长调车进路、调车中途返回解锁、信号非正常关闭信号、人工延时解锁、自闭离去区段占用或区段空闲检查、半自动闭塞（自动站间闭塞）、机务段同意、非进路调车、到发线出岔、局部控制、道口通知及遮断试验、引导信号、调车白灯保留检查。

高速铁路进路需进行试验的项目：包括除机务段同意、非进路调车、到发线出岔、局部控制、道口通知及遮断试验外的普速铁路进路需进行试验的项目，还有：全站轨道停电恢复、列车股道40 s停稳试验、点灯（含引导）及反方向灭灯、发车区间空闲检查、点灯或灭灯条件检查、点灯状态进路内方第一区段解锁时灭灯、允许灯光灯丝断丝转点红灯检查、点灯进站时出站信号机红灯断丝进站信号机关闭、点灯下立折发车或调车进路解锁后出站信号机灭灯、临时限速降级信号显示。

2. 信号联锁关系试验检查表（二）

信号联锁关系试验检查表（二）是对主要信号基础设备——信号机、轨道电路的具体联锁关系试验检查表。

信号机需进行试验的项目：信号机灯位及显示核对、断丝转换、断丝检查、红灯断丝不能开放信号、灯光转移试验、进路表示器显示及断丝。

轨道电路需进行试验的项目：位置核对、核对占用表示、占用各分支及残压试验、极性交叉检查、一送多受对位检查、绝缘节侵限检查。

3. 信号联锁关系试验检查表（三）

信号联锁关系试验检查表（三）是对主要信号基础设备——道岔的具体联锁关系试验检查表。分为内锁闭和外锁闭两种。

外锁闭道岔需进行试验的项目:道岔位置核对(定位、反位),断表示接点(定位、反位),断相保护(A、B、C 相),道岔被阻后的转换试验,4 mm 试验,5 mm、6 mm、10 mm 试验,2DQJ、D(F)BJ 及道岔位置一致、道岔锁闭(单独、区段、进路、引导总锁)、断遮断器(定位、反位)、多机牵引总表示、道岔自闭电路试验、挤岔断表示报警。

内锁闭道岔需进行试验的项目与外锁道岔基本相同,只是没有断相保护(A、B、C 相),5 mm、6 mm、10 mm 试验。

4. 信号联锁关系试验检查表(四)

信号联锁关系试验检查表(四)是计算机联锁功能按钮及显示试验表。具体内容:按钮封锁、按钮解封、单锁道岔、单解道岔、道岔封锁、道岔解锁、上电锁闭试验、引导总锁不能扳动道岔、区段前后接点校核、站场图形显示核对、报警及延时信息、分路不良设置功能、无网区核对、设备文字显示。

5. 信号联锁关系试验检查表(五)

信号联锁关系试验检查表(五)是计算机联锁驱动、采集点对点试验表。具体内容:配线核对、码位核对、线间绝缘检查。

6. 信号联锁关系试验检查表(六)

信号联锁关系试验检查表(六)是场、站间联系电路试验表。

场间联系电路有联络线场联电路和衔接道岔场联电路两种。

联络线场联电路试验具体内容:正常排列进路、取消进路、进路正常解锁、联络线占用排列列车进路、联络线占用排列调车进路、联络线敌对照查、关联信号机显示核对、联络线占用表示。

衔接道岔场联电路试验具体内容:场联道岔表示、同意动岔办理及表示、同意道岔封锁办理及表示、邻场的照查条件检查、邻场信号开放条件检查、信号显示一致性核对、邻场轨道表示、同意动岔手续一次有效检查。

站间联系电路试验具体内容:正常排列进路、取消进路、进路正常解锁、列车未完全到达邻站不能重复开放出站信号机、相邻两信号机重复显示、相邻两信号机禁止灯光重复显示、接近区段延长至邻站出站信号机核查、单线区间有车不能改变运行方向、单线改变运行方向发车站必须先改为接车站后方能改变、邻站信号开放有表示、接近区段占用表示、单线运行方向表示。

7. 信号联锁关系试验检查表(七)

信号联锁关系试验检查表(七)是延续进路试验表。具体内容:正常排列延续进路、延续进路未排列进站信号机不能开放、信号机开放后延续进路上道岔锁闭、道岔位置不对延续进路不能排列、延续进路区段占用进路不能排列、延续进路的敌对信号、接车进路未锁闭延续进路不锁闭、正常接车延续进路 3 min 解锁、正常接车延续进路坡道立即解锁、取消解锁、人工解锁、办理延续进路的出站信号机(列车接近时、列车压入进路内第一区段、列车压入股道时)。

8. 信号联锁关系试验检查表(八)

信号联锁关系试验检查表(八)是电码化试验表,分为叠加发码和同一制式轨道电路两种。

叠加发码需进行试验的项目:载频、低频编码、轨道区段切码时机及发码恢复报警。

同一制式轨道电路需进行试验的项目:逐区段核对载频、逐区段核对 FQJ 位置、逐区段核对低频信息(主/备)、发送主备转换、接收主备转换、发送转换报警、接收转换报警、维护终端码序核对。

第六节　计算机联锁的联锁试验

计算机联锁系统的联锁逻辑是由计算机硬件和软件共同实现的，与传统的由布线逻辑实现的继电联锁有很大差别，联锁试验具有其特殊性。因此，对计算机联锁车站而言，信号设备的改造一旦涉及联锁软件的变动，就必须进行联锁试验。计算机联锁不同于继电联锁，可只在继电电路改造的局部进行联锁试验，其无论涉及何处改动，均要对整个站场进行联锁试验。如果中断行车来进行联锁试验，就会给运输生产带来极大影响，这也不现实。因此，计算机联锁车站必须采用仿真试验。

一、计算机联锁的联锁试验分类

1. 新开通站场的联锁试验

对新开通站场，若进行全面的联锁试验和室内、外设备的核对，需要足够的试验时间。在开通时间紧的情况下，开通前试验与施工的用时矛盾非常突出。但由于计算机联锁只要完成其软、硬件调试，就可以利用模拟设备进行全面的仿真联锁试验，完全独立于现场施工。因此，只要现场施工结束后，重点对计算机联锁系统的输入、输出等与继电电路结合的部分进行核对，室内、外设备校核，以及联锁逻辑进行验证抽查后即可完成联锁试验。这样，以可节省大量开通前的试验时间，有效缓解用时矛盾。

2. 运营站场改造的联锁试验

对于计算机联锁，由于站场改造是由其硬件和软件变更完成的，具体的改动内容只有研制单位清楚。因此，联锁试验可根据现场运营的紧张情况，选择以下方法：

(1)在不影响运营的情况下，对修改后的联锁硬件和软件做全面的仿真联锁试验；在停用信号或利用行车间隙，对输入、输出等与继电电路结合的部分进行核对和相关的室内、外设备的校核；通过重点抽查以验证联锁逻辑的正确。这种方法影响运输的时间相对比较短，适用于干线运输繁忙的站场。

(2)对修改后的联锁软件，由研制单位给出试验范围，在停用信号或利用行车间隙在试验范围内进行全面联锁试验和相关部分的核对工作。这种方法停用信号的时间比较长，适用于行车间隙较大的站场。

3. 运营站场的年度联锁试验

计算机联锁系统的硬件和软件受外界因素的影响很小，其年度的联锁试验可采取抽查的办法，重点对日常使用中不易发现的内容和需与继电电路结合的内容进行试验和核对，如车站与区间的结合、场间联系及特殊联锁条件等。

二、仿真联锁试验

仿真试验毕竟是一种仿真，它没有对实际设备进行控制与检查，因此在利用仿真试验完成对联锁关系的校核时，比使用模拟盘进行联锁试验存在更大的难度与风险。

1. 仿真试验的流程

一般仿真试验方法的流程如图 8-13 所示。

2. 仿真试验的重点

(1)联锁试验准备工作应包括收集技术交底资料、各种改造信息、相关会议纪要等,并制订试验方案,方案中明确各种试验项目。

(2)校核控制台站场显示以及信号平面布置图是否与实际站场一致。应重点检查道岔定反位开向、信号机禁止灯光显示以及侵限绝缘节位置等。还应检查控制台所表示的离去、接近区段是否与实际。

(3)仿真试验必须对 I/O 接口进行校核。对采用 PLC 接口模式的仿真试验,可直接对 I/O 口进行校核。而对采用数据接口模式的,必须单独对 I/O 口进行校核。

在对 I/O 口进行校核时,应先校核软件研发单位提供的信息表与施工设计图纸 I/O 信息位是否一致。

(4)联锁试验一般依据联锁表,但进路表中未列出接近锁闭等。因此,在进行常规联锁试验时,应先对这些未列出的联锁关系进行校核。

(5)在进行联锁试验时,还应对各种结合电路进行仿真试验。如与自动闭塞改变运行方向电路的结合、与半自动闭塞的结合等。

(6)应视具体站场情况,尽量对有可能发生的非正常情况进行仿真试验。

3. 仿真试验有待改进的问题

由于仿真系统自身的缺陷,仿真试验完毕后也可能存在部分遗留问题。

(1)由于仿真试验是在设备处于一种理想化的状态下进行的,并不能完全模拟信号设备(如继电器、转辙机等)的电气特性、动作时间等,因此有可能出现仿真试验结果与现场使用情况不实之处。

(2)由于仿真试验的需要,有可能对上位机的个别软件加以改动,如果软件上道时没有及时复原,导致电务维护机提示错误报警,会使电务段疲于查找各种硬件故障原因,无法把握和有效监控上位机软件的改动,这是仿真试验亟待完善的内容。

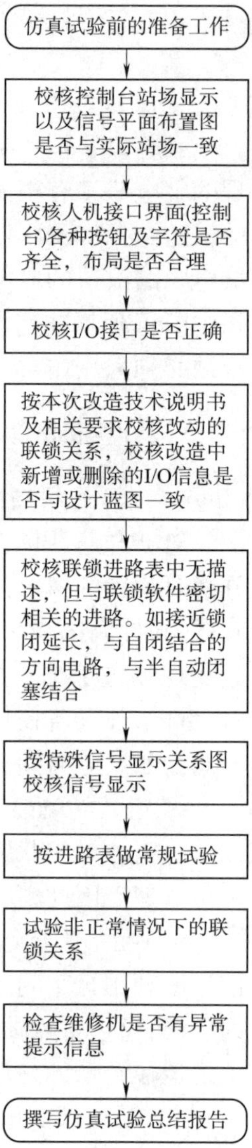

图 8-13 计算机联锁仿真试验方法流程

三、计算机联锁的对位检查

实际上,对计算机联锁的驱动、采集进行对位检查核对,有时要比联锁关系核对更为重要。因为在计算机联锁厂家模拟试验时,电务段往往因为条件限制而无法对 I/O 的正确性进行检查。在年度联锁试验时,联锁软件一般不会在使用过程中发生畸变,因此重点是对 I/O 驱动、采集进行对位检查。

1. 输入对位检查核对

在双机同步的情况下,按照采集信息表,逐位核对 A/B 机(Ⅰ/Ⅱ系)采集板采集信息状态与控制台显示、继电器状态相一致。当采集板没有显示功能时,应核对 A/B 机(Ⅰ/Ⅱ系)维修机采集信息状态与控制台显示、继电器状态相一致。

若采集信息与控制台显示无关,应核对 A/B 机(Ⅰ/Ⅱ系)采集板采集信息状态与继电器状态相一致;当采集板没有显示功能时,应核对维修机的 A/B 机(Ⅰ/Ⅱ系)采集信息状态与继电器状态相一致。

2. 输出对位检查核对

双机热备结构输出对位检查核对，分为 A 机主用（B 机热备）和 B 机主用（A 机热备）。分别按照驱动信息表，逐位动作所驱动的继电器，核对 A 机（或 B 机）驱动板驱动信息状态与继电器状态相一致；当驱动板没有显示功能时，应核对维修机的 A 机（或 B 机）驱动信息状态与继电器状态相一致。

2×2 取 2 结构输出对位检查核对，同样分为Ⅰ系驱采计算机工作、关掉Ⅱ系驱采计算机和Ⅱ系驱采计算机工作、关掉Ⅰ系驱采计算机两种情况。应分别按照驱动信息表，逐位动作所驱动的继电器，核对Ⅰ系（或Ⅱ系）驱动板驱动信息状态与继电器状态相一致；当驱动板没有显示功能时，应核对维修机的Ⅰ系（或Ⅱ系）驱动信息状态与继电器状态相一致。

四、计算机联锁的联锁试验内容

该试验内容包括模拟联锁试验、室内外设备的连通试验、开通联锁试验，此外，对于计算机联锁还要进行对位试验。具体按照信号联锁关系试验检查表（四）和信号联锁关系试验检查表（五）的规定进行。

五、计算机联锁系统功能测试

系统功能测试包括 CBI 与 RBC 通信接口测试、与 TCC 通信接口测试、与邻站 CBI 接口测试、与 CTC 通信接口测试、与 CSM 通信接口测试、与 STP 通信接口测试。

1. 与 RBC 通信接口测试

用以验证 CBI 与 RBC 之间交互的接口信息符合 TB/T 3027—2015 中 6.14 的要求。在 CBI 设备正常启动，人机界面显示及操作正常，已执行上电解锁操作，RBC 设备工作正常时进行。CBI 设备通过信号安全数据网与 RBC 连接，或通过通信接口与 RBC 接口仿真设备连接。

测试案例如表 8-1 所列。

表 8-1　CBI 与 RBC 接口测试表

案例序号	测试内容	测试方法及预期结果
1	接口数据版本校验	配置 CBI 设备与 RBC 设备的接口数据版本号不一致，CBI 设备及 RBC 设备启动后，不应建立安全连接
2	CBI 发送给 RBC 的列车进路状态信息	根据列控进路数据表办理接、发车进路，查看 CBI 发送给 RBC 的列车进路状态信息正确。进路状态信息的内容应符合相关应用层通信协议的规定
3	CBI 发送给 RBC 的闭塞分区状态信息	模拟区间闭塞分区在占用和空闲状态间变化，查看 CBI 发送给 RBC 的闭塞分区状态应能跟随实际状态变化而变化。 闭塞分区状态信息的内容应符合相关应用层通信协议的规定
4	CBI 发送给 RBC 的异物侵限灾害信息（根据需要测试）	模拟异物侵限继电器为落下状态，查看 CBI 发送给 RBC 的异物侵限灾害信息应为“激活”状态；恢复异物侵限继电器为吸起状态后，查看 CBI 发送给 RBC 的异物侵限灾害信息应为“未激活”状态。 异物侵限灾害信息的内容应符合相关应用层通信协议的规定

续上表

案例序号	测试内容	测试方法及预期结果
5	通信通道冗余及切换	CBI 通过联锁运算层与 RBC 通信时，断开 CBI 联锁运算层与 RBC 连接的冗余通信通道中的任意一条，CBI 仍然能够正常向 RBC 发送各类信息。 CBI 通过通信前置机与 RBC 通信时，断开 CBI 通信前置机与 RBC 连接的冗余通信通道中的任意一条，CBI 仍然能够正常向 RBC 发送各类信息
6		切换 CBI 设备联锁运算层的主、备系，切换完成后，CBI 设备能够在规定的时间内与 RBC 设备重新建立安全连接
7		切换 RBC 设备的主、备系，切换完成后，CBI 设备能够在规定的时间内与 RBC 重新建立安全连接，CBI 设备不会因 RBC 设备的主、备系切换而触发安全措施
8	通信通道中断	断开 CBI 设备与 RBC 设备的全部通信通道，电务维修机上给出报警信息

2. 与 TCC 通信接口测试

用以验证 CBI 与 TCC 之间交互的接口信息符合 TB/T 3027—2015 中 6. 15 的要求。在 CBI 设备正常启动，人机界面显示及操作正常，已执行上电解锁操作，TCC 设备工作正常时进行。CBI 设备通过信号安全数据网与 RBC 连接，或通过通信接口与 TCC 接口仿真设备连接。

测试案例如表 8-2 所列。

表 8-2　CBI 与 TCC 接口测试表

案例序号	测试内容	测试方法及预期结果
1	CBI 向 TCC 发送的进路信息	根据列控进路数据表排列接、发车进路，CBI 发送给 TCC 的进路号及信号显示信息与接口信息数据表内容一致
2	CBI 与 TCC 交互区间闭塞、改变区间运行方向的信息	向 TCC 控制的区间办理发车进路后，CBI 向 TCC 发送发车请求信息，区间运行方向随发车进路的办理而改变； 发车进路锁闭，且 CBI 从 TCC 接收的区间闭塞条件满足发车条件时，出站信号开放； 信号开放后，如果 CBI 从 TCC 接收的区间闭塞条件不满足发车条件时，出站信号立即关闭
3		向 TCC 控制的区间办理发车进路，出站信号开放后，断开 CBI 与 TCC 的所有通信连接，出站信号立即关闭；通信连接恢复后，经重新办理，出站信号恢复开放
4	辅助改方	在 CBI 设备办理辅助改方操作，CBI 与 TCC 能够交互辅助改方信息。 改方完成后，CBI 设备人机界面上的区间方向表示灯能够显示变化后的区间运行方向
5	CBI 从 TCC 接收区间轨道电路状态	模拟占用 TCC 管辖范围内的区间闭塞分区，CBI 设备的人机界面上区间监督表示灯亮红灯，从 TCC 接收的闭塞分区状态显示为占用
6		断开 CBI 与 TCC 的所有通信连接，CBI 从 TCC 接收的所有区间闭塞分区状态均变为占用，同时区间监督表示灯亮红灯
7	限速及降级信息	办理经过大号码道岔(18 号及以上)的侧线接车进路，进站信号机开放 USU，然后从 TCC 接收到该区间口的限速命令，进站信号机的 USU 信号自动降级为 UU 信号
8		当某区间口已存在限速命令时，以该区间口的进站信号机为始端办理经过大号码道岔(18 号及以上)的侧线接车连路，进路锁闭后，进站信号直接开放 UU
9	异物侵限灾害信息(根据需要测试)	模拟 TCC 发送管辖范围内的异物侵限灾害信息，确认 CBI 设备接收到异物侵限灾害信息

续上表

案例序号	测试内容	测试方法及预期结果
10	调车信息	以设有应答器的调车信号机为始端办理调车进路，信号开放后，CBI 向 TCC 发送的调车信息符合应用层协议的规定
11	进站信号机红灯灯丝	设置进站信号机状态在红灯断丝和恢复之间变化，CBI 发送给 TCC 的进站信号机红灯灯丝状态信息能够跟随信号机红灯的状态正确变化。 CBI 向 TCC 发送的进站信号机红灯灯丝信息符合相关应用层协议的规定
12	表示灯显示	区间运行方向改变后，CBI 设备的人机界面上区间方向表示灯能够显示变化后的区间运行方向
13		模拟占用 TCC 管辖范围内的区间轨道电路，CBI 设备的人机界面上“监督区间”表示灯点红灯
14	接口版本信息校验（根据需要测试）	配置 CBI 设备与 TCC 设备采用不同的应用层接口规范版本，启动 CBI 设备并进入正常工作状态后，CBI 设备与 TCC 设备不能建立通信连接，人机界面和电务维修机上给出相关报警信息
15		配置 CBI 设备与 TCC 设备采用不同的接口数据版本，启动 CBI 设备并进入正常工作状态后，CBI 设备不使用从 TCC 设备接收的数据，人机界面和电务维修机上给出相关报警信息
16	通信通道冗余及双系切换	CBI 通过联锁运算层与 TCC 通信时，断开 CBI 联锁运算层与 TCC 连接的冗余通信通道中的任意一条，TCC 仍然能够与 CBI 设备正常通信。 CBI 通过通信前置机与 TCC 通信时，断开 CBI 通信前置机与 TCC 连接的冗余通信通道中的任意一条，TCC 仍然能够与 CBI 设备正常通信
17		切换 CBI 联锁运算层的主、备系； 切换完成后，CBI 能够在规定的时间内与 TCC 重新建立安全连接
18		切换 TCC 设备的主、备系，切换完成后，CBI 设备能够在规定的时间内与 TCC 设备重新建立安全连接，CBI 设备不会因 TCC 设备的主、备系切换而触发安全措施
19	通信中断	断开 CBI 与 TCC 的所有通信通道，已开放的所有通向 TCC 管辖区间的出站信号全部关闭； CBI 设备的人机界面上，所有从 TCC 接收状态的闭塞分区均显示为占用状态； 所有由 TCC 控制的区间，运行方向表示灯灭灯，“监督区间”表示灯显示为占用状态

3. 与邻站 CBI 通信接口测试

用以验证 CBI 设备之间的通信接口信息符合 TB/T 3027—2015 中 6.16 的要求。在 CBI 设备正常启动，人机界面显示及操作正常，已执行上电解锁操作时进行。CBI 设备通过信号安全数据网连接，或通过通信接口与邻站 CBI 接口仿真设备连接。

测试案例如表 8-3 所列。

表 8-3　CBI 与邻站 CBI 接口测试表

案例序号	测试内容	测试方法及预期结果
1	本站 CBI 设备发送从邻站接收的信息	核对本站能够按照设计文件要求及双方的接口信息表实时发送每个信息所有可能的状态
2	本站 CBI 设备从邻站接收的信息	核对本站能够按照设计文件要求及双方的接口信息表实时接收并解析每个信息所有可能的状态
3	通信通道冗余及切换	断开本站与邻站 CBI 设备的冗余通信通道中的任意一条,双方能保持通信连接,正常接收对方发送的信息,电务维修机上给出报警信息
4		切换本站 CBI 联锁运算层的主、备系; 切换完成后,CBI 能够在规定的时间内与邻站 CBI 设备重新建立安全连接
5		切换邻站 CBI 改备的主、备系,切换完成后,本站 CBI 设备能够在规定的时间内与邻站 CBI 设备重新建立安全连接,本站 CBI 设备不会因邻站 CBI 设备的主、备系切换而触发安全措施
6	通信通道中断	断开本站与邻站 CBI 设备的全部通信通道,本站接收的邻站 CBI 设备的所有安全信息均导向安全侧,电务维修机上给出报警信息

4. 与 CTC(含 TDCS)通信接口测试

用以验证 CBI 与 CTC(含 TDCS)之间交互的接口信息符合 TB/T 3027—2015 中 6.17 的要求。在 CBI 设备正常启动,人机界面显示及操作正常,已执行上电解锁操作,CTC(含 TDCS)设备工作正常,CTC(含 TDCS)与 CBI 设备通信连接正常时进行。

测试案例如表 8-4 所列。

表 8-4　CBI 与 CTC(含 TDCS)接口测试表

案例序号	测试内容	测试方法及预期结果
7	CTC 设备向 CBI 设备发送操作命令	从 CTC 设备人机界面上向 CBI 设备下发各种操作命令,CBI 设备能够实时、正确响应 CTC 设备下发的各种操作命令
8	时钟同步功能	修改 CTC 设备的时钟后,在满足以下条件时,CBI 设备的时钟能够恢复与 CTC 设备的同步: a)CBI 设备运行到规定时间点; b)CBI 设备与 CTC 设备的通信连接中断又恢复后
9	控制模式切换	在 CBI 设备上办理切换到“非常站控”模式的操作,车站转换为“非常站控”模式,“非常站控”表示灯亮灯,“自律控制”表示灯灭灯,CTC 设备失去对车站的控制权
10		在 CBI 设备上办理请求转换为“自律控制”模式的操作,CTC 设备接受申请后,“非常站控”表示灯亮灯,“自律控制”表示灯亮灯,CTC 设备获得对车站的控制权
11		在 CBI 设备处于“非常站控”和“自律控制”模式时,分别进行 CBI 设备的主、备系/机切换,CBI 设备与 CTC 设备的通信连接在切换完成后保持连续,CBI 设备的控制模式没有因为主、备系/机切换而发生变化
12	通信通道冗余及切换	断开 CBI 设备与 CTC(含 TDCS)设备的冗余通信通道中的任意一个,CBI 设备与 CTC(含 TDCS)设备之间的信息交互不受影响

5. 与 CSM 通信接口测试

用以验证 CBI 能通过电务维修机向 CSM 设备发送设备状态、故障报警、控制操作等信息。在 CBI 设备正常启动，人机界面显示及操作正常，已执行上电解锁操作，CSM 设备工作正常，CSM 与 CBI 电务维修机通信连接正常时进行。

测试案例如表 8-5 所列。

表 8-5　CBI 与 CSM 接口测试表

案例序号	测试内容	测试方法及预期结果
1	CBl 设备通过电务维修机向 CSM 设备发送的车站设备状态、表示及报警信息	在 CBI 设备上办理各种类型的进路，信号开放后，确认 CBI 设备发送的各种显示状态正确
2		在 CBI 设备人机界面上对道岔进行单操、单独锁闭、人工封锁、引导总锁闭操作，确认 CSM 设备人机界面上的道岔状态显示与 CBI 系统的显示含义一致
3		模拟区段的占用、空闲、锁闭状态，确认 CBI 设备发送给 CSM 设备的区段状态信息正确
4	CBI 设备通过电务维修机向 CSM 设备发送的车站设备状态、表示及报警信息	在 CBI 设备上操作各类按钮，确认 CBI 设备发送给 CSM 设备的按钮状态信息正确
5		模拟各类结合电路中表示灯的各种状态（包括区间闭塞电路、站间闭塞电路、非进路、机务段、场间联系，驼峰联系等结合电路表示灯），确认 CBI 设备发送给 CSM 设备的表示灯状态信息正确
6		根据需要，模拟各类站内设备报警信息的各种状态（包括轨道停电、熔丝报警、灯丝报警、信号故障关闭等），确认 CBI 设备发送给 CSM 设备的站内设备报警信息正确

6. 与 STP（无线调车机车信号和监控设备）通信接口测试

用以验证 CBI 能向 STP 设备发送站场设备状态信息。在 CBI 设备正常启动，人机界面显示及操作正常，已执行上电解锁操作，STP 设备工作正常，与 CBI 电务维修机通信连接正常时进行。

测试案例如表 8-6 所列。

表 8-6　CBI 与 STP 接口测试表

案例序号	测试内容	测试方法及预期结果
1	CBI 设备向 STP 设备发送的车站设备状态信息	在 CBI 设备上办理列车进路，信号开放后，确认 CBI 设备发送给 STP 设备的列车信号机各种显示状态信息正确
2		在 CBI 设备上办理调车或溜放进路，信号开放后，确认 CBI 设备发送给 STP 设备的调车信号机各种显示状态信息正确
3		在 CBI 设备上，对道岔进行单操、单独锁闭、人工封锁、引导总锁闭操作，确认 CBI 设备发送给 STP 设备的道岔状态信息正确
4		模拟轨道区段的占用、空闲、锁闭状态，确认 CBI 设备发送给 STP 设备的区段状态信息正确
5	CBI 设备向 STP 设备发送的表示灯状态信息	根据需要，模拟站内各个表示灯的各种状态变化，确认 CBI 设备发送给 STP 设备的表示灯状态信息正确。具体需测试的表示灯根据双方的应用层通信协议确定

参考文献

[1] 林瑜筠. 铁路信号基础[M]. 北京:中国铁道出版社,2019.
[2] 林瑜筠. 车站信号[M]. 北京:中国铁道出版社有限公司,2019.
[3] 林瑜筠. 计算机联锁[M]. 5 版. 北京:中国铁道出版社有限公司,2024.
[4] 林瑜筠. 区间信号[M]. 北京:中国铁道出版社,2019.
[5] 林瑜筠. 列车运行控制[M]. 北京:中国铁道出版社有限公司,2020.
[6] 林瑜筠. 行车调度自动控制[M]. 北京:中国铁道出版社有限公司,2020.
[7] 林瑜筠. 驼峰信号[M]. 北京:中国铁道出版社有限公司,2024.
[8] 林瑜筠. 信号集中监测[M]. 北京:中国铁道出版社有限公司,2020.
[9] 林瑜筠. 6502 电气集中图册[M]. 北京:中国铁道出版社,2016.
[10] 林瑜筠. 计算机联锁图册[M]. 3 版. 北京:中国铁道出版社有限公司,2023.
[11] 林瑜筠,徐清. 自动闭塞图册[M]. 3 版. 北京:中国铁道出版社有限公司,2023.

名词术语英(缩略语)中对照

CAD	计算机辅助设计
CBI	计算机联锁
CIPS	编组站综合集成自动化系统
CSM	信号集中监测
CTC	调度集中
CTCS	中国列车运行控制系统
I/O	输入/输出
LEU	地面电子单元
PLC	可编程逻辑控制器
RBC	无线闭塞中心
SAM	编组站综合自动化系统
STP	无线调车机车信号和监控设备
TCC	列控中心
TDCS	铁路列车调度指挥系统
TDMS	铁路运输管理信息系统
TSRS	临时限速服务器
USB	通用串行总线